U0359618

汽车诊断思维技能丛书

电动汽车控制系统及检修

北京中汽恒泰教育科技有限公司　组编
弋国鹏　魏建平　编著

机械工业出版社

《电动汽车控制系统及检修》结合中高职汽车维修技能竞赛车型，剖析了电动汽车控制系统的结构和控制逻辑，并按照故障树诊断流程对电动汽车控制系统常见故障的诊断过程进行详细的讲解，包括整车控制系统（VCU）及检修、驱动电机控制系统（MCU）及检修、动力蓄电池管理系统（BMS）及检修、充电系统及检修、空调控制系统及检修，同时对仪表等相关信号进行了说明。

《电动汽车控制系统及检修》的主要任务是规范汽车诊断思维、细化技术细节，引导相关人员在具体的诊断过程中进一步掌握电动汽车控制系统的结构和逻辑，并学会使用各种诊断设备；培养相关人员将宽泛的基础知识与实际车型相结合，以便将来更有效地从事汽车故障诊断及相关工作。

《电动汽车控制系统及检修》可作为参加汽车维修技能竞赛人员的指导性教程，也可作为高职院校汽车检测与维修专业教材。

图书在版编目（CIP）数据

电动汽车控制系统及检修/弋国鹏，魏建平编著. —北京：机械工业出版社，2020.4（2025.7 重印）

（汽车诊断思维技能丛书）

ISBN 978-7-111-65299-1

Ⅰ.①电… Ⅱ.①弋… ②魏… Ⅲ.①电动汽车-控制系统-车辆修理 Ⅳ.①U469.720.7

中国版本图书馆 CIP 数据核字（2020）第 059557 号

机械工业出版社（北京市百万庄大街 22 号　邮政编码 100037）
策划编辑：李　军　责任编辑：李　军
责任校对：张　薇　封面设计：马精明
责任印制：常天培
河北虎彩印刷有限公司印刷
2025 年 7 月第 1 版第 7 次印刷
184mm×260mm · 20 印张 · 496 千字
标准书号：ISBN 978-7-111-65299-1
定价：59.90 元

电话服务	网络服务
客服电话：010-88361066	机　工　官　网：www.cmpbook.com
010-88379833	机　工　官　博：weibo.com/cmp1952
010-68326294	金　　书　　网：www.golden-book.com
封底无防伪标均为盗版	机工教育服务网：www.cmpedu.com

前　言

为提升历年汽车维修技能竞赛的技术规范和日常教学活动紧密结合的程度，培养从业人员和学生在汽车故障诊断过程中的诊断思维和规范性操作，培养从业人员和学生将理论知识和实际维修案例相结合、编写故障诊断和检测技术文件的能力，帮助从业人员和学生准备汽车维修技能竞赛，在经过大量试验和实践总结后，我们编写了这本实践性很强的指导性图书，供相关人员、高职院校及其他院校汽车检测与维修专业学生使用。

本书符合国家对技术技能型紧缺人才培养培训工作的要求，注重以就业为导向，以能力为本位，面向市场，面向社会，体现了职业教育的特色，满足了高素质人才培养的需求。

本书的编写以“创新职业教育理念、改革教育教学模式、提升学生职业素质、适应经济社会发展”为指导思想，采用职教专家、行业一线企业和出版社相结合的编写模式。在组织编写过程中，认真总结了历年汽车维修技能竞赛的相关技术文件，通过大量的验证性试验总结竞赛车型的结构特点和控制流程，并基于此制订了规范的诊断流程，同时还注意吸收发达国家先进的职教理念和方法，形成了以下特色：

1）打破传统的教材体例，以具体故障诊断过程为单元确定知识目标和能力目标，结合实际案例讲解常见故障的诊断过程，使培养过程实现“知行合一”。

2）以工作过程为导向，细化作业过程，规范思维和作业过程，对必要的理论知识进行了详细的解释，真正将技能竞赛的要求和日常教学活动有机结合。

3）内容选择注重汽车后市场职业岗位对人才的知识、能力要求，力求与相应的职业资格标准衔接，并较多地反映了新知识、新技术、新工艺、新方法和新材料等内容。

本书由北京中汽恒泰教育科技有限公司组织编写，由弋国鹏、魏建平编著，刘超、和树青、柳琪参与了资料收集、数据采集、文稿整理及其他相关工作，在此对他们表示衷心的感谢。

由于经验有限，本书所介绍的诊断流程、测试数据等可能存在疏漏，请使用本书的相关人员提出宝贵意见，以便在今后进行补充和改进。

编者

目　录

第一章 整车控制系统（VCU）及检修

第一节 VCU的结构与工作原理

一、VCU功能

VCU通过接收、处理驾驶人的驾驶操作指令，并向各个部件发送控制指令，使车辆按驾驶人的期望行驶；同时与电机控制系统（MCU）、DC－DC变换器、动力蓄电池管理系统（BMS）等进行通信；在系统运行过程中，VCU针对关键信号的输入判断车辆的状态，启动保护功能，视故障的类别对整车进行分级保护，紧急情况下可以关掉驱动电机及切断母线高压系统。

如图1-1所示为VCU控制结构图，它主要围绕VCU展开，通过检测电子档位信号、加速踏板信号和制动踏板信号，通过数据总线控制驱动电机的正反转、转速和转矩，通过减速器输出转速和转矩，调整整车车速。

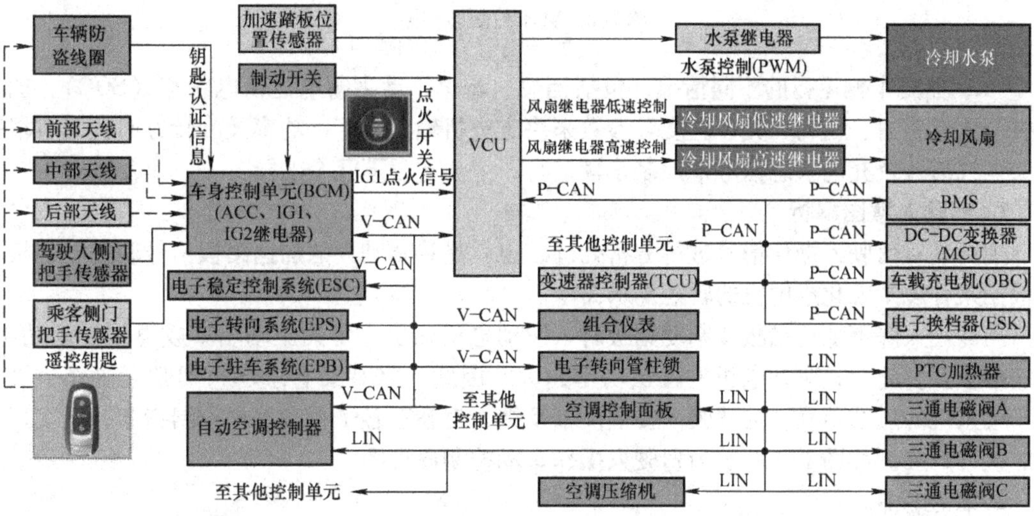

图1-1　VCU控制结构图

如图1-2所示为整车控制架构图，从中可以看出，整个系统主要由动力控制系统、车身电控系统两大部分组成。动力控制系统主要围绕储能［BMS、车载充电机（OBC）］和耗能

（MCU、DC－DC 变换器及控制系统、PTC 加热器及控制系统、空调压缩机及控制系统）两大系统展开；车身电控系统主要围绕空调、制动、仪表、电子转向、车辆防盗、导航、座椅、天窗、安全气囊、电子稳定控制系统（ESC）、电子驻车（EPB）等系统展开。

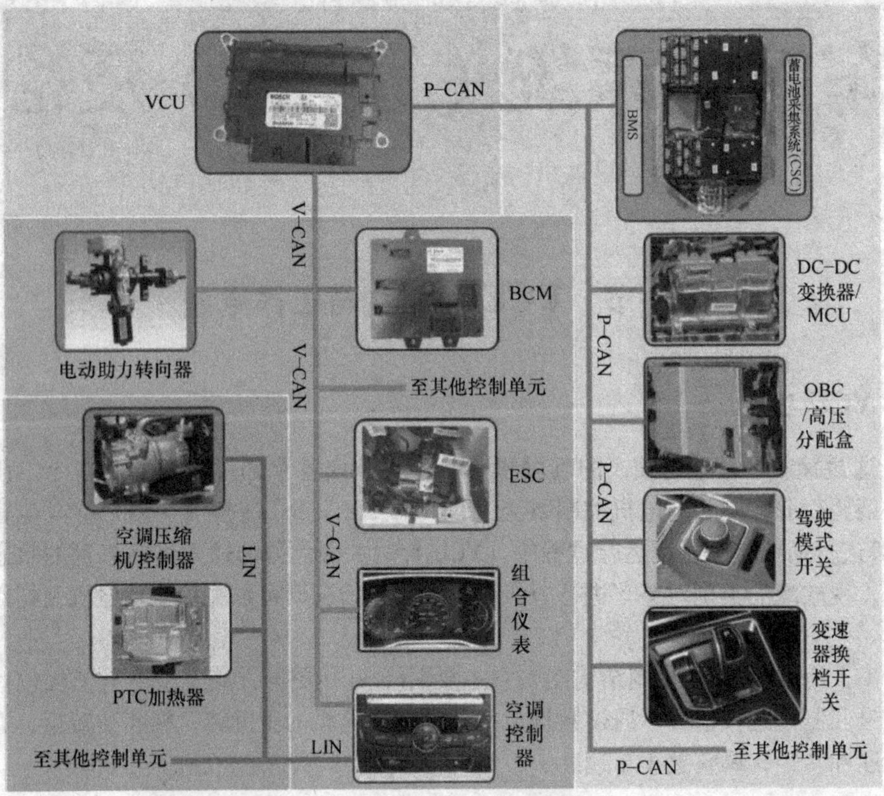

图 1-2　整车控制架构图

VCU 根据车辆运行的不同情况，包括档位、车速、动力蓄电池荷电状态（SOC）、加速踏板位置传感器、制动开关、温度等参数来决定电机输出转矩、功率及旋转方向，同时根据辅助电气信号及充电状态信号来控制车辆运行，主要有以下几个功能：

1. 驾驶人意图解析

主要是对驾驶人操作信号进行分析处理，也就是将驾驶人的加速踏板信号和制动踏板信号根据某种规则转化成电机的转矩需求命令。

当驾驶人踩下加速踏板或制动踏板时，驱动电机输出一定的驱动功率或再生制动功率。加速踏板开度越大，驱动电机的输出功率越大。因此，VCU 要合理解析驾驶人操作，接收整车各系统的反馈信号，为驾驶人提供决策反馈，对整车各子系统发送控制指令，以实现车辆的正常行驶。如图 1-3 所示为驾驶人操作车辆控制原理图。

2. 驱动控制

根据驾驶人对车辆的操纵输入（加速踏板、制动踏板以及选档开关）、车辆状态、道路及环境状况，经分析和处理，在动力蓄电池技术状态允许的前提下，向 MCU 发出相应的指令，控制电机的驱动转矩来驱动车辆，以满足驾驶人对车辆的动力性要求，同时根据车辆状态，向 MCU 发出相应指令，从而保证车辆的安全性、舒适性。

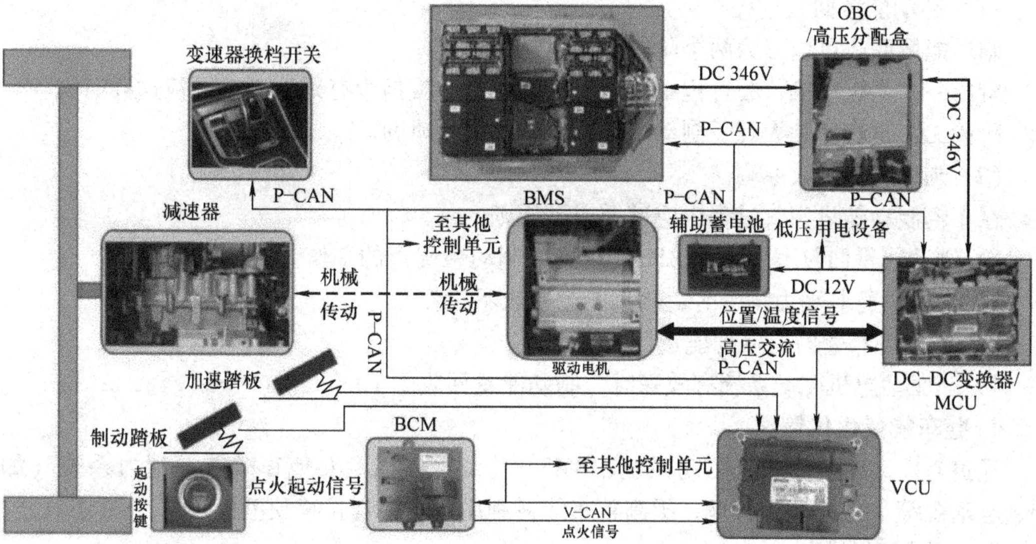

图 1-3　驾驶人操作车辆控制原理图

3. 制动能量回收控制

VCU 根据加速踏板和制动踏板的开度、车辆行驶状态信号以及动力蓄电池的状态信号（如 SOC 值）来判断某一时刻能否进行制动能量回收，在满足安全性能、制动性能以及驾驶人舒适性的前提下回收部分能量。

电动汽车以驱动电机作为驱动转矩的输出机构，驱动电机同样具有回馈制动的性能，此时驱动电机作为发电机，利用电动汽车的制动能量发电，同时将此能量储存在储能装置中，当满足充电条件时，将能量反充给动力蓄电池组。在这一过程中，VCU 根据加速踏板和制动踏板的开度以及动力蓄电池的 SOC 值来判断某一时刻能否进行制动能量回收，如果可以进行，VCU 向 MCU 发出指令，回收部分能量。如图 1-4 所示为电动汽车制动能量回收控制流程图。回收过程包括滑行和制动过程中的驱动电机制动转矩控制。

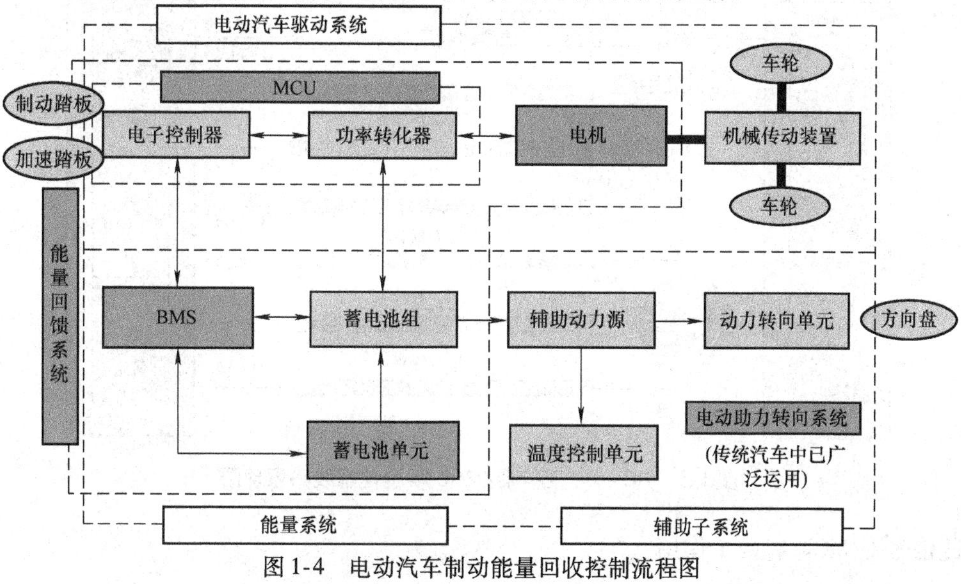

图 1-4　电动汽车制动能量回收控制流程图

(1) 制动能量回收过程

制动能量回收可以分为两个阶段：

阶段一：是在车辆行驶过程中驾驶人松开加速踏板但没有踩下制动踏板这段时间。

阶段二：是在驾驶人踩下制动踏板后开始的这段时间。

(2) 制动能量回收原则

在车辆制动能量回收过程中应遵循以下原则：

1）制动能量回收不应干预 ABS（防抱死制动系统）的工作。

2）ABS 进行制动力调节时，制动能量回收不工作。

3）当 ABS 报警时，制动能量回收不工作。

4）当驱动电机驱动系统有故障时，制动能量回收不工作。

4. 整车能量优化管理

通过对电动汽车的电机驱动系统、BMS、传动系统以及其他车载能源动力系统（如空调、电动泵等）的协调和管理，提高整车能量利用效率，延长续驶里程。

5. 充电过程控制

VCU 与 BMS 共同完成充电过程中的充电功率控制，VCU 接收到充电信号后，会禁止高压系统上电，保证车辆在充电状态下处于行驶锁止状态，并根据动力蓄电池状态信号限制充电功率，保护动力蓄电池。

连接充电枪后，车载充电机启动充电模式并唤醒总线，VCU 唤醒并接收到充电连接或请求充电后，需通过专用导线发送高电位信号至 DC－DC 变换器/MCU，MCU 接收到此信息后将起动驱动电机禁行模式，并通过 P－CAN 总线将禁行信号发送至 OBC 及 VCU，OBC 和 VCU 接收到此信号后才会启动充电模式。如果此禁行信号和禁行信号传输线路出现异常，将导致车辆无法充电，同时 OBC 将点亮充电口红色故障指示灯，提示操作者车辆存在故障，整车无法充电。如图 1-5 所示为 DC－DC 变换器/MCU 唤醒控制线路原理图。当打开点火开关至 ON 档或连接充电枪时，VCU 通过 CA66/16 端子输出 +B 信号至 MCU 的 BV11/14 端子，MCU 内部检测到此端子上的 +B 信号后，激活唤醒。

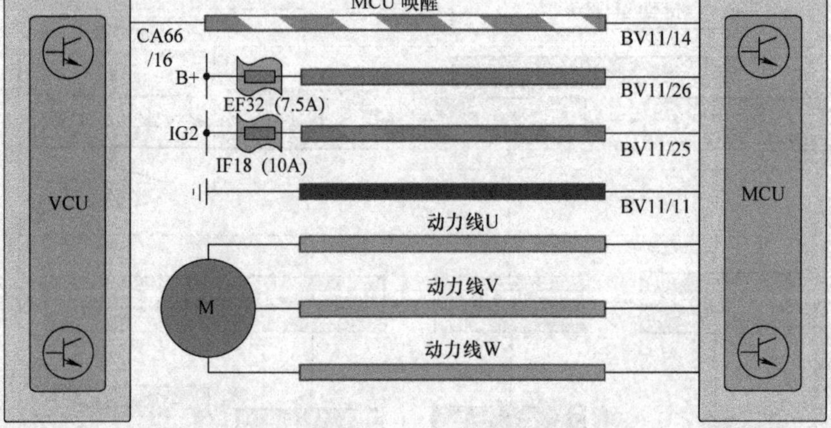

图 1-5　DC－DC 变换器/MCU 唤醒控制线路原理图

此信号对 MCU 有两个作用：

1）打开点火开关至ON档时，MCU检测到此信号，同时通过BV11/25端子检测到点火开关的IG信号，MCU判定点火开关已打开，车辆进入起动运行状态，MCU进入车辆起动运行模式。

2）连接充电枪至车辆充电口，OBC和VCU启动充电模式，VCU通过CA66/16端子输出+B电压信号，MCU检测此信号，但此时由于点火开关关闭，MCU端子BV11/25电压为0V，MCU根据这两个信号判定此时点火开关没有打开，车辆进入充电模式，MCU起动车辆禁止运行模式，车辆行驶功能受限。

6. 高压上、下电控制

根据驾驶人对点火开关的控制指令，进行动力蓄电池的高压继电器开关控制，以完成高压设备的电源通断和预充电控制。如图1-6所示为高压上、下电控制流程图，从中可以看出，所谓上、下电流程处理，实质就是协调各相关部件的上电与下电流程，包括MCU、BMS等部件的供电，预充电继电器、主继电器的吸合和断开时间等。

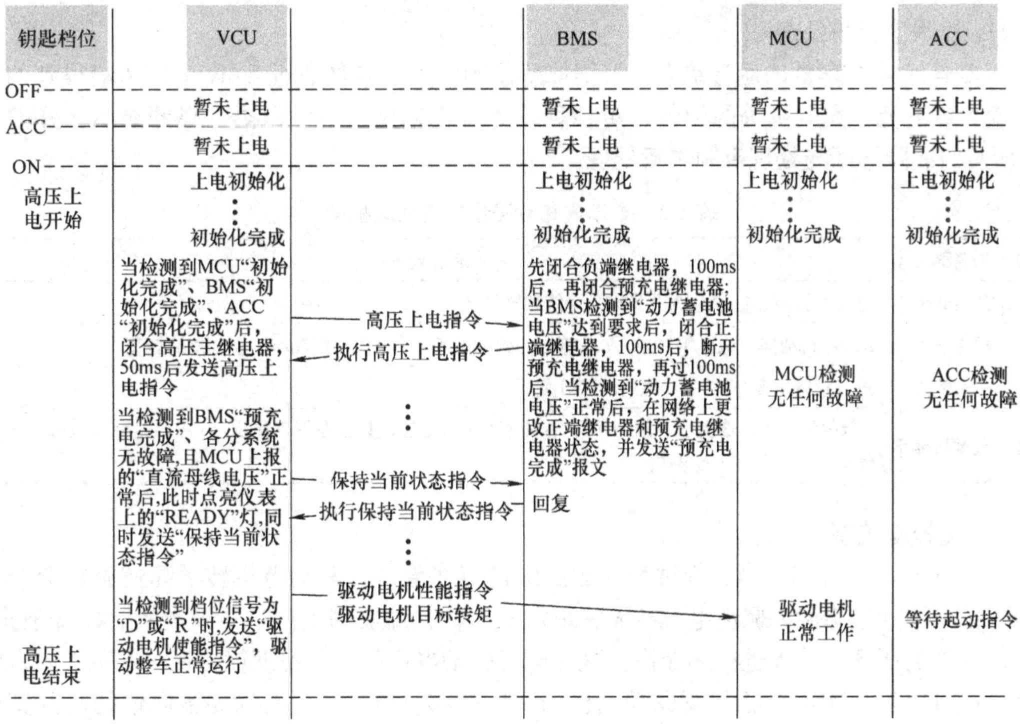

钥匙档位
VCU
BMS
MCU
ACC
OFF
ACC
ON
高压上电开始
暂未上电
上电初始化
初始化完成
当检测到MCU“初始化完成”、BMS“初始化完成”、ACC“初始化完成”后，闭合高压主继电器，50ms后发送高压上电指令
高压上电指令
执行高压上电指令
先闭合负端继电器，100ms后，再闭合预充电继电器；当BMS检测到“动力蓄电池电压”达到要求后，闭合正端继电器，100ms后，断开预充电继电器，再过100ms后，当检测到“动力蓄电池电压”正常后，在网络上更改正端继电器和预充电继电器状态，并发送“预充电完成”报文
MCU检测无任何故障
ACC检测无任何故障
当检测到BMS“预充电完成”、各分系统无故障,且MCU上报的“直流母线电压”正常后,此时点亮仪表上的“READY”灯,同时发送“保持当前状态指令”
保持当前状态指令
执行保持当前状态指令
回复
当检测到档位信号为“D”或“R”时,发送“驱动电机使能指令”，驱动整车正常运行
驱动电机性能指令
驱动电机目标转矩
驱动电机正常工作
等待起动指令
高压上电结束

图1-6 高压上、下电控制流程图

7. 上坡辅助功能控制

电动汽车在坡上起步时，驾驶人从松开制动踏板到踩下加速踏板过程中，会出现整车向后溜车的现象；在坡上行驶过程中，如果驾驶人踩加速踏板的深度不够，整车会出现车速逐渐降到零然后向后溜车的现象。

为了防止电动汽车在坡上起步和运行时向后溜车现象，在电动汽车整车控制策略中增加了上坡辅助功能，它可以保证整车在坡上起步时，向后溜车小于10cm，整车在坡上运行过程中如果动力不足，整车车速会慢慢降到零，然后保持零车速，不再向后溜车。

8. 电动化辅助系统管理

电动化辅助系统包括电子制动、电动助力转向等，VCU 应该根据动力蓄电池以及辅助蓄电池状态，对 DC - DC 变换器、电动化辅助系统进行监控。

9. 车辆状态的实时监测和显示

VCU 对车辆的状态进行实时监测，并且将各个系统的信号通过传感器和 CAN 总线发送给车载信号显示系统，将状态信号和故障诊断信号显示出来。

10. 行车控制模式

1）正常模式：按照驾驶人意愿、车载负荷、路面情况和气候环境的变化，调节车辆的动力性、经济性和舒适性。

2）跛行模式：当车辆某个系统出现中度故障时，此时将不采纳驾驶人的加速请求，起动跛行模式，最高车速可以限制在 9km/h。

3）停机保护模式：当车辆某个系统出现严重故障时，VCU 将停止发出指令，进入停机状态。

11. 故障诊断与处理

VCU 连续监视车辆的运行状态，根据传感器的输入及其他通过 CAN 总线通信得到的电机、动力蓄电池、充电机等的信号，对各种故障进行判断、等级分类、报警显示，并按表 1-1 所示的故障诊断与处理机制进行处理。

表 1-1 电动汽车故障诊断与处理机制

等级	名称	故障后处理
1 级	致命故障	电机零转矩，1s 紧急断开高压，系统故障灯亮
2 级	严重故障	2 级电机故障，电机零转矩。2 级蓄电池故障，20A 放电电流限功率。系统故障灯亮
3 级	一般故障	进入跛行工况/降功率，系统故障灯亮
4 级	轻微故障	4 级故障属于维修提示，但是 VCU 不对整车进行限制，只是在仪表显示。4 级能量回收故障，仅停止能量回收，行驶不受影响

12. 热管理控制

VCU 对充电过程和车辆运行过程中的温度进行热管理。驱动电机转子高速旋转会产生高温，如果不加以降温，驱动电机将无法正常工作，因此驱动电机机体内设置有冷却液道，通过冷却液的循环与外界进行热交换。这样能将驱动电机的工作温度保持在一定范围内，防止驱动电机过热。MCU 不但控制驱动电机的高压三相供电，还可将动力蓄电池的高压直流电转化成低压直流电为辅助蓄电池充电。在此过程中会产生热量，需要通过冷却液循环进行散热。在车辆充电过程中，OBC 内部绝缘栅双极型晶体管（IGBT）和 MCU 内部的 IGBT 工作，产生大量热量，如果这些热量不散发，将导致 IGBT 高温后性能下降，严重时可能引发安全事故，因此也需要通过冷却液循环进行散热。

13. 主动放电模式

主动放电用于高压直流端电容的快速放电。主动放电指令来自 VCU 并由 MCU（PEU）内部执行。

14. 动力系统防盗控制

车辆无钥匙进入和起动功能可以使驾驶人直接拉门把手即可进入车辆，并使用一键式起动按钮起动车辆。当驾驶人拉动门把手时，无钥匙进入系统检测周围遥控器（FOB）的有效性，遥控器发出信号回应车辆，并使 BCM 解锁所有车门。

当驾驶人按下起动开关，BCM 检测车辆防盗线圈周围遥控器（UID）的有效性，遥控器发出信号回应车辆，以解锁转向柱电子锁（ESCL），此时，BCM 通过 V－CAN 网络系统与 VCU 进行信号认证，若所有信号有效，动力系统执行高压上电流程。如果信号错误，将导致车辆触发防盗报警系统，应急警告灯闪烁，喇叭蜂鸣，高压不上电。如图 1-7 所示为防盗认证控制结构图。

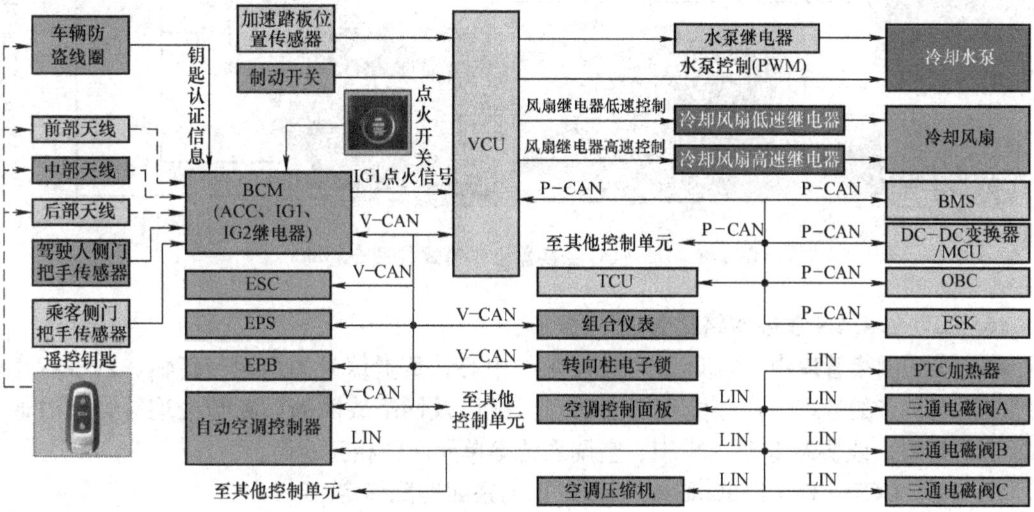

图 1-7　防盗认证控制结构图

15. DC－DC 变换器

MCU 中的 DC－DC 变换器将高压直流端的高压电转换成指定的直流低压电（12V 低压系统），DC－DC 变换器工作模式有两种：

（1）点火开关 ON

踩制动踏板，打开点火开关，BCM 和 VCU 等接收到点火开关打开的信号后，自检无异常，BCM 控制 ACC、IG1、IG2 继电器闭合，整车低压上电。待高压上电完成后，VCU 通过 P－CAN 总线发送 DC－DC 变换器起动信号，DC－DC 变换器/MCU 接收到此信号后，启动 DC－DC 变换器，将 DC 346V 高压电转换为＋12V 低压电输出至用电设备及辅助蓄电池，为车辆提供源源不断的低压电源。如果点火开关打开后高压上电失败，DC－DC 变换器将无法转换，即低压蓄电池无法补充电能。

（2）慢充启动

连接充电枪，车载充电机检测充电连接正常后，将充电系统启动，即充电模式启动信号通过 P－CAN 发送至 VCU、DC－DC 变换器/MCU、BMS 等。VCU、MCU、BMS 等接收到充电模式启动信号后，如果自检无异常，BMS 控制高压上电，高压上电完成后，车辆开始充电。此时 VCU 通过 P－CAN 总线发送 DC－DC 变换器起动信号，DC－DC 变换器/MCU 接收到此信号后，起动 DC－DC 变换器，将 DC 346V 高压电转换为＋12V 低压电输出至用电设备及辅助蓄电池，为车辆提供源源不断的低压电源。如果充电功能不起动，DC－DC 变换器也将不起动，即车辆高压动力蓄电池、低压蓄电池和低压用电设备都无法获得电能。如图 1-8所示为 DC－DC 变换器工作模式。

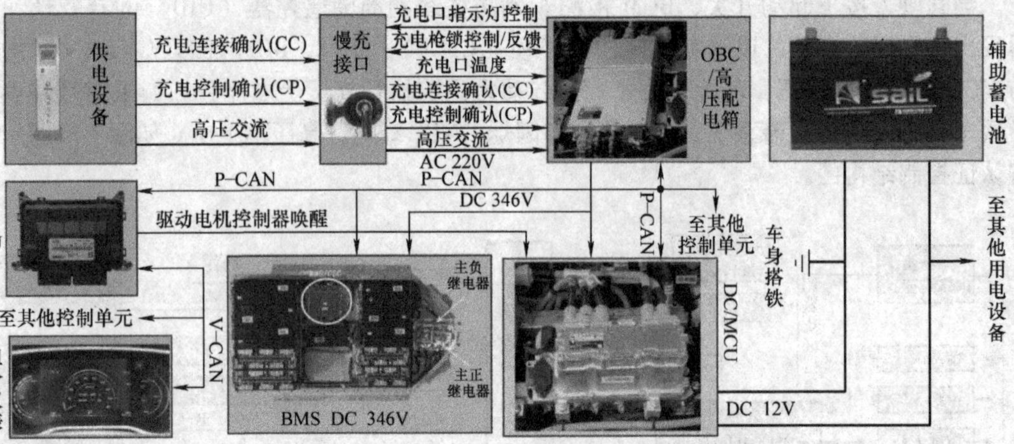

图 1-8　DC－DC 变换器工作模式（慢充起动）

16. VCU 的 CAN 总线网络化管理

在整车的网络管理中，VCU 是信号控制的中心，负责信号的组织与传输、网络状态的监控、网络节点的管理、信号优先权的动态分配以及网络故障的诊断与处理等，同时通过 CAN（EVBUS）线协调 BMS、MCU、空调系统等单元间的相互通信。

17. 基于 CCP（Can Calibration Protocol）**的在线匹配标定**

基于 CCP 的在线匹配标定主要作用是监控各 ECU 工作变量、在线调整各 ECU 的控制参数（包括 MAP、曲线及点参数）、保存标定数据结果以及处理离线数据等。完整的标定系统包括上位机 PC 标定程序、PC 与 ECU 通信硬件连接及 ECU 标定驱动程序三个部分。

18. 换档控制

档位控制关系驾驶人的安全，应正确理解驾驶人意图，正确识别车辆的档位，在出现故障时做出相应处理，保证整车安全，在驾驶人出现档位误操作时通过仪表等提示驾驶人，使驾驶人能迅速做出纠正。如图 1-9 所示为档位控制结构图。

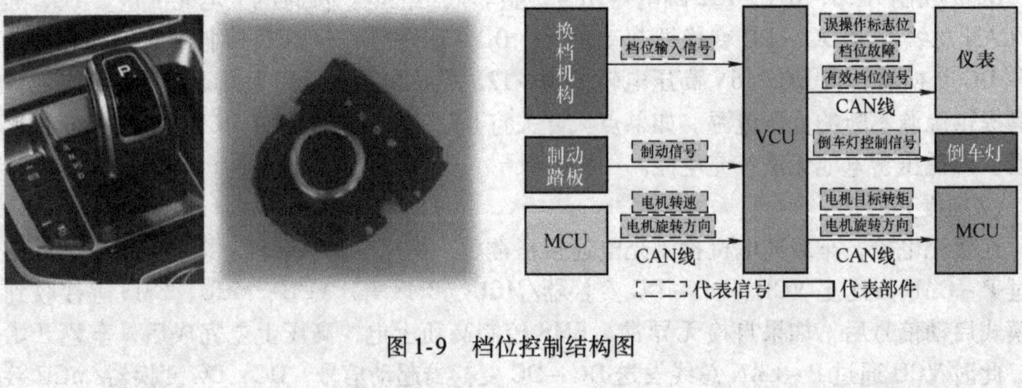

图 1-9　档位控制结构图

吉利 EV 系列四个档位分为 P 位、R 位、N 位、D 位。传感器将信号输入至档位传感器（单元），档位传感器（单元）通过四根信号线路与 VCU 通信，传输档位信号。如图 1-10

所示为电子变速杆。

图 1-10　电子变速杆

（1）结构

档位传感器和档位控制单元组合为一体，由控制单元、旋转磁铁、霍尔 IC 元件组成，如图 1-11 所示。

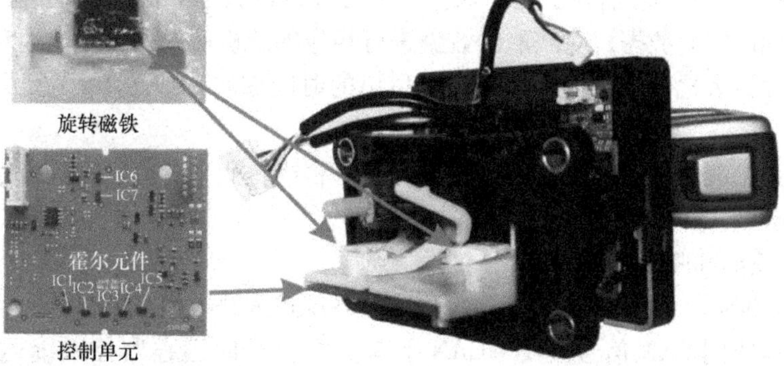

图 1-11　电子档位控制传感器（单元）的结构

（2）工作原理

档位传感器利用霍尔传感器编码原理，实现档位识别。

当变速杆移动，带动触发器（磁铁）移动时，触发器（磁铁）给霍尔芯片施加磁感应强度，产生霍尔电压，档位传感器主单元检测霍尔芯片电压，并将这些电压解码，和内部存储的档位图谱进行比对，即可判知当前所处档位，并将这些档位信号发送至 VCU。VCU 内部处理运算后，把驱动电机运转方向信号，通过 CAN 总线发送给 MCU，控制电机工作。如图 1-12 所示为电子档位控制传感器（单元）档位编码图谱。

档位＼内容	IC1		IC2		IC3		IC4		IC5	
	电压/V	编码	电压/V	编码	电压/V	编码	电压/V	编码	电压/V	编码
初始	4.5	1	4.7	1	0	0	4.4	1	4.6	1
R	0	0	4.7	1	4.6	1	4.5	1	4.6	1
N	4.5	1	0	0	4.6	1	4.5	1	4.6	1
P	4.5	1	4.7	1	4.6	1	0	0	4.6	1
D	4.5	1	4.7	1	4.6	1	4.5	1	0	0

图 1-12　电子档位控制传感器（单元）档位编码图谱

结合以上编码表，可以得出五种状态，即初始位为 11011、R 位为 01111、N 位为 10111、P 位为 11101、D 位为 11110。每操作一次变速杆，电子变速杆会回到初始位。换档过程如下：

P 位：初始位 11011 ⟶P 位 11101 ⟶初始位 11011 + 变速杆上部 P 位锁止按键按下一次。

N 位：初始位 11011 ⟶N 位 10111 ⟶初始位 11011。

R 位：初始位 11011 ⟶N 位 10111 ⟶R 位 01111 ⟶N 位 10111 ⟶初始位 11011。

D 位：初始位 11011 ⟶P 位 11101 ⟶D 位为 11110 ⟶P 位 11101 ⟶初始位 11011。

19. 远程监控

吉利 EV 系列配备远程监控功能，操作人员可以通过综合平台或企业平台便捷地获取车辆最近一段周期的实时数据，对获取的数据进行相应的分析后，即可快速地对车辆故障做出初步诊断，从而极大地减轻客户维护车辆所付出的时间成本。如图 1-13 所示为远程监控原理图。

远程监控系统装车后第一次连接网络，综合平台或企业平台可以对远程监控系统进行管理。管理内容包括：

（1）CAN 唤醒和睡眠

睡眠模式：30s 未收到 CAN 信号，远程监控系统进入睡眠模式并保持一级低功耗。

唤醒模式：收到 CAN 信号或 P－CAN 上有充电信号时远程监控系统返回到正常工作模式。

（2）GPS 定位

远程监控系统内部集成 GPS 单元，能够提供车辆当前所处的经度、纬度等定位信号。

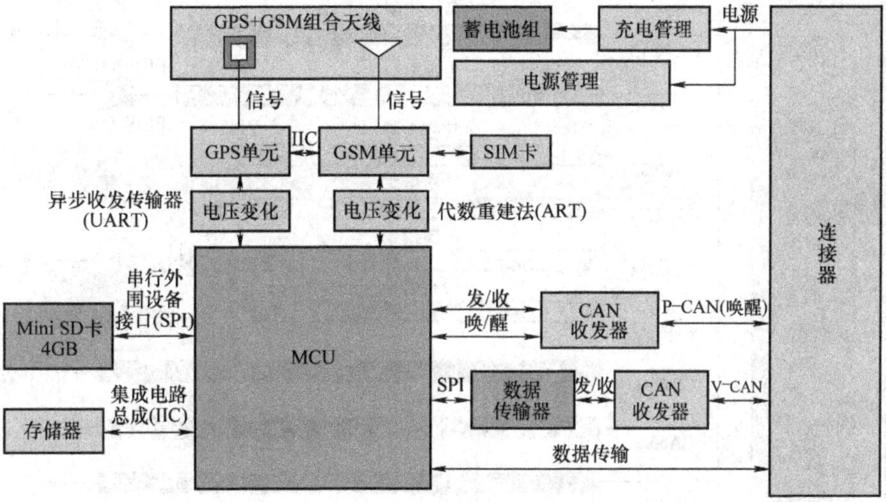

图 1-13　远程监控原理图

（3）软件升级

升级是指用户在产品开发过程中或产品售出后可对远程监控系统软件和参数进行升级，系统需要支持本地和远程两种升级方式，在系统升级的过程中，CAN 接口要处于关闭状态。从服务端下载到设备的升级数据需要经过 GSM（全球移动通信系统）通道传输。

（4）实时信号传输

远程监控系统注册成功后，会按一定时间周期向后台上报从 P－CAN 或 V－CAN 上接收的实时数据，内容包括单体蓄电池电压数据、动力蓄电池温度数据、整车数据（充电）、卫星定位系统数据、极值数据和报警数据及断电后 3min 内的实时信号。

二、VCU 线路

VCU 线路主要分为电源线路、制动开关线路、加速踏板位置传感器线路、电机水泵控制线路、冷却风扇控制线路、驱动电机唤醒线路、通信线路（P－CAN、V－CAN）、高压互锁线路。此处只对电源线路、制动开关线路、加速踏板位置传感器线路做详细说明，其他线路在各自相关内容中有详细介绍。

1. VCU 电源

如图 1-14 所示为 VCU 电源线路原理图，从中可以看出，VCU 电源分为三路。

（1）＋B 电源

＋B 电源为 VCU 提供记忆电源，同时也为其提供工作电源。此电源保证 VCU 能正常进入休眠及唤醒状态，同时还为 CAN 通信提供通信电源，保证基本数据及动力系统防盗数据顺利传输。因新能源车辆的特殊性，在充电过程中点火开关处于关闭状态，需要 VCU 起动工作，因此此电源也作为点火开关打开时 VCU 主继电器工作电源，同时在充电过程中也作为 VCU 主继电器驱动电源使用。如果此电源出现异常，首先导致动力系统防盗功能激活，高压不上电，应急警告灯闪亮，防盗喇叭激活鸣响。

（2）IG 点火开关电源

IG 点火开关电源为 VCU 提供唤醒信号，此电源为 VCU 正常进入休眠及唤醒状态提供时

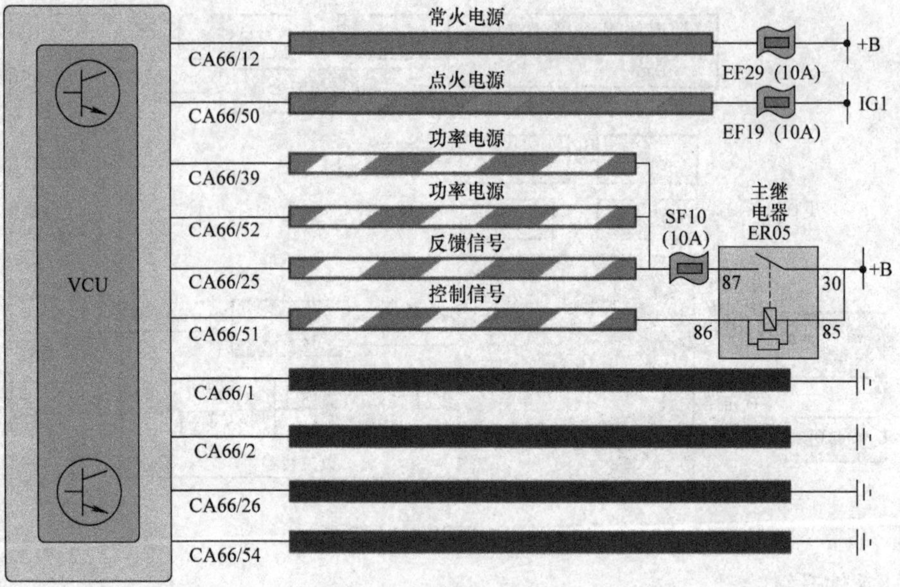

图 1-14　VCU 电源线路原理图

间参考，同时还是 VCU 判断车辆所处运行状态的依据。点火开关关闭 30s 后 VCU 发送DC－DC 变换器关闭信号至 DC－DC 变换器/MCU，DC－DC 变换器停止工作，不再对外输出电压。70s 左右 VCU 主继电器 ER05 断开，车辆功率电源断开。如果此电源出现异常，VCU 通过总线接收到钥匙信号，同时从其他单元发出的 CAN 信号得知点火开关已打开，即判定点火开关打开不合法，动力系统防盗功能激活，高压不上电，应急警告灯闪亮，防盗喇叭激活鸣响。

（3）功率电源

VCU 的主继电器 ER05 为 VCU 提供功率电源，即高压互锁、水泵控制、水泵继电器控制、加速踏板位置传感器控制、冷却风扇继电器控制等，如果主继电器 ER05 的控制、电源、自身出现故障，将导致 VCU 丢失功率电源，高压互锁、水泵控制、水泵继电器控制、加速踏板位置传感器控制、冷却风扇继电器控制等异常，造成 VCU 启动保护模式，致使高压上电失败。如果至 VCU 的继电器反馈信号出现异常，VCU 将认为继电器工作信号不可信，也将导致 VCU 启动保护模式，致使高压上电失败；继电器给 VCU 供电的功率电源有一路出现故障，由于两路在 VCU 内部并联，因此电源不会丢失，但如果两路都出现异常，将导致 VCU 丢失功率电源，高压互锁、水泵控制、水泵继电器控制、加速踏板位置传感器控制、冷却风扇继电器控制等异常，造成 VCU 启动保护模式，致使高压上电失败。

2. 制动开关

制动开关的作用是控制制动灯线路导通与截止，以及反映驾驶人对车辆速度控制的操作意图。制动时会切断巡航控制、启动 ABS、启动 MCU 对能量进行回收以及对整车高压上电的控制。如图 1-15 所示为制动开关安装位置图。

（1）结构

制动开关的结构如图 1-16 所示。

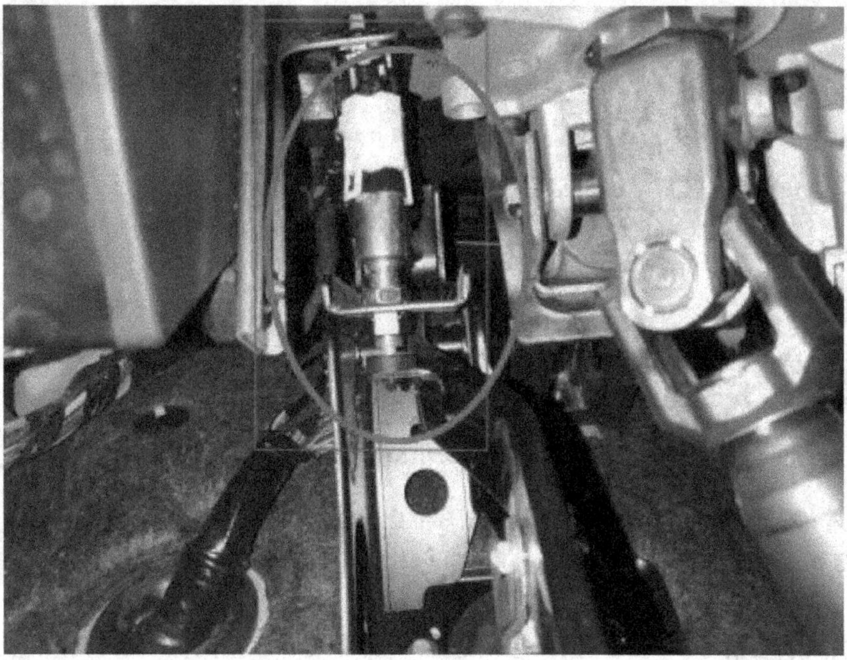

图 1-15　制动开关安装位置图

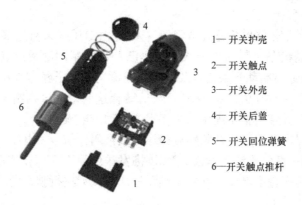

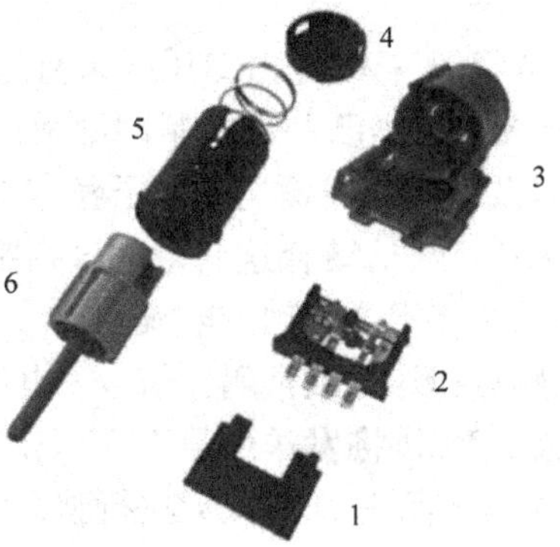

图 1-16　制动开关结构示意图

（2）工作原理

如图 1-17 所示为制动开关线路原理图，从中可以看出，制动开关内部有两组触点，分别是 CA44b/1 端子和 CA44b/2 端子、CA44b/3 端子和 CA44b/4 端子，其中 CA44b/3 端子和 CA44b/4 端子为常闭触点，CA44b/1 端子和 CA44b/2 端子为常开触点。

1）不踩制动踏板、未打开点火开关时，CA44b/3 端子和 CA44b/4 端子之间触点接通，CA44b/1 端子和 CA44b/2 端子之间触点断开，CA44b/1 端子电压保持低电平，CA44b/4 端子电压也保持低电平。

2）踩制动踏板、打开点火开关时，CA44b/3 端子和 CA44b/4 端子之间触点断开，CA44b/1 端子和 CA44b/2 端子之间触点接通，CA44b/1 端子电压切换到高电平，CA44b/4 端子电压切换到低电平。

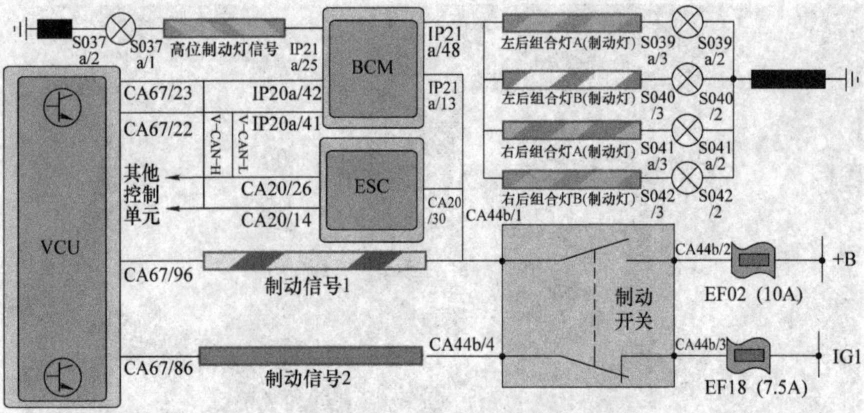

图 1-17　制动开关线路原理图

3）接着松开踩制动踏板，CA44b/3 端子和 CA44b/4 端子之间触点接通，CA44b/1 端子和 CA44b/2 端子之间触点断开，CA44b/1 端子电压切换到低电平，CA44b/4 端子电压切换到高电平。

VCU 根据制动信号 1 判断车辆在上电过程中是否处于静止的安全状态，以及驾驶人对车辆速度控制意图，行驶中根据此信号控制驱动电机输出电流以及能量回收功能。如果制动信号 1 出现故障，将导致 VCU 无法确定车辆是否处在静止的安全状态下，将禁止高压系统上电。

制动信号 1 由两条信号线路发送至 VCU，一路是由专用线束直接输入至 VCU，控制单元根据此信号判断车辆状态（制动踏板踩下车辆已制动、制动踏板没有踩下车辆处于不安全状态）；另一路信号通过制动开关信号及专用导线输送给电子稳定控制系统（ESC），ESC 接收到此信号后通过 V－CAN 输送给 VCU，VCU 结合这两个信号判断车辆在上电过程中的状态。如果有一个信号异常，整车高压系统将不会起动上电流程。

如果制动信号 1 对电源短路或开关触点损坏导致常闭，信号 1 电压一直处于高电位，这将导致 VCU 判断车辆一直处于制动状态，VCU 将发送信号至 MCU，MCU 将控制电机输出电流且降低功率，甚至不输出电流，导致车辆无法加速或无法行驶，同时也会导致后部制动灯长亮。

制动信号 2 为辅助信号，VCU 通过对检测到的制动信号 1 和 2 进行比对，来判断车辆当前状态是否符合运行状态，即制动踏板是否完全松开，制动力是否完全释放。如果制动信号 2 出现异常，VCU 根据此信号判定制动踏板没有完全松开，制动力没有完全释放，VCU 将发送信号至 MCU，禁止车辆在行驶档位中的行驶功能，驱动电机无电流输出，整车不能行驶。

如果制动信号 2 对电源＋B 短路，信号 2 电压一直处于高电位，这将导致受 IG 继电器控制的线路上一直有电，即在点火开关没有打开时，IG 电源上就有电压，同时车辆仪表长亮，无法关闭。但是在点火开关没有打开时踩制动踏板，仪表会熄灭。松开制动踏板，仪表上的指示灯反而点亮。

3. 加速踏板位置传感器

如图 1-18 所示为加速踏板位置传感器，它主要用于检测加速踏板的开度，并把该信号转换成反映驾驶人对车辆操纵意图的电子信号，输送给 VCU，VCU 内部运算处理后，把此信号转换为驱动电机转速、转矩的目标电子信号，通过 CAN 总线把信号传输给 MCU，作为 MCU 控制驱动电机转速、转矩、能量回收的重要参考信号。

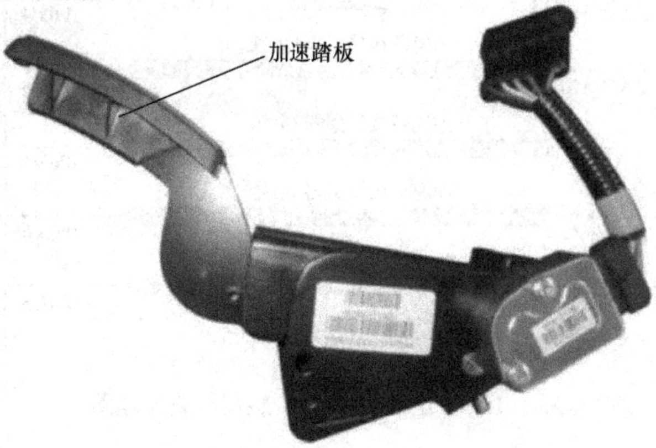

图 1-18　加速踏板位置传感器图

（1）结构

为保障系统安全，加速踏板位置传感器设计成双输出传感器，分别由两个滑动电阻式传感器 APS1、APS2 组成，两个传感器在同一基准电压下工作，基准电压由 VCU 提供。

（2）工作原理

随着加速踏板位置的改变，电位计滑动触点与其他端子之间的阻值也发生线性变化，由此产生能反映加速踏板踩踏量大小和变化速率的电压信号，并输入到 VCU，这两个传感器与加速踏板制成一体。

电位计式加速踏板位置传感器以分压线路原理工作，VCU 供给传感器线路 5V 参考电压。电位计加速踏板通过转轴与传感器内部的滑动变阻器的电刷连接，加速踏板位置传感器的位置改变时，电刷信号线与搭铁端之间的电压发生改变，VCU 内部的受压线路将该电压转换成加速踏板的位置信号，即驾驶人对车辆操纵的意图信号。

（3）工作线路

从吉利 EV 系列加速踏板位置传感器线路原理图（图 1-19）上可以看出，加速踏板位置传感器由两个传感器组成，分别有各自的供电电源、搭铁和信号线路。传感器 1 的信号电压由于增加了一个 R2 分压电阻，电压范围在 0.73 ~4.49V 变化。传感器 2 的信号由于没有分压电阻分压，电压范围在 0.35 ~2.25V 变化，两个传感器的信号特性如图 1-20 所示。其中电阻 R1、R2、R3 属于传感器内部线路。

VCU 通过 CA67/100 端子输出 5V 电源至加速踏板位置传感器 1 的 IP63/2 号端子，为传感器 1 提供 5V 参考电压，通过 CA67/124 端子与加速踏板位置传感器的 IP63/3 端子之间的线路为传感器 1 提供搭铁回路，最后经过传感器的 IP63/4 端子与 VCU 的 CA67/111 端子之间线路将反映加速踏板位置的信号输送给 VCU。

VCU 通过端子 CA67/99 输出 5V 电源至加速踏板位置传感器 2 的 IP63/1 端子，为传感器 2 提供 5V 参考电压，通过 CA67/123 端子与加速踏板位置传感器的 IP63//5 端子之间的

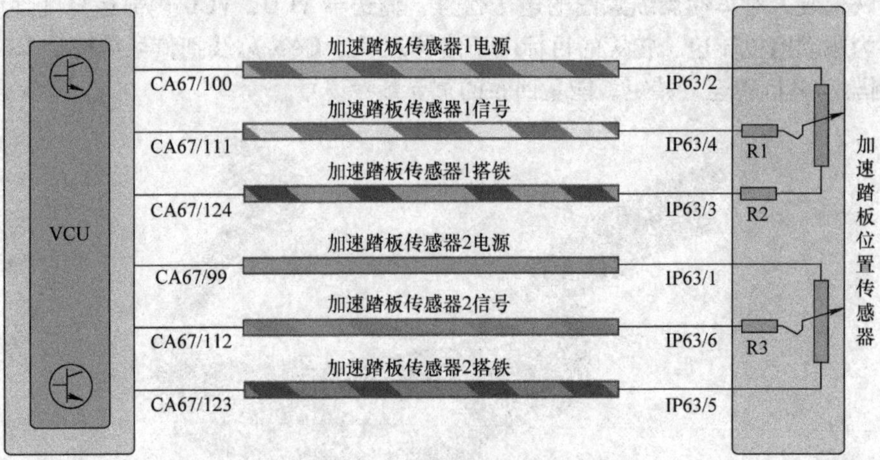

图 1-19　加速踏板位置传感器线路原理图

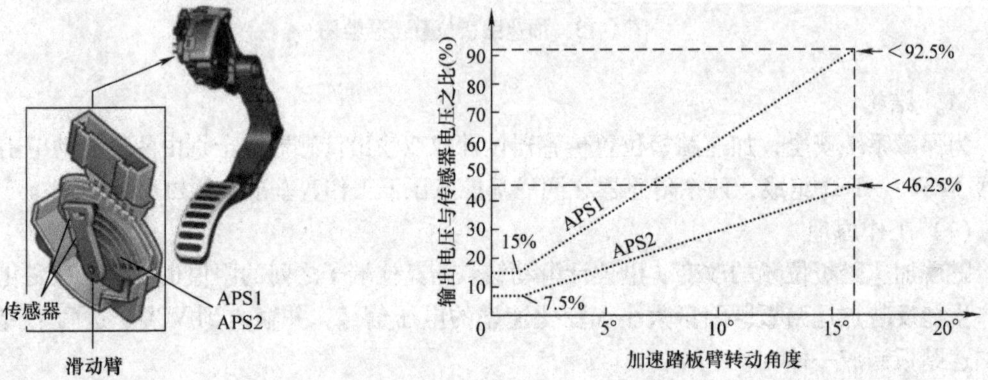

图 1-20　加速踏板位置传感器结构及信号特性

线路为传感器 2 提供搭铁回路，最后经过传感器的 IP63/6 端子与 VCU 的 CA67/112 端子之间的线路将反映加速踏板位置的信号输送给 VCU。

加速踏板位置传感器 1 作为车辆速度和转矩需求的辅助信号，加速踏板位置传感器 2 作为车辆速度和转矩需求的主信号。如果传感器 1 出现故障，VCU 将采用传感器 2 信号作为依据，对车辆进行控制。如果传感器 2 出现故障，VCU 将起动系统保护功能，即电机限功率，踩加速踏板加速时车辆速度无法提升。

三、VCU 通信

在电动汽车整车的网络管理中，VCU 是信号控制的中心，负责信号的组织与传输、网络状态的监控与管理，信号优先权的动态分配以及网络故障的诊断与处理等功能。通过 CAN 总线协调与其他单元以及车身 V－CAN 之间相互通信。如图 1-21 所示为数据总线结构图。

1. 线路结构

如图 1-22 所示为 CAN 数据总线结构图。CAN 总线局域网络中各 CAN 芯片、电阻、二

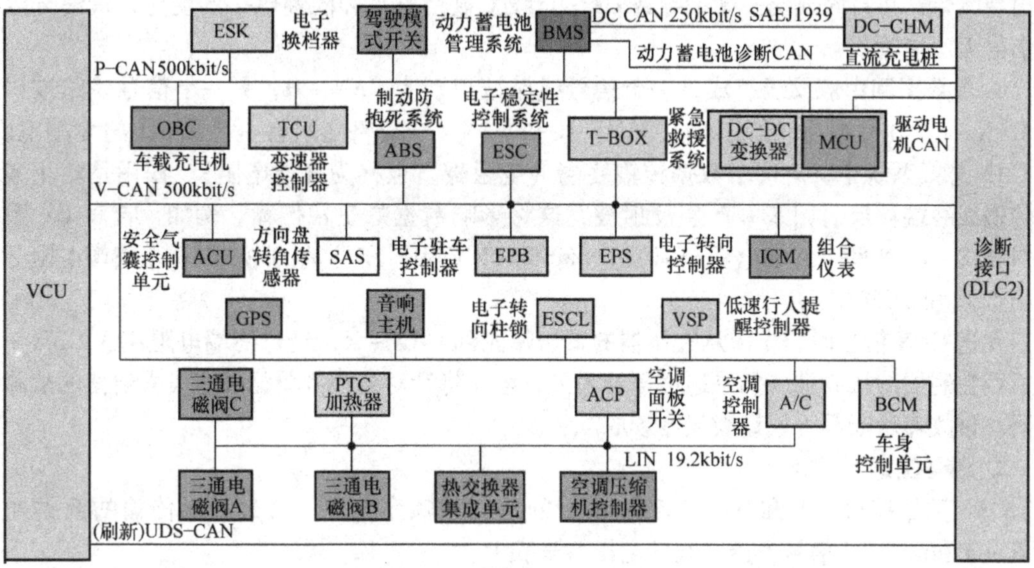

图 1-21　CAN 数据总线结构图

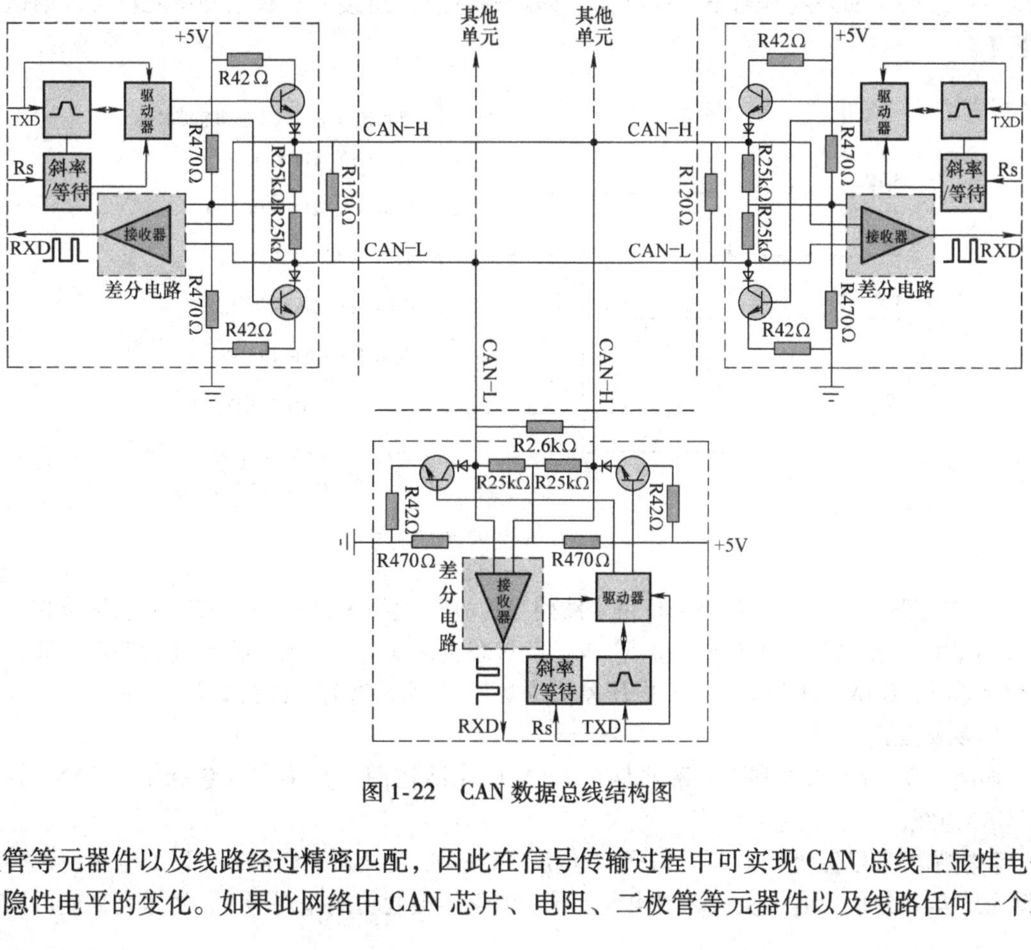

图 1-22　CAN 数据总线结构图

极管等元器件以及线路经过精密匹配，因此在信号传输过程中可实现 CAN 总线上显性电平和隐性电平的变化。如果此网络中 CAN 芯片、电阻、二极管等元器件以及线路任何一个地方出现故障，将打破线路平衡，导致 CAN 总线上显性电平和隐性电平的变化，最终导致总线信号无法传输。

CAN 数据网由双绞线组成，一个信号线路被识别为 CAN－H，另一个信号线路被识别为 CAN－L。在数据总线的末端，CAN－H 和 CAN－L 线路之间有一个 120Ω 的终端电阻。在 CAN 总线系统中，有两个数据传输终端（电阻器，也称为终端电阻），作用是防止数据在传输线终端被反射回来并产生反射波，这将影响数据的正常传输。例如，吉利 EV 系列 CAN 的 P－CAN 两个终端电阻分别位于 BMS 和 MCU 中，车身 V－CAN 的两个终端电阻分别位于 ESC 和 BCM 中。

发送 CAN 信号时，电流从控制器的发送端流到 CAN－H，经过终端电阻流入 CAN－L，再返回控制器的接收端。如果通信信号丢失，程序将针对各控制单元设置失去通信的故障诊断码。该故障诊断码可被诊断仪器读取。

2. 信号发送

CAN 数据符号（1 和 0）以 500kbit/s 的速率按顺序传输。通过总线传输的数据通过 CAN－H 和CAN－L信号电压之间的电压差来表示。

如图 1-23 所示为 CAN 数据总线特点，在两个线路总线处于静止时，CAN－H 和 CAN－L信号线路未被激活，这代表逻辑“0”。在此状态下，两个信号线路电压均为 2.5V，电压差约为 0V。此状态也称静电平状态，即隐性状态，连接的所有控制单元都可以修改它的状态。

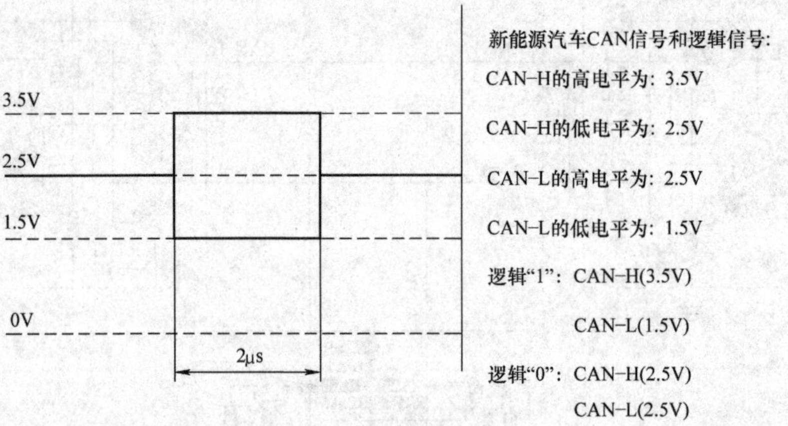

图 1-23　CAN 数据总线特点

当传输逻辑“1”时，CAN－H 信号线路被拉高至大约 3.5V，且 CAN－L 线路被拉低至约 1.5V，电压差约为 2.0（+/－0.5）V，此状态也称动电平状态，即显性状态。因此，在隐性状态时，CAN－H 和 CAN－L 电压差值为 0V，显性状态时差值为 2.0V。

3. 实际应用

如图 1-24 所示为吉利 EV 系列整车 CAN 总线结构图，其中主要包括 P－CAN 总线、V－CAN总线。

新能源汽车较传统汽车多了 BMS、VCU、DC－DC 变换器、OBC、MCU、电动空调等控制单元。虽然各单元名称及系统结构有差异，但整体控制功能差别不大，各单元之间除了数

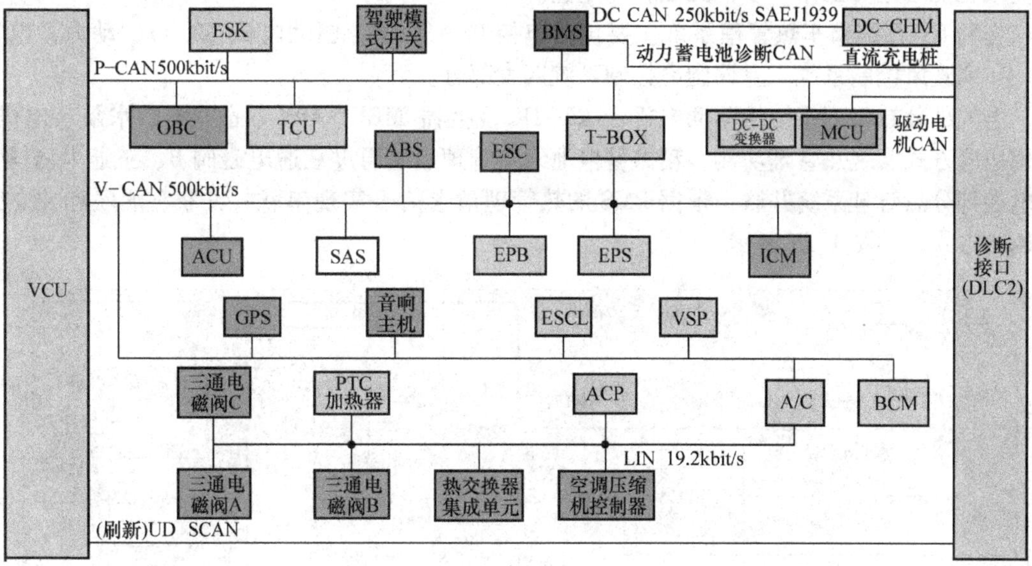

图 1-24　CAN 数据总线结构图

据交换外，仪表还需在原有的基础上显示 SOC、电压充电状态、动力蓄电池温度等信号，这些信号都是通过 CAN 总线进行传输的。其中 P-CAN 总线数据信号主要有动力蓄电池温度、电压、电流信号、充电信号、高压绝缘信号、高压互锁信号、加速踏板信号、制动踏板信号、档位信号、能量回收信号、能量管理信号、冷却控制信号、故障等级信号。

车身 V-CAN 总线主要连接电子转向柱锁控制器（ESCL）、组合仪表、EPB、空调控制器、安全气囊控制单元（ACU）、BCM 等，组成一个局域网络。主要数据信号有遥控防盗信号、点火电源控制信号、整车热管理信号、倒车影像号、距离信号、气囊数据信号、玻璃升降器控制信号、远程监控数据信号、行驶状态信号、故障等级信号等。

四、整车热管理系统

1. 热管理系统的功能

驱动电机和 MCU、DC-DC 变换器工作电流大，产热量大，同时系统处于封闭的空间，导致其温度上升，如果温度过高，将导致电机功率下降，电机绕组和 MCU、DC-DC 变换器内部的 IGBT 烧毁，车辆无法正常运行。

动力蓄电池最佳的工作温度为 25℃左右，但动力蓄电池工作电流大，产热量大，同时动力蓄电池处于一个相对封闭的环境，导致蓄电池的温度上升，如果不加以控制，将导致蓄电池组内部化学结构极不稳定，甚至造成大的安全事故。同时，在低温下车辆充电（慢充、快充）及行驶时，蓄电池性能急剧下降，导致充电时间加长，行驶里程受限。

车辆在进行慢充电时，OBC 起动工作，为动力蓄电池补充电能。同时还需要起动 DC-DC 变换器工作，为辅助蓄电池和整车系统进行低压供电，保证车辆长时间充电时的低压电能。在这期间，OBC 和 DC-DC 变换器内部 IGBT 持续工作，产生大量热，需要及时散发，保证功率线路正常工作。如果这些热量散发不出去，将导致 OBC 和 DC-DC 变换器功率线路烧毁，无法正常工作，车辆无法补充电能。

吉利 EV 系列整车热管理系统主要包括电控部分（OBC/驱动电机/MCU）、动力蓄电池组、空调暖风控制系统、空调制冷控制系统四大部分。

电控部分热管理系统将驱动电机、DC－DC 变换器/MCU、OBC、散热器、水泵（电机）采用串联方式实现热管理功能。动力蓄电池组热管理系统通过三通电磁阀 B、三通电磁阀 C 和电控部分热管理系统并联，根据 BMS 的热管理请求信号实现串联、并联、混联和独立工作四种方式，如图 1-25 所示。

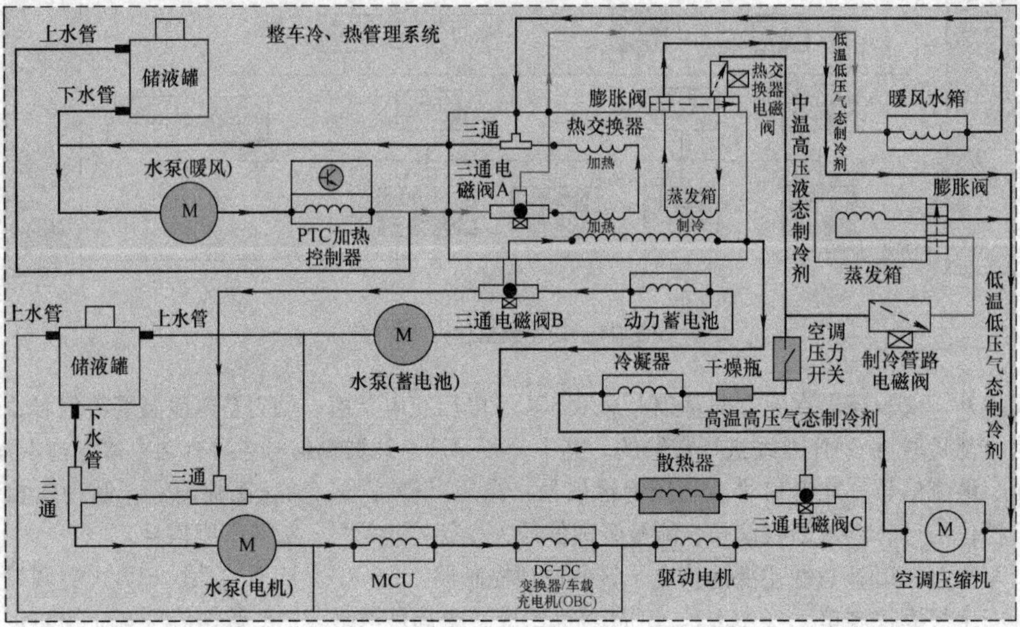

图 1-25　整车热管理系统

整车热管理将电机、电控部分的液态温控系统与动力蓄电池的液态温控系统打通，中间通过两个电磁阀（B/C）和一个阀体（热交换器阀体）控制冷却及预热功能。同时通过一个电磁阀（A）引入 PTC 加热器的暖风热源，为动力蓄电池进行充电预热。

2. 热管理系统组成

VCU 控制驱动电机、MCU、DC－DC 变换器、OBC 的热管理，热管理系统的主要组成部件包括冷却液散热器、冷却风扇、控制单元、温度传感器和水泵（电机），如图1-26 所示。

（1）水泵（电机）

水泵（电机）串联在冷却风扇和 MCU 之间，负责建立电控系统及动力蓄电池系统冷却液流动的压力。其线路原理图如图 1-27 所示，VCU 接收到点火开关打开及充电设备连接完成信号后，通过内部将 CA67/115 端子搭铁，水泵继电器工作，接通继电器端子 3 和 5，＋B 电源通过熔丝 EF06（10A）、继电器到达水泵（电机）端子 BV14/3，为水泵提供电源。水泵端子 BV14/1 通过线路和车身搭铁相连，为水泵及调速单元提供搭铁回路。

VCU 内部通过检测端子 CA67/83 电压，可判知继电器工作状态以及水泵＋B 电源供电

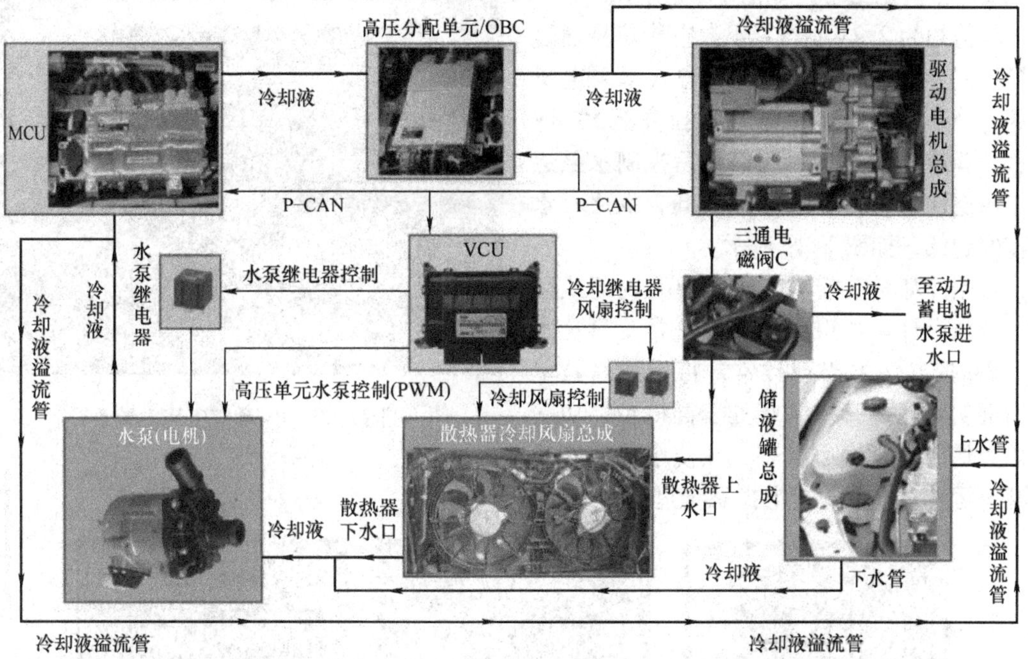

图 1-26　热管理系统的组成

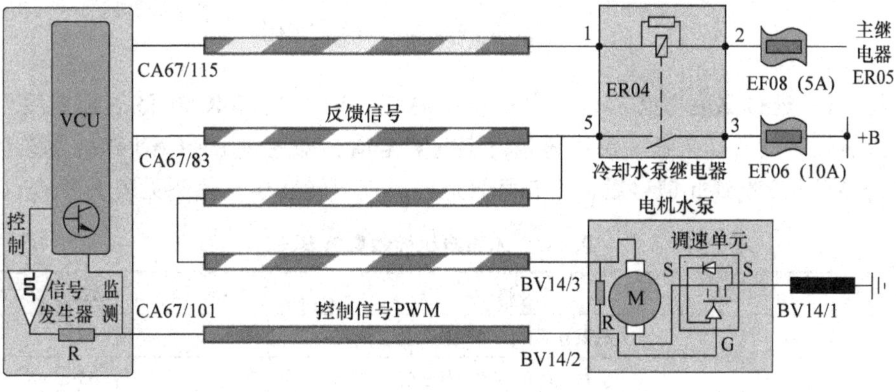

图 1-27　水泵（电机）线路原理图

状态。水泵继电器正常工作后，此端子上电压为 + B，VCU 即判知继电器状态良好，水泵电源供电正常；如果 VCU 控制继电器工作后，VCU 检测到此端子电压为 0V 时，即可判知继电器工作异常，水泵电源供电异常，VCU 内部生成故障代码。

如果继电器自身、供电及控制线路出现故障，会导致电机水泵无法获得运转电源，水泵将不能运转，如果车辆长时间运行，可能导致电控系统温度过高，致使系统启动限功率保护功能，车辆无法加速，严重时车辆可能停止运行。

VCU 通过 P - CAN 总线接收到 MCU、DC - DC 变换器、OBC 发送过来的热管理启动请求信号以及热管理等级后，通过 CA67/101 端子输出一个幅值约为 2.2V 的脉冲宽度调制

(PWM) 占空比信号，如图 1-28 所示。

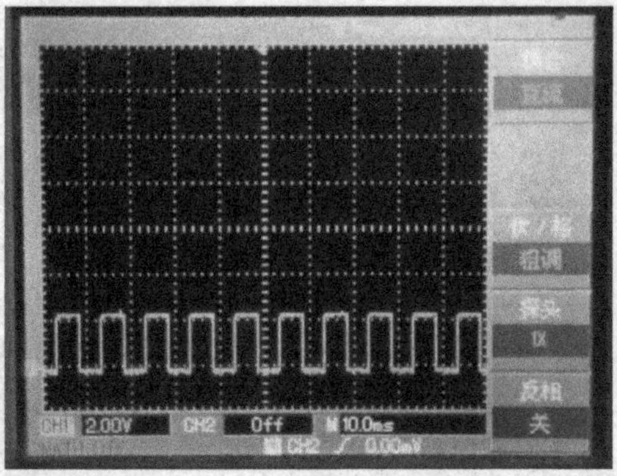

图 1-28　PWM 占空比信号

幅值约为 2.2V 的 PWM 占空比信号通过水泵控制导线、端子 BV14/2 进入水泵电机内部，波形幅值被上拉电阻 R 拉高至 10.8V 左右，调速单元接收到此信号后控制水泵运转。占空比越大，水泵转速越高，反之，水泵转速越低，如图 1-29 所示。

根据冷却系统需求，水泵单元内部线路进行特殊设计。如果水泵电源正常，只是水泵 PWM 控制信号出现异常，将导致水泵单元内部功率晶体管控制端处于高电位，功率晶体管保持完全接通状态，致使水泵一直处于高速运转，以此防止电控系统过温，引起安全事故。

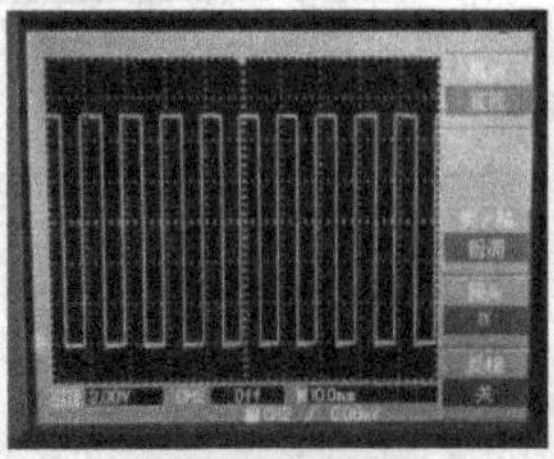

风扇不运转时控制波形

风扇低速运转时控制波形

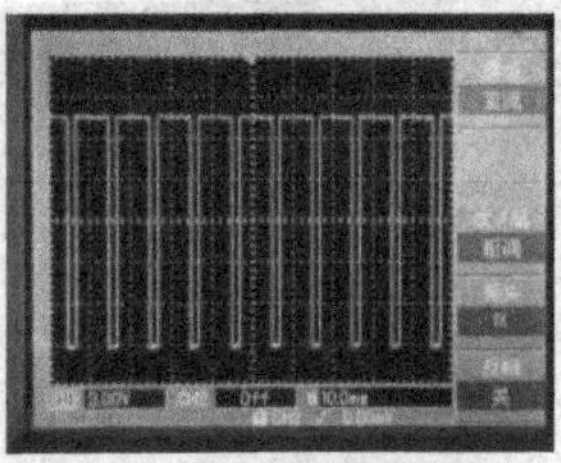

风扇高速运转时控制波形

图 1-29　水泵 PWM 控制信号波形图

MCU、OBC 通过温度传感器检测电机绕组温度、MCU 内部 IGBT 散热板温度、OBC 内部 IGBT 散热板温度，如果任一温度超过设定的安全值，即通过 P – CAN 总线发送热管理信号至 VCU，VCU 接收到此信号后，控制水泵运转，其运转和停止控制见表 1-2。

表 1-2　水泵电机控制真值表

名称	内容	参数/℃
水泵（电机）	水泵开启的 IGBT 温度值	45
	水泵关闭的 IGBT 温度值	35
	水泵开启的电机温度值	60
	水泵关闭的电机温度值	50
	水泵开启的充电机温度值	50
	水泵关闭的充电机温度值	40
过温保护（零转矩输出）	IGBT 温度值	90
	电机绕组温度值	140

(2) 冷却风扇

吉利 EV 系列冷却风扇采用双风扇、高低速的控制模式。冷却风扇的开启和停止由 VCU 根据温度需求，利用冷却风扇低速和高速继电器直接控制，在低速线路中，采用串联调速电阻的方式来改变风扇的转速，其线路结构如图 1-30 所示。

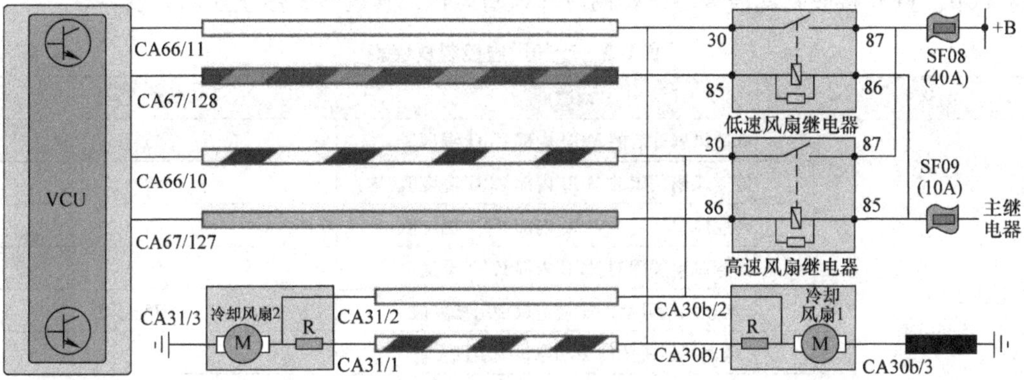

图 1-30 冷却风扇控制线路原理图

冷却风扇可加速散热器表面空气的流动速度，带走由冷却液传递给散热器的热量，降低冷却液温度。其控制由冷却风扇高速控制线路和低速控制线路组成。

1）冷却风扇低速控制。

VCU 接收到 MCU、OBC 通过 P－CAN 总线发送的低等级热管理系统启动请求后，通过内部将 CA67/128 端子搭铁，低速风扇继电器工作，接通继电器端子 87 和 30，＋B 电源通过熔丝 SF08（40A）、继电器、冷却风扇 1 端子 CA30b/1 和冷却风扇 2 端子 CA31/1、调速电阻 R 到达冷却风扇电机，为冷却风扇 1 和 2 提供电源。冷却风扇 1 和 2 分别通过端子 CA30b/3 和 CA31/3 线路和车身搭铁相连，为冷却风扇 1 和 2 提供搭铁回路。

VCU 内部通过检测端子 CA66/11 电压，可判知继电器工作状态以及低速风扇电源供电状态。低速风扇继电器正常工作后，此端子上电压为＋B，VCU 检测到此端子电压为＋B时，即可判知继电器状态良好，低速风扇电源供电正常；如果 VCU 控制继电器工作后，检测到此端子电压为 0V，即可判知继电器工作异常，低速风扇电源供电异常，VCU 内部生成故障代码。

2）冷却风扇高速控制。

VCU 接收到 MCU、OBC 通过 P－CAN 总线发送的高等级热管理系统启动请求后，通过内部将 CA67/127 端子搭铁，高速风扇继电器工作，接通继电器端子 87 和 30，＋B 电源通过熔丝 SF08（40A）、继电器、冷却风扇 1 端子 CA30b/2 和冷却风扇 2 端子 CA31/2 到达冷却风扇电机，为冷却风扇 1 和 2 提供电源。冷却风扇 1 和 2 分别通过端子 CA30b/3 和 CA31/3 线路和车身搭铁相连，为冷却风扇 1 和 2 提供搭铁回路。

VCU 内部通过检测端子 CA66/10 端子电压，可判知继电器工作状态以及高速风扇电源供电状态。高速风扇继电器正常工作后，此端子上电压为＋B，VCU 检测到此端子电压为＋B时，即可判知继电器状态良好，高速风扇电源供电正常；如果 VCU 控制继电器工作后，检测到此端子电压为 0V，即可判知继电器工作异常，高速风扇电源供电异常，VCU 内部生成故障代码。

3）冷却风扇控制策略。

MCU、OBC 通过温度传感器检测电机绕组温度、MCU 内部 IGBT 散热板温度、OBC 内部 IGBT 散热板温度，如果任一温度超过设定的安全值，即通过 P－CAN 总线发送热管理信号至 VCU，VCU 接收到此信号后，控制冷却风扇运转，其运转和停止控制见表 1-3。

表 1-3　冷却风扇控制真值表

名称	内容	参数/℃
冷却风扇	低速风扇开启的 MCU 内部 IGBT 温度值	55
	低速风扇关闭的 MCU 内部 IGBT 温度值	50
	高速风扇开启的 MCU 内部 IGBT 温度值	65
	高速风扇关闭的 MCU 内部 IGBT 温度值	60
	低速风扇开启的驱动电机绕组温度值	75
	低速风扇关闭的驱动电机绕组温度值	70
	高速风扇开启的驱动电机绕组温度值	80
	高速风扇关闭的驱动电机绕组温度值	75
	低速风扇开启的 OBC 温度值	80
	低速风扇关闭的 OBC 温度值	70
过温保护（零转矩输出）	IGBT 温度值	90
	电机绕组温度值	140

3. 热管理系统运行模式

按系统功能分为预热管理和散热（冷却）管理；按工作状态分为运行热管理和充电热管理。

（1）车辆运行过程中的预热管理

在运行放电模式下，当动力蓄电池温度低于 0℃ 时加热开启，高于 3℃ 时加热关闭，运行预热时引入电机、电控部分工作时所产生的热源。驱动电机只要运转就会产生热量，这个发热源不仅效率比 PTC 加热器快很多，并且不用消耗蓄电池电量。因此将电机、电控系统运转时产生的热量，由冷却液作为介质，将热量传递给动力蓄电池组，既能够给单体蓄电池快速加温，又完全不消耗蓄电池电量。一旦蓄电池温度达到标定值，阀体就会断开连接。断开后的电机、电控系统与动力蓄电池的温控系统恢复各自独立运行，如图 1-31 所示。

如图 1-32 所示为热管理控制线路原理图，BMS 将动力蓄电池温度预热请求信号通过动力P－CAN（CA69/3、CA69/4 端子）发送至 VCU（CA66/8、CA66/7 端子），VCU 接收到动力蓄电池预热请求信号后，控制 CA67/115 端子至水泵（电机）冷却继电器 1 线路搭铁，继电器工作，为水泵（电机）提供电源。VCU（CA67/101 端子）根据当前的温度信号输出 PWM 占空比信号，控制水泵运转速度（冷却液流量）。占空比越大，水泵转速越高，反之，水泵转速越低。VCU 同时通过 CA67/83 端子返回的信号检测和判断水泵的工作状态，实现闭环控制。

在此同时，VCU 通过 V－CAN（CA66/22、CA66/23 端子）发送动力蓄电池预热请求至空调控制器（IP85/4、IP85/5 端子），空调控制器接收到预热信号后，通过 LIN 总线（IP85/3 端子）发送数据至三通电磁阀 B、三通电磁阀 C。三通电磁阀 B 打开至回水管三通的水道，三通电磁阀 C 打开至水泵（电机）的水道，关闭散热器水道；同时空调控制器控制水泵（蓄电池）工作，电机、电控部分加热的冷却液开始流向动力蓄电池，为蓄电池

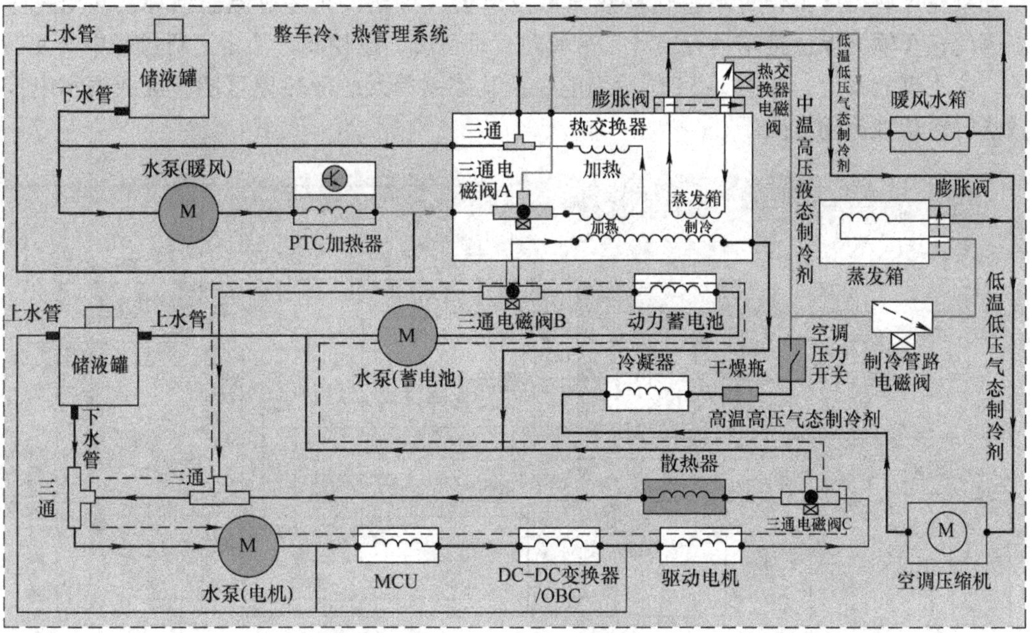

图 1-31 运行预热循环控制图

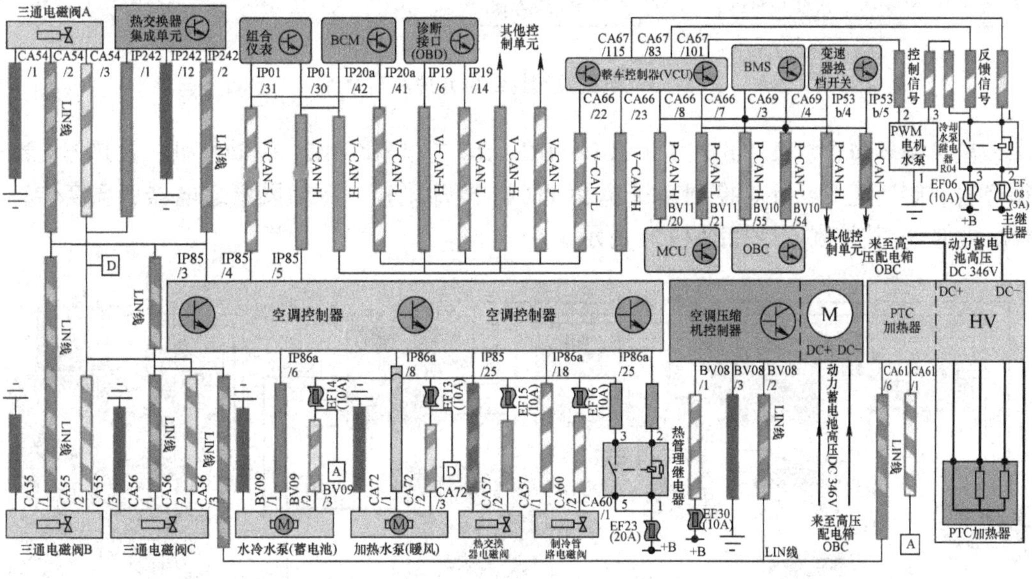

图 1-32 热管理控制线路原理图

预热。

（2）车辆运行过程中的散热（冷却）管理

1）电机及其控制单元的散热。

车辆在运行过程中，MCU、DC－DC 变换器、驱动电机是车辆运行中的功率输出单元，这些单元在工作时有一部分电能会转化为热能集在这些功率元件上，致使元件温度升高。

如果在这些元件工作时不将这些热量散发出去，将导致元件过温而损坏，甚至发生火灾。因此，车辆为保证整车运行设计了一套热管理系统，以控制、稳定运行过程中的元器件温度，防止事故发生。如图 1-33 所示为电机及其控制单元的散热原理图，虚线表示电控单元散热时冷却液流动方向。

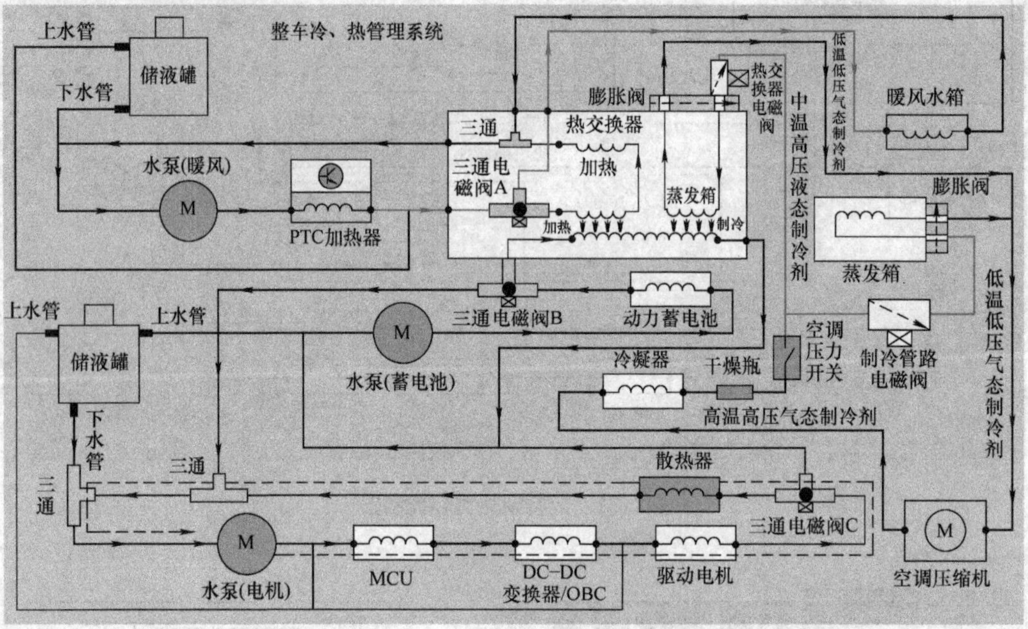

图 1-33　电机及其控制单元的散热原理

该散热循环包含水泵（电机）、MCU、DC－DC 变换器/OBC、驱动电机、散热器、冷却液循环管、储液罐等元件。控制系统包含 VCU、冷却风扇、冷却风扇继电器、温度传感器（MCU 内部）。其控制原理如图 1-34 所示。

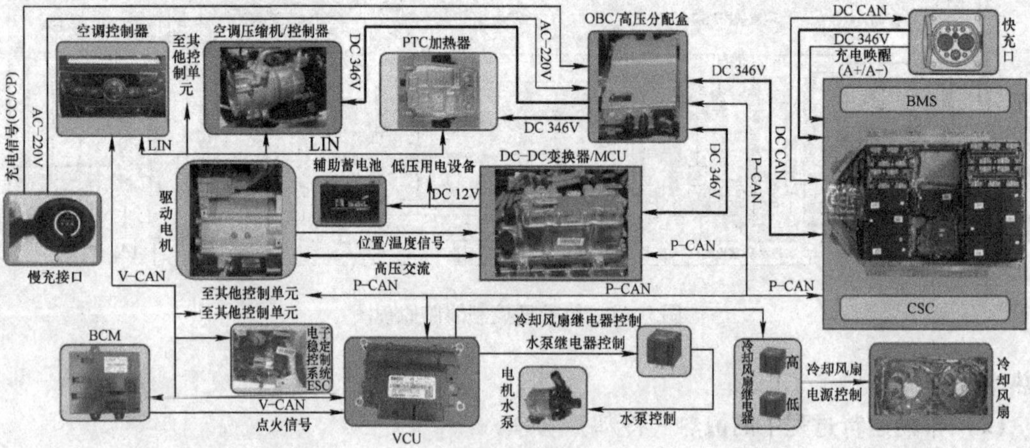

图 1-34　电机及其控制单元的散热控制原理

电控单元热管理由 VCU 实际控制，在充电过程中，车载充电机根据内部温度传感器，实时监测 MCU 功率转换元器件的工作温度，如果超过预设的阈值（45℃），起动水泵，对冷却液加压，冷却液在 MCU、DC－DC 变换器/OBC、驱动电机、散热器之间进行循环，对电控单元及电机进行散热降温。当温度≥45℃时，冷却风扇低速运转；当温度≥78℃时，冷却风扇高速运转。其控制线路如图 1-35 所示。

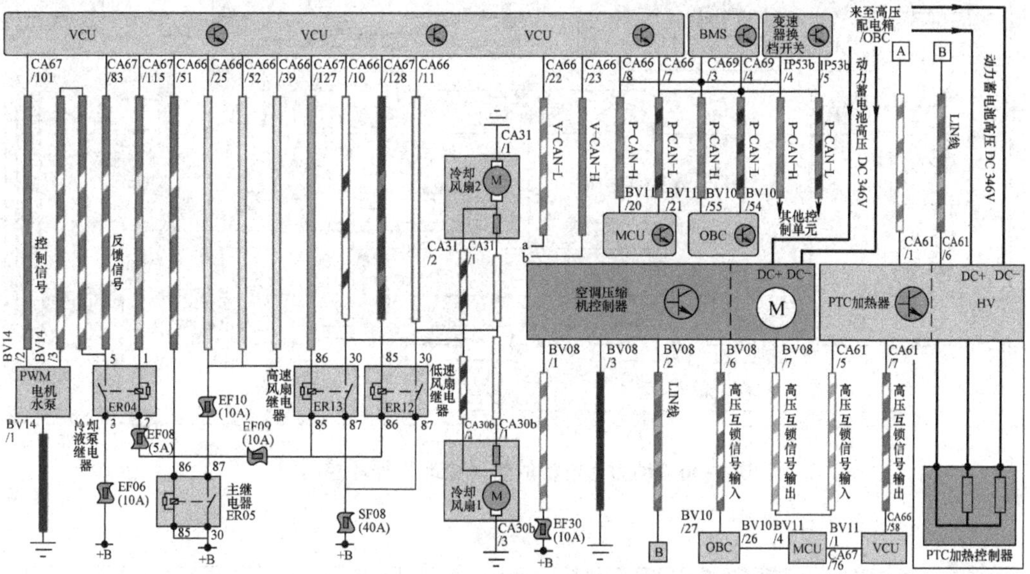

图 1-35　电控散热控制线路原理图

2）动力蓄电池的散热。

在车辆运行过程中，动力蓄电池温度上升，如果不加以控制，将严重影响蓄电池性能，甚至发生火灾事故。因此 BMS 检测动力蓄电池温度，当动力蓄电池温度高于预设的阈值时（38℃），BMS 发出动力蓄电池冷却请求信号至 VCU、空调控制单元和空调压缩机控制单元。

如图 1-36 所示为动力蓄电池散热（冷却）循环控制图，空调控制单元控制三通电磁阀 B 打开热交换器冷却通道，水泵（蓄电池）起动工作，同时，空调压缩机控制单元关闭制冷管路电磁阀，打开热交换器电磁阀，空调压缩机起动，制冷剂流入热交换器，降低动力蓄电池内部流出的冷却液温度，再通过水泵（蓄电池）进入动力蓄电池，形成散热冷却循环，降低动力蓄电池温度。

如图 1-37 所示为热循环系统控制线路原理图，BMS 检测到蓄电池温度超过 38℃时，将蓄电池冷却请求信号通过动力 P－CAN（CA69/3、CA69/4 端子）发送至 VCU（CA66/8、CA66/7 端子），VCU 接收到动力蓄电池冷却请求信号后，通过 V－CAN（CA66/22、CA66/23 端子）发送动力蓄电池冷却请求至空调控制器（IP85/4、IP85/5 端子），空调控制器接收到蓄电池冷却信号后，通过 IP86a/25 端子将至热管理继电器端子 2 间线路搭铁，热管理继电器工作，为水冷水泵（蓄电池）提供电源；同时为热交换器电磁阀、制冷管路电磁阀、加热水泵（暖风）、三通电磁阀 A、三通电磁阀 B、三通电磁阀 C、PTC 加热器提供电源。

空调控制器再通过 LIN 总线（IP85/3 端子）发送数据至三通电磁阀 B、三通电磁阀 C，三通电磁阀 B 关闭至回水管三通的水道，打开至热交换器的水道。三通电磁阀 C 关闭至水泵（电机）的水道，打开散热器水道。同时水冷水泵（蓄电池）通过 IP86a/6 端子输出

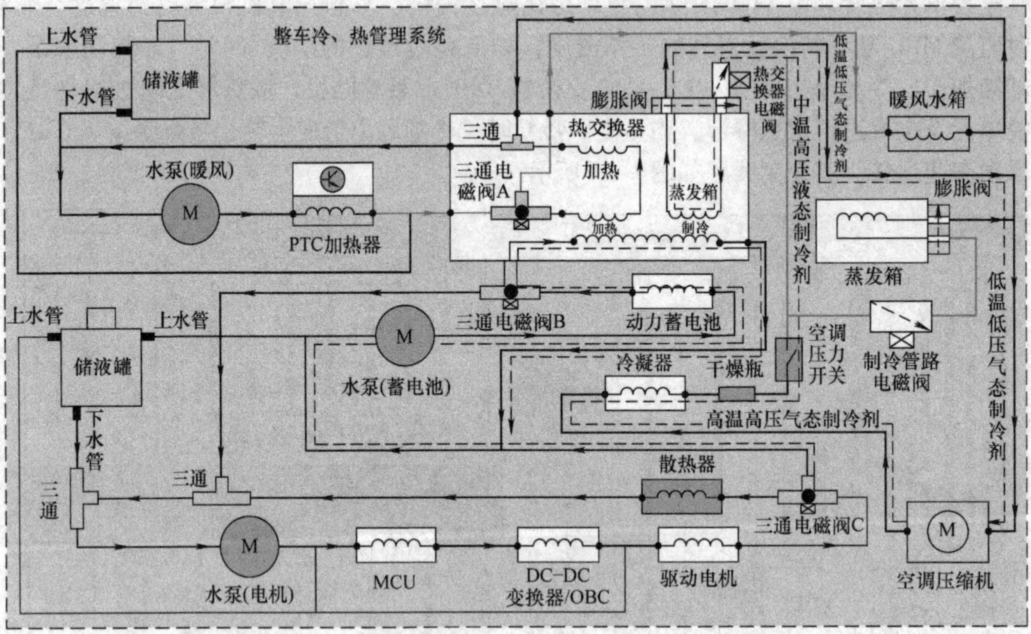

图 1-36　动力蓄电池散热（冷却）循环控制图

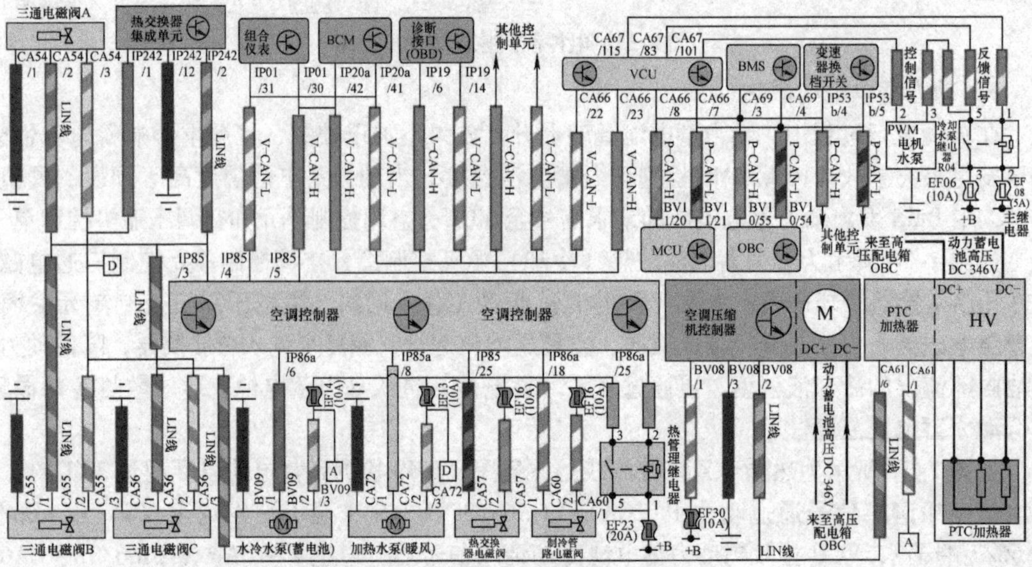

图 1-37　热循环系统控制线路原理图

PWM 信号控制水泵运转。

空调控制器检测空调开关（AC）是否开启，如果没有开启，空调控制器通过 IP86a/18 端子关闭制冷管路电磁阀，切断驾驶室蒸发箱制冷剂的流通通道，通过 IP85/25 端子打开热交换器电磁阀，接通热交换器内制冷剂的流通通道。

空调控制器再通过 LIN 总线（IP85/3 端子）发送空调起动请求信号至空调压缩机控制

器 BV08/2 端子，空调压缩机控制器接收到此信号后起动空调压缩机，制冷剂循环至热交换器，将动力蓄电池内部循环出来的高温冷却液温度降低，再通过水冷水泵（蓄电池）加压后进入动力蓄电池，对蓄电池进行降温。

BMS 检测到蓄电池温度低于 32℃时，通过动力 P－CAN 发送水冷关闭信号，空调控制器通过 V－CAN 接收到此信号后，关闭空调压缩机、水冷水泵（蓄电池），运行散热（冷却）过程结束。

（3）车辆充电过程中的预热

在低温条件下充电，BMS 因蓄电池内部温度低而对充电电流进行限制，只能在十几安甚至几安的状态下充电。只有经过较长时间的低速充电之后，因单体蓄电池自然升温，充电电流才慢慢提高，严重影响充电时间，尤其是快充。

吉利 EV 系列配置有充电前的预热方案，在连接充电桩之后如果环境温度过低，会先对蓄电池进行预加温。当蓄电池内部温度迅速达到合适的数值后，再启动对蓄电池组的快速充电。这不仅减少了充电时间，同时还避免低温状态下快充对单体蓄电池可能造成的伤害。

慢充电模式：当蓄电池温度低于 0℃时加热开启，高于 3℃时加热关闭。

快充电模式：当蓄电池温度低于 10℃时加热开启，高于 12℃时加热关闭。

如图 1-38 所示为充电预热循环控制图，图中虚线条分别为 PTC 加热器的冷却液流动方向和动力蓄电池内冷却液的流动方向。

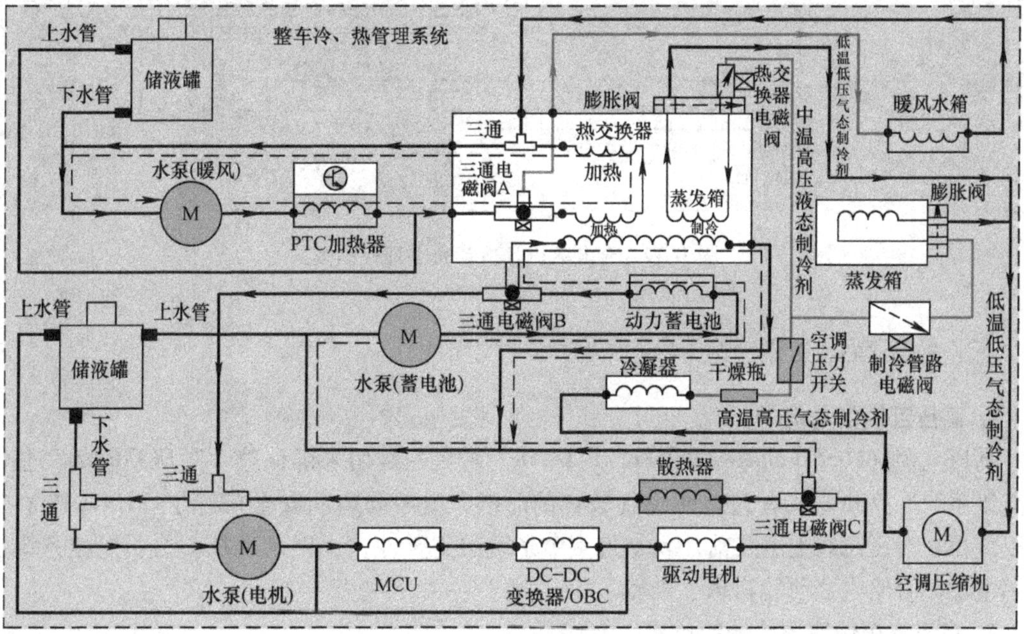

图 1-38　充电预热循环控制图

（4）充电过程中的散热（冷却）

在车辆充电（快充、慢充）过程中，动力蓄电池温度上升，如果不加以控制，将严重影响蓄电池性能，甚至发生火灾事故。因此 BMS 检测动力蓄电池温度，当动力蓄电池温度高于预设的阈值时，BMS 发出动力蓄电池冷却请求信号至空调控制单元和空调压缩机控制单元。空调控制单元控制三通电磁阀 B 打开热交换器冷却通道，水泵（蓄电池）起动工作，同时，空调压缩机控制单元关闭制冷管路电磁阀，打开热交换器电磁阀，空调压缩机起动，制冷剂流入热交换器，降低动力蓄电池内部流出的冷却液温度，再通过水泵（蓄电池）进入动力蓄电池，内部冷却管路形成散热冷却循环，降低动力蓄电池温度。

如图 1-39 所示，图中虚线条分别为冷却液流动方向和空调制冷剂流动方向。在慢充模式下当动力蓄电池温度高于 38℃时冷却模式开启，低于 32℃时冷却模式关闭；在快充模式下动力蓄电池温度高于 32℃时冷却模式开启，低于 28℃时冷却模式关闭。

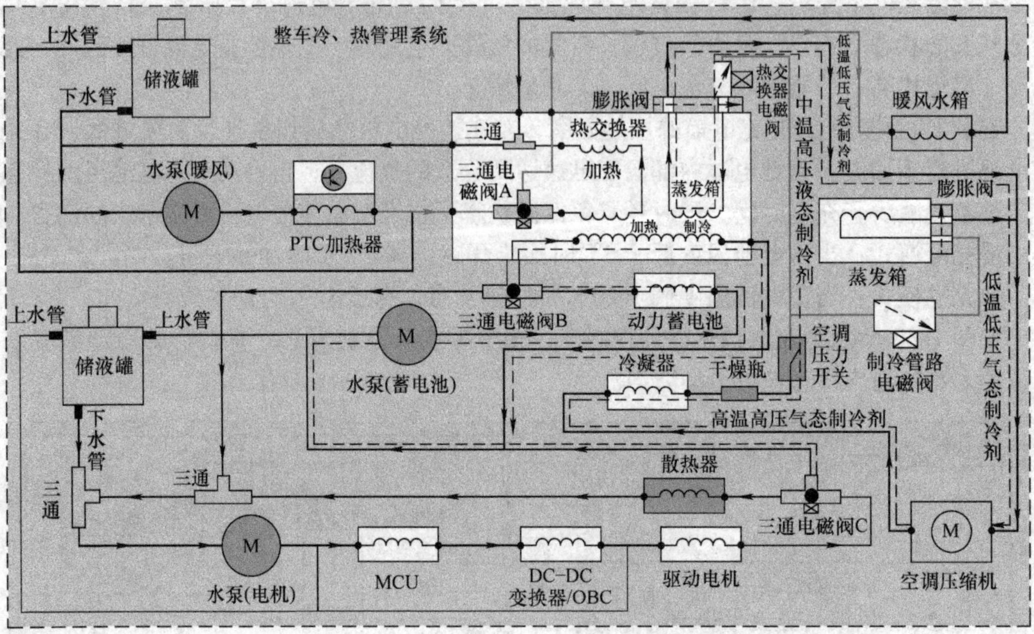

图 1-39　充电散热（冷却）循环控制图

五、整车高压互锁

1. 高压互锁的功能

高压互锁（High Voltage Inter Lock，HVIL）的目的是用来确认整个高压系统的完整性，当高压系统回路断开或者完整性受到破坏的时候，就需要启动安全措施了。HVIL 的存在，可以使得在高压总线上电之前，就知道整个系统的完整性，也就是说在动力蓄电池系统主、负继电器闭合给电之前就防患于未然。

2. 高压互锁线路插接器的结构

如图 1-40 所示为高压插接器互锁端子结构图。高压互锁线路是在高压插接器内部增加低压检测线路，一般单元端插接器为两个插孔，线束端插接器为两个内部短路的插脚。如果高压线束的插接器连接，单元端插接器的两个插孔被线束端两个插脚短路接通，只要检测单元端两个线束电压或波形状态，即可确认插接器连接状态，即高压线路的完整性。

3. 高压互锁线路的分类

按照线路特点，高压互锁线路的检测方法分为串联式和并联式两种。

图 1-40 高压插接器互锁端子结构图

（1）串联式

通过一条低压线路，将主要高压单元的单元端高压插接器和线束端的高压插接器短路连接，VCU 通过检测此线路上的信号就可知道高压部件连接的完整性，其连接结构如图 1-41 所示。

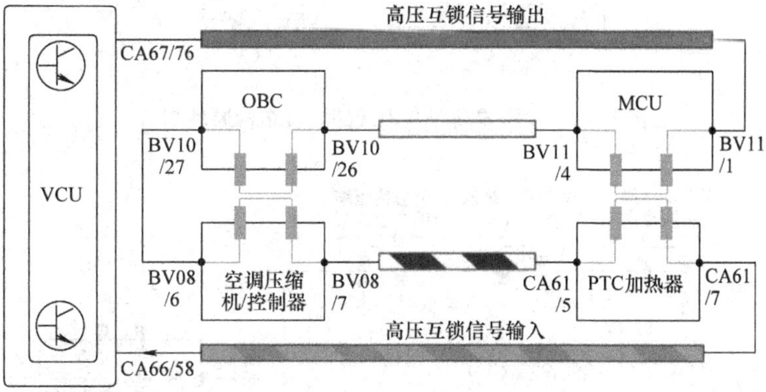

图 1-41 串联式高压互锁线路连接原理图

（2）并联式

如图 1-42 所示为并联式高压互锁线路连接原理图。高压互锁线路集成在高压控制单元内部，外部没有连接线束，每个高压插接器互锁线路由单元单独检测，如果某一个高压插接器连接状态出现故障，单元就会立即判断出故障部位，从而方便检测和维修。

按照高压互锁线路的信号特点分为：

（1）电压

VCU 通过内部线路输出一个恒压恒流的 9V 左右的电源，通过高压互锁线路将所有高压元件以及高压线缆插接器串联起来，最后通过空调压缩机插接器连接至搭铁，如图 1-43 所示。高压插接器及元件连接正常无断开现象时，VCU 内部检测点 A 电压为 0V；高压插接器及元件连接有任一断开现象时，VCU 内部检测点 A 电压为 9V 左右。

（2）波形

VCU 通过内部产生一个频率恒定的占空比信号，通过端子输出至高压互锁线路，高压

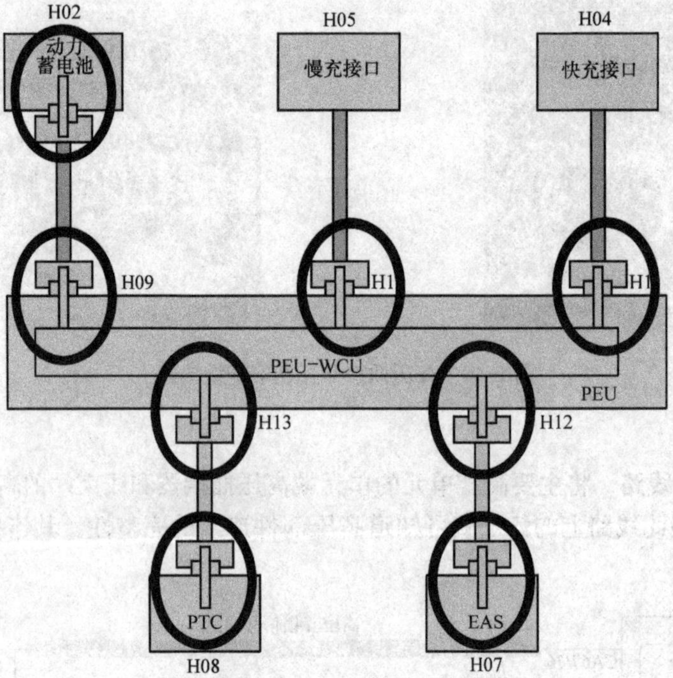

图 1-42　并联式高压互锁线路连接结构原理图

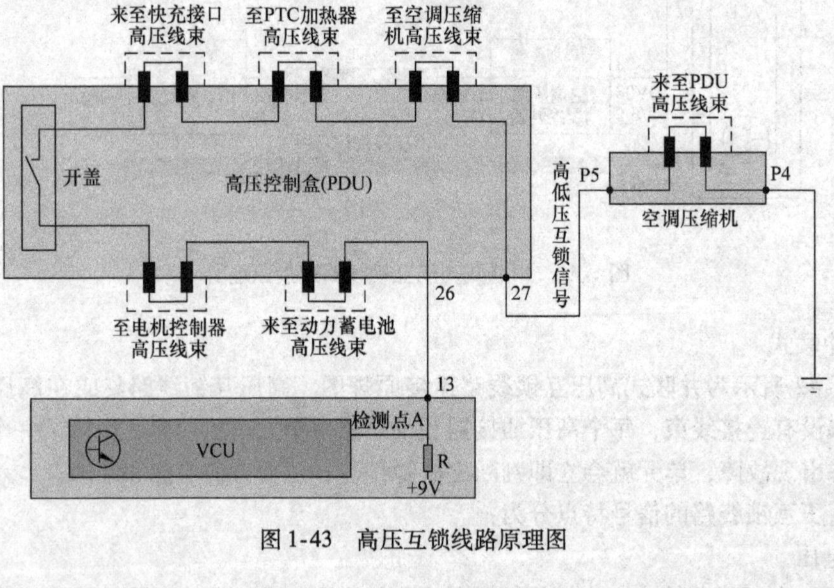

图 1-43　高压互锁线路原理图

互锁线路将所有高压元件以及高压线缆插接器串联起来，最后通过另一条线路（检测回路）回到 VCU，如图 1-44 所示。高压插接器及元件连接正常无断开现象时，VCU 内部检测到另一条线路（检测回路）上为频率恒定的占空比信号，即判定高压系统连接状态处于完整状态；如果高压插接器及元件连接有任一断开现象时，VCU 内部将检测不到频率恒定的占空比信号，即判定高压互锁断开，启动系统保护功能，此时有可能导致高压不上电，车辆无法运行以及充电。

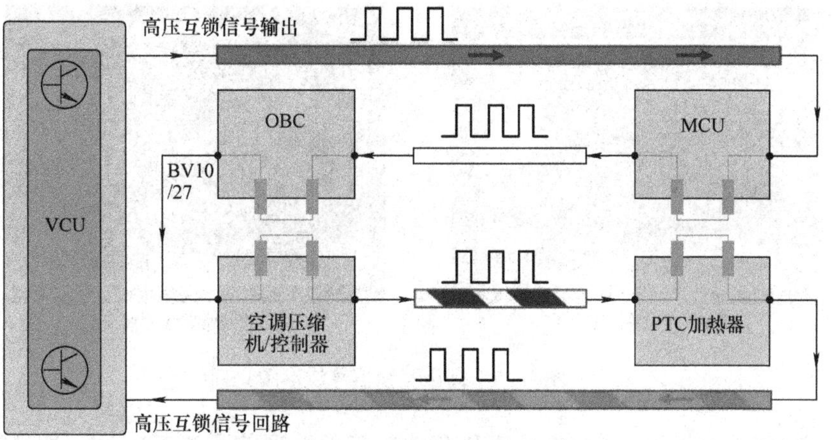

图 1-44　高压互锁线路结构图

4. 吉利 EV 系列高压互锁线路的组成

吉利 EV 系列高压互锁线路原理图如图 1-45 所示，高压互锁线路采用串联、波形检测的方式。参与高压互锁的主要高压部件有 MCU 及高压线束、OBC 及高压线束、PTC 加热器及高压线束、空调压缩机及高压线束。

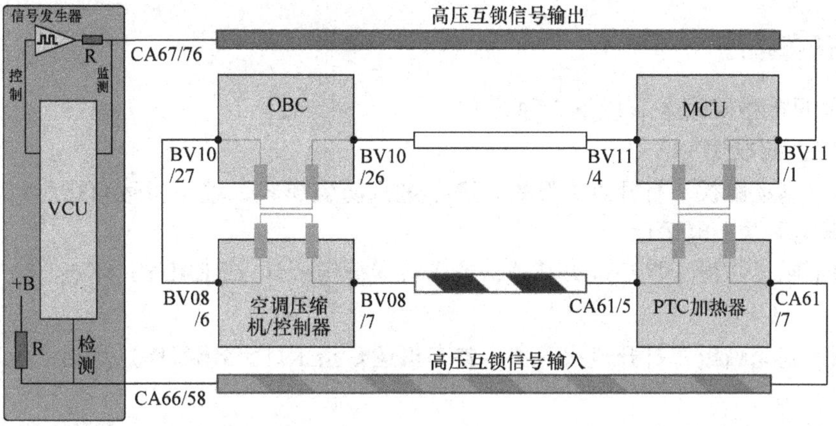

图 1-45　高压互锁线路原理图

VCU 通过 CA67/76 端子输出一个幅值约为 3.3V 的 PWM 占空比信号，如图 1-46a 所示。波形信号通过高压互锁导线进入 MCU 的 BV11/1 端子，通过 MCU 高压插接器内部短路（导通），从 MCU 的 BV11/4 端子输出；再进入车载充电机的 BV10/26 端子，通过车载充电机高压插接器内部短路（导通），从车载充电机的 BV10/27 输出；再进入空调压缩机控制器的 BV08/6 端子，通过空调压缩机控制器高压插接器内部短路（导通），从空调压缩机控制器的 BV08/7 端子输出；再进入 PTC 加热控制器的 CA61/5 端子，通过 PTC 加热控制器高压插接器内部短路（导通），从 PTC 加热控制器的 CA61/7 端子输出，进入 VCU CA66/58 端子，VCU 通过内部上拉线路将幅值约为 3.3V 的 PWM 占空比信号拉至幅值约为 12V 的 PWM 占空比信号，如图 1-46b 所示。

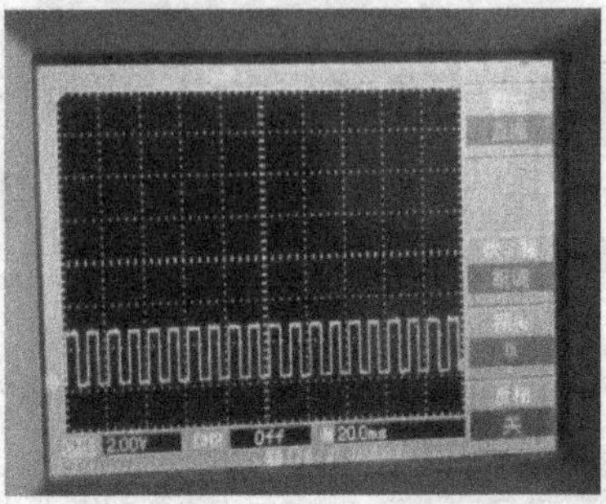

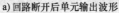

a) 回路断开后单元输出波形

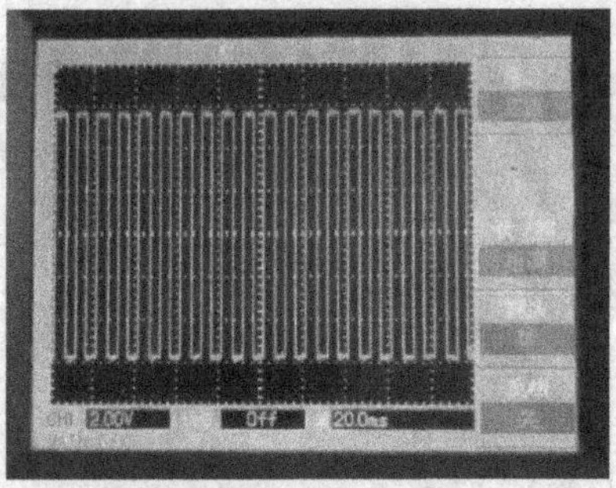

b) 回路正常时线路波形

图 1-46　高压互锁信号波形图

VCU 内部检测此端子上波形信号后和存储的正常波形信号进行对比，如果波形信号的幅值、频率正常，VCU 即确认高压系统线路完整。如果波形信号的幅值、频率异常，或检测出一个接近 +B 的电压信号，VCU 即确认高压系统线路不完整，存在虚接、短路、断路故障，为了防止安全事故发生，整车系统将禁止高压上电，同时生成故障代码。

第二节　VCU 常见故障的诊断与排除

一、任务描述

VCU 常见的故障现象有以下 3 种。

1. 整车上电故障

1）踩下制动踏板，打开点火开关，整车进入防盗模式，整车可运行指示灯（READY）不点亮，车辆无法上电运行。

2）踩下制动踏板，打开点火开关，整车可运行指示灯（READY）不点亮，车辆无法上电运行。

3）踩下制动踏板，打开点火开关，整车可运行指示灯（READY）点亮，但车辆无法上电运行。

2. 电控系统冷却故障

1）车辆运行中，冷却系统工作异常，导致车速无法提升（车辆限功率）。

2）车辆进行充电过程中，冷却系统工作异常，导致车辆充电受限，无法充电。

3. 车辆加速故障

1）踩下制动踏板，打开点火开关，档位操作异常，无法换入 D 位或 R 位。

2）踩下制动踏板，打开点火开关，挂入 D 位，松开制动踏板，踩加速踏板，车辆无法行驶。

3）踩下制动踏板，打开点火开关，挂入 D 位，松开制动踏板，踩加速踏板，车辆可以低速运行，但速度无法上升（车辆限功率）。

二、任务分析

要想完成以上故障的诊断与排除，需要具备以下知识和技能：

1. 相关知识

1）动力蓄电池的认知和检测。

2）动力蓄电池组的认知和检测。

3）BMS 的认知和检测。

4）VCU 的认知和检测。

5）MCU 的认知和检测。

6）车辆充电控制系统的认知和检测。

7）CAN 及 LIN 总线数据通信的认知和检测。

8）高压互锁线路结构和原理。

9）高压系统绝缘的监测和检测。

10）整车热管理系统的认知和检测。

2. 相关技能

1）绝缘防护以及隔离警示设备、用品的规范使用。

2）万用表、示波器、诊断仪器、绝缘表等常见设备的使用。

3）维修资料的查阅、线路原理图的识读和分析。

4）常见故障的诊断与排除。

5）5S 管理和操作。

三、故障分析

如图 1-47 所示为吉利 EV450 VCU 线路原理图，从中可以看出，VCU 作为车辆运行的主要设备，主要接收点火开关、制动开关、加速踏板等信号，对水泵、冷却风扇等执行器进行控制，其安全监测和故障处理机制条件都非常高，同时还参与整车防盗功能，因此在车辆起动及正常运行时，VCU 的电源及通信尤其重要，是决定车辆高压上电的主要条件之一。

如果 VCU 电源及通信出现故障，将首先造成防盗系统不能解除，高压不上电，车辆行驶及其他辅助功能也将受限。

同时，驾驶人对车辆控制的意图信号也是通过 VCU 解析及发送出去的，如制动开关信号、加速踏板信号、档位信号等；如果制动开关信号出现故障，系统将禁止高压上电；如果档位信号出现错误，将导致 VCU 及 MCU 无法判断驾驶人的意图，车辆将无法正常行驶；如果加速踏板信号出现错误，将导致 VCU 及 MCU 无法判断驾驶人对车辆运行速度和转矩操控的意图信号，可能造成车辆限功率运行，严重时车辆将无法行驶。

VCU 还有一个主要作用是参与整车热管理系统的工作，即控制电控系统（MCU、OBC、驱动电机）的水泵继电器和水泵、冷却风扇。如果这个控制系统及元件出现故障，将导致系统过温出现安全隐患，系统可能启动过温保护，造成车辆限功率以及高压不上电现象。

因此在对 VCU 进行故障分析时，要结合系统线路和观察到的现象认真分析，并借助诊断仪器逐步缩小故障范围，实施故障维修。

诊断前，需要用正确的方法检测车辆辅助蓄电池电压 +B，确保 +B 电压达到 11.5V 以上。

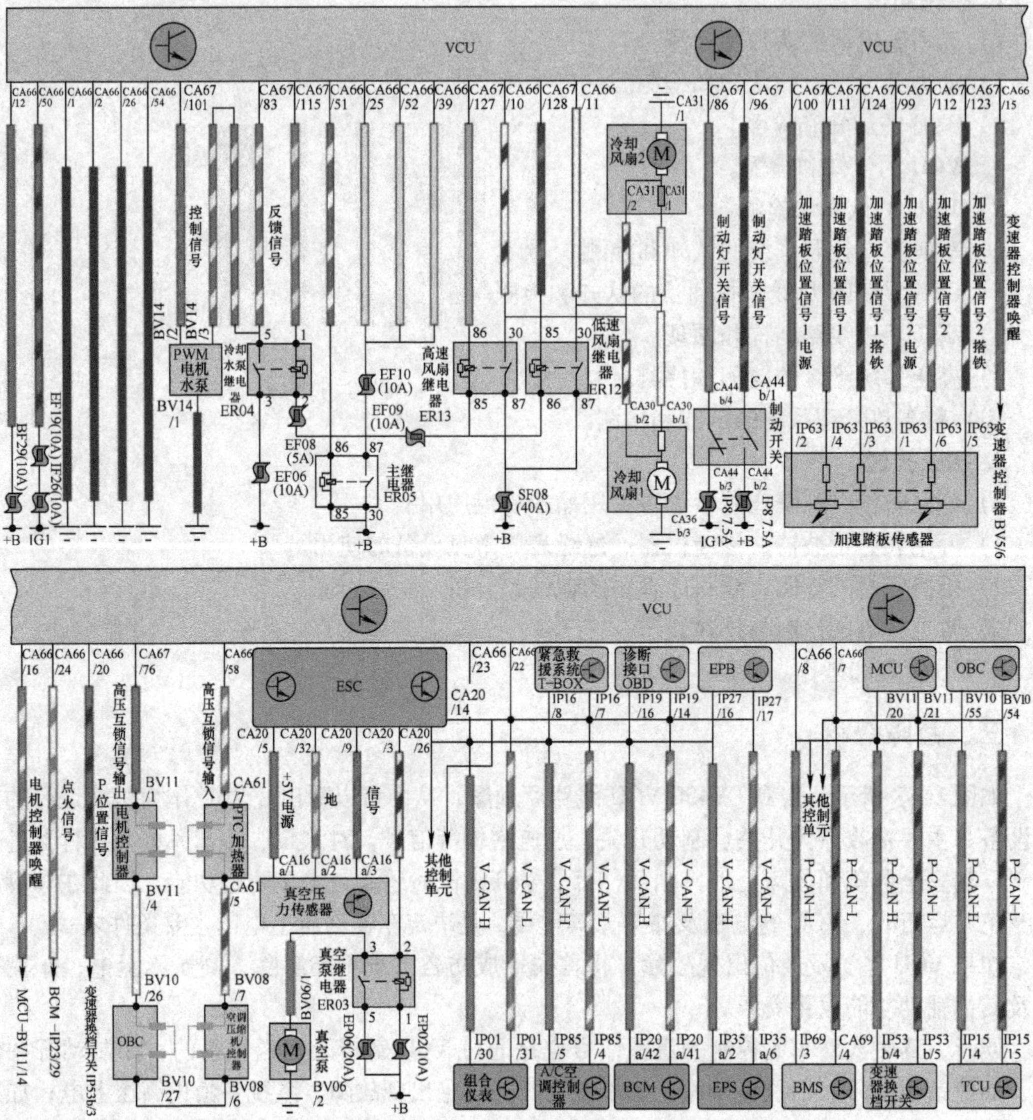

图1-47　VCU线路原理图

1. 整车上电故障分析

注意：此部分只诊断和分析VCU造成的整车不上电故障，其他如BMS、MCU、OBC、空调系统、DC-DC变换器等故障造成整车不上电，可以结合本书中相关内容进行诊断和分析。

第一步：踩下制动踏板后并保持，此时点火开关上的绿色指示灯应正常点亮，如图1-48所示。

第二步：打开点火开关，仪表上的可运行指示“READY”灯应正常点亮，如图1-49中方框圈示位置；电量显示、档位显示及操作应正常，无闪烁，如图1-49中椭圆圈示位置；仪表右侧车辆模式指示灯ECO应点亮，驻车灯点亮，仪表右上外界温度数值应显示正常；

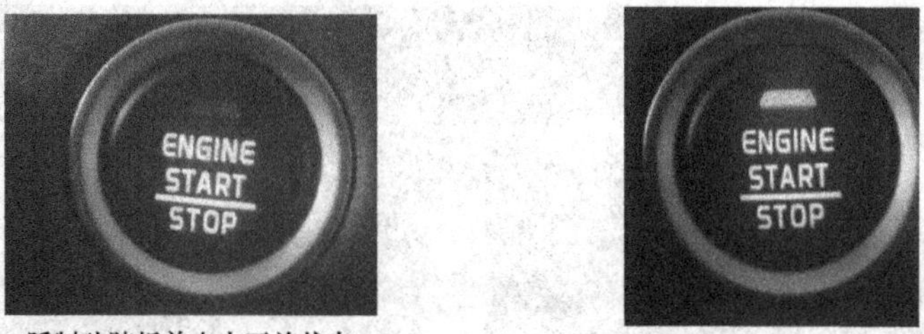

踩制动踏板前点火开关状态　　踩制动踏板后点火开关状态

图 1-48　点火开关指示灯状态显示

在 5s 内正、负继电器应发出“咔哒”的正常工作声，制动踏板高度降低。

注意：该现象说明所有参与高压控制的系统自检成功，且无故障或严重故障，高压上电成功。

图 1-49　车辆仪表显示正常的上电信号

在此过程中，常见的故障现象主要有以下几种：

第一种故障现象：踩下制动踏板时，点火开关上的绿色指示灯不能正常点亮，在这种情况下，点击一键起动开关后，仪表上通常会显示“请踩制动踏板起动”，仪表无法点亮，如图 1-50 所示；而再次点击一键起动开关后，仪表可正常点亮，左侧蓄电池指示灯点亮（椭圆圈示位置），右侧 ECO 模式指示灯点亮正常，EPB、安全带指示灯正常点亮，但仪表上部“READY”没有点亮，如图 1-51 所示。

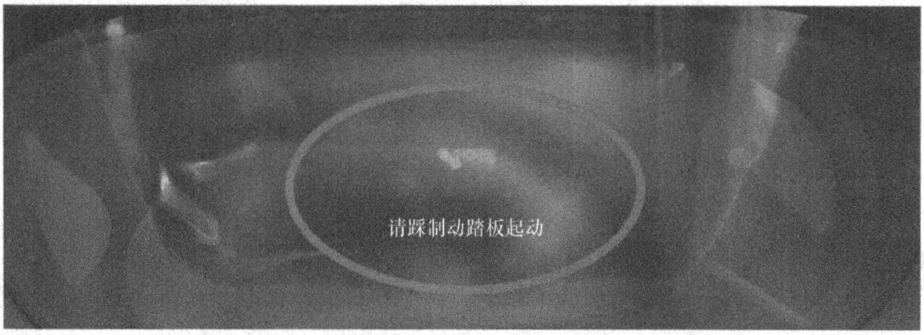

图 1-50　初次按下点火开关时车辆仪表显示的信号

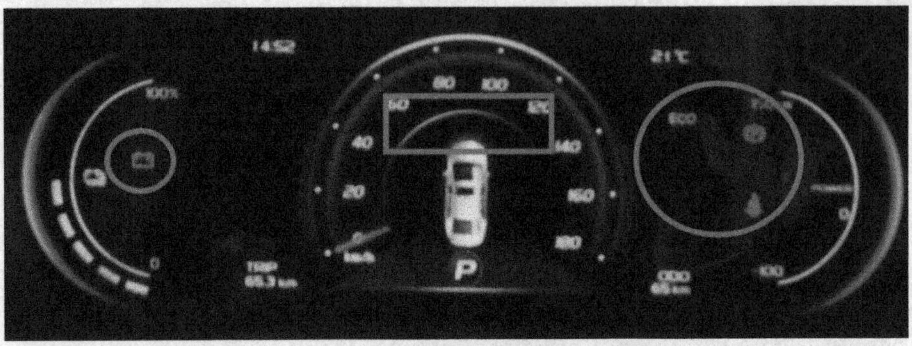

图 1-51　再次按下点火开关时车辆仪表显示的信号

由于操作点火开关时仪表电量显示正常，说明点火开关与 BCM、VCU 通信正常；由于制动开关与 VCU 之间信号靠两个路径同时传递，而两个路径同时损坏的概率很低。结合点火开关指示灯的线路原理图（图 1-52）分析，造成点火开关上的指示灯不能正常点亮的原因可能为：

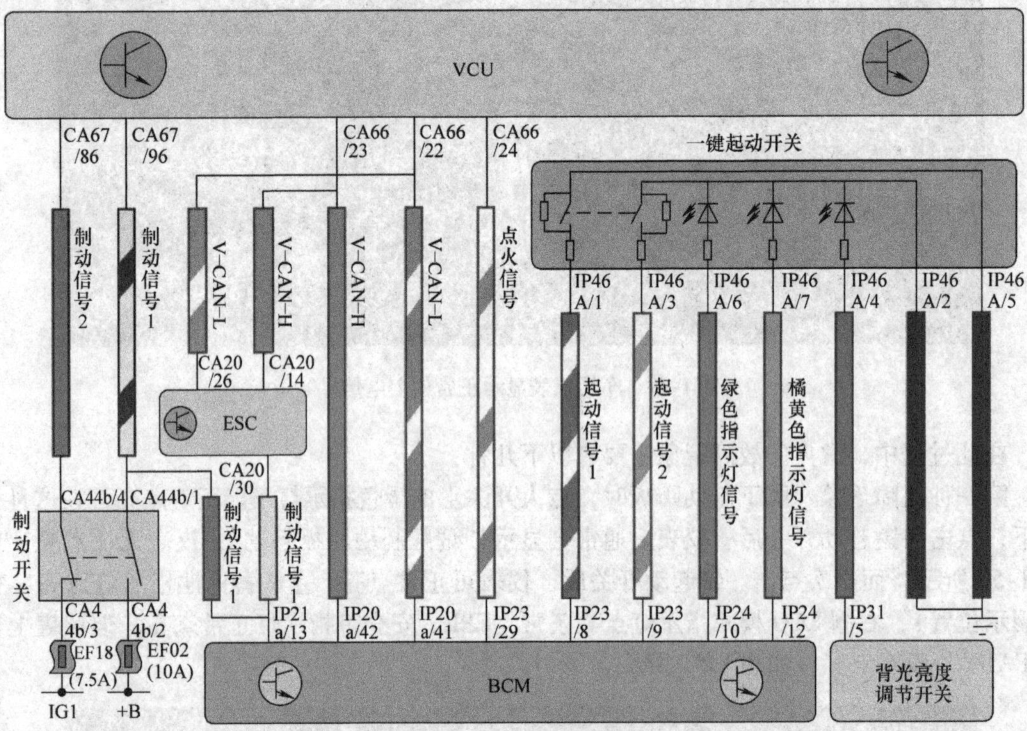

图 1-52　点火开关指示灯的线路原理图

1）制动灯开关自身、电源及信号线路断路、虚接、短路故障。

2）车辆钥匙不在车内或车辆钥匙距离车辆防盗读识线圈过远。

3）车辆防盗线圈自身及线路断路、虚接、短路故障。

注意：从流程上讲，踩制动踏板时点火开关上的绿色指示灯不亮应该与 BCM 和 VCU 有关，但这两个单元损坏会触发防盗，而本现象中未触发防盗，说明基本正常。

第二种故障现象：踩制动踏板数次后并保持，点火开关绿色指示灯正常点亮；打开点火开关后，仪表正常点亮，但车辆系统立刻进入防盗锁止状态，转向警告灯点亮，防盗喇叭触发后鸣响，系统故障灯、档位指示灯闪烁；同时仪表提醒防盗认证失败；仪表右侧的 EPB 故障警告灯、代表驱动系统性能的故障提醒警告灯、安全气囊故障警告灯点亮，ESC 警告灯、EBD 警告灯、ABS 警告灯点亮，如图 1-53 所示；主正、主负继电器未发出“咔哒”的正常工作声，制动踏板高度未变化，高压上电失败。

图 1-53　仪表防盗显示图

结合防盗认证系统流程图（图 1-54）分析，由于在外部能顺利解锁车辆，只是打开点火开关后触发防盗，说明车辆钥匙正常，只是在系统认证过程没有成功从而导致以上故障现象；加上 EPB 故障警告灯、代表驱动系统性能的故障提醒警告灯、安全气囊故障警告灯点亮，整车系统故障灯、档位指示灯闪烁，说明 VCU 没有与外界实现通信或通信异常，可能原因为 VCU 自身、常火电源或通信线路故障。

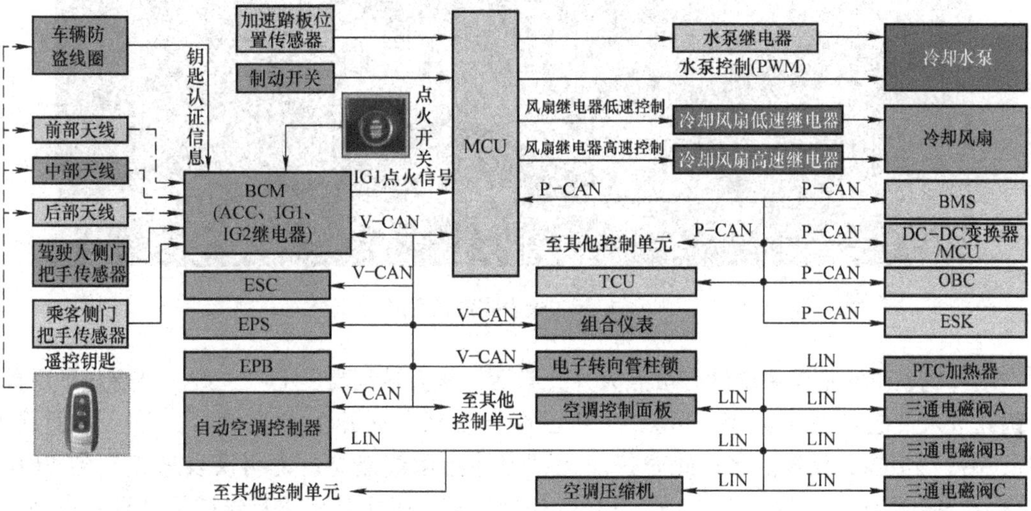

图 1-54　防盗认证系统流程图

结合 VCU 电源原理图（图 1-55）可知，造成 VCU 电源异常的原因有：

1）VCU 端子 CA66/12 的 +B 电源线路断路、虚接、短路故障。

2）VCU 自身故障。

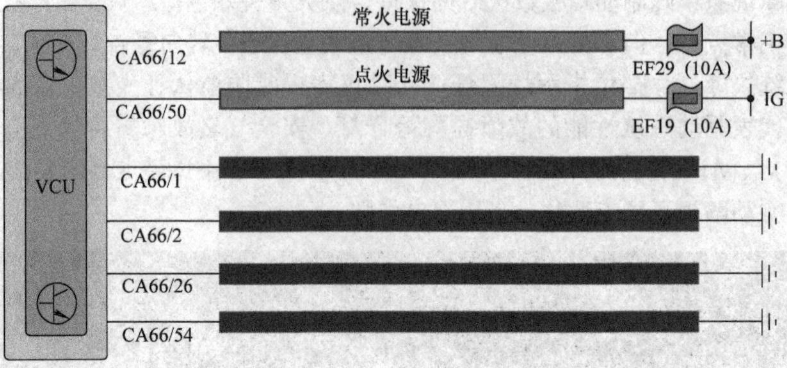

图 1-55　VCU 电源原理图

3）VCU 端子 CA66/1、CA66/2、CA66/26、CA66/54 的搭铁线路断路、虚接故障。

结合整车通信原理图可知，造成 VCU 通信线路故障的原因有：

1）与 VCU 通信的 V－CAN－H 信号及线路断路、虚接、短路故障。

2）与 VCU 通信的 V－CAN－L 信号及线路断路、虚接、短路故障。

第三种故障现象：踩制动踏板数次后并保持，点火开关绿色指示灯正常点亮；打开点火开关后，车辆进入防盗锁止状态，转向警告灯点亮，防盗喇叭触发后鸣响，提醒防盗认证失败；蓄电池指示灯点亮，车辆模式指示灯显示正常，如图 1-56 所示；整车系统故障灯未点亮，车辆主正、主负继电器未发出“咔哒”的正常工作声，制动踏板高度未变化。

图 1-56　仪表防盗显示图

这种现象说明整车系统没有被点火开关激活，从而导致高压上电失败。结合故障现象及无钥匙进入及起动系统原理，可知 BCM 已经接收到点火开关点火信号，并接通了 ACC、IG1、IG2 继电器，仪表点亮；此时仪表上蓄电池指示灯点亮，说明仪表未接收到 VCU 及 DC－DC 变换器/MCU 发送启动 DC－DC 变换器信号；而此时其他警告指示灯没有点亮，只是防盗激活，说明参与防盗的 VCU 没有被点火信号激活，导致车辆钥匙认证失败。

第四种故障现象：踩制动踏板数次后并保持，点火开关绿色指示灯正常点亮；打开点火开关后，仪表正常点亮，可运行指示“READY”灯正常点亮，但系统故障灯也同时点亮；同时仪表右侧的电子驻车器指示灯正常点亮，车辆驱动模式指示灯 ECO 正常点亮，如图 1-57所示；动力蓄电池主正、主负继电器正常动作，高压上电正常；冷却风扇、驱动电机水泵持续运转（系统启动热保护功能）；制动踏板高度变化正常，制动真空泵运转正常；档位只能切换至 N 位或 P 位。

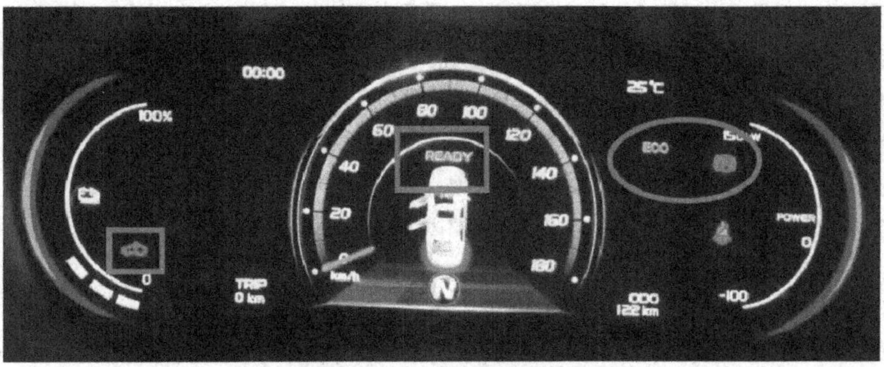

图 1-57　仪表信号显示图

出现以上现象，结合此时仪表上代表驱动系统性能的故障提醒警告灯、EPB 故障警告灯、EBD 故障警告灯、ESC 故障警告灯、ABS 故障警告灯、减速器故障指示灯没有点亮，档位可以切换至 N 位或 P 位，说明车辆驱动系统中的 ESC、减速器控制系统（TCU）、电子变速杆自检正常；高压上电正常，说明 MCU 自身、通信线路、电源线路、关键信号输入正常。只是整车电能管理出现异常，导致系统对换档操作进行保护（只有 P 位和 R 位），驱动电机无法输出动力，车辆无法行驶。

在电能管理控制过程中，还有 OBC 控制单元，因 OBC 控制单元不参与可运行指示“READY”灯控制及点火开关控制的高压上电过程，但参与系统电能管理，所以，此故障可能由于以下一项或多项造成：

1）OBC 电源及线路断路、虚接、短路故障。

2）OBC 的 CAN 通信信号及线路断路、虚接、短路故障。

3）OBC 连接线路插接器故障。

4）OBC 自身故障。

第五种故障现象：踩制动踏板数次后并保持，点火开关绿色指示灯正常点亮；打开点火开关后，仪表点亮正常，可运行指示“READY”灯无法正常点亮，蓄电池指示灯、整车系统故障指示灯点亮，如图 1-58 所示；同时仪表右侧的电子驻车器指示灯正常点亮，车辆驱动模式指示灯 ECO 正常点亮，仪表再无其他信号显示；动力蓄电池主正、主负继电器不动作，高压不上电，制动踏板高度反应正常，档位无法切换至 D 位或 R 位。

图 1-58　仪表信号显示图

结合以上现象，动力蓄电池故障指示灯未点亮，说明 BMS 自检正常。但此时仪表只显示系统故障灯，其他系统没有显示故障信号及指示灯，说明各系统之间通信及电源正常，而导致这一原因的只可能为 VCU 检测到系统有严重故障，从而禁止上高压，禁止启动 DC－DC 变换器，同时仪表上蓄电池指示灯点亮。通常导致这一现象的主要原因为：

1）高压互锁信号线路断路、虚接、短路故障。

2）VCU 主继电器 ER05 自身、电源、控制线路断路、虚接、短路故障。

3）VCU 主继电器 ER05 输出至 VCU 供电电源线路断路、虚接、短路故障。

4）VCU 主继电器 ER05 输出至 VCU 反馈线路断路、虚接、短路故障。

5）高压系统绝缘故障。

6）驱动电机旋变励磁信号及线路断路、虚接、短路故障。

7）所有驱动电机温度传感器信号及线路断路、虚接、短路故障。

注意：VCU 的主继电器 ER05 为 VCU 提供功率电源，即高压互锁、水泵控制等，如果继电器控制、电源、自身出现故障，将导致 VCU 丢失功率电源，高压互锁、水泵控制等异常，造成 VCU 启动保护模式，致使高压上电失败。如图 1-59 所示为 VCU 电源线路原理图。如果至 VCU 的继电器反馈信号出现异常，VCU 将认为继电器工作信号不可信，也将导致 VCU 启动保护模式，致使高压上电失败。同时如果继电器给 VCU 供电的功率电源有一路出现故障，由于两路在 VCU 内部并联，电源不会丢失，但如果两路都出现异常，将导致 VCU 丢失功率电源，高压互锁、水泵控制等异常，造成 VCU 启动保护模式，致使高压上电失败。

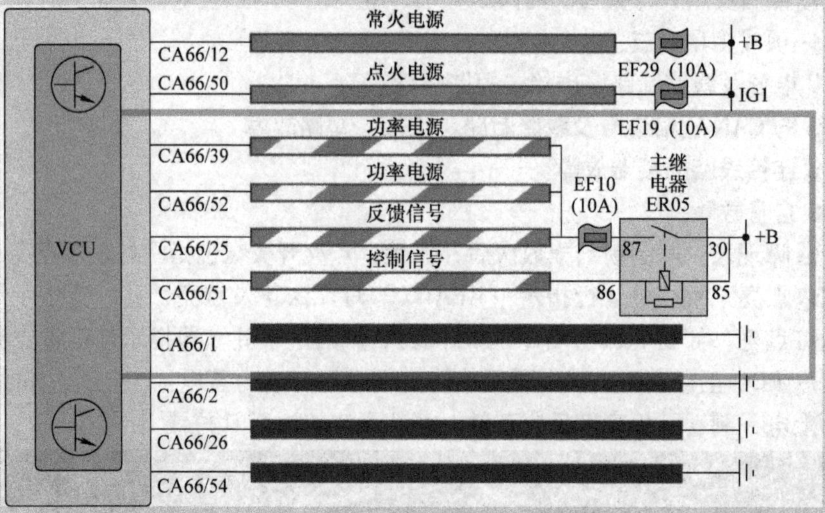

图 1-59　VCU 电源线路原理图

第六种故障现象：踩制动踏板数次后并保持，点火开关绿色指示灯正常点亮；打开点火开关后，仪表点亮正常，可运行指示“READY”灯无法正常点亮；蓄电池指示灯、整车系统故障指示灯点亮、动力蓄电池故障灯点亮；右侧代表驱动系统性能的故障提醒警告灯、EPB 故障警告灯、减速器故障指示灯、ESC 故障警告灯点亮，同时动力蓄电池主正、主负继电器不动作，高压不上电，制动踏板高度反应正常，档位无法切换至 D 位或 R 位。

结合以上现象，说明车辆高压控制、驱动控制、动力蓄电池及 VCU 出现严重故障，造成高压不上电，而此时驻车防盗没有激活，说明 VCU 电源及 V－CAN 通信正常。操作变速杆，档位可以切换至 N 位和 P 位，说明驱动系统没有故障。而此时代表驱动系统性能的故障提醒警告灯、EPB 故障警告灯、减速器故障指示灯、ESC 故障警告灯同时点亮，只能说明 VCU 与 MCU、ESC 之间的 P－CAN 通信线路异常，从而导致 VCU 没有接收到 ESC 和 MCU 信号，进而没有发送相关信号至仪表，促使仪表点亮减速器故障指示灯、ESC 故障警告灯。

此时可关闭点火开关，移除辅助蓄电池负极 1min 以上，然后复位。踩制动踏板打开点火开关，此时仪表上其他信号没有变化，只是动力蓄电池 SOC 信号值丢失，动力蓄电池低电量指示灯（黄色）亮起，如图 1-60 所示，即可确认 VCU 的通信 P－CAN 总线出现异常，导致和驱动系统以及 BMS 无法通信，蓄电池电量丢失，系统故障灯点亮。

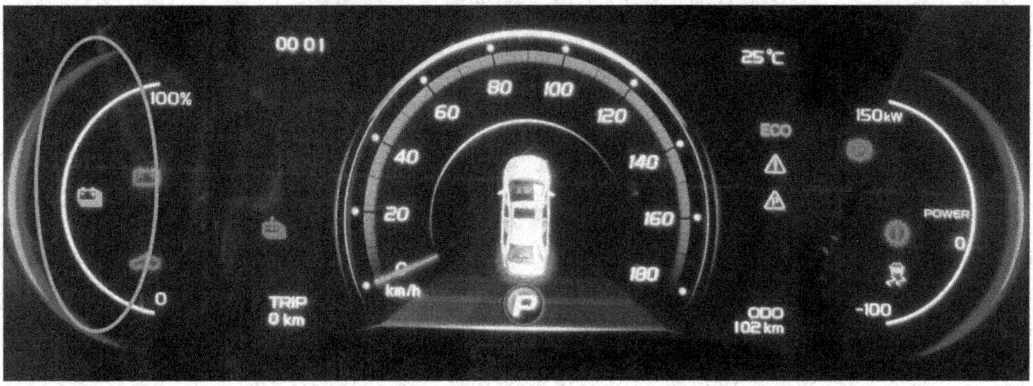

图 1-60　动力蓄电池电量信号显示缺失

第七种故障现象：踩制动踏板数次后并保持，点火开关绿色指示灯正常点亮；打开点火开关后，仪表点亮正常，可运行指示“READY”灯正常点亮；右侧代表驱动系统性能的故障提醒警告灯、EPB 故障警告灯、减速器故障指示灯点亮，如图 1-61 所示；同时动力蓄电池主正、主负继电器正常动作，高压正常上电，制动踏板高度反应正常，但档位无法切换，始终保持 P 位。

图 1-61　仪表显示故障信号

结合故障现象，说明高压控制系统正常；右侧代表驱动系统性能的故障提醒警告灯、EPB 故障警告灯、减速器故障指示灯点亮，说明驱动系统有故障，而驱动系统包含驱动电机及 MCU、TCU、ABS、ESC、EPB、电子变速杆。

如果驱动电机及 MCU 出现故障，将导致高压不上电，同时仪表系统警告灯会点亮，和以上现象不符，此处不考虑。

如果 TCU、ABS、ESC、EPB、电子变速杆出现故障，将严重影响行车安全，车辆将禁止切换任何档位，同时保持 P 位，EPB 不会解锁。而此时 ABS、ESC、EPB 警告灯没有点亮，说明 ABS、ESC、EPB 正常，此处不考虑。

电子变速杆异常会导致仪表上档位显示信号闪烁，而此时不闪烁，说明电子变速杆自检正常。

结合以上现象，故障可能为 TCU 故障，造成整车启动禁止换档功能，防止安全事故发生。因此，导致这一现象的原因可能由于以下一项或多项造成：

1）TCU 电源及线路断路、虚接、短路故障。

2）TCU 通信及线路断路、虚接、短路故障。

3）减速器电机控制、电源线路断路、虚接、短路故障。

4）减速器电机的位置传感器电源、信号、搭铁线路断路、虚接、短路故障。

第八种故障现象：踩制动踏板数次并保持，点火开关绿色指示灯正常点亮；打开点火开关后，仪表点亮正常，可运行指示“READY”灯正常点亮；右侧代表驱动系统性能的故障提醒警告灯、EPB 故障警告灯、EBD 故障警告灯、ESC 故障警告灯、ABS 故障警告灯、减速器故障指示灯点亮，如图 1-62 所示；同时动力蓄电池主正、主负继电器正常动作，高压正常上电，制动踏板高度反应正常，但档位无法切换，始终保持 P 位。

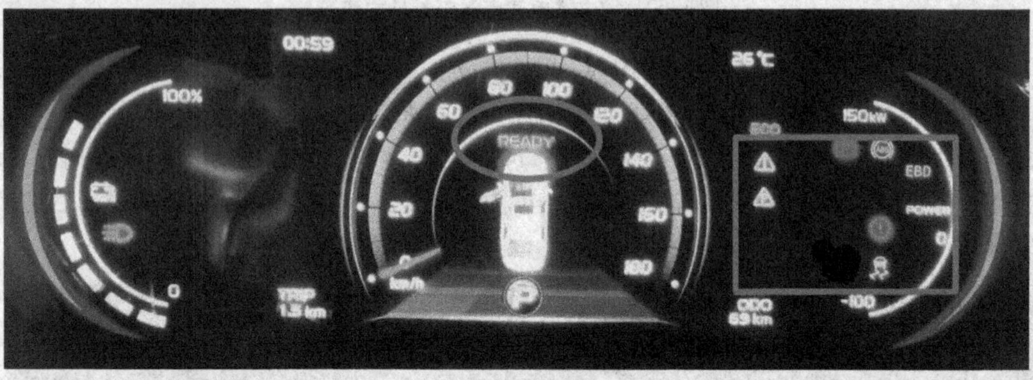

图 1-62　仪表信号显示图

结合以上现象，说明高压控制系统正常；此时右侧代表驱动系统性能的故障提醒警告灯、EPB 故障警告灯、EBD 故障警告灯、ESC 故障警告灯、ABS 故障警告灯、减速器故障指示灯点亮，说明驱动系统有故障。

如果驱动电机及 MCU 出现故障，将导致高压不上电，同时仪表系统警告灯会点亮，和以上现象不符，此处不考虑。

电子变速杆异常会导致仪表上档位显示信号闪烁，而此时不闪烁，说明电子变速杆电源、通信、内部自检正常。

而此时 EBD 故障警告灯、ESC 故障警告灯、ABS 故障警告灯同时点亮，说明故障在这三个系统中。如果这三个系统出现故障，将严重影响行车安全，车辆将禁止切换任何档位，同时保持 P 位，EPB 不会解锁。

结合以上现象，故障则可能为 EBD、ABS、ESC 故障，而这三个系统集成在车辆 ESC 单元内。因此，导致这一现象的原因可能由于以下一项或多项造成：

1）车辆 ESC 电源线路断路、虚接、短路故障。

2）车辆 ESC 通信线路断路、虚接、短路故障。

3）车辆 ESC 关键部件故障。

2. 车辆换档异常

常见的换档故障有以下几种：

第一种故障现象：车辆正常上电后，踩下制动踏板，对档位进行切换，档位一直显示为 P 位，且无法切换至其他档位，如图 1-63 所示。

图 1-63　仪表档位信号显示图 1

结合图 1-64 所示的变速器变速杆信号原理图可知，导致换档不正常的原因，可能是由于变速器变速杆自身故障。

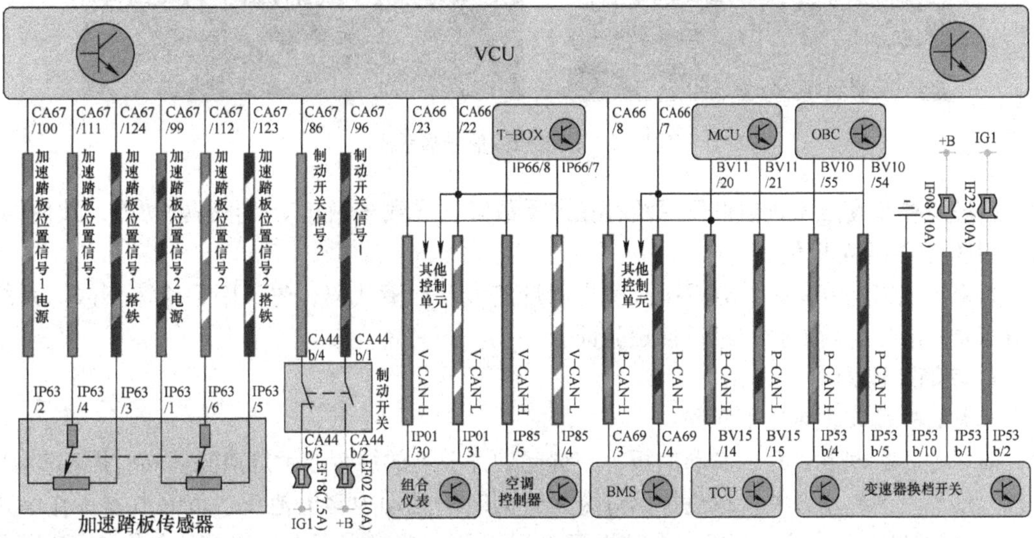

图 1-64　变速器变速杆信号原理图

第二种故障现象：车辆正常上电后，踩下制动踏板，对档位进行切换，仪表上的档位指示一直闪烁，且无法切换到其他档位，同时整车系统故障灯点亮，如图 1-65 所示。

图 1-65 仪表档位信号显示图 2

结合变速器变速杆信号原理图可知，导致换档不正常的原因，可能是由于以下一项或多项造成的：

1）变速器变速杆 + B 电源断路、虚接、短路故障。

2）变速器变速杆 IG 电源断路、虚接、短路故障。

3）变速器变速杆 P - CAN 线路断路、虚接故障。

第三种故障现象：车辆正常上电后，踩下制动踏板，对档位进行切换，档位只能从 P 位切换至 N 位，而无法切换到 D 位和 R 位，同时整车系统故障灯、动力蓄电池故障灯、驱动电机系统故障灯可能点亮，如图 1-66 所示。

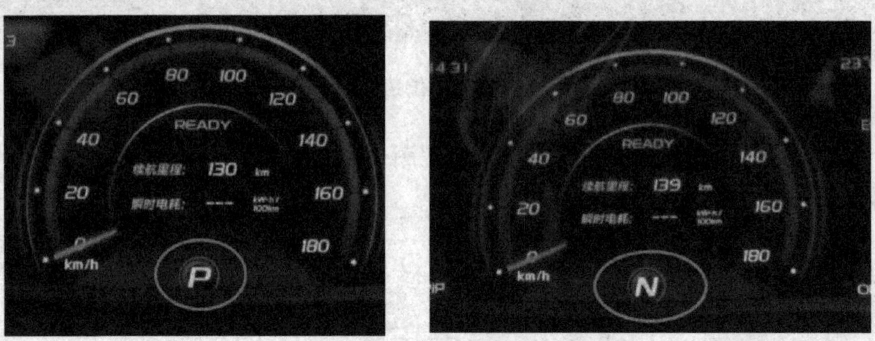

图 1-66 仪表档位信号显示图 3

这说明整车高压系统或低压系统存在严重故障，导致车辆起动禁止行驶功能，致使档位无法切换至 D 位或 R 位。

如果出现以上现象，结合系统故障指示灯信号及故障代码，先诊断检修车辆故障系统，诊断检修完成后，再对档位进行换档验证。

3. 车辆加速异常

常见的故障现象有以下几种：

第一种故障现象：踩下制动踏板，一键起动开关上的绿色指示灯点亮，同时尾部制动灯点亮。按下一键起动开关，绿色指示灯熄灭，同时听见动力蓄电池正、负继电器工作响声；仪表上“READY”点亮，SOC、续驶里程显示正常，整车高压上电成功，如图 1-67 所示。踩下制动踏板，档位可以切换到 D 位或 R 位，释放 EPB，仪表上驻车制动警告灯熄灭，松开制动踏板，踩下加速踏板，此时车辆不运行。

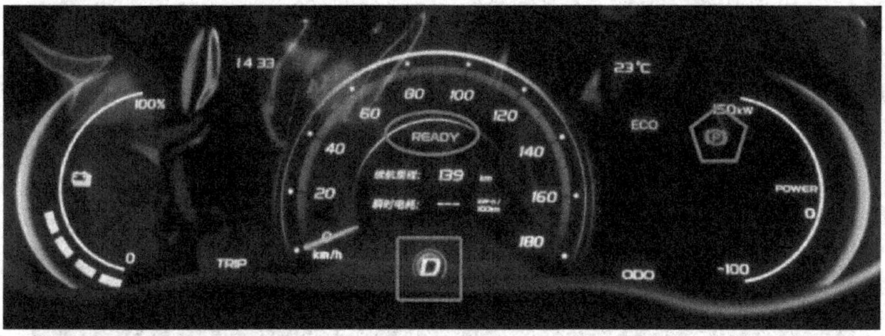

图 1-67　仪表信号显示图

车辆正常换入 D 位，说明整车换档控制器工作正常；换入 D 位后，踩加速踏板，EPB 不自动解锁，车辆无法行驶，说明由于 VCU 存在限制运行的严重故障，致使车辆无法行驶。

结合高压系统已上电，说明整车高压系统里的 MCU、BMS、VCU、DC－DC 变换器、OBC、空调系统、高压互锁、高压绝缘等高压控制正常。而要让车辆行驶，除了高压系统，还需要制动踏板、档位、加速踏板这三个主要信号，其中档位切换及信号显示正常，因此故障可能为加速踏板信号或制动踏板信号造成。

如图 1-68 所示为制动开关、加速踏板线路原理图，从中可以看出，制动踏板信号异常的主要原因可能为：

1）熔丝 EF02 10A 供电线路断路、虚接、对地短路（下游）故障。

2）制动信号 2 线路断路、虚接、短路故障。

3）制动开关自身故障。

4）VCU 局部故障。

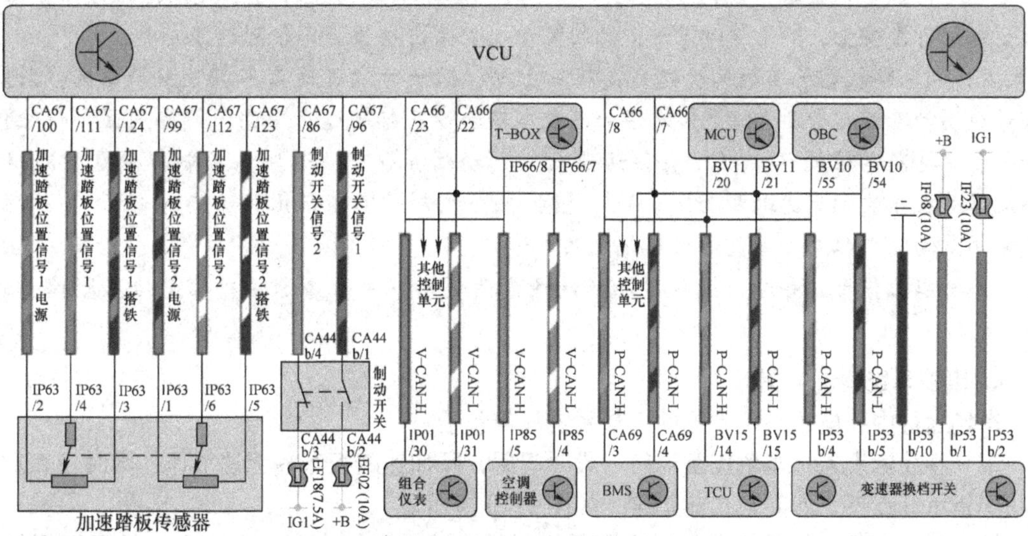

图 1-68　制动开关、加速踏板线路原理图

而加速踏板信号异常的主要原因为加速踏板传感器 1 和 2 的电源、信号、搭铁线路中任意两条线路同时出现断路、虚接、短路故障。

第二种故障：车辆正常上电后，踩下制动踏板，档位切换到 D 位或 R 位，释放 EPB，仪表上 EPB 警告灯熄灭；松开制动踏板，踩下加速踏板，车辆运行，但加速时速度不超过 6km/h，同时右侧的能量回收条闪烁，如图 1-69 所示。

图 1-69　车辆限速时仪表显示状态

无法加速，但仪表上限功率指示灯没有点亮，说明驱动系统及动力蓄电池系统高压绝缘、温度属于正常，其主要是因车辆起步、加速控制信号出现异常或条件不满足导致。

整车高压上电成功，说明整车高压系统里的 MCU、BMS、VCU、DC - DC 变换器、OBC、空调系统、高压互锁、高压绝缘等高压控制正常，且低压电源和数据通信都正常；车辆要行驶，除了高压系统，还需要制动踏板、档位、加速踏板这三个主要信号。车辆换档功能正常，且仪表上信号显示也正常，且可以行驶，说明档位信号正常。

注意：

1）在加速踏板位置传感器信号中，加速踏板位置传感器 2 作为主信号，加速踏板位置传感器 1 作为辅助信号。如果传感器 1 出现故障，VCU 将采用传感器 2 信号作为依据，对车辆进行控制；如果传感器 2 出现故障，VCU 无法确定驾驶人对车辆运行的转矩需求，为了确保行车安全，VCU 和 MCU 将控制驱动电机输出电流，车辆限速限功率。

2）制动踏板信号 1 故障会造成高压不上电，同此时故障现象不符，不予考虑，因此只考虑制动踏板信号 2。但是如果信号 1 在车辆起步及行驶过程中由于某些原因导致此信号一直保持高电位的话，VCU 会误认为此时制动踏板踩下，驾驶人控制车辆需要减速。而此时如果接收到加速踏板信号，VCU 根据安全机制，不会采用加速踏板信号，而是优先采用制动踏板信号，可能导致车辆无法加速。

结合以上信号，导致以上故障的可能原因为制动开关或加速踏板位置传感器信号故障。

4. 电控系统冷却异常

车辆运行中，电控系统常见的冷却系统故障包括：

第一种故障现象：车辆正常运行一段时间后，踩加速踏板车辆无法加速，同时仪表左侧限功率指示灯点亮，而其他功能正常，如图 1-70 所示。

结合以上现象，如果仪表上出现椭圆位置圈注的警告灯点亮，但仪表上的可运行指示“READY”灯正常点亮，高压正常上电，车辆可以运行，说明整车系统只是功率被限制，也就是驱动电机功率被限制。限功率的主要原因为整车电控系统为了防止其参与高压工作元件

图 1-70　车辆限功率仪表显示

的温度过高，引起元件损坏以及安全事故的发生，因此在高压系统过温的情况下，要对系统采取必要的保护措施，其中二级为限功率，一级为高压断电或高压不上电。结合以上信号，其主要原因是由于以下一项或多项造成的：

1）BMS 控制单元检测到动力蓄电池内部过温，造成系统过温保护。

2）动力蓄电池内部温度传感器自身、信号、搭铁线路断路、虚接、短路故障，造成系统过温保护。

3）MCU 检测到电机绕组过温，造成系统过温保护。

4）电机绕组温度传感器自身、信号、搭铁线路断路、虚接、短路故障，造成系统过温保护。

5）水泵自身、PWM 控制信号、搭铁、电源断路、虚接、短路故障，造成系统过温保护。

6）水泵继电器自身、控制信号、电源断路、虚接、短路故障，造成系统过温保护。

7）冷却风扇（两个）自身、控制电源、搭铁断路、虚接、短路故障，造成系统过温保护。

8）冷却风扇继电器（两个）自身、控制信号、电源断路、虚接、短路故障，造成系统过温保护。

打开前机舱盖，应可以听到水泵发出正常的“嗡嗡”工作声，观察两个冷却风扇，都应处于高速或低速运转状态，且两个冷却风扇都没有卡滞或转速明显过低现象。

如果水泵没有发出正常的“嗡嗡”工作声，结合图 1-71 所示的电控系统水泵控制线路原理图，可以分析出主要原因是由于以下一项或多项造成的：

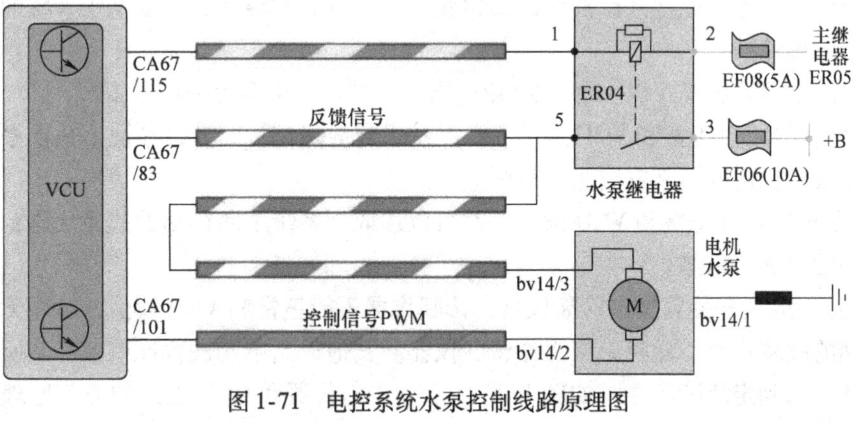

图 1-71　电控系统水泵控制线路原理图

1）水泵自身、搭铁、电源线路断路、虚接、短路故障。

2）水泵继电器自身、控制信号、电源线路断路、虚接、短路故障。

如果两个冷却风扇都没有处于高速或低速运转状态，则拔开空调制冷开关检查冷却风扇是否处于高速或低速运转状态。如果冷却风扇均不能运转，结合图 1-72 所示的电控系统冷却风扇控制线路原理图，其主要原因是由于以下一项或多项造成的：

1）冷却风扇高、低速继电器电源断路、虚接、短路故障。

2）冷却风扇高、低速继电器线圈电源断路、虚接、短路故障。

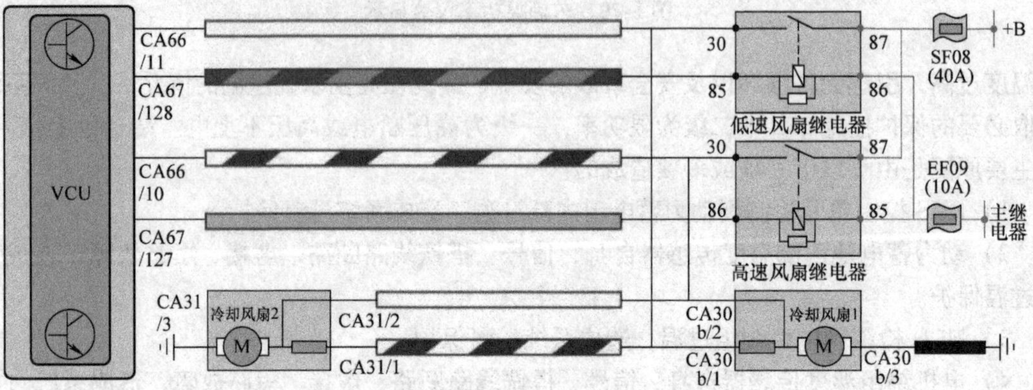

图 1-72　电控系统冷却风扇控制线路原理图

如果打开空调制冷开关，检查冷却风扇是否处于高速或低速运转状态时，发现某一个冷却风扇不运转，其主要原因是由于以下一项或多项造成的：

1）该冷却风扇自身故障。

2）该冷却风扇电机搭铁线路断路、虚接、短路故障。

3）该冷却风扇电机电源控制断路、虚接、短路故障。

四、读取故障代码（DTC）分析

现在汽车一般都具有自诊断功能，即使通过故障现象可以明确故障范围，但也最好首先读取故障记忆，因为这特别有利于快速发现故障。如果有故障代码，应清楚故障代码的定义和生成的条件，并基于此展开诊断和故障检修；如果没有故障代码，则基于系统的结构与工作原理进行系统诊断。

连接诊断仪器，扫描 VCU，读取故障代码，实测过程中会遇到四种情况：

1）诊断仪器可以正常和 VCU 通信，但系统没有故障记忆，这种情况下只能根据故障现象，按照无故障代码的诊断方法进行诊断。

2）诊断仪器可以正常和 VCU 通信，并可以读取到系统中所存储的故障代码，此时应结合故障代码信号进行维修。

3）在打开点火开关后操作诊断仪器，诊断仪器不能正常和 VCU 通信，从而无法读取系统中所存储的故障代码。此时，应操作诊断仪器和其他控制单元进行通信，综合所有控制单元的通信状况来判定故障所在。如图 1-73 所示为诊断仪器和 VCU 之间的通信原理图，从中可以看出，诊断仪器通过连接线（或无线或蓝牙通信）、OBD－Ⅱ诊断接口、CAN 总线与 VCU 或其他控制单元进行通信。

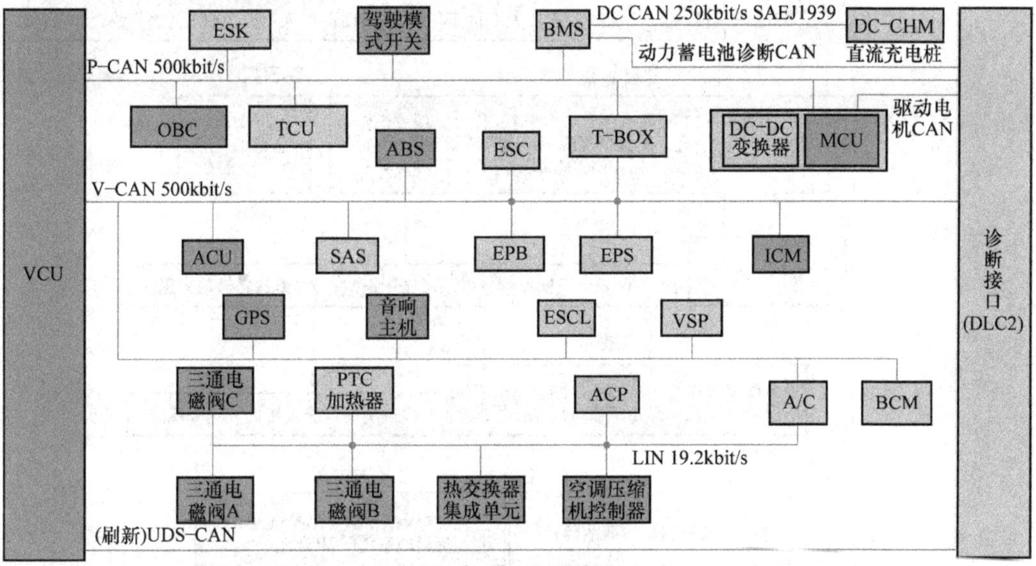

图 1-73 吉利 EV 系列诊断通信线路原理图

4）如果诊断仪器无法进入车辆所有系统，则可能是诊断仪器、诊断连接线、无线或蓝牙通信、OBD－Ⅱ诊断接口、CAN 总线中的一个或多个出现故障；如果只是某个控制单元无法到达，则可能是该控制单元或其电源线路、相邻的 CAN 总线区间出现故障，如图 1-73 所示。

利用故障代码进行故障诊断时按以下步骤进行：

1）读取故障代码，查阅资料了解故障代码的定义和生成条件。

2）验证故障代码的真实性，验证方法也分两步。

① 通过清除故障代码、模仿故障工况运行车辆，再次读取故障代码。

② 通过数据流或在线测量值来判定故障真实性，并由此展开系统测量。

五、故障诊断

面对 VCU 出现的故障，诊断及处理失误会给企业和个人造成相当大的损失。正确的诊断及处理，不可能来自于盲目的主观臆断，而应该建立在获取与故障有关信号的基础上，依据 VCU、BMS、MCU 等的工作原理以及控制结构，运用科学的分析方法，按照合理的步骤进行综合分析，去伪存真、舍次取主，排除故障“受害者”，找出故障“肇事者”，这才是提高故障诊断准确性的关键所在。为了便于分析，不至于被众多杂乱无章的信号扰乱思路，需要结合线路原理图，遵从以下流程进行诊断维修。

VCU 导致高压不上电故障诊断流程，如图 1-74 所示。

在上述过程中，主要对以下信号或部件进行诊断与测量。

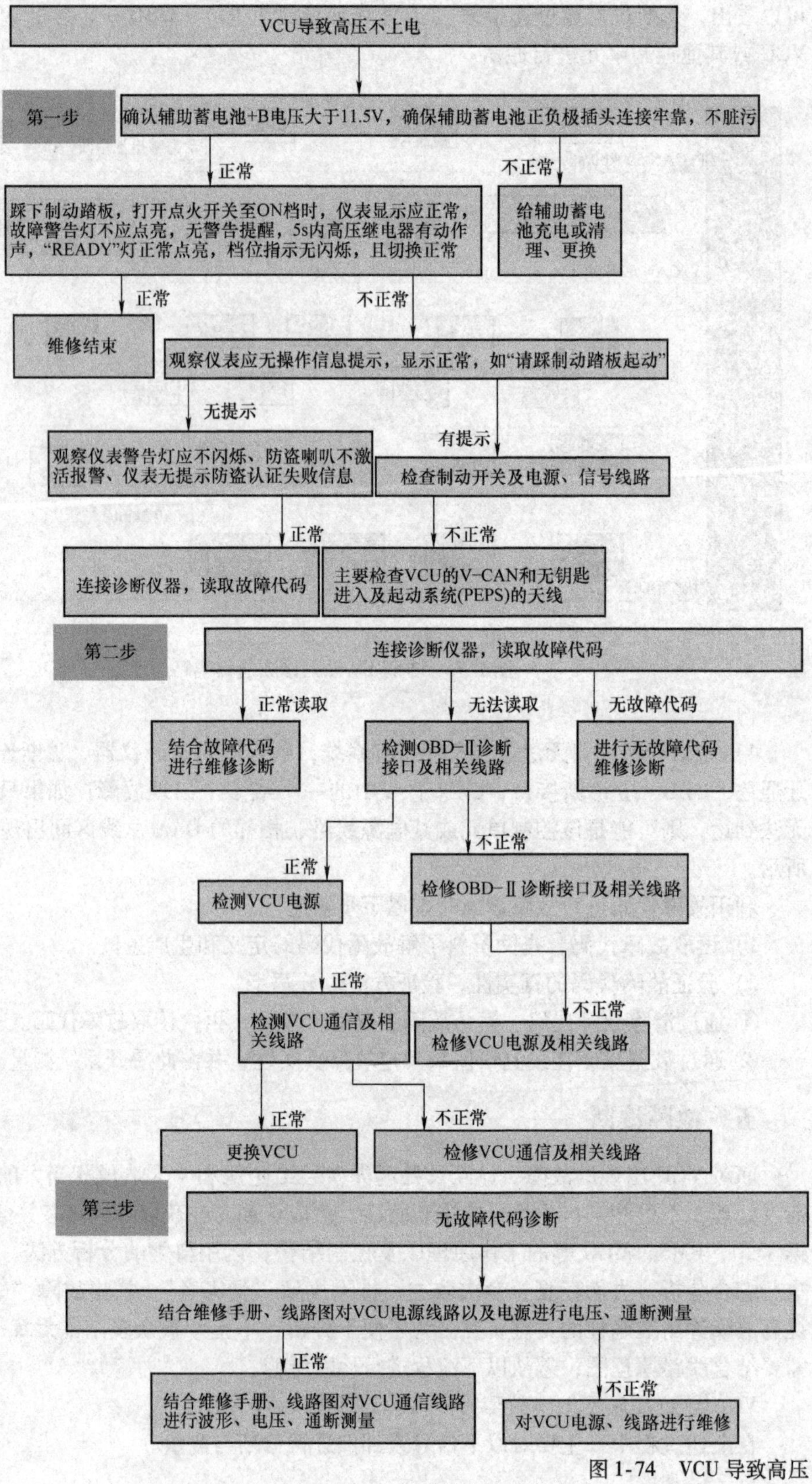

图1-74　VCU导致高压

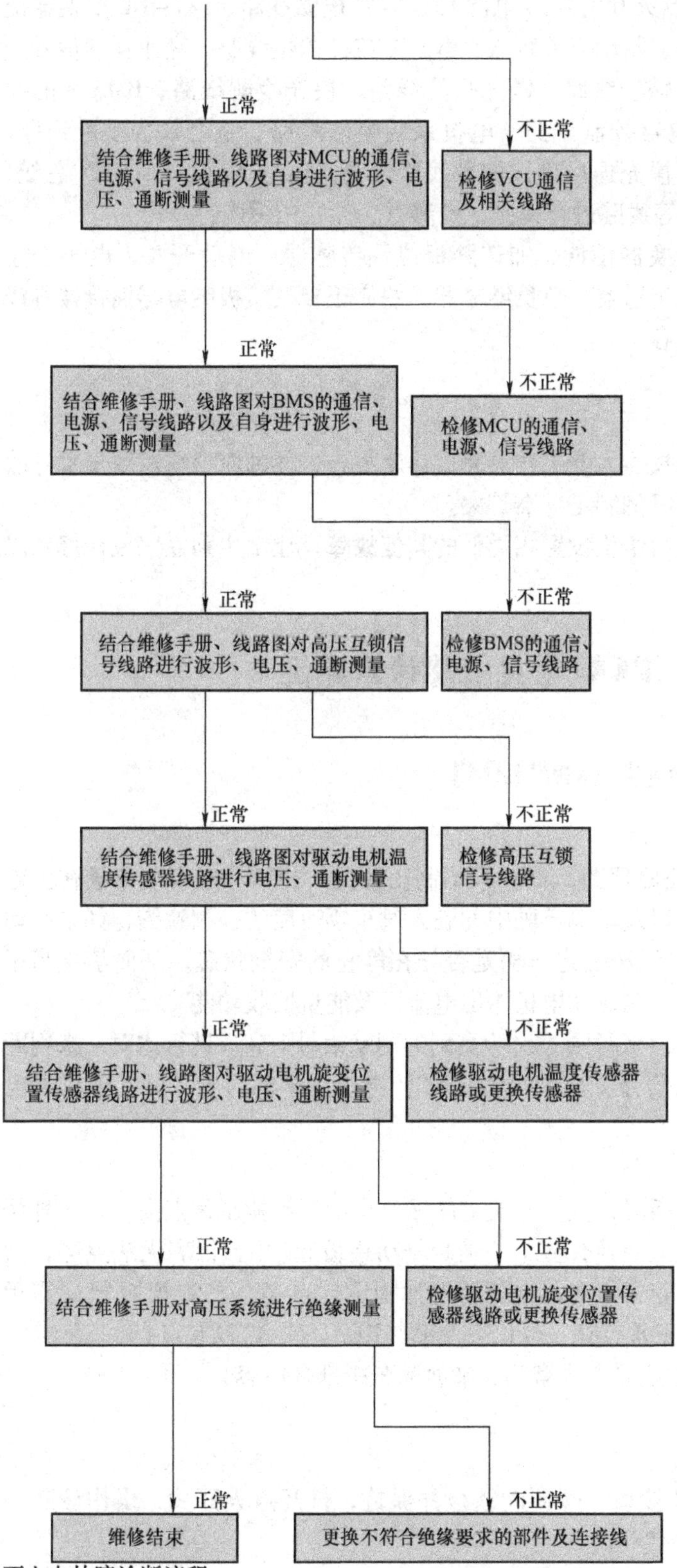
正常
不正常
结合维修手册、线路图对MCU的通信、电源、信号线路以及自身进行波形、电压、通断测量
检修VCU通信及相关线路
正常
不正常
结合维修手册、线路图对BMS的通信、电源、信号线路以及自身进行波形、电压、通断测量
检修MCU的通信、电源、信号线路
正常
不正常
结合维修手册、线路图对高压互锁信号线路进行波形、电压、通断测量
检修BMS的通信、电源、信号线路
正常
不正常
结合维修手册、线路图对驱动电机温度传感器线路进行电压、通断测量
检修高压互锁信号线路
正常
不正常
结合维修手册、线路图对驱动电机旋变位置传感器线路进行波形、电压、通断测量
检修驱动电机温度传感器线路或更换传感器
正常
不正常
结合维修手册对高压系统进行绝缘测量
检修驱动电机旋变位置传感器线路或更换传感器
正常
不正常
维修结束
更换不符合绝缘要求的部件及连接线
不上电故障诊断流程

1）根据系统的结构原理，对点火开关+IG电源15、VCU电源线路、DC-DC变换器使能线路、加速踏板位置传感器线路、制动开关线路、电子变速杆档位线路、高压互锁信号线路、真空泵控制电源、真空压力传感器线路、慢充唤醒线路、快充唤醒线路、BMS唤醒线路、BMS远程唤醒线路、总负继电器控制线路、电机系统唤醒线路、组合仪表唤醒线路、快充正极及负极继电器控制线路、慢充连接确认信号线路、倒档信号线路、P-CAN总线、V-CAN总线、电缆绝缘、插接器等线路进行检测，检测方法参照相关内容。

2）对VCU电源、DC-DC变换器使能、加速踏板位置传感器、制动开关、电子变速杆、高压互锁、真空泵、真空压力传感器、总负继电器、快充正极及负极继电器插接器等线路进行检测，检测方法参照相关内容。

六、总结拓展

技术报告：参照高职汽车维修技能大赛工作页完成诊断报告，教师应根据需要设置好故障点，也可根据本书中提供的实际案例制定标准答案。

拓展实训：教师可以在车辆上给学生设置相类似的其他故障，让学生独立完成检修，以考核学生的掌握水平。

第三节　VCU常见故障诊断案例

案例1　制动开关信号1的故障诊断与检测

1. 原理简介及系统影响

如图1-75所示为制动开关线路原理图，VCU根据制动开关1的信号来判断车辆在上电过程中是否处于静止的安全状态，以及车辆行驶中驾驶人对车辆速度的控制意图，如果制动开关1信号出现故障，将导致VCU无法确定车辆是否处在静止的安全状态，从而禁止高压系统上电，行驶过程中根据此信号控制驱动电机输出电流以及能量回收功能。

制动开关2的信号为辅助信号，VCU通过对检测到的制动信号1和2进行比对，来判断车辆是否符合运行状态。如果制动信号2出现异常，VCU将禁止车辆行驶，驱动电机无电流输出，车辆无法行驶。

2. 故障现象描述

第一种故障现象：踩下制动踏板时，点火开关上的绿色指示灯不能正常点亮，在这种情况下，点击一键起动开关后，仪表上通常会显示“请踩制动踏板起动”，仪表无法点亮，而再次点击一键起动开关后，仪表可正常点亮，左侧蓄电池指示灯点亮，右侧ECO模式指示灯正常点亮，EPB、安全带指示灯正常点亮，但仪表上部“READY”灯没有点亮。

3. 故障现象分析（具体分析方法参考本章第二节故障分析部分内容）

4. 故障诊断过程

第一步：读取故障代码（DTC）

连接诊断仪器至OBD-Ⅱ诊断接口，踩制动踏板并保持，打开点火开关，操作诊断仪访问VCU，读取到表1-4中的故障代码。

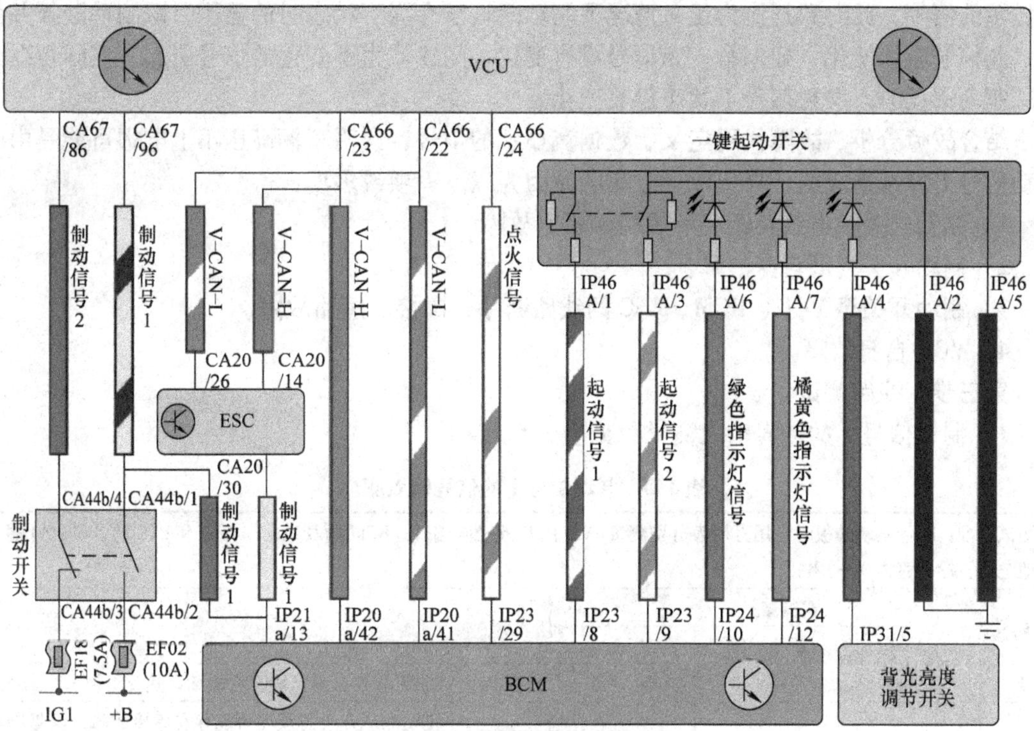

图 1-75 制动开关线路原理图

表 1-4 VCU 存储的故障代码及说明

故障诊断	代码说明
P1C2304	制动踏板信号不可信
P1C2404	制动踏板 1 路故障或者警告故障

记录当前诊断仪器上的故障代码信号。关闭点火开关，通过诊断仪器清除故障代码。

第二步：故障代码验证

通过诊断仪器的数据流查看功能对当前故障代码进行验证。如图 1-76 所示为 VCU 数据

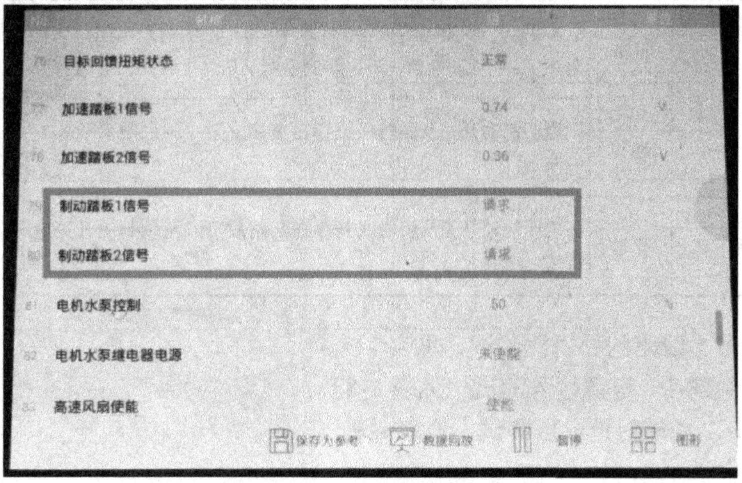

图 1-76 VCU 数据流信号

流显示的信号，此时数据流为正常情况下制动踏板没有踩下状态时的显示，踩制动踏板并保持，此信号应该变化，如果有一条信号没有变化，则故障为不变化的信号引起。实际情况是在踩制动踏板时，发现信号 1 状态没有变化。

结合故障分析、故障代码定义、数据流显示的信号，说明车辆高压不上电很可能是由于制动信号 1 异常造成的，导致以上故障的原因为以下一项或多项：

1）制动开关供电线路断路、虚接、短路故障。

2）制动开关内部自身故障。

3）制动开关至 VCU、BCM、ESC 间线路断路、虚接、短路故障。

4）VCU 自身故障。

第三步：线路测试

1）制动信号 1 的信号输入测试，见表 1-5。

表 1-5　制动信号 1 的信号输入测试

测试标准：踩下制动踏板时，用万用表分别测量 VCU 的 CA67/96 端子、BCM 的 IP21a/13 端子和 ESC 的 CA20/30 端子对地电压，标准值为 0→+B。

可能性	实测结果/V			状态	下一步操作
	CA67/96	IP21a/13	CA20/30		
1	0→+B	0→+B	0→+B	正常	说明 VCU 自身可能存在故障，建议更换
2	0→部分+B	0→+B	0→+B	异常	说明测试点上游线路可能存在虚接故障，测量制动开关端制动输出信号 1 对地电压
3	始终为 0	0→+B	0→+B	异常	说明测试点 CA67/96 端子上游线路可能存在断路或对地短路故障，测量制动开关端制动输出信号 1 对地电压
4	始终为 0	始终为 0	始终为 0	异常	说明测试点 CA67/96 端子上游线路可能存在断路或对地短路故障，测量制动开关端制动输出信号 1 对地电压

实测结果为第 4 种可能性。

2）制动开关端信号 1 输出测试，见表 1-6。

表 1-6　制动开关端信号 1 输出测试

测试标准：踩下制动踏板时，用万用表测量制动开关端信号 1 输出对地电压，标准值为 0→+B。

可能性	实测结果/V	状态	下一步操作
1	0→+B	正常	如果上一步测得结果为 0→部分+B，说明线路电阻过大；如果上一步测得结果为 0，说明线路断路。下一步测量制动信号 1 线路的导通性
2	0→（部分+B）	异常	说明制动开关及供电线路存在虚接故障，测量制动开关电源+B 输入信号对地电压
3	始终为 0	异常	说明制动开关及供电线路存在断路故障，测量制动开关电源+B 输入信号对地电压

3）制动信号 1 线路的导通性测试，见表 1-7。

4）制动开关的+B 电源输入测试，见表 1-8。

5）熔丝 EF02 两端对地电压测试，见表 1-9。

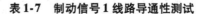

表 1-7　制动信号 1 线路导通性测试

测试标准：关闭点火开关，断开 VCU 的 CA67 插接器、BCM 的 IP21a 插接器、ESC 的 CA20 插接器、制动开关的 CA44b 插接器，检查线束端对端的电阻值，标准值为近乎为 0。

可能性	实测结果/Ω	状态	可能原因	下一步操作
1	近乎为零	正常	插接器故障	维修或更换线束插接器
2	明显大于 0	异常	线路电阻过大	维修或更换线束
3	∞	异常	线路断路	

表 1-8　制动开关 +B 电源输入测试

测试标准：任何时候，用万用表测量制动开关 +B 电源输入端对地电压，标准值为 +B。

可能性	实测结果/V	状态	可能原因	下一步操作
1	+B	正常	制动开关内部断开或电阻过大	更换制动开关
2	部分 +B	异常	+B 电源线路存在虚接故障	测量熔丝 EF02 10A 输出端对地电压
3	0	异常	+B 电源线路存在断路或对地短路故障	

注意：因为熔丝 EF02 供电线路是通过熔丝盒内部线路供电，有时很难确定哪端属于供电端，哪端属于用电器端，因此可以同时对熔丝的两个端子进行测量。

表 1-9　熔丝 EF02 10A 两端对地电压测试

测试标准：任何时候，用万用表测量 EF02 两端对地电压，标准值为 +B。

可能性	实测结果/V	状态	下一步操作
1	+B，+B	正常	如果上一步测试结果为部分 +B，说明熔丝 EF02 至制动开关间线路虚接；如果上一步测试结果为 0，说明熔丝 EF02 至制动开关间线路断路，检修线路
2	均部分 +B	异常	熔丝 EF02 供电线路虚接故障，检修线路
3	0，0	异常	熔丝 EF02 供电线路断路故障，检修线路
4	+B，0	异常	熔丝 EF02 熔断，说明制动信号 1 线路可能存在对地短路或虚接故障，检查制动信号 1 线路对地电阻
5	+B，0 到 +B 间	异常	说明熔丝 EF02 电阻过大，更换相同规格熔丝

6）制动信号 1 线路对地是否短路或虚接测试，见表 1-10。

表 1-10　制动信号 1 线路对地电阻测试

测试标准：关闭点火开关，检查线路对地电阻，标准值为∞。

步骤	测试条件	实测结果/Ω	状态	可能原因	下一步操作
1	拔下 VCU 的 CA67 接插接器、BCM 的 IP21a 插接器、ESC 的 CA20 插接器、制动开关的 CA44b 插接器	∞	正常	VCU、BCM、ESC 局部故障	转第 2 种可能
		明显大于 0	异常	线路对地虚接	检修线路
		近乎为 0	异常	线路对地短路	检修线路
2	连接 VCU 的 CA67 插接器	∞	正常	BCM、ESC 局部故障	转第 3 种可能
		存在电阻	异常	VCU 内部对地虚接	更换 VCU
		近乎为 0	异常	VCU 内部对地短路	

（续）

测试标准：关闭点火开关，检查线路对地电阻，标准值为∞。					
步骤	测试条件	实测结果/Ω	状态	可能原因	下一步操作
3	连接 BCM 的 IP21a 插接器	∞	正常	ESC 局部故障	转第 4 种可能
		存在电阻	异常	BCM 内部对地虚接	更换 BCM
		近乎为 0	异常	BCM 内部对地短路	
4	连接 ESC 的 CA20 插接器	∞	正常	—	维修结束
		存在电阻	异常	ESC 内部对地虚接	更换 ESC
		近乎为 0	异常	ESC 内部对地短路	

5. 诊断结论验证

注意：完成诊断修理后，某些 DTC 需要将点火开关旋至 OFF 位置，然后旋回至 ON 位置之后，诊断仪器功能才会清除 DTC。

1）将点火开关置于 OFF 位置。

2）安装所有诊断时拆下或更换的部件及插接器。

3）将点火开关置于 ON 位置。

4）读取并清除 DTC。

5）关闭点火开关 60s。

6）踩下制动踏板，观察点火开关上的绿色指示灯，若恢复正常则维修结束。

6. 故障机理分析

由于制动开关 1 信号故障，导致 VCU、BCM 和 ESC 都没有接收到制动信号，所以不会触发点火开关的绿色指示灯电量的功能。

7. 总结与拓展

教师可以在车辆上给学生设置表 1-11 中所列举的故障，参照中、高职新能源汽车维修技能大赛工作页，让学生独立或成组完成，并填写诊断报告，以考核学生的掌握水平。

表 1-11 故障设置建议表

序号	故障部位	故障性质
1	熔丝 EF02	熔断、电阻过大
2	熔丝 EF02 与制动开关之间线路	断路、虚接、短路
3	制动开关内部	常开、常闭、接触不良
4	制动信号 1 线路	断路、虚接、短路

案例 2 VCU 常火电源的故障诊断与检测

1. 原理简介及系统影响

如图 1-77 所示为 VCU 电源线路原理图，从中可以看出，VCU 电源分为三路：+B 电源、IG 点火开关电源、功率电源。如果 +B 电源出现异常，首先导致动力系统防盗功能激活，高压不上电，应急警告灯闪亮，防盗喇叭激活鸣响；如果 IG 点火开关电源出现异常，VCU 通过总线接收到钥匙信号，同时从其他单元发出的 CAN 信号得知点火开关已打开，即判定点火开关打开不合法，动力系统防盗功能激活，高压不上电，应急警告灯闪亮，防盗喇叭激活鸣响；如果功率电源出现故障，将导致 VCU 丢失功率电源，高压互锁、水泵控制、水泵继电器控制、加速踏板位置传感器、冷却风扇继电器控制等异常，造成 VCU 启动保护模式，致使高压上电失败。如果至 VCU 的继电器反馈信号出现异常，VCU 将认为继电器工作信号不可信，也将导致 VCU 启动保护模式，致使高压上电失败。同时继电器给 VCU 供电的功率电源有一路出现故障，由于两路在 VCU 内部并联，所以电源不会丢失，但如果两路都出现异常，将导致 VCU 丢失功率电源，高压互锁、水泵控制、水泵继电器控制、加速踏板位置传感器、冷却风扇继电器控制等异常，造成 VCU 启动保护模式，致使高压上电失败。

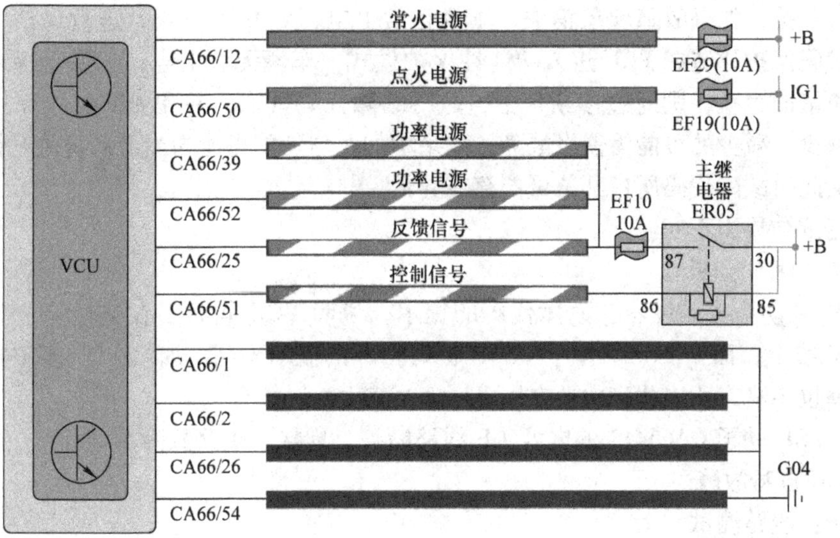

图 1-77 VCU 电源线路原理图

2. 故障现象描述

踩制动踏板数次后并保持，点火开关上的绿色指示灯正常点亮；打开点火开关后，车辆系统进入防盗锁止状态，转向警告灯点亮，防盗喇叭触发后鸣响，系统故障灯、档位指示灯闪烁，EPB 故障警告灯、代表驱动系统性能的故障提醒警告灯、安全气囊故障警告灯点亮，车辆模式指示灯不显示，同时仪表提醒防盗认证失败；主正、主负继电器未发出“咔哒”的正常工作声，制动踏板高度未变化，高压上电失败。

3. 故障现象分析（具体分析方法参考本章第二节故障分析部分内容）

4. 故障诊断过程

第一步：读取故障代码（DTC）

连接诊断仪器至 OBD 诊断接口后，踩制动踏板并保持，打开点火开关。此时通过使用诊断仪器与参与防盗的 VCU 和 BCM 进行通信，VCU 显示未连接成功，BCM 读取到故障代码 U111487：与 VCU 丢失通信。

如果通过使用诊断仪器与 BMS 连接，在 BMS 内部读取到和 BCM 相同的故障代码；而进入 MCU，则可以读取到表 1-12 中的故障代码。

表 1-12　MCU 故障代码信号

故障诊断	代码说明
U120400	CAN 帧超时故障
U130000	CAN 帧超时故障
U120000	CAN 帧超时故障
U120800	CAN 帧超时故障

记录当前诊断仪器上的故障代码，通过诊断仪器清除故障代码，然后关闭点火开关。接着打开点火开关，如果故障现象消失，车辆正常上电，VCU 可以正常进行通信，则可能为系统故障代码保护，造成 VCU 进入功能性保护模式，车辆无法上电；如果车辆还是不能上电，且现象依旧存在，则通过诊断仪器，进行故障代码读取，并和先前的故障代码进行比对，如果减少，减少的可能为偶发故障；如果增加，增加的可能为当前系统关联性故障；如果不变，则此时故障代码所指部位可能存在异常。

实际测试结果为不变。

第二步：DTC 分析

结合 VCU 防盗控制逻辑、故障代码的提示，说明 VCU 同时不在整车 P－CAN 和 V－CAN 数据总线上，而 P－CAN 和 V－CAN 同时损坏的概率不高，加之 VCU 多根搭铁线同时损坏的概率也不高，所以故障主要在以下一个或多个：

1）至 VCU 端子 CA66/12 的电源 +B 线路断路、虚接、短路故障。

2）VCU 自身故障。

第三步：线路测试

1）VCU 的 +B 电源对地电压测试，见表 1-13。

表 1-13　VCU 的 +B 电源对地电压测试

测试标准：任何条件下，使用万用表测量 VCU 的 +B 电源对地电压，标准值应为 +B。

可能性	实测结果/V	状态	可能原因	下一步操作
1	+B	正常	1）VCU 搭铁线路存在故障 2）VCU 自身存在故障	检查 VCU 搭铁线路的阻值
2	0 到 +B 间的某个值	异常	测试点上游线路存在虚接故障	测量熔丝 EF29 输出端对地电压

2）熔丝 EF29 两端对地电压测试，见表 1-14。

注意：因为熔丝 EF29 10A 供电线路是通过熔丝盒内部线路供电，有时很难确定哪端属于供电端，哪端属于用电器端，因此可以同时对熔丝的两个端子进行测量。

3）VCU 的 +B 电源线路端对端导通性测试，见表 1-15。

4）VCU 的 +B 电源线路对地负载测试，见表 1-16。

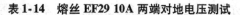

表 1-14　熔丝 EF29 10A 两端对地电压测试

测试标准：在任何情况下，测试结果应为 +B。

可能性	实测结果/V	状态	下一步操作
1	+B，+B	正常	如果上一步测试结果为 0，说明熔丝 EF29 至 VCU 间线路断路，应进一步测量其端对端导通性 如果上一步测试结果为 0 到 +B 间，说明熔丝 EF29 至 VCU 间线路虚接，应进一步测量其端对端导通性
2	均 0 到 +B 间	异常	熔丝 EF29 10A 上游线路虚接故障，检修线路
3	0，0	异常	熔丝 EF29 10A 上游线路故障，检修线路
4	+B，0	异常	说明熔丝 EF29 熔断，测量 VCU 的 +B 电源线路负载
5	+B，0 到 +B 间	异常	说明熔丝 EF29 虚接，更换相同规格熔丝

表 1-15　VCU 的 +B 电源线路端对端导通性测试

测试标准：关闭点火开关，断开 VCU 的 CA66 插接器，拔下熔丝 EF29，检查 VCU 至 EF29 熔丝座之间线路的电阻值，标准值近乎为 0。

可能性	实测结果/Ω	状态	可能原因	下一步操作
1	近乎为 0	正常	插接器故障	检查插接器
2	大于 0	异常	线路虚接	维修或更换线束
3	∞	异常	线路断路	维修或更换线束

表 1-16　VCU 的 +B 电源线路对地负载测试

测试标准：关闭点火开关，断开 VCU 端 CA66 插接器，拔下熔丝 EF29，检查 VCU 与 EF29 保险座之间导线对地电阻值，标准值为∞。

步骤	测试部位	实测结果/Ω	状态	可能原因	下一步操作
1	测量 VCU 线束端 12 号端子对地电阻	∞	正常	VCU 局部故障	转本表第 2 种可能
		小于 1.2	异常	线路对地虚接	检修线路
		近乎为 0	异常	线路对地短路	
2	连接 VCU 插接器，测量其线束端 12 号端子对地电阻	∞	正常	—	更换熔丝 EF29
		小于 1.2	异常	VCU 内部对地虚接	更换 VCU
		近乎为 0	异常	VCU 内部对地短路	

5. 诊断结论验证

注意：完成诊断修理后，某些 DTC 需要将点火开关旋至 OFF 位置，然后旋回至 ON 位置之后，诊断仪器功能才会清除 DTC。

1）将点火开关置于 OFF 位置。

2）安装所有诊断时拆下或更换的部件及插接器。

3）将点火开关置于 ON 位置。

4）读取并清除 DTC。

5）关闭点火开关 60s。

6）踩下制动踏板，打开点火开关，车辆仪表显示正常，系统上电正常，维修结束。

6. 故障机理分析

VCU 的 +B 电源线路出现故障，将导致 VCU 与其他单元在任何情况下均无法通信，从而在打开点火开关后触发防盗，高压上电条件无法满足，车辆不能正常运行。

7. 总结与拓展

教师可以在车辆上给学生设置表1-17中所列举的故障，参照中、高职新能源汽车维修技能大赛工作页，让学生独立或成组完成，并填写诊断报告，以考核学生的掌握水平。

表1-17 故障设置建议表

序号	故障部位	故障性质
1	EF29 10A熔丝	熔断、虚接
2	VCU与EF29之间的线路	断路、虚接、对地短路
3	VCU的所有搭铁线路	断路、虚接

案例3 VCU的V-CAN总线的故障诊断与检测

1. 原理简介及系统影响

如图1-78所示为V-CAN总线线路原理图，从中可以看出，VCU、低速报警系统、BCM、音响主机、电子转向管柱锁、组合仪表（IPC）、EPS、紧急救援系统（T-BOX）、自动空调控制面板、EPB、ESC等都是通过V-CAN总线连接组成了一个局域网。在这个局域网中，VCU接收和发送遥控防盗信号、点火开关信号、整车热管理信号、气囊数据信号、远程监控数据信号、行驶状态信号、故障等级信号等，并通过网关协调与P-CAN之间相互通信。

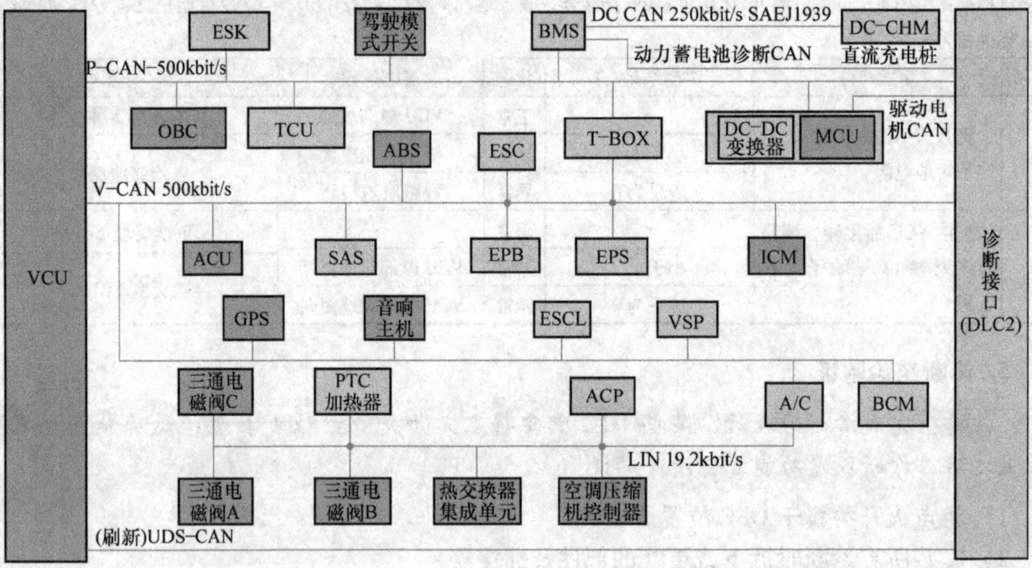

图1-78 V-CAN总线线路原理图

如果VCU的V-CAN总线或控制单元出现故障，将导致VCU无法接收和发送以上信号，VCU将激活防盗模式，造成高压上电失败。

2. 故障现象描述

踩制动踏板数次后并保持，点火开关上的绿色指示灯正常点亮；打开点火开关后，车辆系统进入防盗锁止状态，转向警告灯点亮，防盗喇叭触发后鸣响，系统故障灯、档位指示灯闪烁，EPB 故障警告灯、代表驱动系统性能的故障提醒警告灯、安全气囊故障警告灯点亮，车辆模式指示灯不显示，同时仪表提醒防盗认证失败；主正、主负继电器未发出“咔哒”的正常工作声，制动踏板高度未变化，高压上电失败。

3. 故障现象分析（具体分析方法参考本章第二节故障分析部分内容）

4. 故障诊断过程

第一步：读取故障代码（DTC）

连接诊断仪器至 OBD 诊断接口后，踩制动踏板并保持，打开点火开关。此时通过诊断仪器与 VCU 进行通信，在 VCU 内部读取到表 1-18 中的故障代码。

表 1-18 VCU 故障代码信号

故障诊断	代码说明
U012287	与 ABS、ESC 通信丢失
U016487	与空调控制器通信丢失
U015187	与安全气囊单元通信丢失
U014087	与 BCM 通信丢失
U012887	与 EPB 通信丢失
U013187	与 EPS 通信丢失
U021487	与无钥匙进入一键起动通信丢失
U019887	与远程信号处理控制器通信丢失
U015587	与组合仪表丢失通信

记录当前诊断仪器上的故障代码信号，通过诊断仪器清除故障代码，然后关闭点火开关。

打开点火开关，如果故障现象消失，车辆正常上电，则可能为系统故障代码保护，造成 VCU、BMS 进入功能性保护模式，车辆无法上电；如果车辆不能上电，且现象依旧存在，则通过诊断仪器，进行故障代码读取，并和先前的故障代码进行比对，如果减少，减少的可能为偶发故障。如果增加，增加的可能为当前系统关联性故障。如果不变，则此时故障代码所指部位可能存在异常。

第二步：故障代码（DTC）验证

读取并确认故障代码后，需对故障代码设置和产生的条件进行分析。

结合故障代码及 CAN 总线线路原理图，可以看出此时 VCU 无法通信的单元全部来自 V－CAN，同时诊断仪器可以正常和 VCU 通信，说明 VCU 的 P－CAN 没有故障，且通信正常；只是与之连接的 V－CAN 出现异常，导致 VCU 无法和以上单元通信，VCU 内部存储了以上故障代码。

结合上述分析和故障代码定义，导致以上故障的可能原因有以下一项或多项：

1）至 VCU 的 V－CAN－H 通信信号及线路断路、虚接、短路故障。

2）至 VCU 的 V－CAN－L 通信信号及线路断路、虚接、短路故障。

第三步：线路测试

（1）测量 VCU 端 CAN－H、CAN－L 信号对地波形。

当 CAN 总线出现故障的时候，最好利用示波器同时测量 CAN－H、CAN－L 信号波形，借助信号的形成原理分析故障部位和故障原因，CAN 总线的信号分析可以参考下文：

1）CAN－H 断路的波形分析，如图 1-79 所示。

① 隐性电平不变。正常情况下，因为在隐性电平时，所有单元中的晶体管均处于截止状态，所以 CAN－H、CAN－L 的电位实质上就是两个 470Ω 之间的电位，即为 5V 的一半；当 CAN－H 断路时，并没有改变原有线路任何的电流大小，CAN－H、CAN－L 的电位还是两个 470Ω 之间的电位，即为 5V 的一半，所以不变。

② 在正常情况下，当左侧单元发送信号时，左侧 CAN－H 电势会因为晶体管导通，使得晶体管上下游的线路导通，串联电阻（42Ω、60Ω）导通产生分压，而使得左侧单元端的 CAN－H 总线电压上升到 3.5V；此时如果 CAN－H 断路，左侧 CAN－H 端会因为失去右侧单元中的电阻而使得其对应的晶体管上方的 42Ω 电阻内的电流相对减小，那该电阻两端的电压降将会减小，从而使得左侧单元端 CAN－H 电压在正常增大的基础上进一步增大，因而 CAN－H 的波形从 2.5V 的隐性电压切换到 3.95V 左右，相对 3.5V 有了 0.45V 的提高。

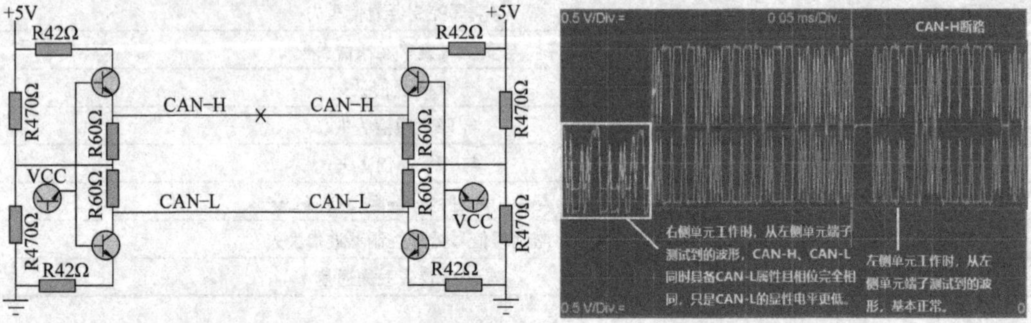

图 1-79　CAN 总线原理、故障及波形（从左侧单元端测得）（略有差异）

③ 在正常情况下，当左侧单元发送信号时，左侧 CAN－L 电势会因为晶体管导通，使得晶体管上下游的线路导通，串联电阻（42Ω、60Ω）导通产生分压，而使得左侧单元端的 CAN－L 总线电压下降到 1.5V；此时如果 CAN－H 断路，右侧单元中两个 60Ω 之间的对地电阻有一定的下降，导致该点的电压有所下降（注意：由于 CAN－H 断路，右侧控制单元端 CAN－H 电压和该点电压一致，所以也有明显的下降，而且切换的方向是反的），而整体上还是 CAN－L 左端比右端的电势低，所以流经左侧控制单元内的 CAN－L 对应的 42Ω 的电流减小，因为其两端的电压降减小，所以 CAN－L 的波形从 2.5V 的隐性电平切换到 1.22V 左右，相对 1.5V 也有了 0.28V 的降低。

④ 当左侧单元发送信号时，右侧单元的 CAN－L 波形和左侧单元的相同，但 CAN－H 会检测到来自右侧单元的反射波，CAN－H、CAN－L 同时具备 CAN－L 的属性且相位完全相同，只是 CAN－L 相对 CAN－H 的显性电平偏低一些，CAN－H 的为 1.48V，CAN－L 的为 1.22V。

⑤ 这种情况下，左侧的控制单元不会参与系统工作。

2）CAN－L 断路的波形分析，如图 1-80 所示。

① 隐性电平不变。正常情况下，因为在隐性电平时，所有单元中的晶体管均处于截止状态，所以 CAN－H、CAN－L 的电位实质上就是两个 470Ω 之间的电位，即为 5V 的一半；当 CAN－L 断路时，并没有改变原有线路任何的电流大小，CAN－H、CAN－L 的电位还是

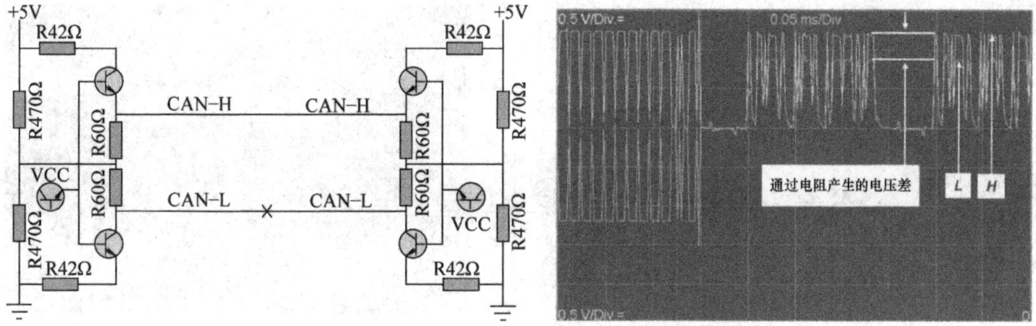

图 1-80　CAN 总线原理、故障及波形（从左侧单元端测得）

两个 470Ω 之间的电位，即为 5V 的一半，所以不变。

② 在正常情况下，当左侧单元发送信号时，左侧 CAN－L 电势会因为晶体管导通，使得晶体管上下游的线路导通，串联电阻（42Ω、60Ω）导通产生分压，而使得左侧单元端的 CAN－L 总线电压下降到 1.5V；此时如果 CAN－L 断路，左侧 CAN－L 端会因为失去右侧单元中的电阻而使得其对应的晶体管下方的 42Ω 电阻内的电流相对减小，那该电阻两端的电压降将会减小，从而使得左侧单元端 CAN－L 的电势在正常减小的基础上进一步减小，因而 CAN－L 的波形从 2.5V 的隐性电压切换到 1.0V 左右，相对 1.5V 有了 0.5V 的降低。

③ 在正常情况下，当左侧单元发送信号时，左侧 CAN－H 电势会因为晶体管导通，使得晶体管上下游的线路导通，串联电阻（42Ω、60Ω）导通产生分压，而使得左侧单元端的 CAN－H 总线电压而上升到 3.5V；此时如果 CAN－L 断路，右侧单元中两个 60Ω 之间的对地电阻有一定的增大，导致该点的电压有所升高（注意：由于 CAN－L 断路，右侧控制单元端 CAN－L 电压和该点电压一致，所以也有明显的升高，而且切换的方向是反的），而整体上还是 CAN－H 左端比右端的电势高，所以流经左侧控制单元内的 CAN－H 对应的 42Ω 的电流减小，因为其两端的电压降减小，所以 CAN－H 的波形从 2.5V 的隐性电平切换到 3.8V 左右，相对 3.5V 也有了 0.3V 的升高。

④ 当左侧单元发送信号时，右侧单元的 CAN－H 波形和左侧单元的相同，但 CAN－L 会检测到来自右侧单元的反射波，CAN－H、CAN－L 同时具备 CAN－H 的属性且相位完全相同，只是 CAN－H 相对 CAN－L 的显性电平偏低一些，CAN－H 的为 3.8V，CAN－L 的为 3.54V。

⑤ 这种情况下，左侧的控制单元不会参与系统工作。

注意：观察这类信号波形时，先观察波形相位和切换方向重叠的部分，只要有这种类似的波形，就说明总线有断路的地方，至于是 CAN－H 还是 CAN－L 断路，可以参照重叠部分波形的显性电平的高低来判定。如果 CAN－H 高于 CAN－L，说明 CAN－H 断路；如果 CAN－L 高于 CAN－H，说明 CAN－L 断路。

3）CAN－H 虚接的波形分析，如图 1-81 所示。

① 当 CAN－H 虚接时，并没有改变原有线路任何的电流大小，CAN－H、CAN－L 的电位还是两个 470Ω 之间的电位，即为 5V 的一半，所以隐性电平不变。

② 当左侧单元发送信号时，由于虚接，左侧控制单元的 CAN－H 端与搭铁点之间的电

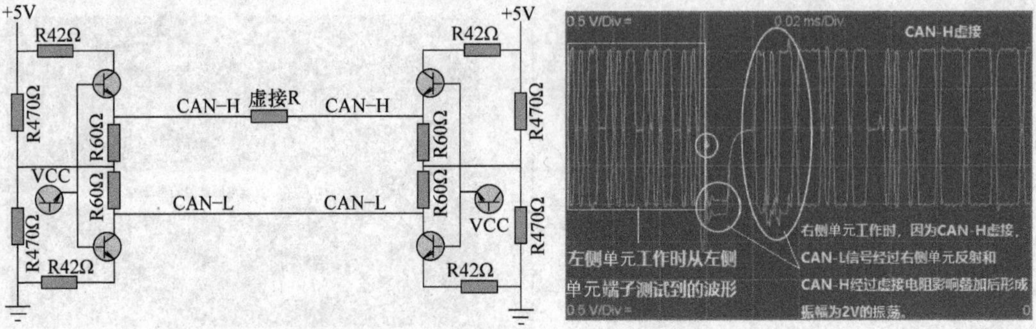

图 1-81　CAN 总线原理、故障及波形（从左侧单元端测得）

阻增大，那流经左侧控制单元中 CAN－H 对应的晶体管上方的 42Ω 电阻内的电流减小，该电阻两端的电压降将减小，左侧控制单元端 CAN－H 信号电压会相应提高，实验中为从 2.5V 切换到 3.88V，显性电平相对 3.5V 有了 0.38V 的提高，虚接电阻越小，显性电平越接近 3.5V；CAN－L 的显性电平也随之下降，约为 1.26V；实验虚接电阻为 1kΩ，电阻越大，对系统影响越大。

③ 当右侧单元发送信号时，由于虚接，右侧控制单元端 CAN－H 的电压有了明显的下降，信号波形从 2.5V 切换到 1.74V，相对 3.5V 有了 1.76V 的降低，显性电平反方向变化；CAN－L 波形从 2.5V 切换到 1.26V，相对 1.5V 有了降低；实验虚接电阻为 1kΩ，电阻越大，对系统影响越大。

4）CAN－L 虚接的波形分析，如图 1-82 所示。

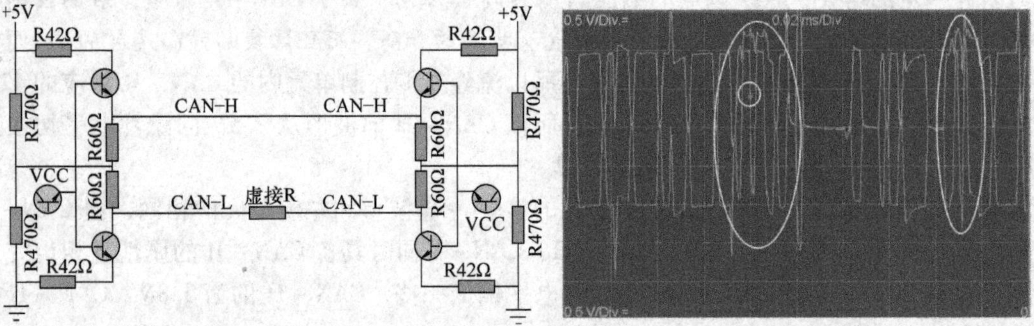

图 1-82　CAN 总线原理、故障及波形（从左侧单元端测得）

① 当 CAN－L 虚接时，并没有改变原有线路任何的电流大小，CAN－H、CAN－L 的电位还是两个 470Ω 之间的电位，即为 5V 的一半，所以隐性电平不变。

② 当左侧单元发送信号时，由于虚接，左侧控制单元的 CAN－H 端与搭铁点之间的电阻增大，那流经左侧控制单元中 CAN－H 对应的晶体管上方的 42Ω 电阻内的电流减小，该电阻两端的电压降将减小，左侧控制单元端 CAN－H 信号电压会相应提高，实验中从 2.5V 切换到 3.75V，显性电平相对 3.5V 有了 0.25V 的提高，虚接电阻越小，显性电平越接近 3.5V；CAN－L 的显性电平也随之下降，约为 1.1V；实验虚接电阻为 1kΩ，电阻越大，对系统影响越大。

③ 当右侧单元发送信号时，由于虚接，右侧控制单元端 CAN－H 的电压有了明显的提高，波形从 2.5V 切换到 3.75V，相对 3.5V 有了 0.25V 的提高；CAN－L 波形从 2.5V 切换到 3.26V，显性电平反方向变化，相对 1.5V 有了明显的提高；实验虚接电阻为 1kΩ，电阻越大，对系统影响越大。

注意：观察此类波形时，主要看某个控制单元的 CAN 总线信号波形是否存在逆向切换的显性电平，如果 CAN－H 信号波形存在逆向切换的显性电平，则为 CAN－H 存在虚接，虚接电阻越大，逆向切换后的显性电平越低；如果 CAN－L 信号波形存在逆向切换的显性电平，则为 CAN－L 存在虚接，虚接电阻越大，逆向切换后的显性电平越高。

5）CAN－H 对 +B 短路的波形分析，如图 1-83 所示。

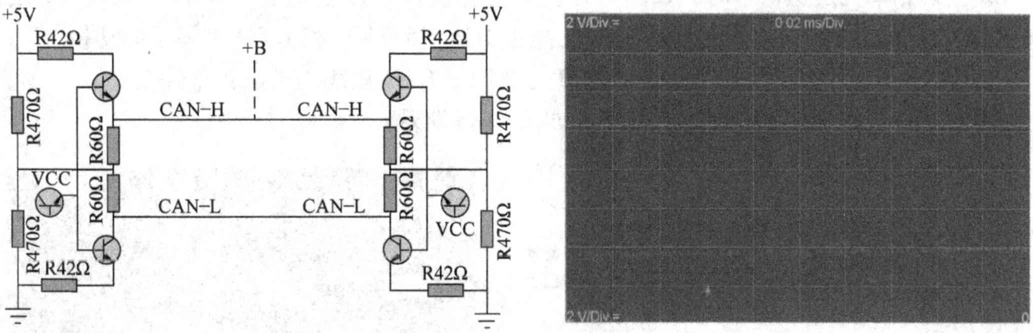

图 1-83　CAN 总线原理、故障及波形（从左侧单元端测得）

① CAN－H 的隐性电平为 +B，因为 CAN－H、CAN－L 之间有 60Ω 的电阻存在，所以 CAN－L 的隐性电平相对 CAN－H 会偏低大约 2V。

② 当某侧单元发送信号时，CAN－H 始终为 +B；CAN－L 的波形会在 10V（隐性电平）的基础上切换到 4.4V，相对正常的 1.5V 有明显的提高。

6）CAN－L 对 +B 短路的波形分析，如图 1-84 所示。

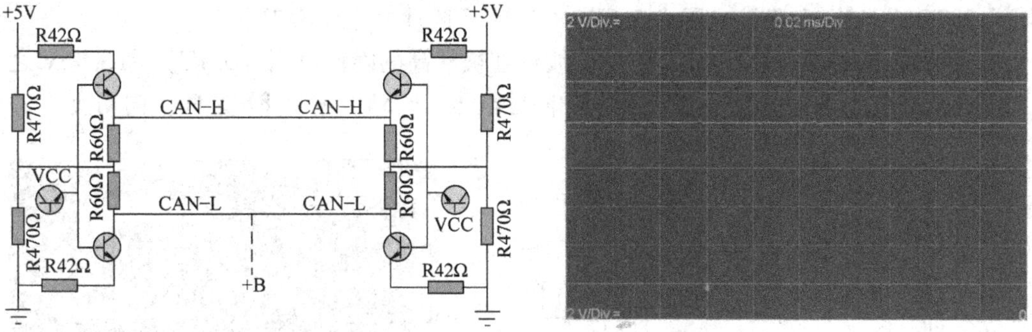

图 1-84　CAN 总线原理、故障及波形（从左侧单元端测得）

① CAN－L 的隐性电平为 +B，因为 CAN－H、CAN－L 之间有 60Ω 的电阻存在，所以 CAN－H 的隐性电平相对 CAN－H 会偏低大约 2V，为 9.72V。

② 当某侧单元发送信号时，CAN－L 始终为 +B；CAN－H 的波形会在 9.72V（隐性电

平）的基础上切换到9.12V，相对正常的3.5V有明显的提高。

注意：观察此类波形时，主要看所有控制单元总线波形的隐性电平是否有一根信号线电压始终保持为+B，而另外一根信号线为10V，如果有，就说明CAN总线对+B短路。如果CAN－H为+B，CAN－L为10V，说明CAN－H对+B短路；如果CAN－L为+B，CAN－H为10V，说明CAN－L对+B短路。

7）CAN－H对+B虚接的波形分析，如图1-85所示。

① 与虚接电阻大小有关，电阻越大，对隐性电平的影响越小（2.5V～+B），电阻越大，隐性电平越靠近2.5V，同时CAN－H的隐性电平会略高于CAN－L。实验电阻为200Ω，CAN－H隐性电压为6.5V，CAN－L隐性电压为5.7V。

② 当某侧单元发送信号时，CAN－H波形在被提高的隐性电压（6.5V）和4.5V之间反向切换；同样，CAN－L波形在被提高的隐性电压（5.7V）和1.8V之间正向切换。

③ CAN－H、CAN－L显性电平的差值大于2V，CAN总线仍可以正常通信。

8）CAN－L对+B虚接的波形分析，如图1-86所示。

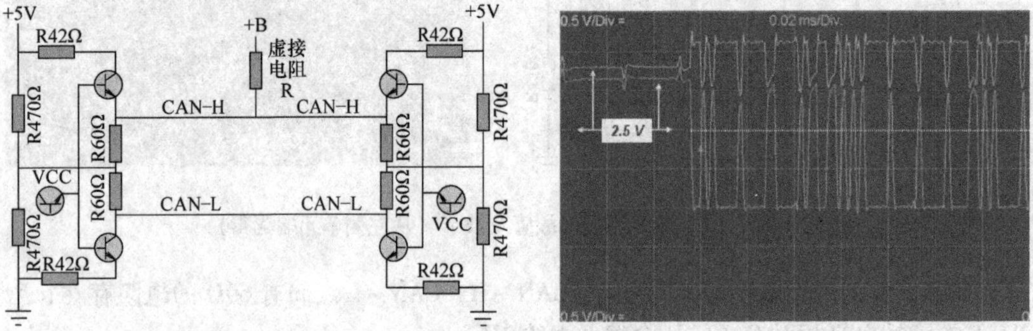

图1-85　CAN总线原理、故障及波形（从左侧单元端测得）

① 与虚接电阻大小有关，电阻越大，对隐性电平的影响越小（2.5V～+B），电阻越大，隐性电平越靠近2.5V，同时CAN－L的隐性电平会略高于CAN－H的隐性电平。实验电阻为200Ω，CAN－L隐性电压为6.5V，CAN－H隐性电压为5.7V。

② 当某侧单元发送信号时，CAN－H波形在被提高的隐性电压（5.7V）和3.96V之间反向切换；同样，CAN－L波形在被提高的隐性电压（6.5V）和2.8V之间正向切换。

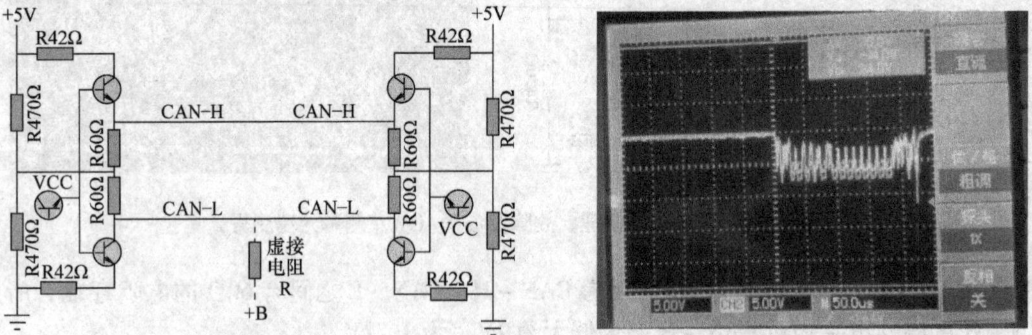

图1-86　CAN总线原理、故障及波形（从左侧单元端测得）

注意：观察此类波形时，主要看所有控制单元总线波形的隐性电平是否同时明显大于2.5V，如果有，就说明CAN总线存在对+B虚接。如果CAN－H的隐性电平大于CAN－L，说明CAN－H对+B虚接；如果CAN－L的隐性电平大于CAN－H，说明CAN－L对+B虚接。

9）CAN－H对地短路的波形分析，如图1-87所示。

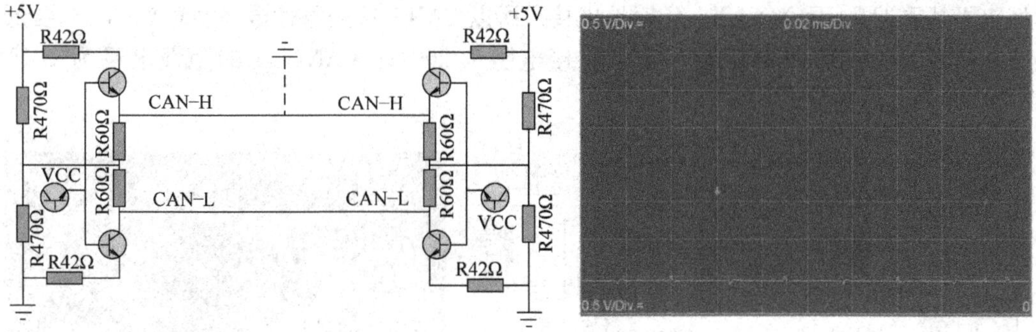

图1-87 CAN总线原理、故障及波形（从左侧单元端测得）

① 因为CAN－H对地短路，所以CAN－H的隐性电平变为0，而CAN－L的电压因为终端电阻的存在而比CAN－H的隐性电平提高0.5V。

② 当某侧单元发送信号时，CAN－H依然为0，CAN－L相对0.5V会更低一点，大约为0.23V。

10）CAN－L对地短路的波形分析，如图1-88所示。

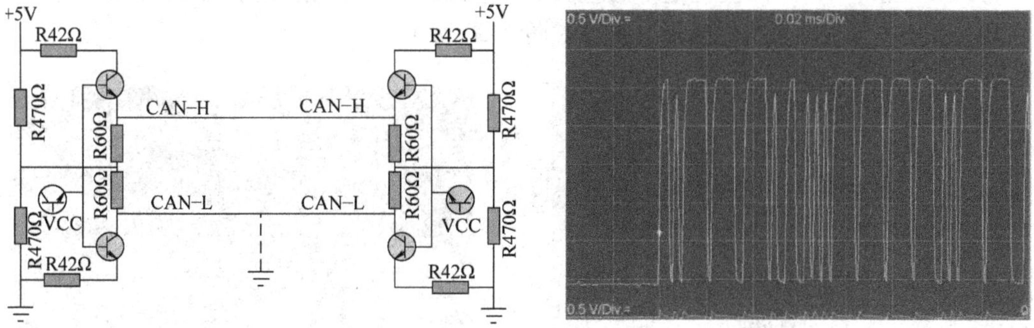

图1-88 CAN总线原理、故障及波形（从左侧单元端测得）

① 因为CAN－L对地短路，所以CAN－L的隐性电平变为0，而CAN－H的电压因为终端电阻的存在而比CAN－L的隐性电平提高0.5V。

② 当某侧单元发送信号时，CAN－L依然为0，CAN－H相对0.5V会提高，大约为2.96V。

注意：观察此类波形时，主要看所有控制单元总线波形的隐性电平是否有一根信号线电压始终保持为0，而另外一根信号线为0.5V，如果有，就说明CAN总线对地短路。如果CAN－H为0，CAN－L为0.5V，说明CAN－H对地短路；如果CAN－L为0，CAN－H为0.5V，说明CAN－L对地短路。

11）CAN－H对地虚接的波形分析，如图1-89所示。

① 与虚接电阻大小有关，电阻越小，对隐性电平的影响越大（0～2.5V），电阻越小，隐性电平越靠近0，因为CAN－H对地虚接，所以CAN－H的隐性电平性对CAN－L要低一些，这是因为终端电阻的存在；实验虚接电阻为200Ω，CAN－H的隐性电平为1.43V，CAN－L的隐性电平为1.65V。

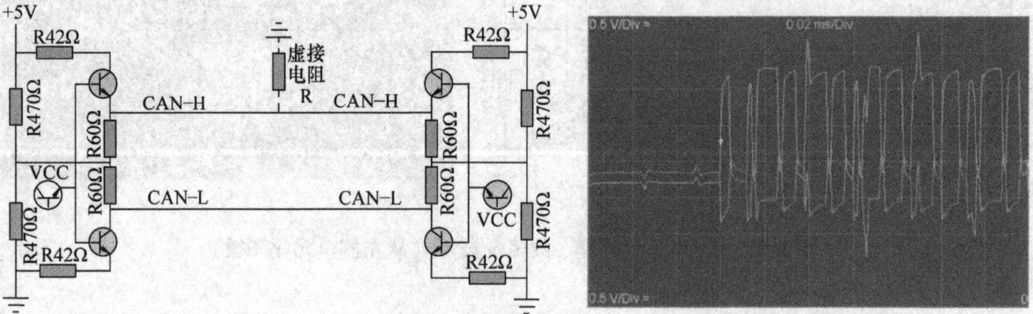

图1-89　CAN总线原理、故障及波形（从左侧单元端测得）

② 当某侧单元发送信号时，因为晶体管导通，CAN－H波形在被拉低的隐性电平（1.43V）与3.1V之间切换，相对正常情况下的3.5V有所下降；同样CAN－L波形在被拉低的隐性电平（1.65V）与1.31V之间切换，相对正常的1.5V有所下降。

③ CAN－H、CAN－L显性电平的差值基本保持2V，CAN总线仍可以正常通信。

12）CAN－L对地虚接的波形分析，如图1-90所示。

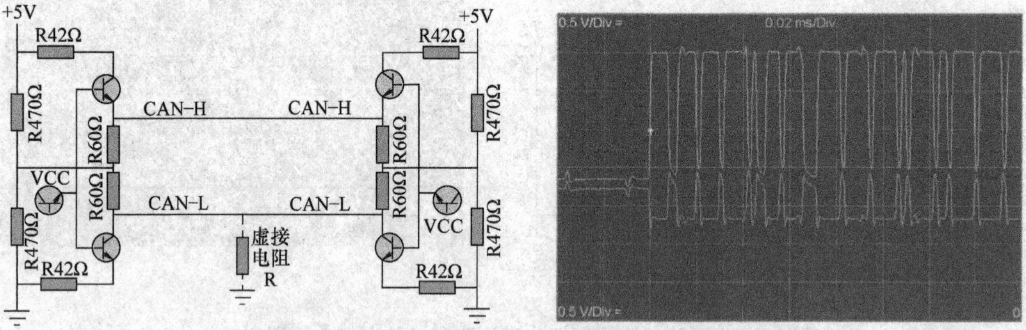

图1-90　CAN总线原理、故障及波形（从左侧单元端测得）

① 与虚接电阻大小有关，电阻越小，对隐性电平的影响越大（0～2.5V），电阻越小，隐性电平越靠近0，因为CAN－L对地虚接，所以CAN－L的隐性电平性对CAN－H要低一些，这是因为终端电阻的存在；实验虚接电阻为200Ω，CAN－L的隐性电平为1.43V，CAN－H的隐性电平为1.65V。

② 当某侧单元发送信号时，因为晶体管导通，CAN－H 波形在被拉低的隐性电平（1.65V）与3.43V 之间切换，相对正常情况下的3.5V 有所下降；同样 CAN－L 波形在被拉低的隐性电平（1.43V）与1.31V 之间切换，相对正常的1.5V 有所下降。

③ CAN－H、CAN－L 显性电平的差值基本保持2V，CAN 总线仍可以正常通信。

注意：观察此类波形时，主要看所有控制单元总线波形的隐性电平是否同时明显小于2.5V，如果有，就说明 CAN 总线存在对地虚接。如果 CAN－L 的隐性电平大于 CAN－H 的隐性电平，说明 CAN－H 对地虚接；如果 CAN－H 的隐性电平大于 CAN－L 的隐性电平，说明 CAN－L 对地虚接。

13）CAN－H、CAN－L 相互短路的波形分析，如图 1-91 所示。

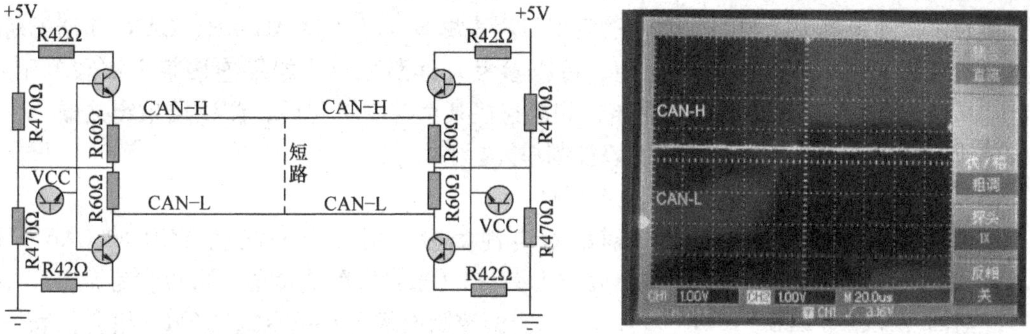

图 1-91　CAN 总线原理、故障及波形（从左侧单元端测得）

不管是隐性还是显性，CAN－H、CAN－L 的信号始终维持在2.5V。

14）CAN－H、CAN－L 通过电阻短路的波形分析，如图 1-92 所示。

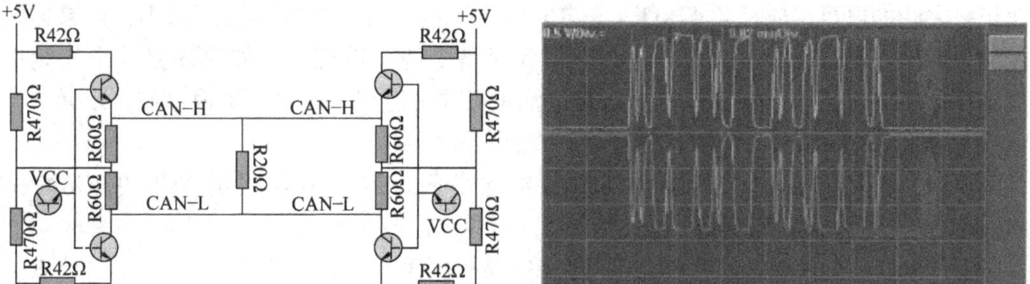

图 1-92　CAN 总线原理、故障及波形（从左侧单元端测得）

隐性电压不会发生变化，但 CAN－H 和 CAN－L 的显性电压之间的差值会因为虚接电阻而等幅值减小，电阻越大，两者之间的差值越接近2V。

（2）测量 CAN－H、CAN－L 线路端对端的导通性

导通性是检查 VCU 的 CAN－H、CAN－L 端子与 CAN 总线其余控制单元（EPS、EPB、ESC、自动空调控制面板、T－BOX、BCM、组合仪表、电子转向管柱锁、音响主机、低速报警单元）的 CAN－H、CAN－L 端子之间导线是否存在断路、虚接的故障。

测试时，关闭点火开关，断开辅助蓄电池负极，拔掉 V－CAN 上所有单元的插接器，CAN－H（或 CAN－L）上所有插接器端子间的电阻都应近乎为 0，否则说明存在断路或虚接故障。

（3）检查 CAN－H、CAN－L 线路对地是否短路

测试时，关闭点火开关，断开辅助蓄电池负极，用万用表测量 VCU 的 CAN－H、CAN－L端子对地电阻应为 7.47kΩ（来自实际测试值，可以参考）。

然后断开 VCU、EPS、EPB、ESC、自动空调控制面板、T－BOX、BCM、组合仪表、电子转向管柱锁、音响主机、低速报警单元端插接器，用万用表测量 VCU 的 CAN－H、CAN－L端子对地电阻应为无穷大，否则说明故障存在：如果测试结果为 0，说明线路对地短路；如果测试结果为某个电阻，说明线路对地虚接。

接着依次连接每一个控制单元，然后用万用表测量 VCU 的 CAN－H、CAN－L端子对地电阻，应从 7.47kΩ（来自实际测试值，可以参考）逐渐减小：如果连接某个控制单元后，测试结果变为 0，说明该单元对地短路；如果连接某个控制单元后，测试结果突然减小，说明该单元对地异常短路。此时应更换该控制单元。

（4）检查 CAN－H 线路对电源是否短路

测试时，关闭点火开关，断开辅助蓄电池负极，用万用表测量 VCU 的 CAN－H、CAN－L端子对蓄电池正极之间的电阻应为 7.47kΩ（来自实际测试值，可以参考）。

然后断开 VCU、EPS、EPB、ESC、自动空调控制面板、T－BOX、BCM、组合仪表、电子转向管柱锁、音响主机、低速报警单元端插接器，用万用表测量 VCU 的 CAN－H、CAN－L端子对蓄电池正极之间的电阻应为无穷大，否则说明故障存在：如果测试结果为 0，说明线路对蓄电池正极短路；如果测试结果为某个电阻，说明线路对蓄电池正极虚接。

接着依次连接每一个控制单元，然后用万用表测量 VCU 的 CAN－H、CAN－L端子对蓄电池正极之间的电阻，应从 7.47kΩ（来自实际测试值，可以参考）逐渐减小：如果连接某个控制单元后，测试结果变为 0，说明该单元对蓄电池正极短路；如果连接某个控制单元后，测试结果突然减小，说明该单元对蓄电池正极异常短路。此时应更换该控制单元。

（5）测量CAN－L和 CAN－H 线路之间电阻

测试时，关闭点火开关，断开辅助蓄电池负极，用万用表测量 VCU 的 CAN－H、CAN－L之间的电阻，应为 60Ω。

然后断开 VCU、EPS、EPB、ESC、自动空调控制面板、T－BOX、BCM、组合仪表、电子转向管柱锁、音响主机、低速报警单元端插接器，用万用表测量 VCU 的 CAN－H、CAN－L端子之间的电阻应为无穷大，否则说明故障存在：如果测试结果为 0，说明 CAN－H、CAN－L之间线路存在短路；如果测试结果为某个电阻，说明 CAN－H、CAN－L之间线路存在虚接。

接着依次连接每一个控制单元，然后用万用表测量 VCU 的 CAN－H、CAN－L之间的电阻，应从无穷大逐渐减小：如果连接某个控制单元后，测试结果变为 0，说明该单元内 CAN－H、CAN－L之间线路存在短路；如果连接某个控制单元后，测试结果突然减小，说明该单元内 CAN－H、CAN－L之间线路存在虚接。此时应更换该控制单元。

5. 诊断结论验证

注意：完成诊断修理后，某些 DTC 需要将点火开关旋至 OFF（关闭）位置，然后旋回至 ON（打开）位置之后，诊断仪器功能才会清除 DTC。

1）将点火开关置于 OFF（关闭）位置。

2）安装所有诊断时拆下或更换的部件及插接器。

3）将点火开关置于 ON 位置。

4）读取并清除 DTC。

5）关闭点火开关 60s。

6）踩下制动踏板，打开点火开关，车辆仪表显示正常，车辆上电恢复正常，维修结束。

6. 故障机理分析

V－CAN 总线是 VCU 与其他单元进行数据交换的通道。如果该线路出现故障，VCU 无法接收到遥控钥匙信号、点火信号等，就会触发车辆防盗，导致整车高压上电失败。

7. 总结与拓展

教师可以在车辆上给学生设置表 1-19 中所列举的故障，参照中、高职新能源汽车维修技能大赛工作页，让学生独立或成组完成，并填写诊断报告，以考核学生的掌握水平。

表 1-19　故障设置建议表

序号	故障部位	故障性质
1	数据通信 V－CAN－H 线路	断路、虚接、短路
2	数据通信 V－CAN－L线路	断路、虚接、短路
3	数据通信 V－CAN－H 与 V－CAN－L线路	相互短路

案例 4　VCU IG 信号的故障诊断与检测

1. 原理简介及系统影响

图 1-93 所示为 VCU 电源线路原理图，从中可以看出，IG 信号为 VCU 提供唤醒电源，

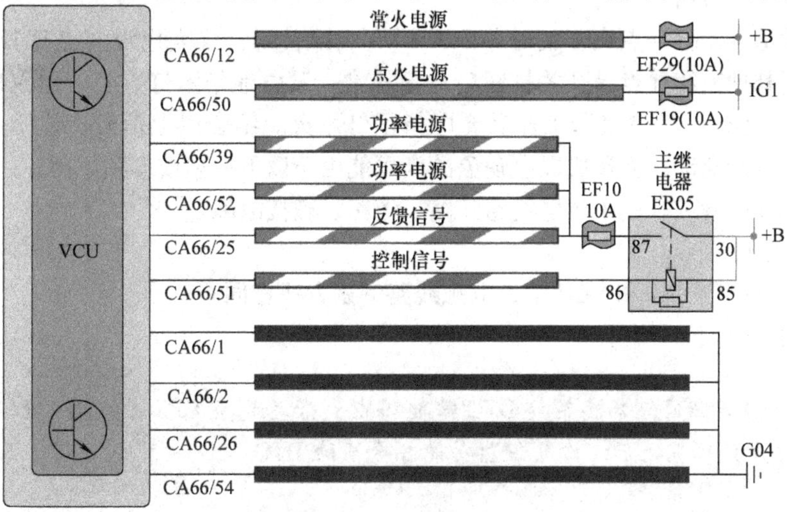

图 1-93　VCU 电源线路原理图

同时还是 VCU 判断车辆所处的起动运行状态的依据。如果只是 IG 信号线路出现异常，VCU 还会通过总线从其他单元得知点火开关已打开，即判定点火开关打开不合法，进而激活防盗功能，高压不上电，应急警告灯闪亮，防盗喇叭激活鸣响。

2. 故障现象描述

踩制动踏板数次后并保持，点火开关上的绿色指示灯正常点亮；打开点火开关后，车辆系统进入防盗锁止状态，转向警告灯点亮（图 1-94 椭圆圈注位置），防盗喇叭触发后鸣响，提醒防盗认证失败（仪表中间位置）；蓄电池指示灯点亮，车辆模式指示灯显示正常；整车系统故障灯未点亮；车辆主正、主负继电器未发出“咔哒”的正常工作声，制动踏板高度未变化，高压上电失败。

图 1-94　仪表显示图 1

3. 故障现象分析（具体分析方法参考本章第二节故障分析部分内容）

4. 故障诊断过程

第一步：读取故障代码（DTC）

连接诊断仪器至 OBD 诊断接口后，踩制动踏板并保持，打开点火开关。通过诊断仪器与参与防盗系统的 VCU 和 BCM 进行通信，在 VCU 和 BCM 内均未读取到故障代码。此时再读取 BMS、MCU 等都未读到故障代码。

第二步：DTC 分析

踩住制动踏板、打开点火开关时，VCU 没有故障代码，仪表也没有点亮其他系统故障指示灯，说明其他系统在点火开关打开后自检正常；蓄电池指示灯点亮，但仪表上 VCU 故障灯没有点亮，DC - DC 变换器工作后充电指示灯熄灭。结合以上信号，说明 VCU 没有被点火开关信号激活启动，而造成以上现象的则可能由于以下一项或多项原因：

1）VCU 的 CA66/50 端子供电线路断路、短路、虚接故障。

2）VCU 自身故障。

第三步：线路测试（和 VCU 常火电源线路测试方法相同）

5. 诊断结论验证

注意：完成诊断修理后，某些 DTC 需要将点火开关旋至 OFF（关闭）位置，然后旋回至 ON（打开）位置之后，诊断仪器功能才会清除 DTC。

1）将点火开关置于 OFF 位置。

2）安装所有诊断时拆下或更换的部件及插接器。

3）将点火开关置于 ON 位置。

4）读取并清除 DTC。

5）关闭点火开关 60s。

6）踩下制动踏板，打开点火开关，车辆仪表显示正常，高压上电正常，维修结束。

6. 故障机理分析

IG 电源是 VCU 判断点火开关状态的主信号，如果此信号异常，将导致 VCU 无法准确判定当前车辆状态。此时 VCU 通过总线接收到点火开关激活信号后，将认为点火开关信号不合理，随即激活防盗系统，高压上电条件无法满足，车辆不能正常运行。

7. 总结与拓展

教师可以在车辆上给学生设置表 1-20 中所列举的故障，参照中、高职新能源汽车维修技能大赛工作页，让学生独立或成组完成，并填写诊断报告，以考核学生的掌握水平。

表 1-20　故障设置建议表

序号	故障部位	故障性质
1	EF19 熔丝与 VCU 之间线路	熔断、虚接、短路
2	EF19 熔丝	断路、虚接、接触不良
3	EF19 熔丝与 BCM 之间线路	断路、虚接

案例 5　主继电器 ER05 的故障诊断与检测

1. 原理简介及系统影响

如图 1-95 所示为 VCU 主继电器线路原理图，从中可以看出，主继电器 ER05 为 VCU 提供功率电源，如果主继电器 ER05 工作出现故障，将导致 VCU 丢失功率电源，高压互锁、水泵控制、水泵继电器控制、加速踏板位置传感器、冷却风扇继电器控制等就会出现异常，造成 VCU 启动保护模式，致使高压上电失败；如果继电器反馈信号出现异常，VCU 将认为继电器工作不可信，也将导致 VCU 启动保护模式，致使高压上电失败。同时继电器给 VCU 供电的功率电源有一路出现故障，由于两路功率电源在 VCU 内部并联，所以电源不会丢失。

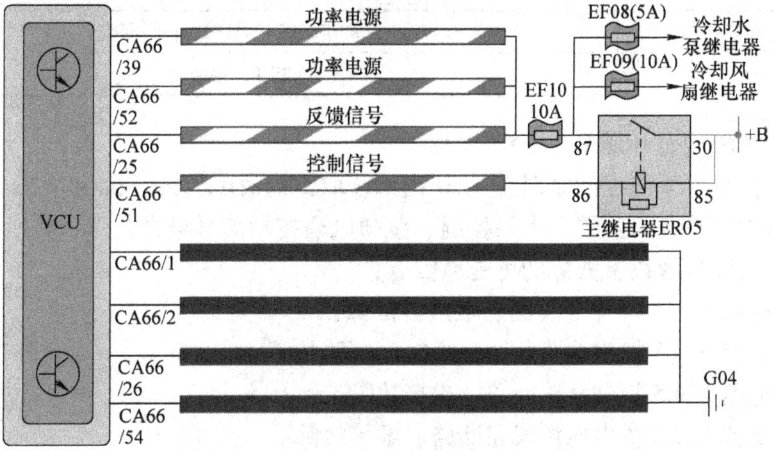

图 1-95　VCU 主继电器线路原理图

2. 故障现象描述

踩制动踏板数次后并保持，点火开关上的绿色指示灯正常点亮；打开点火开关后，仪表点亮正常，可运行指示“READY”灯无法正常点亮；蓄电池指示灯、整车系统故障指示灯点亮；仪表右侧驻车灯正常点亮，车辆驱动模式指示灯 ECO 正常点亮，仪表再无其他信号显示，如图 1-96 所示；动力蓄电池主正、主负继电器不动作，高压不上电，制动踏板高度反应正常，档位无法切换至 D 位或 R 位。

图 1-96　仪表信号显示图

3. 故障现象分析（具体分析方法参考本章第二节故障分析部分内容）

4. 故障诊断过程

第一步：读取故障代码（DTC）

连接诊断仪器至 OBD 诊断接口后，踩制动踏板并保持，打开点火开关。通过使用诊断仪器与VCU进行通信，在 VCU 内部可能读取到表 1-21 中罗列的故障代码。

表 1-21　VCU 故障代码及说明

故障诊断	代码说明
P1C0852	主继电器故障
P1C7B04	低速风扇使能信号对地短路
P1C7E04	电机水泵使能信号对地短路
P1C1352	电机水泵继电器故障
P1C7604	电机系统水泵 PWM 控制信号断路
P1C8E04	高压互锁 PWM 输出信号断路
P1C4096	高压互锁故障

第二步：故障代码（DTC）分析

结合故障信号、系统控制原理及 VCU 内部读取到的故障代码，说明 VCU 在低压上电后系统自检过程中发现高压互锁、水泵控制、冷却风扇控制信号异常，而这些信号供电电源就是主继电器，所以导致以上故障的可能原因有：

1）主继电器 ER05 自身（线圈、触点）故障。

2）主继电器 ER05 输出线路断路、虚接、短路故障。

3）主继电器 ER05 控制线路断路、虚接故障。

4）主继电器 ER05 供电电源线路断路、虚接故障。

第三步：线路测试

1）主继电器87端子输出电压测试，见表1-22。

表1-22　主继电器87端子对地电压测试

测试标准：打开点火开关或车辆充电时，用示波器测量主继电器87端子对地电压，标准值为+B。

可能性	实测结果/V	状态	下一步操作
1	+B	正常	测量熔丝EF08、EF09、EF10对地电压
2	方波电压脉冲	异常	说明测试点上游线路可能存在虚接故障，测量主继电器30端子对地电压波形
3	0	异常	说明测试点上游线路可能存在断路故障，测量主继电器86端子对地电压

2）主继电器30端子对地电压测试，见表1-23。

表1-23　主继电器30端子对地电压测试

测试标准：任何时候，用示波器测量主继电器30端子对地电压，标准值为+B。

可能性	实测结果/V	状态	下一步操作
1	+B	正常	如果上一步测得结果为方波，说明继电器内部触点接触不良，进行主继电器单件测试 如果上一步测得结果为0，说明继电器内部触点未吸合或损坏，测试主继电器86端子对地电压
2	方波电压脉冲	异常	说明测试点上游线路可能存在虚接故障，检修线路
3	0	异常	说明测试点上游线路可能存在断路故障，检修线路

3）主继电器86端子对地电压测试，见表1-24。

表1-24　主继电器86端子对地电压测试

测试标准：打开点火开关或车辆充电时，用万用表测量主继电器86端子对地电压，标准值为+B切换到0。
注意：先连接万用表，再打开点火开关或连接充电枪。

可能性	实测结果/V	状态	可能原因	下一步操作
1	+B切换到0	正常	继电器触点或线圈损坏	进行主继电器单件测试
2	始终为0	异常	测试点上游线路可能存在断路故障	测量主继电器85端子对地电压
3	+B切换到0至+B间的某个值	异常	测试点下游线路可能存在虚接故障	测量VCU的CA66/51端子对地电压
4	始终+B	异常	测试点下游线路可能存在断路故障	

4）主继电器85端子对地电压测试，见表1-25。

表1-25　主继电器85端子对地电压测试

测试标准：任何时候，用万用表测量主继电器85端子对地电压，标准值为+B。

可能性	实测结果/V	状态	下一步操作
1	+B	正常	如果上一步测得结果为0，说明继电器内部线圈断路，进行主继电器单件测试
2	0到+B的某个值	异常	说明测试点上游线路可能存在虚接故障，检修线路
3	0	异常	说明测试点上游线路可能存在断路故障，检修线路

5）VCU端主继电器控制信号对地电压测试，见表1-26。

表1-26　VCU端主继电器控制信号对地电压测试

测试标准：打开点火开关或车辆充电时，用万用表测量VCU的CA66/51端子对地电压，标准值为+B切换到0。

注意，先连接万用表，再打开点火开关。

可能性	实测结果/V	状态	可能原因	下一步操作
1	始终为0	异常	VCU的CA66/51端子到继电器86端子间线路断路	测量控制信号线路端对端导通性
2	始终+B	异常	VCU内部故障	更换VCU
3	+B切换到0至+B间的某个值	异常	VCU内部故障	更换VCU

6）主继电器控制信号线路端对端导通性测试，见表1-27。

表1-27　主继电器控制信号线路端对端导通性测试

测试标准：关闭点火开关，断开VCU的CA66插接器、拔下主继电器，检查主继电器控制信号线路的电阻值，应为近乎为0。

可能性	实测结果/Ω	状态	可能原因	下一步操作
1	近乎为0	正常	插接器故障	维修或更换线束插接器
2	明显大于0	异常	VCU的CA66/51端子到继电器86端子间线路电阻过大	维修或更换线束
3	∞	异常	VCU的CA66/51端子到继电器86端子间线路断路	维修或更换线束

7）VCU端反馈输入信号对地电压测试，见表1-28。

表1-28　测量VCU端反馈输入信号对地电压测试

测试标准：打开点火开关或车辆充电时，用万用表测量VCU端反馈输入信号对地电压，标准值为从0切换到+B。

注意：先连接万用表，再打开点火开关或连接充电枪。

可能性	实测结果/V	状态	可能原因	下一步操作
1	0切换到+B	正常	VCU自身故障	更换VCU
2	0切换到部分+B	异常	VCU的CA66/25端子到继电器87端子间线路存在虚接故障	测量熔丝EF10输出端对地电压
3	始终0	异常	VCU的CA66/25端子到继电器87端子间线路、熔丝存在断路故障	测量熔丝EF10输出端对地电压

8）熔丝 EF10 两端对地电压测试，见表 1-29。

注意：因为熔丝 EF10 供电线路是通过熔丝盒内部线路供电，有时很难确定哪端属于供电端，哪端属于用电器端，因此可以同时对熔丝的两个端子进行测量。

表 1-29　熔丝 EF10 两端对地电压测试

测试标准：打开点火开关或车辆充电时，用示波器测量 EF10 两端对地电压，标准值为 +B。

可能性	实测结果/V	状态	下一步操作
1	+B，+B	正常	如果上一步测试结果为 0 到 +B 间，说明熔丝 EF10 至 VCU 的 CA66/25 端子间线路虚接，测量主继电器反馈线路端对端导通性 如果上一步测试结果为 0，说明熔丝 EF10 至 VCU 的 CA66/25 端子间线路断路，测量主继电器反馈线路端对端导通性
2	均 0 到 +B 间某值	异常	熔丝 EF10 到继电器 87 端子间线路故障，检修线路
3	0，0	异常	熔丝 EF10 到继电器 87 端子间线路断路，检修线路
4	+B，0	异常	造成熔丝 EF10 熔断，检查主继电器反馈线路对地是否短路或异常虚接
5	+B，0 到 +B 间某值	异常	说明熔丝 EF10 虚接，更换相同规格熔丝

9）主继电器反馈线路对地是否短路或异常虚接测试，见表 1-30。

表 1-30　主继电器反馈线路对地是否短路或异常虚接测试

测试标准：关闭点火开关，检查主继电器反馈线路对地电阻，标准值为∞。

步骤	测试条件	实测结果/Ω	状态	可能原因	下一步操作
1	拔下 VCU 的 CA66 插接器、熔丝 EF10	∞	正常	VCU 局部故障	转第 2 种可能
		明显大于 0	异常	线路对地虚接	检修线路
		近乎为 0	异常	线路对地短路	检修线路
2	连接 VCU 的 CA66 插接器	∞	正常	—	维修结束
		明显大于 0	异常	VCU 内部对地虚接	更换 VCU
		近乎为 0	异常	VCU 内部对地短路	

10）主继电器单件测试，见表 1-31。

表 1-31　主继电器单件测试

测试标准：关闭点火开关，拔下主继电器，用万用表测量继电器 85 端子和 86 端子间线圈电阻，标准值为 60～200Ω。

可能性	实测结果	状态	可能原因	下一步操作
1	60～200Ω	正常	继电器内触点故障	转本表第 3 步
2	除 60～200Ω 外	异常	线圈断路、短路、电阻过大	更换继电器
3	说明：只有在电阻正常的情况下才能进行通电测试			
	继电器 85 端子接辅助蓄电池正极，86 端子接辅助蓄电池负极，用万用表测量 30 和 87 端子之间的电阻，应从无穷大切换到导通。如果不是，更换继电器			

5. 诊断结论验证

注意：完成诊断修理后，某些DTC需要将点火开关旋至OFF（关闭）位置，然后旋回至ON（打开）位置之后，诊断仪器功能才会清除DTC。

1）将点火开关置于OFF（关闭）位置。

2）安装所有诊断时拆下或更换的部件及插接器。

3）将点火开关置于ON位置。

4）读取并清除DTC。

5）关闭点火开关60s。

6）踩下制动踏板，打开点火开关，车辆仪表显示正常，高压上电正常，维修结束。

6. 故障机理分析

由于主继电器及线路出现故障，导致VCU无法获得充足的电源，造成高压互锁信号、水泵控制、冷却风扇控制信号异常，车辆高压上电失败。

7. 总结与拓展

教师可以在车辆上给学生设置表1-32中所列举的故障，参照中、高职新能源汽车维修技能大赛工作页，让学生独立或成组完成，并填写诊断报告，以考核学生的掌握水平。

表1-32　故障设置建议表

序号	故障部位	故障性质
1	熔丝EF10	熔断、电阻过大
2	主继电器控制线路	断路、虚接、短路
3	主继电器反馈线路	断路、虚接、短路
4	主继电器内部线圈	断路、电阻过大
5	主继电器内部触点	常闭、接触不良
6	VCU功率电源线路	断路、虚接、短路

案例6　高压互锁信号的故障诊断与检测

1. 原理简介及系统影响

如图1-97所示为高压互锁线路连接结构原理图，VCU通过CA67/76端子输出一个幅值约为3.3V的PWM占空比信号，如图1-98a所示。波形信号通过高压互锁导线依次进入MCU、车载充电机、空调压缩机控制器、PTC加热器、VCU，VCU通过内部上拉线路将幅值约为3.3V的PWM占空比信号拉至幅值约为12V的PWM占空比信号，如图1-98b所示。

VCU检测此端子上波形信号后和内部存储的正常波形信号进行对比，如果波形信号的幅值、频率正常，即确认高压系统线路完整。如果波形信号的幅值、频率异常，或检测出一个接近+B的电压信号，VCU即确认高压系统线路不完整，存在虚接、短路、断路故障，为了防止安全事故发生，整车系统将禁止高压上电，同时生成故障代码并存储。

2. 故障现象描述

踩制动踏板数次后并保持，点火开关上的绿色指示灯正常点亮；打开点火开关后，仪表点亮正常，可运行指示“READY”灯无法正常点亮；蓄电池指示灯、整车系统故障指示灯点亮；仪表右侧驻车灯正常点亮，车辆驱动模式指示灯ECO正常点亮，再无其他信号显示；

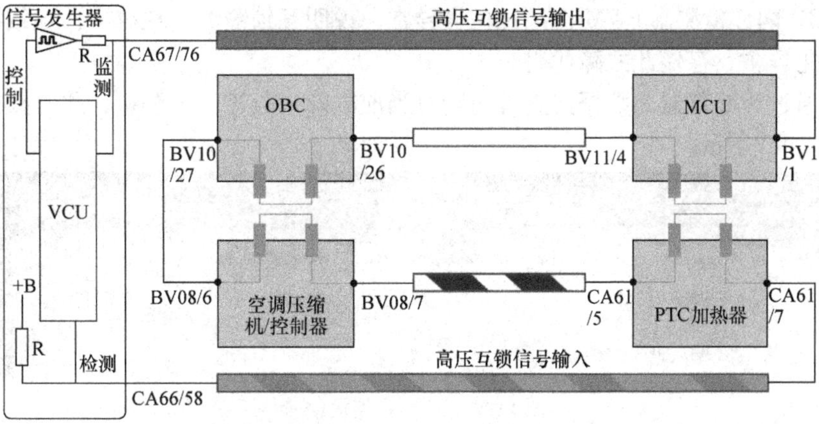

图 1-97　高压互锁线路连接结构原理图

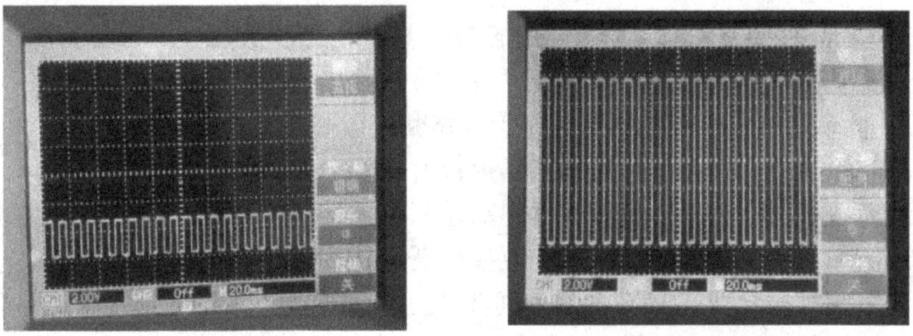

a) CA67/76端子回路断开后波形　　b) CA67/76端子回路形成后波形

图 1-98　高压互锁信号波形图

同时动力蓄电池主正、主负继电器不动作，高压不上电，制动踏板高度无反应正常，档位无法切换至 D 位或 R 位。

3. 故障现象分析（具体分析方法参考本章第二节故障分析部分内容）

4. 故障诊断过程

第一步：读取故障代码（DTC）

踩制动踏板并保持，打开点火开关至 ON，通过诊断仪器访问 VCU，可以读取到表 1-33 中的故障代码。

表 1-33　从 VCU 中读取到的故障代码信号

故障诊断	代码说明
P1C4096	高压互锁故障
P1C8E04	高压互锁 PWM 输出信号断路

第二步：故障代码分析

“P1C8E04：高压互锁 PWM 输出信号断路”的形成机理

VCU 输出一个幅值约为 3.3V 的 PWM 占空比信号，通过 MCU、OBC、空调压缩机控制器、PTC 加热控制器，最后返回 VCU，VCU 通过内部上拉线路将占空比信号的幅值从 3.3V 拉至 12V，如果 VCU 检测出幅值依旧为 3.3V，说明互锁线路没有形成回路，故生成此故障代码。

“P1C4096：高压互锁故障”的形成机理

如果 VCU 内部检测出 PWM 占空比信号异常，说明互锁线路出现故障，导致波形幅值没有变化或变化异常，存储此故障代码。

此时可通过诊断仪器的数据流查看功能对当前故障进行进一步解析，此时数据流显示未连接，如图 1-99 所示。

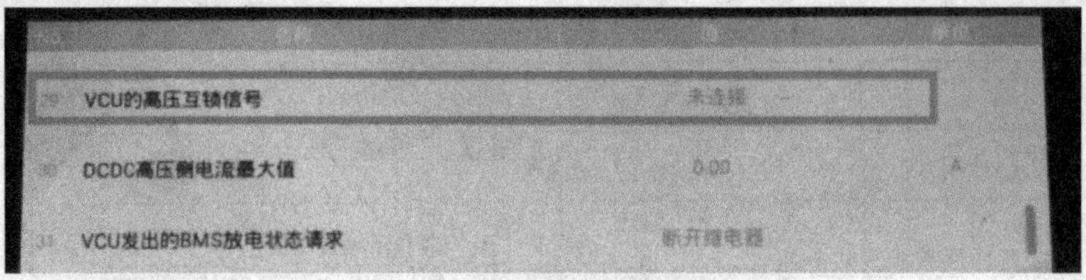

图 1-99　VCU 数据流信号

结合故障现象、故障代码、数据流，说明高压互锁信号线路存在以下一项或多项故障可能：

1）VCU 至 MCU 间高压互锁连接线路断路、虚接、短路故障。

2）MCU 低压、高压线束插接器退针（断路）、虚接故障。

3）MCU 至车载充电机间高压互锁连接线路断路、虚接、短路故障。

4）车载充电机低压、高压线束插接器退针（断路）、虚接。

5）车载充电机至空调压缩机控制器间高压互锁连接线路断路、虚接、短路故障。

6）空调压缩机控制器低压、高压线束插接器退针（断路）、虚接。

7）空调压缩机控制器至 PTC 加热器间高压互锁连接线路断路、虚接、短路故障。

8）PTC 加热器低压、高压线束插接器退针（断路）、虚接。

9）VCU 至 PTC 加热器间高压互锁连接线路断路、虚接、短路故障。

10）VCU 低压线束插接器退针（断路）、虚接。

11）VCU 主继电器供电及对 VCU 的输出供电线路断路、虚接、短路故障。

12）VCU 自身故障。

第三步：线路测试

1）VCU 端高压互锁输入信号端子 CA66/58 对地波形测试，见表 1-34。

表 1-34　VCU 端子 CA66/58 对地波形测试

测试标准：打开点火开关，测量 VCU 的端子 CA66/58 对地波形，此时波形幅值应为 11.58V 左右。

说明：高压互锁波形在车辆正常工作时幅值稍高一点；如果车辆高压不上电时进行测试，测试的波形幅值会稍微低一些。这是由于 DC 不启动和启动后工作输出电压所致。

可能性	实测结果	状态	操作
1		正常	VCU 内存有偶发故障代码，导致出现高压不上电。连接诊断仪器，清除故障代码

（续）

可能性	实测结果	状态	操作
2	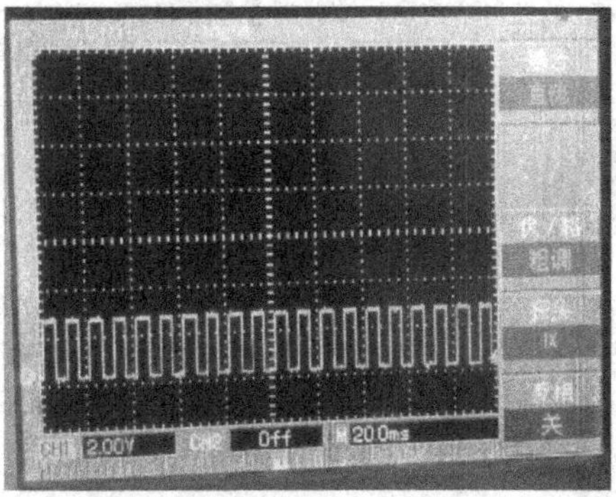	异常	测试波形幅值为 3.3V 左右，结合互锁信号控制原理，对 VCU 的主继电器电源、控制、输出进行检查，如果正常，则考虑更换 VCU
3	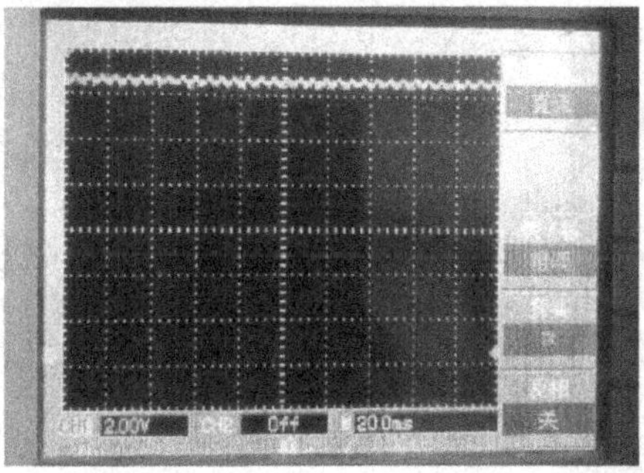	异常	测试波形幅值接近 + B 电源，且为一条直线，说明线路可能存在断路及对电源短路故障
4	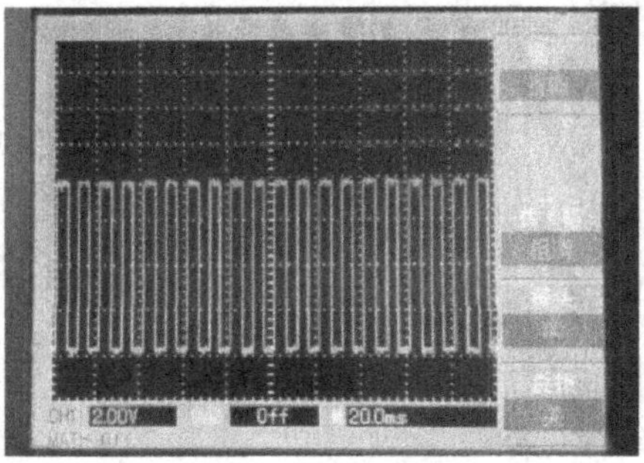	异常	波形幅值为 8V 左右，和正常波形幅值（12V）相比幅值差距过大，结合互锁信号控制原理，说明高压互锁线路可能存在虚接故障
5	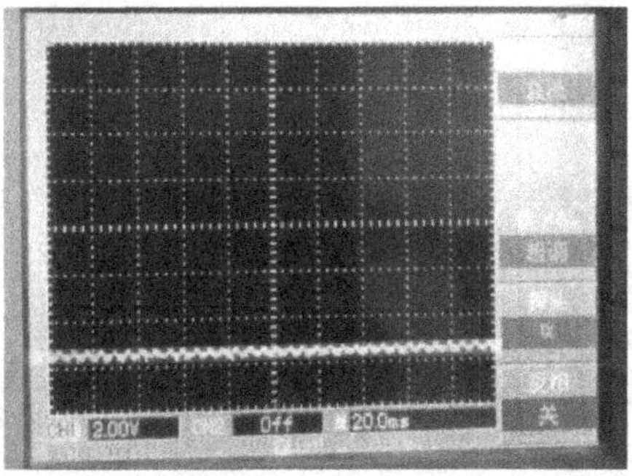	异常	波形幅值为 0 左右，说明线路可能存在对地短路故障

2）VCU 端高压互锁输出信号端子 CA67/76 线路对地波形测试，见表 1-35。

表 1-35　VCU 的端子 CA67/76 线路对地波形测试

测试标准：打开点火开关，测量 VCU 的端子 CA67/76 线路对地波形，波形幅值应为 11.58V 左右

可能性	实测结果	状态	可能原因	操作
1	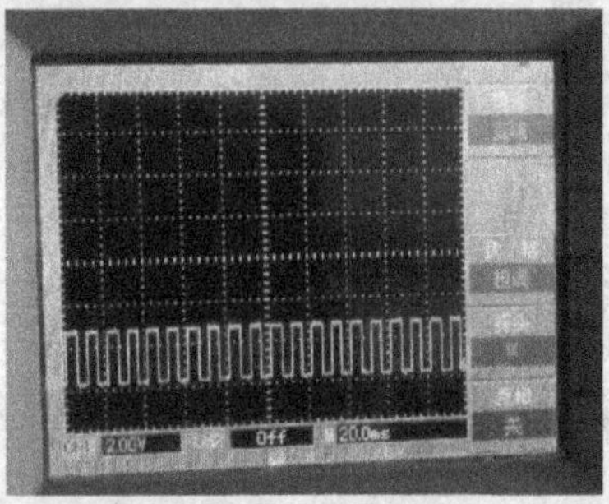	异常	测试波形幅值为 3.3V 左右，和正常波形幅值（12V）相比幅值差距过大，结合互锁信号控制原理，说明高压互锁线路间可能存在断路故障	测量高压互锁线路之间线路导通性
2	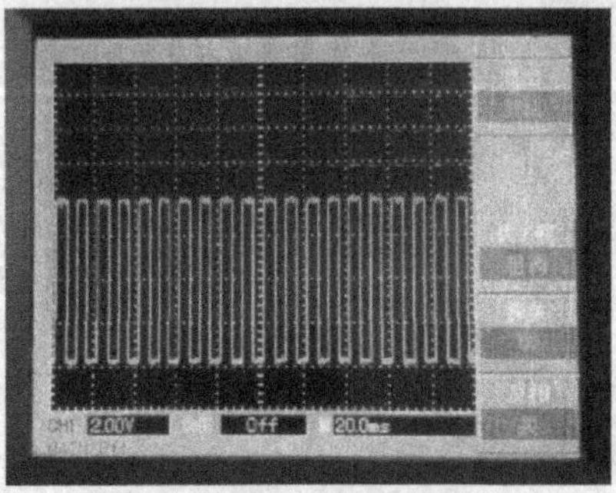	异常	此时波形幅值为 8V 左右，和正常波形幅值（12V）相比幅值差距过大，结合互锁信号控制原理，说明高压互锁线路可能存在虚接故障	测量高压互锁线路之间线路导通性
3	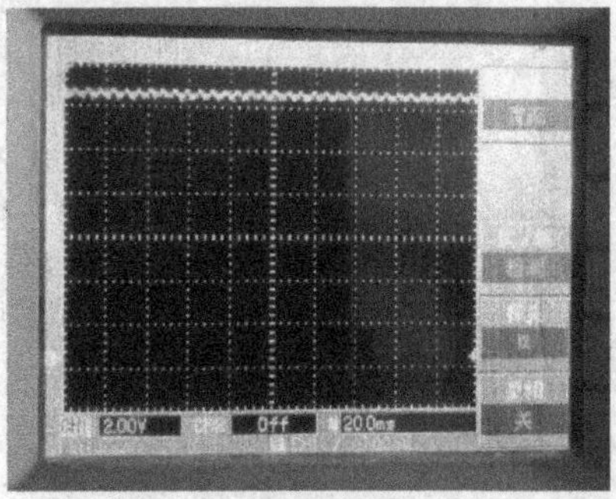	异常	此时测试波形幅值接近 +B 电源，且为一条直线，说明高压互锁线路对电源短路	测量高压互锁线路对地电压
4	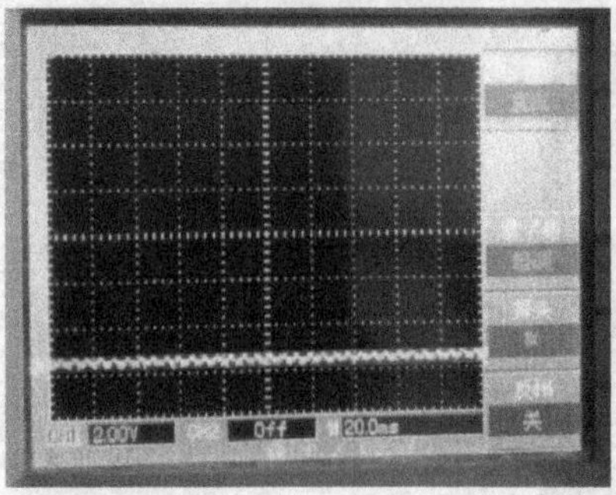	异常	此时波形幅值接近 0，说明高压互锁线路可能存在对地短路故障	测量高压互锁线路对地电阻

3）高压互锁线路之间线路的导通性测试，见表 1-36。

表 1-36　VCU 的 CA67/76 端子和 CA66/58 端子间电阻测试

测试标准：关闭点火开关，测试每一段线束两端的电阻，结果应近乎为0。

步骤	测试内容	实测结果/Ω	状态	可能原因	操作
1	拔掉 VCU 插接器，测试线束 CA67/76 端子和 CA66/58 端子间电阻	近乎为0	正常	VCU 插接器故障	检修插接器
		∞	异常	其他线路断路	转本表的 2
		大于0	异常	其他线路虚接	
2	测试 VCU 的 CA67/76 端子和 MCU BV11/1 端子间电阻	近乎为0	正常	其他系统线路故障	转本表的 3
		∞	异常	线路断路	检修线路
		大于0	异常	线路虚接	
3	测试 VCU 的 CA67/76 端子和 MCU BV11/4 端子间电阻	近乎为0	正常	其他系统线路故障	转本表的 4
		∞	异常	线路断路	检修插接器
		大于0	异常	线路虚接	
4	测试 VCU 的 CA67/76 端子和车载充电机 BV10/26 端子间电阻	近乎为0	正常	其他系统线路故障	转本表的 5
		∞	异常	线路断路	检修线路
		大于0	异常	线路虚接	
5	测试 VCU 的 CA67/76 端子和车载充电机 BV10/27 端子间电阻	近乎为0	正常	其他系统线路故障	转本表的 6
		∞	异常	线路断路	检修插接器
		大于0	异常	线路虚接	
6	测试 VCU 的 CA67/76 端子和空调控制器 BV08/6 端子间电阻	近乎为0	正常	其他系统线路故障	转本表的 7
		∞	异常	线路断路	检修线路
		大于0	异常	线路虚接	
7	测试 VCU 的 CA67/76 端子和空调控制器 BV08/7 端子间电阻	近乎为0	正常	其他系统线路故障	转本表的 8
		∞	异常	线路断路	检修插接器
		大于0	异常	线路虚接	
8	测试 VCU 的 CA67/76 端子和 PTC 加热器 CA61/5 端子间电阻	近乎为0	正常	其他系统线路故障	转本表的 9
		∞	异常	线路断路	检修线路
		大于0	异常	线路虚接	
9	测试 VCU 的 CA67/76 端子和 PTC 加热器 CA61/7 端子间电阻	近乎为0	正常	VCU CA66/58 端子和 PTC 加热器 CA61/7 端子间线路断路或虚接	检修线路
		∞	异常	线路断路	检修插接器
		大于0	异常	线路虚接	

4）高压互锁线路对地是否短路或虚接测试，见表 1-37。

表 1-37　高压互锁线路对地导通性测试

步骤 1：关闭点火开关，拔掉 VCU 插接器，测量 CA67/76 端子对地电压，应为悬空电压

实测结果/V	状态	可能原因	操作
悬空电压	正常	如果上步测试结果为 0V、+B 直线、信号幅值为 8V，则说明 VCU 内部存在故障	更换 VCU

（续）

实测结果/V	状态	可能原因	操作
大于0	异常	其他线路及单元内部对电源短路或虚接故障	转本表的2
步骤2：接着拔掉MCU低压插接器，测量其线束端BV11/1端子对地电压，应为悬空电压			
悬空电压	正常	VCU和MCU之间线路存在对电源短路或虚接故障	检修线路
大于0	异常	其他线路及单元内部对电源短路或虚接故障	转本表的3
步骤3：接着测量MCU线束端BV11/4端子对地电压，应为悬空电压			
悬空电压	正常	MCU内部高压互锁线路对电源短路或虚接故障	检修或更换MCU
大于0	异常	其他线路及单元内部对电源短路或虚接故障	转本表的4
步骤4：用相同的方法对车载充电机、空调压缩机控制器、PTC加热器的端子电压进行测量，直到找到故障为止			

5）高压互锁线路对地电阻测试，见表1-38。

表1-38　测量高压互锁线路对地电阻测试

步骤1：关闭点火开关，拔掉VCU插接器，测量VCU CA67/76端子对地电阻，应为∞			
实测结果/Ω	状态	可能原因	操作
∞	正常	VCU内部对地短路或虚接故障	更换VCU
存在电阻	异常	其他线路及单元内部对地虚接故障	转本表的2
近乎为0	异常	其他线路及单元内部对地短路故障	
步骤2：接着拔掉MCU低压插接器，测量MCU线束端BV11/1端子对地电阻，应为无穷大			
实测结果/Ω	状态	可能原因	操作
∞	正常	其他线路及单元内部对地短路或虚接故障	转本表的3
存在电阻	异常	VCU和MCU之间线路存在对地虚接故障	检修线路
近乎为0	异常	VCU和MCU之间线路存在对地短路故障	
步骤3：接着测试MCU线束端BV11/4端子对地电阻，应为无穷大			
实测结果/Ω	状态	可能原因	操作
∞	正常	MCU内部高压互锁线路对地短路或虚接	更换MCU
存在电阻	异常	其他线路及单元内部对地虚接故障	转本表的4
近乎为0	异常	其他线路及单元内部对地短路故障	
步骤4：用相同的方法对车载充电机、空调压缩机控制器、PTC加热器的对地电阻进行测量，直到找到故障为止			

5. 诊断结论验证

注意：完成诊断修理后，某些DTC需要将点火开关旋至关闭位置，然后旋回至打开位置之后，诊断仪器功能才会清除DTC。

1）将点火开关置于OFF（关闭）位置。

2）安装所有诊断时拆下或更换的部件及插接器。

3）将点火开关置于ON位置。

4）读取并清除DTC。

5）关闭点火开关60s。

6）踩制动踏板并保持，打开点火开关，车辆高压正常上电，“REAYD”灯正常点亮，切换档位后行驶，车辆行驶及加速正常，维修结束。

6. 故障机理分析

VCU通过高压互锁线路判断高压系统连接的完整性，保证高压上电后的整车安全使用。

如果高压互锁线路出现故障，VCU 即确认高压线路连接不正常，有断路现象，为了防止安全事故发生，随即控制整车高压不上电。

7. 总结与拓展

教师可以在车辆上给学生设置表 1-39 中所列举的故障，参照中、高职新能源汽车相关大赛工作页，让学生独立或成组完成，并填写诊断报告，以考核学生的掌握水平。

表 1-39　扩展练习故障

序号	故障部位	故障性质
1	VCU 至 MCU 间高压互锁连接线路	断路、虚接、短路
2	MCU 高压线束插接器	退针（断路）、虚接
3	MCU 至车载充电机间高压互锁连接线路	断路、虚接、短路
4	车载充电机高压线束插接器	退针（断路）、虚接
5	车载充电机至空调压缩机控制器间高压互锁连接线路	断路、虚接、短路
6	空调压缩机控制器高压线束插接器	退针（断路）、虚接
7	空调压缩机控制器至 PTC 加热器间高压互锁连接线路	断路、虚接、短路
8	PTC 加热器高压线束插接器	退针（断路）、虚接
9	VCU 至 PTC 加热器间高压互锁连接线路	断路、虚接、短路
10	VCU 低压线束插接器	退针（断路）、虚接

案例 7　VCU 的 P－CAN 总线的故障诊断与检测

1. 原理简介及系统影响

VCU 主要通过 V－CAN、P－CAN 接收和发送信号，其中 P－CAN 主要连接的单元为驾驶模式开关、VCU、DC－DC 变换器/MCU、OBC、BMS、变速杆、TCU、T－BOX、驾驶模式开关、诊断接口等，如图 1-100 所示。

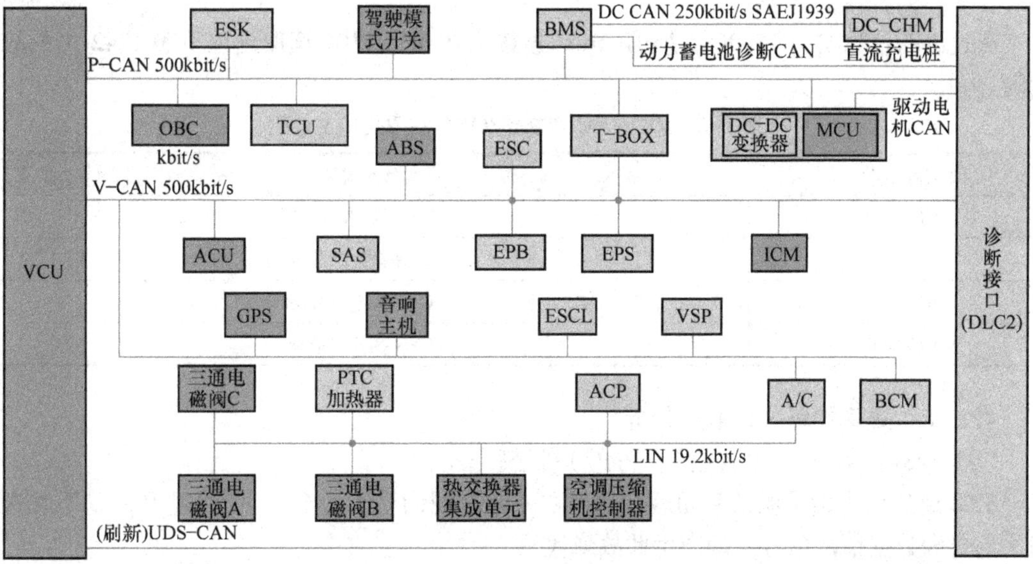

图 1-100　CAN 总线线路原理图

各单元之间除了数据交换外，仪表还需在原有的基础上显示 SOC、电压充电状态、蓄电池温度等信号，这些信号都是通过 CAN 总线进行传输。如果 P – CAN 总线出现异常，将导致 VCU 无法和上述单元交换任何信号，导致整车启动保护模式，高压无法上电。

2. 故障现象描述

踩制动踏板数次后并保持，点火开关上的绿色指示灯正常点亮；打开点火开关后，仪表点亮正常，可运行指示“READY”灯无法正常点亮；蓄电池指示灯、整车系统故障指示灯、动力蓄电池故障的故障灯、代表驱动系统性能的故障提醒警告灯、EPB 故障警告灯、减速器故障指示灯、ESC 故障警告灯点亮；动力蓄电池主正、主负继电器不动作，高压不上电，制动踏板高度反应正常，档位无法切换至 D 位或 R 位。

3. 故障现象分析（具体分析方法参考本章第二节故障分析部分内容）

4. 故障诊断过程

第一步：读取故障代码（DTC）

连接诊断仪器至 OBD 诊断接口后，踩制动踏板并保持，打开点火开关。通过诊断仪器与 VCU 进行通信，显示未连接成功。

通过诊断仪器与 BMS 连接，在 BMS 内部读取到以下表 1-40 中的故障代码。

表 1-40　从 BMS 内读取的故障代码及说明

故障诊断	代码说明
U111487	与 VCU 丢失通信

通过诊断仪器与 OBC 连接，在 OBC 内部读取到以下表 1-41 中的故障代码。

表 1-41　从 OBC 内读取的故障代码及说明

故障诊断	代码说明
U011287	与 BMS 通信丢失

通过诊断仪器与 DC – DC 变换器/MCU 连接，在 MCU 内部读取到以下表 1-42 中的故障代码。

表 1-42　DC – DC 变换器/OBC 故障代码及说明

故障诊断	代码说明
U110000	CAN 帧超时故障
U110400	CAN 帧超时故障
U120400	CAN 帧超时故障
U130000	CAN 帧超时故障

第二步：故障代码（DTC）分析

“U111487：与 VCU 丢失通信”的生成机理

BMS 通过点火信号激活启动后，如果在一定时间内没有收到 VCU 通过 P – CAN 发送的握手信号和数据请求信号，即产生此故障代码。

“U011287：与 BMS 通信丢失”的生成机理

OBC 被激活后，需要接收 VCU 通过 P – CAN 发送的握手信号和动力蓄电池电量、充电需求、车辆当前状态等信号，如果在一定时间内没有接收到这些信号，将存储这些故障代码。

“U110000：CAN 帧超时故障、U110400：CAN 帧超时故障、U120400：CAN 帧超时故障、U130000：CAN 帧超时故障”的生成机理

DC－DC 变换器/MCU 被激活后，需要接收 VCU 通过 P－CAN 发送的握手信号和车辆当前状态、动力蓄电池电量、档位等信号，如果在一定时间内没有接收到这些信号，将存储以上故障代码。

结合以上故障现象、故障代码以及 CAN 总线原理，此时可关闭点火开关，移除辅助蓄电池负极 1min 以上，然后复位。踩制动踏板打开点火开关，此时仪表上其他信号没有变化，只是动力蓄电池 SOC 信号值丢失，动力蓄电池低电量指示灯（黄色）亮起。即可确认 VCU 的通信 P－CAN 总线出现异常，导致和驱动系统以及 BMS 无法通信，动力蓄电池电量丢失，系统故障灯点亮。故障原因主要为以下一项或多项造成：

1）与 VCU 通信的 P－CAN－H 信号线路断路、虚接、短路故障。

2）与 VCU 通信的 P－CAN－L信号线路断路、虚接、短路故障。

第三步：线路测试（测试方法同 VCU 的 V－CAN 总线的故障诊断与检测相关内容）

5. 诊断结论验证

注意：完成诊断修理后，某些 DTC 需要将点火开关旋至 OFF（关闭）位置，然后旋回至 ON（打开）位置之后，诊断仪器功能才会清除 DTC。

1）将点火开关置于 OFF（关闭）位置。

2）安装所有诊断时拆下或更换的部件及插接器。

3）将点火开关置于 ON 位置。

4）读取并清除 DTC。

5）关闭点火开关 60s。

6）踩下制动踏板，打开点火开关，车辆仪表显示正常，切换至 D 位或 R 位进行试车，车辆运行正常，维修结束。

6. 故障机理分析

VCU 为车辆管理大脑，如果 VCU 的 P－CAN 通信线路存在故障，造成 VCU 无法进行数据信号传输，致使整车高压控制、车辆驱动控制瘫痪，各单元无法获知当前车辆状态、驱动控制状态等，各单元自动关闭内部的执行功能，致使整车高压不上电，车辆无法运行。

7. 总结与拓展

教师可以在车辆上给学生设置表 1-43 中所列举的故障，参照中、高职新能源汽车相关大赛工作页，让学生独立或成组完成，并填写诊断报告，以考核学生的掌握水平。

表 1-43　扩展练习故障

序号	故障部位	故障性质
1	数据通信 P－CAN－H 线路	断路、虚接、短路
2	数据通信 P－CAN－L线路	断路、虚接、短路
3	数据通信 P－CAN－H 与 P－CAN－L线路	相互短路

案例8　制动开关信号2的故障诊断与检测

1. 原理简介及系统影响

如图1-101所示为制动信号线路原理图，从中可以看出，制动开关内部有一组联动开关，向VCU发送两组信号。VCU根据收到的点火信号和制动信号，控制高压系统上电。

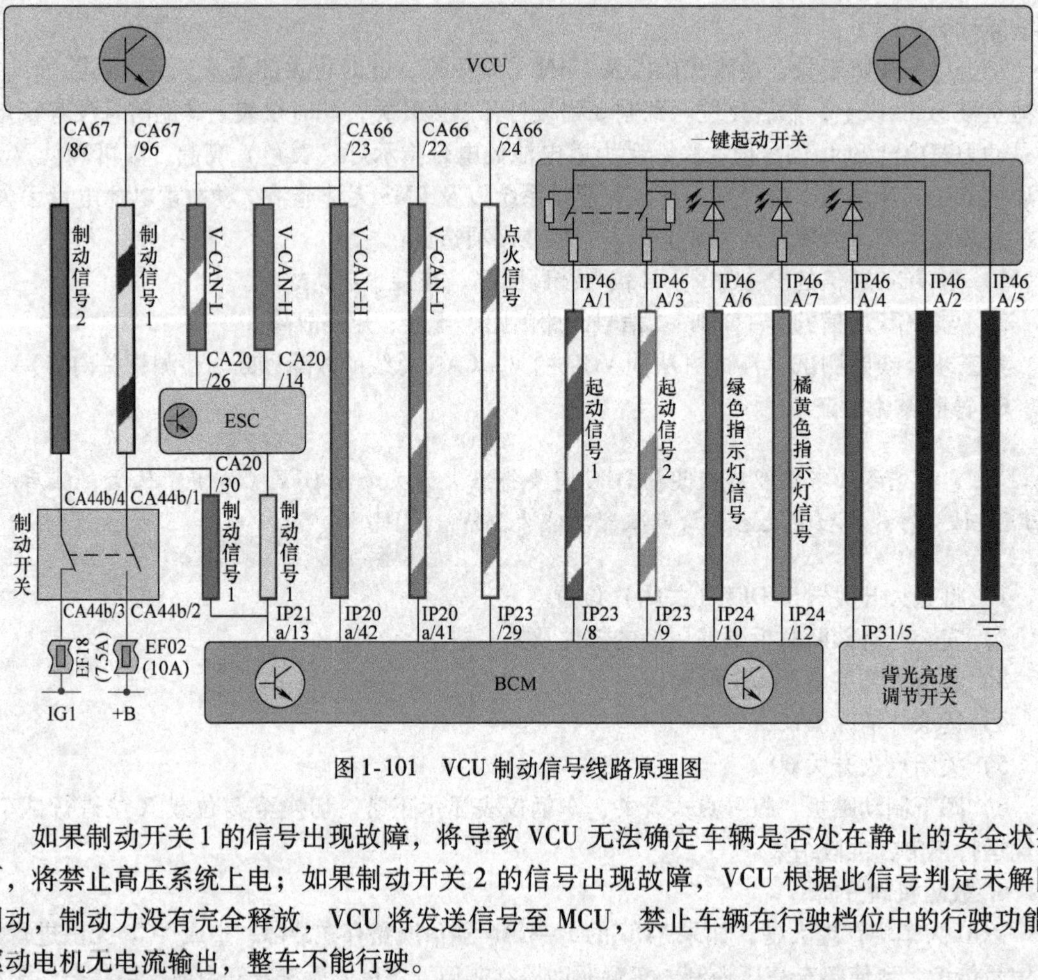

图1-101　VCU制动信号线路原理图

如果制动开关1的信号出现故障，将导致VCU无法确定车辆是否处在静止的安全状态下，将禁止高压系统上电；如果制动开关2的信号出现故障，VCU根据此信号判定未解除制动，制动力没有完全释放，VCU将发送信号至MCU，禁止车辆在行驶档位中的行驶功能，驱动电机无电流输出，整车不能行驶。

2. 故障现象描述

踩下制动踏板，一键起动开关上绿色指示灯点亮，同时尾部制动灯点亮。按下一键起动开关，绿色指示灯熄灭，同时听见动力蓄电池主正、主负继电器工作响声；仪表上“READY”点亮，SOC、续驶里程显示正常，整车高压上电成功，如图1-23所示。踩下制动踏板，档位可以切换到D位或R位，释放EPB，仪表上“驻车制动指示灯”熄灭，松开制动踏板，踩下加速踏板，此时车辆不运行。

3. 故障现象分析（具体分析方法参考本章第二节故障分析部分内容）

4. 故障诊断过程

第一步：读取故障代码（DTC）

连接诊断仪器至OBD－II诊断接口，踩制动踏板并保持，打开点火开关，操作诊断仪访问 VCU，读取到表 1-44 中的故障代码。

表 1-44 VCU 存储的故障代码及说明

故障诊断	代码说明
P1C2304	制动踏板信号不可信
P1C2404	制动踏板一路故障或者警告故障

记录当前诊断仪器上的故障代码信号。关闭点火开关，通过诊断仪器清除故障代码。

第二步：故障代码验证

通过诊断仪器的数据流查看功能对当前故障代码进行验证。如图 1-102 所示为 VCU 数据流显示的信号，此时数据流为正常情况下制动踏板没有踩下状态时的显示，踩制动踏板并保持，此信号应该变化，如果有一条信号没有变化，则故障为不变化的信号引起。实际情况是在踩制动踏板时，发现信号 2 状态没有变化。

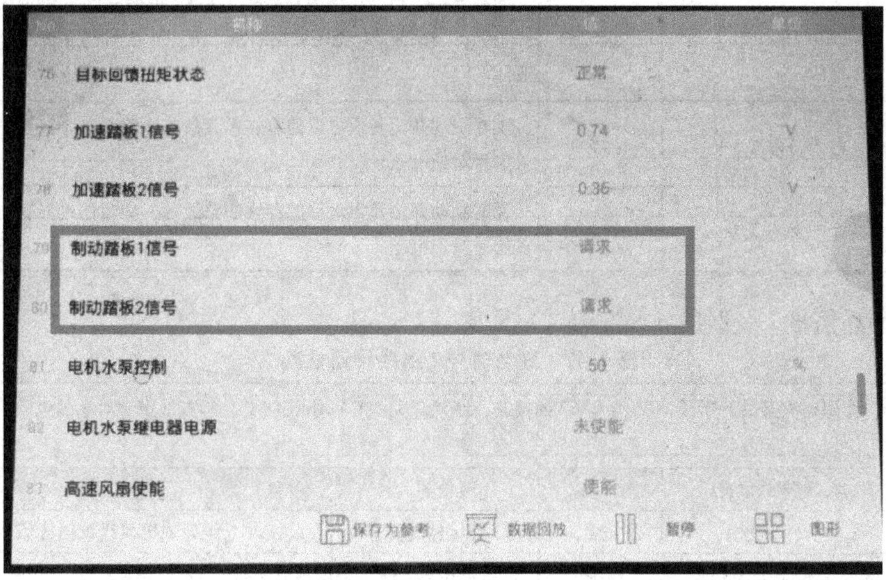

图 1-102 VCU 数据流信号

结合故障分析、故障代码定义、数据流显示的信号，说明车辆高压不上电很可能是由于制动信号 1 异常造成的，导致以上故障的原因为以下一项或多项：

1）制动开关供电线路断路、虚接、短路故障。

2）制动开关内部自身故障。

3）制动开关至 VCU 间线路断路、虚接、短路故障。

4）VCU 自身故障。

第三步：线路测试

1）制动信号 2 的信号输入测试，见表 1-45。

表 1-45　制动信号 2 的信号输入测试

测试标准：踩下制动踏板时，用万用表分别测量 VCU 的 CA67/86 端子对地电压，标准值为 0→+B。

可能性	实测结果/V	状态	下一步操作
1	0→+B	正常	说明 VCU 自身可能存在故障，建议更换
2	0→部分+B	异常	说明测试点上游线路可能存在虚接故障，测量制动开关端制动输出信号 2 对地电压
3	始终为 0	异常	说明测试点 CA67/86 端子上游线路可能存在断路或对地短路故障，测量制动开关端制动输出信号 2 对地电压
4	始终为 0	异常	

实测结果为第 4 种可能性。

2）制动开关端信号 2 输出测试，见表 1-46。

表 1-46　制动开关端信号 2 输出测试

测试标准：踩下制动踏板时，用万用表测量制动开关端信号 2 输出对地电压，标准值为 0→+B。

可能性	实测结果/V	状态	下一步操作
1	0→+B	正常	如果上一步测得结果为 0→部分+B，说明线路电阻过大；如果上一步测得结果为 0，说明线路断路。下一步测量制动信号 2 线路的导通性
2	0→部分+B	异常	说明制动开关及供电线路存在虚接故障，测量制动开关电源+B 输入信号对地电压
3	始终为 0	异常	说明制动开关及供电线路存在断路故障，测量制动开关电源+B 输入信号对地电压

3）制动信号 2 线路的导通性测试，见表 1-47。

表 1-47　制动信号 2 线路导通性测试

测试标准：关闭点火开关，断开 VCU 的 CA67 插接器、制动开关的 CA44b 插接器，检查线束端对端的电阻值，标准值为近乎为 0。

可能性	实测结果/Ω	状态	可能原因	下一步操作
1	近乎为 0	正常	插接器故障	维修或更换线束插接器
2	明显大于 0	异常	线路电阻过大	维修或更换线束
3	∞	异常	线路断路	

4）制动开关的+B 电源输入测试，见表 1-48。

表 1-48　制动开关+B 电源输入测试

测试标准：打开点火开关，用万用表测量制动开关+B 电源输入端对地电压，标准值为+B。

可能性	实测结果/V	状态	可能原因	下一步操作
1	+B	正常	制动开关内部断开或电阻过大	更换制动开关
2	部分+B	异常	+B 电源线路存在虚接故障	测量熔丝 EF02 10A 输出端对地电压
3	0	异常	+B 电源线路存在断路或对地短路故障	

5）熔丝 EF18 10A 两端对地电压测试，见表 1-49。

注意：因为熔丝 EF18 供电线路是通过熔丝盒内部线路供电，有时很难确定哪端属于供电端，哪端属于用电器端，因此可以同时对熔丝的两个端子进行测量。

表 1-49 熔丝 EF18 10A 两端对地电压测试

测试标准：打开点火开关，用万用表测量熔丝 EF18 两端对地电压，标准值为 +B。

可能性	实测结果/V	状态	下一步操作
1	+B，+B	正常	如果上一步测试结果为部分 +B，说明熔丝 EF18 至制动开关间线路虚接；如果上一步测试结果为 0V，说明熔丝 EF18 至制动开关间线路断路，检修线路
2	均部分 +B	异常	熔丝 EF18 供电线路虚接故障，检修线路
3	0，0	异常	熔丝 EF18 供电线路断路故障，检修线路
4	+B，0	异常	熔丝 EF18 熔断，说明制动信号 2 线路可能存在对地短路或虚接故障，检查制动信号 2 线路对地电阻
5	+B，0 到 +B 间	异常	说明熔丝 EF18 电阻过大，更换相同规格熔丝

6）制动信号 2 线路对地是否短路或虚接测试，见表 1-50。

表 1-50 制动信号 2 线路对地是否短路或虚接测试

测试标准：关闭点火开关，检查线路对地电阻，标准值为∞。

<table>
<tr><th>步骤</th><th>测试条件</th><th>实测结果/Ω</th><th>状态</th><th>可能原因</th><th>下一步操作</th></tr>
<tr><td rowspan="3">1</td><td rowspan="3">拔下 VCU 的 CA67 接插接器、制动开关的 CA44b 插接器</td><td>∞</td><td>正常</td><td>VCU 局部故障</td><td>转第 2 种可能</td></tr>
<tr><td>明显大于 0</td><td>异常</td><td>线路对地虚接</td><td>检修线路</td></tr>
<tr><td>近乎为 0</td><td>异常</td><td>线路对地短路</td><td>检修线路</td></tr>
<tr><td rowspan="3">2</td><td rowspan="3">连接 VCU 的 CA67 插接器</td><td>∞</td><td>正常</td><td>制动开关局部故障</td><td>转第 3 种可能</td></tr>
<tr><td>存在电阻</td><td>异常</td><td>VCU 内部对地虚接</td><td rowspan="2">更换 VCU</td></tr>
<tr><td>近乎为 0</td><td>异常</td><td>VCU 内部对地短路</td></tr>
<tr><td rowspan="3">3</td><td rowspan="3">连接制动开关的 CA44b 插接器</td><td>∞</td><td>正常</td><td></td><td>测试结束</td></tr>
<tr><td>存在电阻</td><td>异常</td><td>制动开关内部对地虚接</td><td rowspan="2">更换制动开关</td></tr>
<tr><td>近乎为 0</td><td>异常</td><td>制动开关内部对地短路</td></tr>
</table>

5. 诊断结论验证

注意：完成诊断修理后，某些 DTC 需要将点火开关旋至 OFF（关闭）位置，然后旋回至 ON（打开）位置之后，故障诊断仪器功能才会清除 DTC。

1）将点火开关置于 OFF（关闭）位置。
2）安装所有诊断时拆下或更换的部件及插接器。
3）诊断时，拆除过或更换过的部件及单元，根据需要执行调整、编程或设置程序。
4）将点火开关置于 ON 位置。
5）清除 DTC。

6）关闭点火开关60s。

7）踩下制动踏板，打开点火开关，车辆仪表显示正常，切换至D位或R位进行试车，车辆运行正常，维修结束。

6. 故障机理分析

踩下制动踏板，VCU通过对两组制动信号进行比对，来判断车辆当前状态是否符合运行条件，即制动踏板是否完全松开，制动力是否完全释放。由于制动信号2线路故障，VCU只收到一路制动信号，即确认车辆不符合运行条件，即制动踏板没有完全松开，制动力没有完全释放。所以，踩下加速踏板后，车辆行驶功能被禁止。

7. 总结与拓展

教师可以在车辆上给学生设置表1-51中所列举的故障，参照中、高职新能源汽车维修技能大赛工作页，让学生独立或成组完成，并填写诊断报告，以考核学生的掌握水平。

附表：故障设置建议表

表1-51　故障设置建议表

序号	故障部位	故障性质
1	熔丝 EF18 供电线路	断路、虚接
2	熔丝 EF18 自身	熔断、电阻过大
3	熔丝 EF18 与制动开关之间线路	断路、虚接、短路
4	制动信号2线路	断路、虚接、短路
5	制动信号1和2线路	相互短路
6	VCU 自身故障	接触不良、损坏
7	制动开关内部开关	常开、常闭、接触不良

案例9　加速踏板位置传感器的故障诊断与检测

1. 原理简介及系统影响

如图1-103所示为加速踏板位置传感器线路原理图，从中可以看出，加速踏板位置传感器是有两个传感器组成，分别有各自的供电电源、搭铁和信号线路。加速踏板位置传感器1的信号电压范围由0.73～4.49V变化，加速踏板位置传感器2信号电压范围在0.35～2.25V变化。

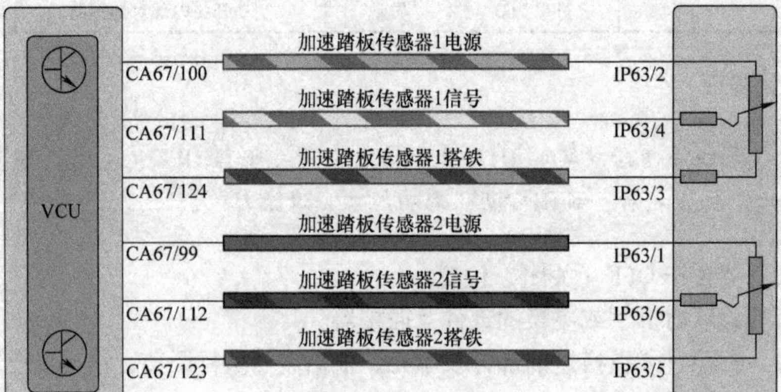

图1-103　加速踏板位置传感器线路原理图

加速踏板位置传感器 2 作为主信号，加速踏板位置传感器 1 作为辅助信号。如果传感器 1 出现故障，VCU 将采用传感器 2 信号作为依据，对车辆进行控制；如果传感器 2 出现故障，VCU 无法确定驾驶人对车辆运行的转矩需求，MCU 无法控制驱动电机输出电流，车辆将不能行驶。

2. 故障现象描述

如图 1-104 所示为车辆限速时仪表显示状态。车辆正常上电后，踩下制动踏板，档位切换到 D 位或 R 位，释放 EPB，仪表上“驻车制动指示灯”熄灭，松开制动踏板，踩下加速踏板，车辆运行，但加速时速度不超过 6km/h，同时右侧的能量回收条闪烁。

图 1-104　车辆限速时仪表显示状态

3. 故障现象分析（具体分析方法参考本章第二节故障分析部分内容）

4. 故障诊断过程

第一步：读取故障代码（DTC）

连接诊断仪器至 OBD 诊断接口后，踩制动踏板并保持，打开点火开关。通过诊断仪器与 VCU 进行通信，可以读取到表 1-52 所示的故障代码。

表 1-52　VCU 故障代码及说明

故障诊断	代码说明
P1C2104	加速踏板信号 2 断路或对地短路
P1C2200	加速踏板信号不可信

第二步：故障代码分析

通过诊断仪器的数据流查看功能对当前故障进行进一步解析。此时数据流为加速踏板没有踩下状态时的显示；踩加速踏板时，信号应该随加速踏板变化而变化，如果有一条信号没有变化，则故障为不变化的信号引起。实际测量时，踩制动踏板，发现信号 2 状态没有变化。如图 1-105 所示。

结合故障分析、故障代码定义、数据流，说明车辆无法正常运行是由于加速踏板信号 2 异常造成的，导致以上故障的可能原因有：

1）加速踏板传感器 2 信号线路（断路、虚接、短路）故障。

2）加速踏板传感器 2 供电电源线路（断路、虚接、短路）故障。

3）加速踏板传感器 2 搭铁线路（断路、虚接、短路）故障。

4）加速踏板传感器 2 自身故障。

5）VCU 局部故障。

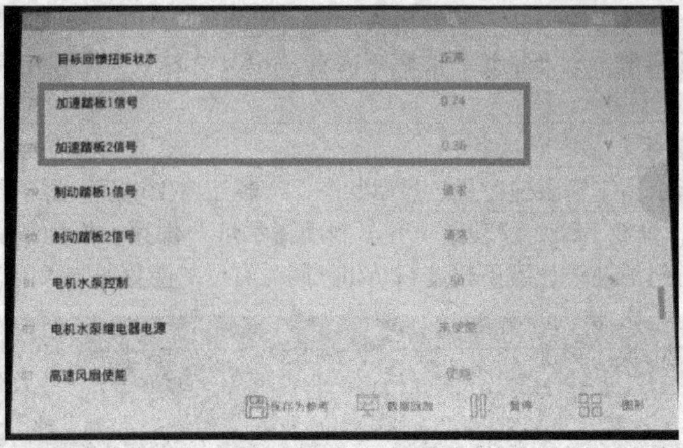

图 1-105 VCU 数据流信号

第三步：线路测试

1）VCU 端加速踏板位置传感器 2 输入信号电压测试，见表 1-53。

表 1-53 VCU 端加速踏板位置传感器 2 输入信号对地电压测试

测试标准：打开点火开关，车辆正常运行，加速踏板匀速踩下时，测试 VCU 端子 CA67/112 对地电压应在 0.35 ~ 2.25V 之间逐渐增大。

可能性	测试条件	实测结果/V	状态	下一步操作
1	未踩加速踏板	0.35 左右	正常	如果诊断仪器数据流显示传感器数据错误，则说明 VCU 自身存在故障
	踏板匀速踩下	0.35 ~ 2.25		
2	未踩加速踏板	0	异常	说明传感器信号输出故障、信号线断路或信号线对地短路，测量加速踏板位置传感器 2 输出信号对地电压
	踏板匀速踩下	0		
3	未踩加速踏板	约 2.25 或 5.03	异常	说明传感器信号输出故障或信号线对参考电源短路，测量加速踏板位置传感器 2 输出信号对地电压
	踏板匀速踩下	始终约 2.25 或 5.03		
4	未踩加速踏板	明显低于 0.35	异常	说明传感器信号输出故障或者踏板安装错误，测量加速踏板位置传感器 2 输出信号对地电压
	踏板踩下后	明显低于 2.25		
5	未踩加速踏板	明显高于 0.35	异常	
	踏板踩下后	明显高于 2.25		

2）加速踏板位置传感器 2 输出信号对地电压测试，见表 1-54。

表 1-54　加速踏板位置传感器 2 输出信号对地电压测试

测试标准：打开点火开关，车辆正常运行，加速踏板匀速踩下时，测试加速踏板位置传感器端子 IP63/6 对地电压应在 0.35 ~ 2.25V 之间逐渐增大。

可能性	测试条件	实测结果/V	状态	下一步操作
1	未踩加速踏板	0.35 左右	正常	如果上一步测试结果为 0，说明传感器 2 信号线路断路；上一步测试结果为明显低于 0.35V 或 2.25V，说明传感器 2 信号线路电阻过大，测量传感器 2 信号线路端对端导通性
	踏板匀速踩下	0.35 ~ 2.25		
2	未踩加速踏板	0	异常	说明传感器 2 自身、信号线路对地短路或电源线路断路，检查传感器 2 信号线路对地是否短路
	踏板匀速踩下	0		
3	未踩加速踏板	约 5.03	异常	说明传感器 2 信号线路对参考电源短路，检查信号线路对参考电源是否短路
	踏板匀速踩下	始终约 5.03		说明传感器 2 搭铁线路断路，测量传感器 2 搭铁线路对地电压
4	未踩加速踏板	明显低于 0.35	异常	传感器电源线路故障或者踏板安装错误，测量传感器 2 电源输入信号对地电压
	踏板踩下后	明显低于 2.25		
5	未踩加速踏板	明显高于 0.35	异常	传感器搭铁线路故障或者踏板安装错误，测量传感器 2 搭铁信号对地电压
	踏板踩下后	明显高于 2.25		

3）加速踏板位置传感器 2 信号线路导通性测试，见表 1-55。

表 1-55　加速踏板位置传感器 2 信号线路导通性测试

测试标准：关闭点火开关，拔下 VCU 的 CA67 插接器、加速踏板位置传感器的 IP63 插接器，检查 VCU 与加速踏板位置传感器之间线路的电阻值，应为近乎为 0。

可能性	实测结果/Ω	状态	可能原因	下一步操作
1	近乎为 0	正常	插接器故障	维修或更换线束插接器
2	明显大于 0	异常	线路电阻过大	维修或更换线束
3	∞	异常	线路断路	维修或更换线束

4）加速踏板位置传感器 2 信号线路对地是否短路测试，见表 1-56。

表 1-56　加速踏板位置传感器 2 信号线路对地是否短路测试

测试标准：关闭点火开关，测量加速踏板位置传感器 2 信号线路对地电阻，应符合要求。

步骤	测试条件	实测结果/Ω	状态	可能原因	下一步操作
1	拔下 VCU 的 CA67 插接器、加速踏板位置传感器的 IP63 插接器	∞	正常	传感器、VCU 局部故障	转本表 2
		明显大于 0	异常	线路对地虚接	检修线路
		近乎为 0	异常	线路对地短路	检修线路
2	连接 VCU 的 CA67 插接器	∞	正常	传感器内部故障	转本表 3
		明显大于 0	异常	VCU 内部对地虚接	更换 VCU
		近乎为 0	异常	VCU 内部对地短路	

（续）

步骤	测试条件	实测结果/Ω	状态	可能原因	下一步操作
3	连接加速踏板位置传感器的 IP63 插接器	∞	正常	传感器及电源故障	测量传感器 2 电源
		明显大于 0	异常	传感器内部故障	更换加速踏板
		近乎为 0	异常		

5）加速踏板位置传感器 2 信号线路对参考电源是否短路测试，见表 1-57。

表 1-57 加速踏板位置传感器 2 信号线路对参考电源是否短路测试

测试标准：关闭点火开关，测量加速踏板位置传感器 2 信号线路对地电压，应符合要求。

步骤	测试部位	实测结果/V	状态	可能原因	操作
1	拔下 VCU 的 CA67 插接器、加速踏板位置传感器的 IP63 插接器	悬空电压	正常	传感器、控制单元故障	转本表 2
		大于 0.1	异常	对参考电源线路短路或虚接	检修线路
2	连接 VCU 的 CA67 插接器	悬空电压	正常	加速踏板故障	转本表 3
		大于 0.1	异常	VCU 内部对电源短路	更换 VCU
3	连接加速踏板位置传感器的 IP63 插接器	悬空电压	正常	传感器及电源故障	测量传感器 2 电源电压
		大于 0.1	异常	传感器内部对电源短路	更换加速踏板

6）加速踏板位置传感器 2 电源输入对地电压测试，见表 1-58。

表 1-58 加速踏板位置传感器 2 电源输入对地电压测试

测试标准：打开点火开关，用万用表测量传感器 2 电源输入信号对地电压，标准值为 5V 左右。

可能性	实测结果/V	状态	可能原因	下一步操作
1	5	正常	传感器故障	更换加速踏板
2	0	异常	传感器供电线路断路	测量 VCU 端传感器电源输出对地电压
3	0.1 ~ 4.5	异常	传感器供电线路电阻过大	

7）VCU 端传感器 2 电源输出对地电压测试，见表 1-59。

表 1-59 VCU 端传感器 2 电源输出对地电压测试

测试标准：打开点火开关，用万用表测量 VCU 端传感器 2 电源输出对地电压，标准值为 5V。

可能性	实测结果/V	状态	可能原因	下一步操作
1	5	正常	VCU 至传感器间线路断路或虚接	测量线路导通性
2	0	异常	VCU 输出故障	更换 VCU
3	0.1 ~ 4.5	异常		

8）加速踏板位置传感器 2 电源线路导通性测试，见表 1-60。

表 1-60 加速踏板位置传感器 2 电源线路导通性测试

测试标准：关闭点火开关，拔下 VCU 的 CA67 插接器、加速踏板位置传感器的 IP63 插接器，检查 VCU 端子 CA67/99 到加速踏板位置传感器 IP63/1 端子间线路的电阻值，标准值为近乎为 0。

可能性	实测结果/Ω	状态	可能原因	下一步操作
1	近乎为 0	正常	插接器故障	维修或更换线束插接器
2	明显大于 0	异常	线路电阻过大	维修或更换线束
3	∞	异常	线路断路	维修或更换线束

9）加速踏板位置传感器 2 搭铁信号对地电压测试，见表 1-61。

表 1-61 加速踏板位置传感器 2 搭铁信号对地电压测试

测试标准：用万用表测量加速踏板位置传感器 2 搭铁信号对地电压，标准值应小于 0.1V。

可能性	实测结果/V	状态	可能原因	下一步操作
1	0	正常	传感器 2 自身故障	更换加速踏板
2	5	异常	传感器 2 搭铁线路断路	测量 VCU 端传感器 2 搭铁对地电压
3	0.1 ~4.5	异常	传感器 2 搭铁线路电阻过大	

10）VCU 端传感器 2 搭铁信号对地电压测试，见表 1-62。

表 1-62 VCU 端传感器 2 搭铁信号对地电压测试

测试标准：打开点火开关，用万用表测量 VCU 端传感器 2 搭铁信号对地电压，标准值应小于 0.1V。

可能性	实测结果/V	状态	可能原因	下一步操作
1	0	正常	VCU 至传感器间线路断路或虚接	测量线路导通性
2	5	异常	VCU 输出故障	更换 VCU
3	0.1 ~4.5	异常		

11）加速踏板位置传感器 2 搭铁线路导通性测试，见表 1-63。

表 1-63 加速踏板位置传感器 2 搭铁线路导通性测试

测试标准：关闭点火开关，拔下 VCU 的 CA67 插接器、加速踏板位置传感器的 IP63 插接器，检查 VCU 到传感器间线路的电阻值，标准值为近乎为 0。

可能性	实测结果/Ω	状态	可能原因	下一步操作
1	近乎为 0	正常	插接器故障	维修或更换线束插接器
2	明显大于 0	异常	线路电阻过大	维修或更换线束
3	∞	异常	线路断路	

5. 诊断结论验证

注意：完成诊断修理后，某些 DTC 需要将点火开关旋至 OFF（关闭）位置，然后旋回至 ON（打开）位置之后，诊断仪器功能才会清除 DTC。

1）将点火开关置于 OFF（关闭）位置。

2）安装所有诊断时拆下或更换的部件及插接器。

3）将点火开关置于 ON 位置。

4）读取并清除 DTC。

5）关闭点火开关 60s。

6）踩下制动踏板，打开点火开关，车辆仪表显示正常，切换至 D 位或 R 位进行试车，车辆运行正常，维修结束。

6. 故障机理分析

为了保证系统的安全性，VCU 接收加速踏板传感器传输的两路信号，来控制车辆行车。其中加速踏板传感器 2 为主控制信号，加速踏板位置传感器 1 为辅助控制信号。如果信号 2 的信号异常，将导致 VCU 无法准确判断驾驶人的转矩及速度需求，所以 VCU 启动限功率保护模式，车辆无法加速。

7. 总结与拓展

教师可以在车辆上给学生设置表 1-64 中所列举的故障，参照中、高职新能源汽车维修技能大赛工作页，让学生独立或成组完成，并填写诊断报告，以考核学生的掌握水平。

附表：故障设置建议表

表 1-64　故障设置建议表

序号	故障部位	故障性质
1	加速踏板位置传感器 1 电源线路	断路、虚接、短路
2	加速踏板位置传感器 1 信号线路	断路、虚接、短路
3	加速踏板位置传感器 1 搭铁线路	断路、虚接、短路
4	加速踏板位置传感器 2 电源线路	断路、虚接、短路
5	加速踏板位置传感器 2 信号线路	断路、虚接、短路
6	加速踏板位置传感器 2 搭铁线路	断路、虚接、短路
7	加速踏板位置传感器 1 和 2 信号线路	互相短路
8	加速踏板位置传感器 1 内部电阻	损坏
9	加速踏板位置传感器 2 内部电阻	损坏

第二章 驱动电机控制系统（MCU）及检修

第一节 MCU的结构与工作原理

一、驱动电机的结构与工作原理

吉利EV系列车型采用的是永磁同步电机，它是MCU的执行单元，其结构主要分为4个部分：

1）电机部分。主要是为车辆提供动力和回收能量并存入动力蓄电池，如图2-1所示，它主要由定子铁心、转子铁心、三相绕组、轴及轴承等组成。

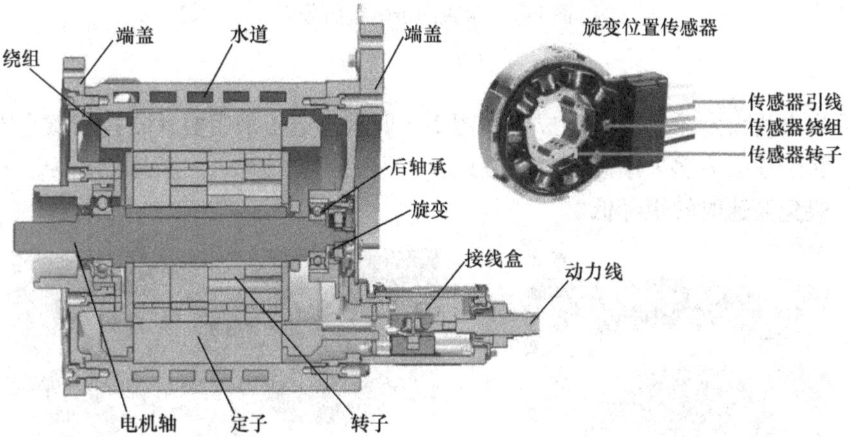

图2-1 永磁同步电机的结构

2）位置传感器（旋变）部分。主要是检测转子磁极与定子绕组间的空间位置关系，产生位置信号，经过逻辑处理而形成MCU内部功率电子开关元件的触发信号。

3）温度传感器部分。主要是监测电机及控制系统的温度，并将温度信号转换成电信号。

4）散热系统部分。散热系统包括水道、冷却液管插接器、前后端盖、机座等，主要作用是降低电机及控制系统的温度，防止其因温度过高而烧坏。

1. 电机部分

普通直流电机常采用在电机绕组内通以电流的方式来产生磁场，而永磁同步电机则采用在转子上添加永磁体的方式产生磁场，同时，磁场还可以作为媒介进行机械能和电能相互转换。

目前，常用的永磁同步电机有两种：一种是无刷直流电机（Brushless Direct Current Motor，BLDC）供电电流波形与电枢反电动势波形都为矩形或梯形的电机；另一种是正弦波永磁同步电机（Permanent Magnet Synchronous Motor，PMSM），供电电流波形与电枢反电动势都为正弦波的电机，两种电机的信号区别如图 2-2 所示。

本书以正弦波永磁同步电机为主进行讲解，且以下简称为永磁同步电机。永磁同步电机的“同步”是指把永久磁铁转子放在能产生旋转磁场的定子铁心中，当定子绕组流过电流后，转子将会跟随旋转磁场同步旋转，其转向、转速与旋转磁场的旋转方向和旋转速度一致，即转子的转速与定子绕组的电流频率始终保持一致。因此，通过控制电机的定子绕组输入电流频率，就可以最终确定汽车的车速，而如何调节电流频率，则是电控部分所要解决的问题。

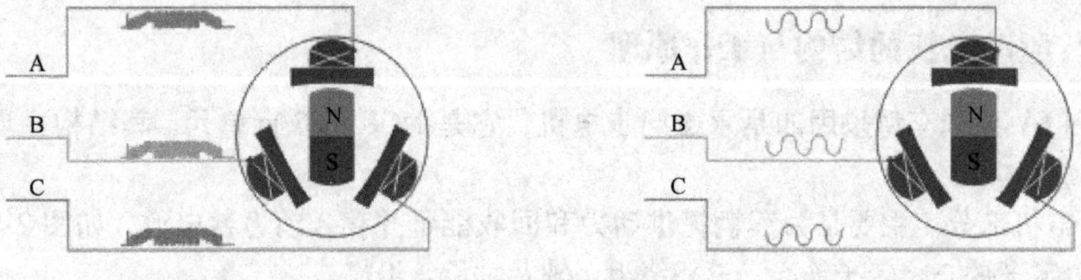

图 2-2　永磁同步电机的分类

（1）结构

永磁同步电机由定子、转子构成，如图 2-3 所示。定子采用叠片结构以减小电动机运行时的铁耗；转子铁心大多采用硅钢叠片叠成，不做成实心结构，主要原因是为了减少涡流及其他损耗，避免高速时转矩降低。

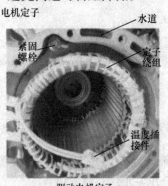

图 2-3　电机的结构

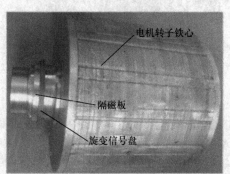

1）定子。定子是电机静止不动的部分，由定子铁心、定子绕组和机座三部分组成。其主要作用是产生旋转磁场。

三相电机的定子绕组有三个，通常称为三相绕组。这三相绕组一共有六个出线端，把它们做一定方式的联结后才能由三相电源供电。一般有两种联结方法：即星形（Y）联结和三角形（△）联结，如图2-4所示。

一般在书中，常用A、B、C来分别表示三相电机的三个定子绕组；在实物上，则习惯用U、V、W来分别表示。

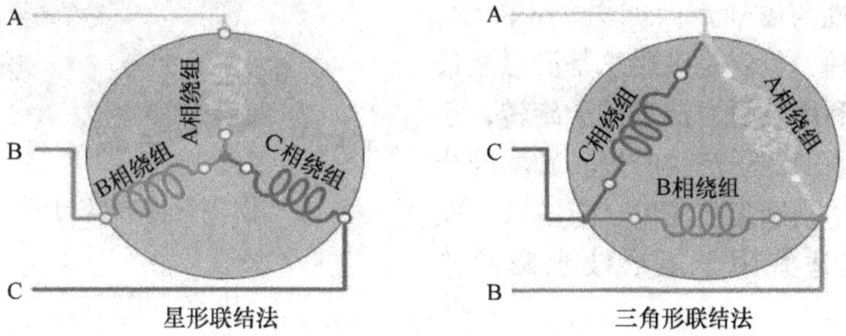

图2-4　电机绕组联结方式

① 星形（Y）绕组。把三个绕组的某三个同名端（都是首端或都是尾端）联结成一端，另三个同名端接到三相电源上，形似星形，如图2-5所示，这时，每相绕组承受的是电源的相电压（220V）。

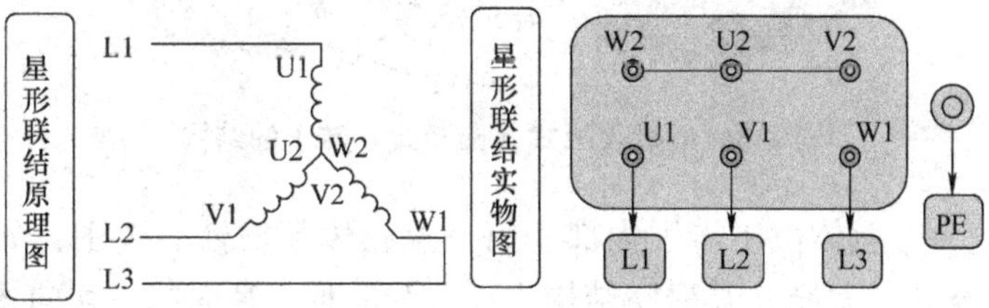

图2-5　星形（Y）绕组联结原理图

采用星形绕组具有以下特点：电流小，发热量小，运行稳定；效率明显优于采用三角形联结绕组；平均转矩要大于三角形联结绕组的平均转矩；总损耗小于三角形联结绕组的总损耗。所以在电动汽车电机设计中基本采用星形联结绕组。

② 三角形（△）绕组。三角形（△）联结绕组是把三个绕组首尾相连，形似三角形，成闭合回路，如图2-6所示。三个端点接到三相电源上，这时，每相绕组承受的是电源的线电压（380V）。在三角形联结中，三次谐波环流所产生的损耗会使电机效率下降、温升增高，所以电动汽车电机绕组一般不采用三角形联结，本书不做过多讲述。

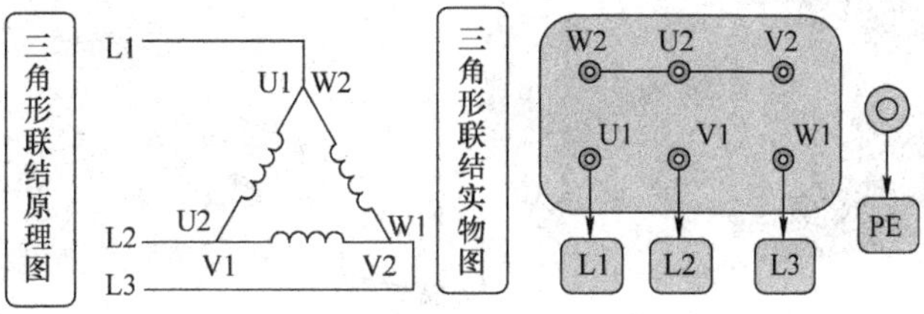

图2-6　三角形绕组联结原理图

2）转子。永磁同步电机转子主要由轴、轴承、转子铁心及永磁体挡板等组成，如图2-7所示。根据电机的制造工艺，转子一般可分为表面式（凸装式）和内置式两种结构类型。

① 表面式（凸装式）。这种永磁体磁极安装在转子铁心圆周表面上，也称为凸装式永磁转子。磁极的极性与磁通走向如图 2-8 所示，根据磁阻最小原理，也就是磁通总是沿磁阻最小的路径闭合，利用磁引力拉动转子旋转，于是永磁转子就会跟随定子产生的旋转磁场同步旋转。这种结构的制造工艺简单、成本低、应用较广泛，尤其适宜用于矩形波永磁同步电机。

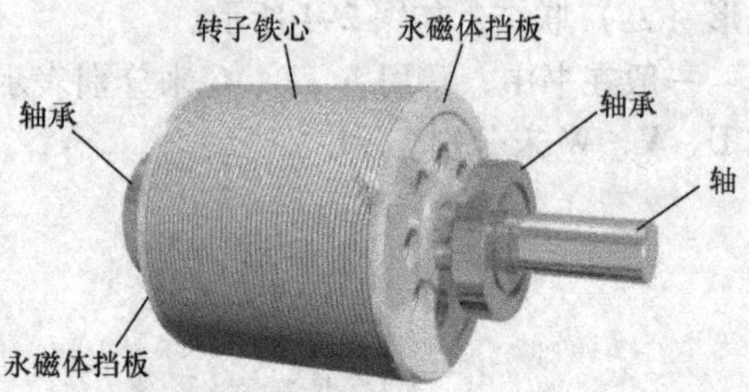

图 2-7　电机转子的结构

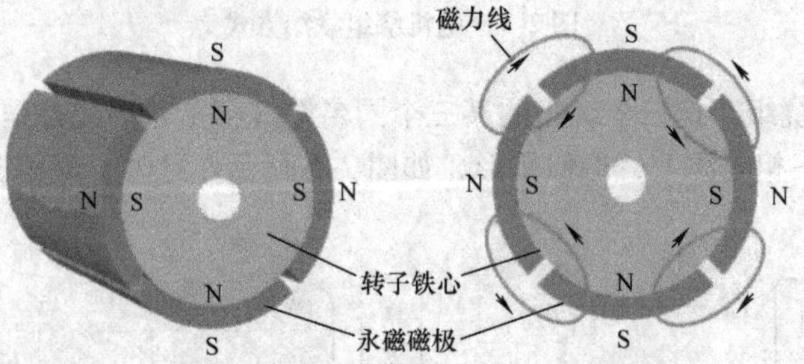

图 2-8　电机表面式（凸装式）转子的结构

② 内置式。这种永磁体位于转子内部，每个永磁体都被铁心包围，如图 2-9、图 2-10 所示，相比其他结构比较复杂，其磁路结构主要分为三种：径向式、切向式、混合式。

（2）工作原理

永磁同步电机的运行需依靠转子位置传感器检测出转子的位置信号，通过换相驱动线路，来驱动与电枢绕组联结的各功率开关管导通与截止，从而控制定子绕组的通电，在定子上产生旋转磁场，带动转子旋转。

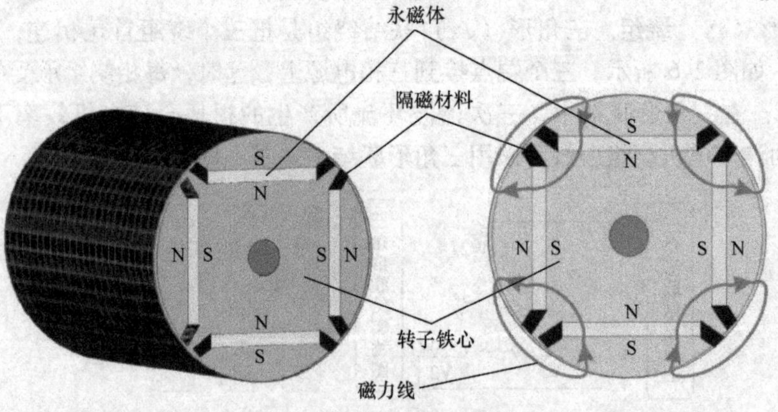

图 2-9　电机内置式转子的结构

随着转子的转动，位置传感器不断地送出信号，以改变电枢的通电状态，使得在同一磁极下的导体中的电流方向不变。因此，就可产生恒定的转矩使永磁同步电机运转起来。

典型的“六步电流换向”顺序图展示了定子内绕组的通电次序，而通电方式有“两两

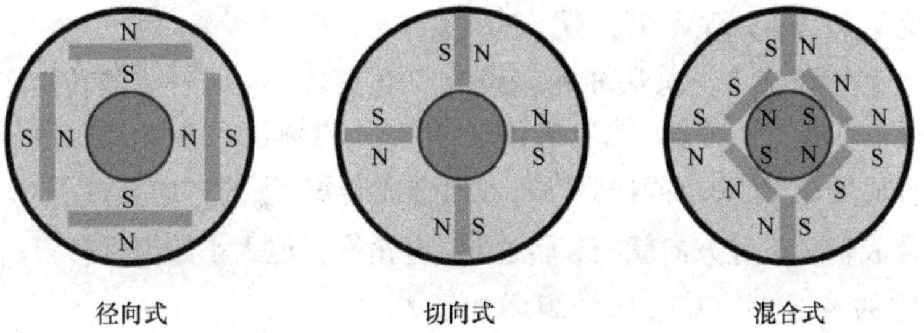
N
S
S N
N S
S
N
S N
S
N
N
S
N S
S N
S
N
S
N
N S
N S
S
N
N
S
N
S
N S
径向式
切向式
混合式

图 2-10　电机内置式转子的分类

通电”和“三三通电”两种。

1）两两通电。三个定子绕组采用星形（Y）联结方式。整个电机引出三根线 A、B、C，当它们之间两两通电时，有 6 种情况，如图 2-11 所示，分别是 AB、AC、BC、BA、CA、CB。如果认定流入绕组的电流所产生的转矩为正，那么流出绕组所产生的转矩为负，

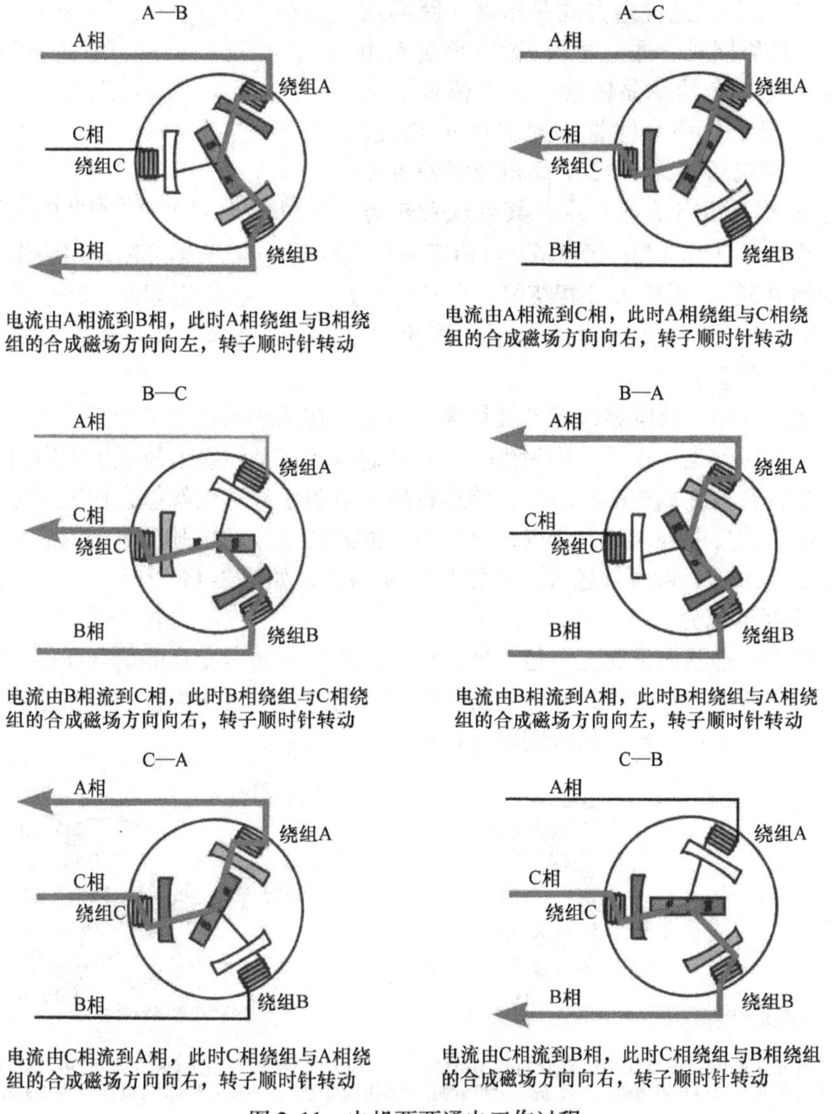
A—B
A相
绕组A
C相
绕组C
B相
绕组B
电流由A相流到B相，此时A相绕组与B相绕组的合成磁场方向向左，转子顺时针转动
A—C
A相
绕组A
C相
绕组C
B相
绕组B
电流由A相流到C相，此时A相绕组与C相绕组的合成磁场方向向右，转子顺时针转动
B—C
A相
绕组A
C相
绕组C
B相
绕组B
电流由B相流到C相，此时B相绕组与C相绕组的合成磁场方向向右，转子顺时针转动
B—A
A相
绕组A
C相
绕组C
B相
绕组B
电流由B相流到A相，此时B相绕组与A相绕组的合成磁场方向向左，转子顺时针转动
C—A
A相
绕组A
C相
绕组C
B相
绕组B
电流由C相流到A相，此时C相绕组与A相绕组的合成磁场方向向右，转子顺时针转动
C—B
A相
绕组A
C相
绕组C
B相
绕组B
电流由C相流到B相，此时C相绕组与B相绕组的合成磁场方向向右，转子顺时针转动

图 2-11　电机两两通电工作过程

合成转矩分别为 T_{ab}、T_{ac}、T_{bc}、T_{ba}、T_{ca}、T_{cb}。

当电流从 A 相绕组流入，再从 B 相绕组流回电源时，它们合成的转矩 T_{ab} 大小为 $\sqrt{3}T_a$，方向在 T_a 和 $-T_b$ 的角平分线上；当电机转过 60°后，电流流入 A 相绕组再从 C 相绕组流回到电源，此时合成转矩 T_{ac} 大小同样为 $\sqrt{3}T_a$，但合成转矩 T_{ac} 的方向转过了 60°电角度；而后每换相一次，合成转矩矢量方向就随着转过 60°电角度，但大小始终保持 $\sqrt{3}T_a$ 不变。

在两两通电的情况下，其合成转矩增加了 $\sqrt{3}$ 倍；每隔 60°电角度换相一次，每个绕组通电 240°，其中正向通电和反向通电各 120°，我们把永磁同步电机的这种工作方式称为两相导通星形三相六状态，这是永磁同步电机最常用的一种工作方式。如图 2-12 所示为全部合成转矩的方向。

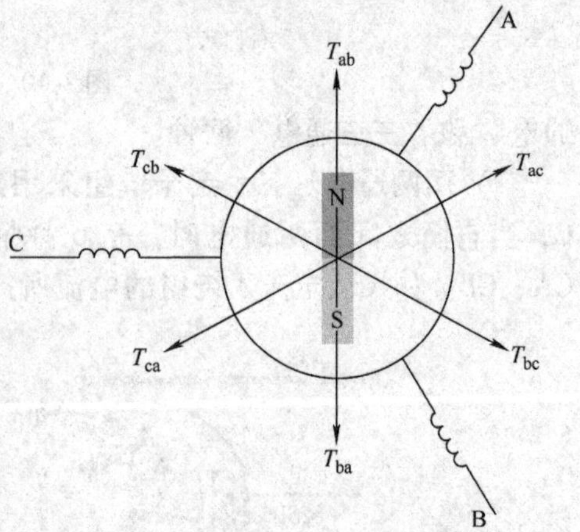

图 2-12　电机两两通电合成转矩方向

2）三三通电。三三导通方式是指每一瞬间均有三个功率晶体管同时导通，每隔 60°电角度换相一次，每次换相一个功率晶体管，一个桥臂上下管之间换相，每个功率晶体管导通 180°电角度。当电流流入 A 相绕组，经 B 相和 C 相绕组的电流分别为流过 A 相绕组电流的一半，其合成转矩方向同 A 相，而大小为 $1.5T_a$；经过 60°电角度后，换相到电流经 A 相和 B 相绕组（相当于 A 相和 B 相绕组并联），再流入 C 相绕组，合成转矩方向与 C 相绕组相同，转过了 60°电角度，大小仍然是 $1.5T_a$；再经过 60°电角度后，换相到 B－C. A 通电，而后依次类推，它们的合成转矩矢量图如图 2-13 所示。

三三导通方式中，反电势过零点就是换相时刻，在某相的反电势为正时触发导通该相使其绕组上流过正向电流，在反电势为负时触发导通该相使其绕组上流过负向电流。两种导通方式都存在换相转矩脉式在换相时刻，导通相的反电势已经达到幅值，而三三导通方式在换相时刻，导通相的反电势为零，所以，三三导通方式的换相转矩脉动更加明显。但三三导通方式每相共导通 360°，两两导通方式每相共导通 240°，如图 2-14 所示。

2. 位置传感器部分

电磁式位置传感器简称旋变，是一种输出电压随转子转角变化的信号元件。当励磁绕组以一定频率的交流电压励磁时，输出绕组的电压幅值与转子转角成正、余弦函数关系，或保持某一比例关系，或在一定转角范围内与转角呈线性关系。

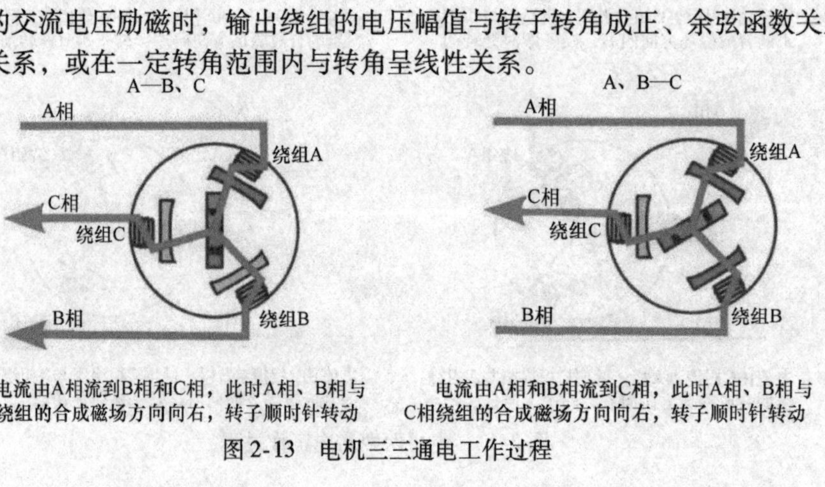

图 2-13　电机三三通电工作过程

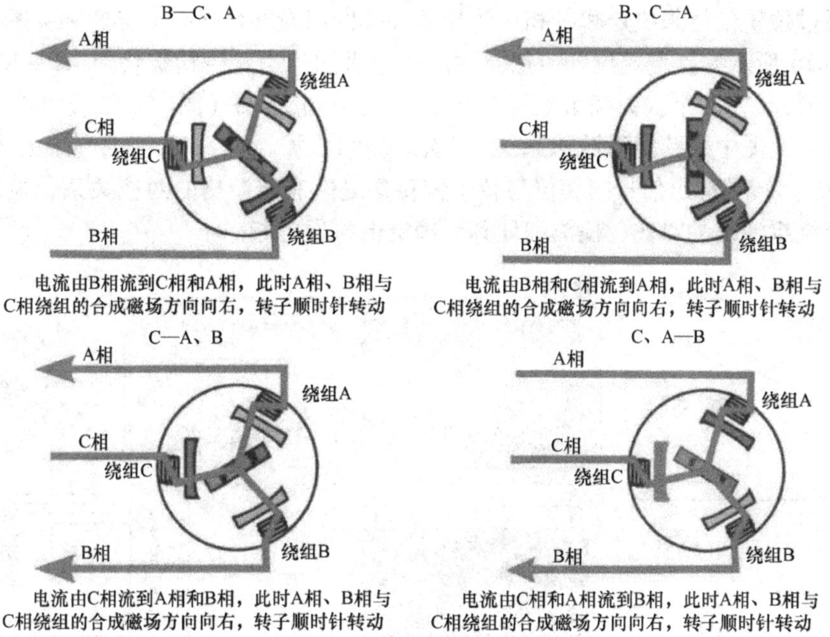

图 2-13　电机三三通电工作过程（续）

（1）结构

如图 2-15 所示为旋变式位置传感器的结构图，它主要由转子、定子、绕组、接线端子组成。转子安装在电机轴上，且转子上无绕组，初级和次级绕组均在定子上，转子的凸极（裸露极点）将次级正弦变化耦合至角位置，此种结构为可变磁阻式旋转变压器，信号特点为副方（次级）输出电压与转子转角呈正弦和余弦函数关系。

（2）工作原理

对于永磁同步电机调速系统来说，位置信号具有决定作用，因为电机必须工作在位置闭环控制方式下，系统运行绝对依赖于位置信号的准确获取，

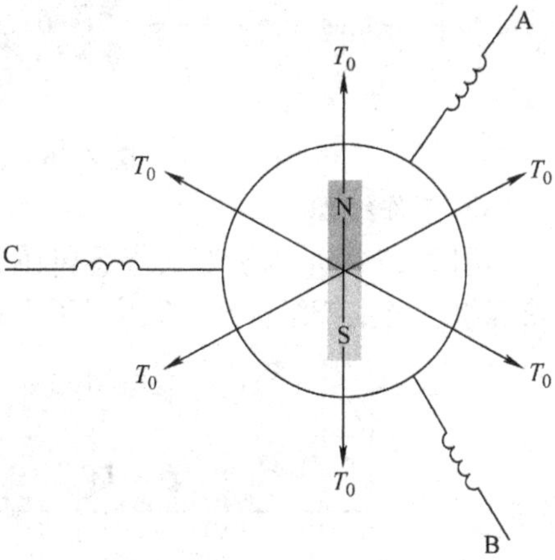

图 2-14　电机三三通电合成转矩方向

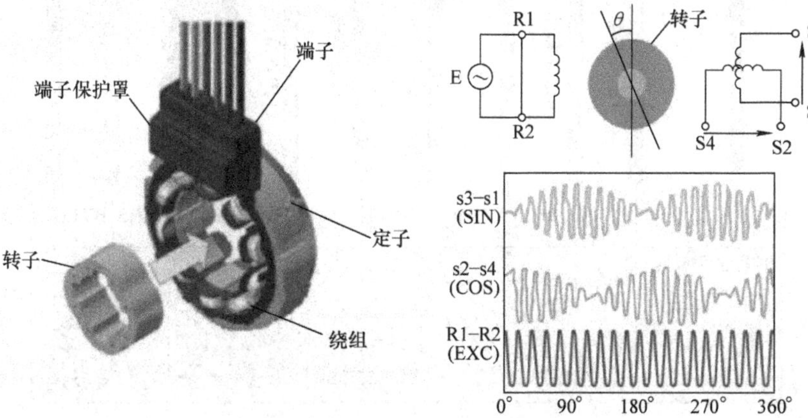

图 2-15　旋变式位置传感器结构图

电机需要通过位置信号来决定哪一相应该导通和关断以及在什么时刻导通和关断。

如图 2-16 所示为旋变式位置传感器的工作原理图，当励磁初级绕组 R1 – R2 时（图中励磁绕组波形），在两个次级绕组上就会产生一个感应信号 S（图中正弦绕组波形）和另一个感应信号 C（图中余弦绕组波形），由于次级绕组机械错位 90°，两路输出信号彼此间的相位差为 90°。转子输出信号的相位与转子偏转角之间有着严格的对应关系，控制单元通过初级、次级绕组波形的对比、检测和计算，确定电机通电相。

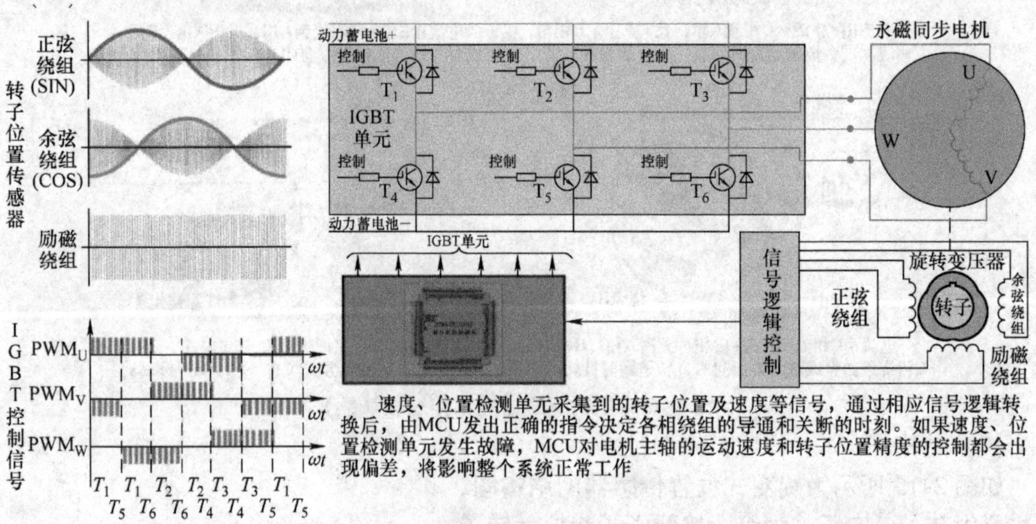

图 2-16　旋变式位置传感器工作原理

（3）工作线路

如图 2-17 所示为旋变式位置传感器线路原理图，从中可以看出，传感器由励磁绕组、正弦绕组、余弦绕组构成，其中 MCU 的 BV11/22 端子和位置传感器的 BV13/11 端子连接，

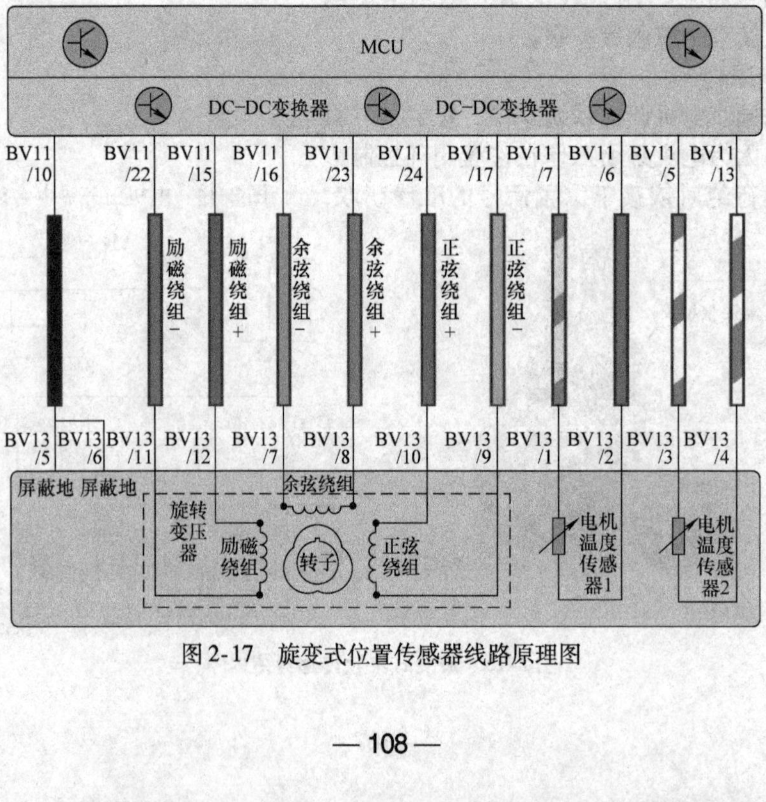

图 2-17　旋变式位置传感器线路原理图

通过位置传感器内部绕组，再从传感器 BV13/12 端子输出至 MCU 的 BV11/15 端子，MCU 通过励磁绕组输出振幅、频率恒定的正弦波，其中绕组阻值为（9.5±1.5）Ω；MCU 的 BV11/24 端子和位置传感器的 BV13/10 端子连接，通过位置传感器内部绕组，再从传感器 BV13/9 端子输出至 MCU 的 BV11/17 端子，MCU 通过正弦绕组产生的波形判断驱动电机转子位置和速度以及方向，其中绕组阻值为（13.5±1.5）Ω；MCU 的 BV11/23 端子和位置传感器的 BV13/8 端子连接，通过位置传感器内部绕组，再从传感器 BV13/7 端子输出至 MCU 的 BV11/16 端子，MCU 通过余弦绕组产生的波形判断驱动电机转子位置和速度以及方向，其中绕组阻值为（14.5±1.5）Ω。

3. 温度传感器部分

温度传感器用来感受电机及其控制器的温度变化，并把温度信号转换成电子信号输送给电机控制单元。

温度传感器主要有热电耦式温度传感器、热敏电阻式温度传感器、数字温度传感器（RTD）、半导体温度传感器（IC）四种类型。而常用的为热敏电阻式温度传感器，它是一种随着温度变化、其电阻值发生变化的传感器。热敏电阻共有两种变化类型，一种是正温度系数，即温度升高，阻值增加；另外一种为负温度系数，即温度升高，阻值减少。

（1）结构

驱动电机温度传感器主要由热敏电阻晶体、烧结电极、引线、探头等部件组成，如图 2-18所示。

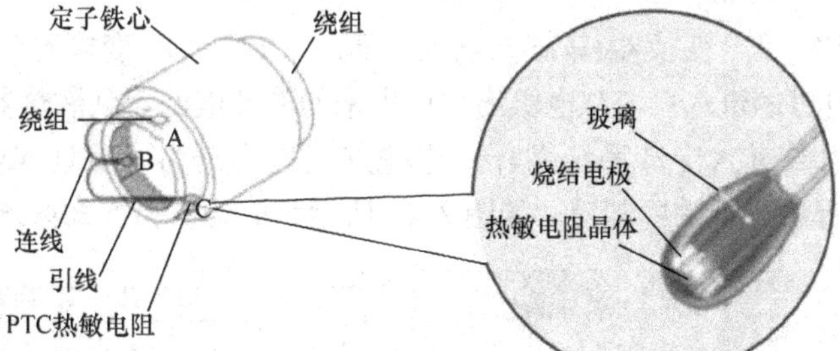

图 2-18　驱动电机温度传感器结构

（2）工作原理

如图 2-19 所示为驱动电机温度传感器线路原理图，从中可以看出，为了保证驱动电机运行安全，系统设置了两个温度传感器，MCU 对两个温度传感器信号实时检测并进行比对，更精确地去控制电控系统散热。

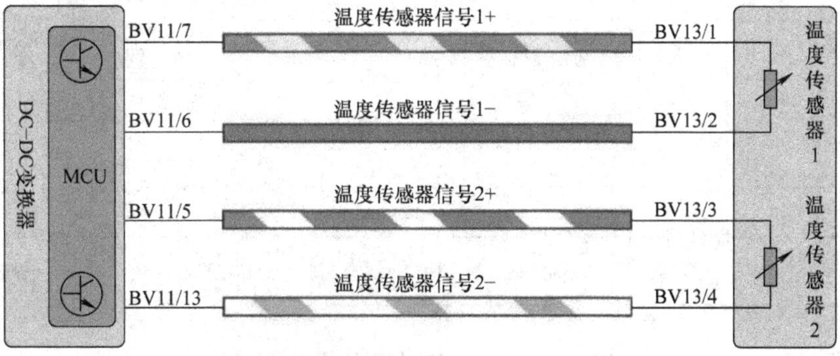

图 2-19　驱动电机温度传感器线路原理图

其中传感器 1 由 MCU 的 BV11/7 端子和温度传感器 1 的 BV13/1 端子之间线路连接，输出 +5V 信号参考电压，通过温度传感器 1，再从传感器 1 的 BV13/2 端子至 MCU 的 BV11/6 端子之间线路至 MCU 内部搭铁，构成回路；传感器 2 由 MCU 的 BV11/5 端子和温度传感器 1 的 BV13/3 端子之间线路连接，输出 +5V 信号参考电压，通过温度传感器 2，再从传感器 2 的 BV13/4 端子至 MCU 的 BV11/13 端子之间线路至 MCU 内部搭铁，构成回路。

如果有一个温度传感器出现故障，MCU 将使用另一个进行替代。如果两个温度传感器同时出现故障，MCU 将启动整车限功率保护功能，车辆最高车速及加速性能将受限，同时仪表将点亮限功率指示灯，警示驾驶人尽快维修。

4. 冷却系统部分

驱动电机冷却系统主要作用是冷却绕组线圈，防止其温度过高而烧毁。绕组线圈在电机定子上缠绕紧贴电机外壳，所以电机液冷却系统水道设计在金属壳内，其主要结构包括冷却液通道、冷却液管插接器、前后端盖及机座等，如图 2-20 所示。

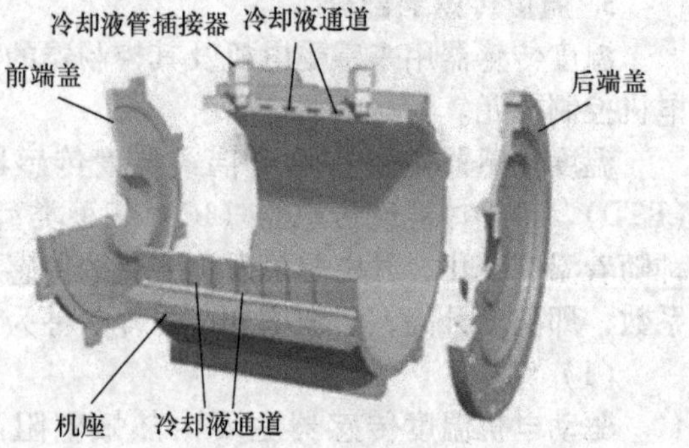

图 2-20　驱动电机液冷却系统结构

驱动电机冷却和 MCU、DC－DC 变换器/车载充电机冷却串联，即冷却液从散热器下部出来，经水泵加压后进入 MCU，从 MCU 出水口出来的冷却液再进入 DC－DC 变换器/车载充电机内部，从 DC－DC 变换器/车载充电机出水口出来的冷却液再进入电机的进水口，从电机出水口出来的冷却液回流到散热器进水口，经散热器风扇冷却后再通过水泵进入冷却系统循环。这种方式主要是为了保证 MCU 的冷却需求，使 MCU 得到冷却系统温度最低的冷却液。如图 2-21 所示为驱动电机冷却系统连接结构图。

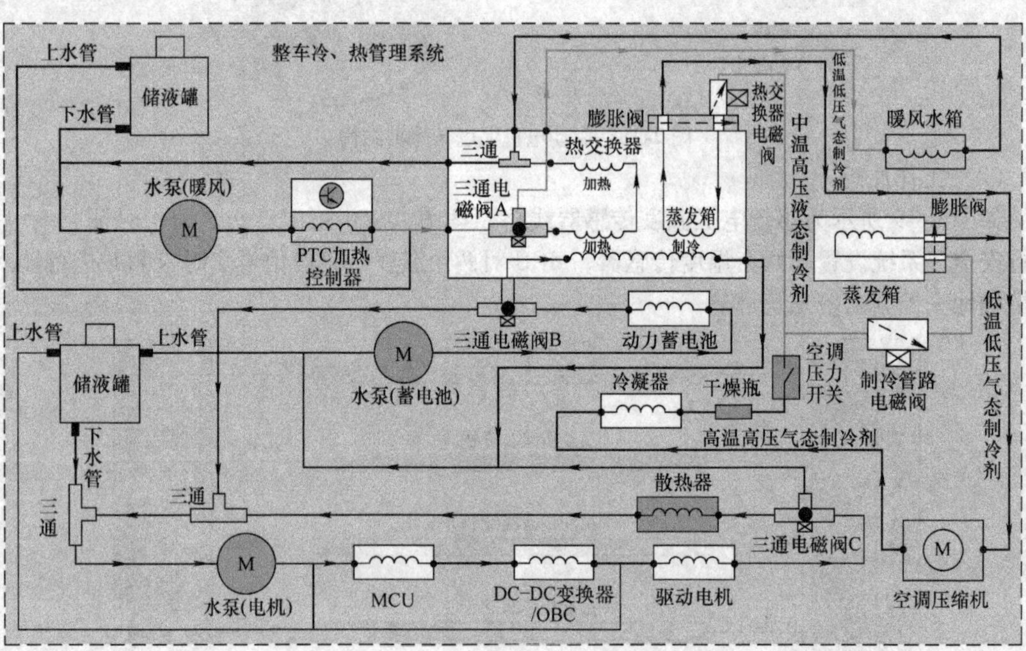

图 2-21　驱动电机冷却系统连接结构图

二、MCU 的结构与工作原理

图 2-22 吉利 EV 系列 MCU

MCU 是永磁同步电机的控制大脑，它综合位置传感器、温度传感器、电流传感器所提供的电机转子位置、温度、速度和电流等反馈信号及外部输入的命令，通过程序进行分析处理，决定控制方式及故障保护等，向功率变换器发出执行命令，控制永磁同步电机运行。如图 2-22 所示为吉利 EV 系列 MCU。

1. MCU 结构

MCU 安装在机舱内，既能将动力蓄电池中的直流电转换为交流电以驱动电机，同时在车辆制动或滑行阶段，能将车轮旋转的动能转换为电能（交流电转换为直流电）给动力蓄电池充电；它采用 CAN 与其他单元进行通信，控制动力蓄电池组到电机之间能量的传输，同时采集电机位置信号和三相电流检测信号，精确地控制驱动电机运行；同时 DC－DC 变换器也集成在 MCU 内部，其功能是将蓄电池的高压电转换成低压电，提供整车低压系统供电。

MCU 内部包含 1 个 DC－AC 变换器和 1 个 DC－DC 变换器，DC－AC 变换器由 IGBT、直流母线电容、驱动和控制线路板等组成，实现直流（可变的电压、电流）与交流（可变的电压、电流、频率）之间的转换；DC－DC 变换器由高低压功率器件、变压器、电感、驱动和控制线路板等组成，实现直流高压向直流低压的能量传递。MCU 还包含冷却器（通过冷却液）给电子功率器件散热。MCU 外部主要为高压及低压连接线束以及冷却液管路接口，如图 2-23 所示。MCU 是以磁电机自动化控制技术为基础的机电一体化产品，MCU 主要包括功率变换线路、主控制 CPU、转子位置检测单元、电流检测单元、CAN 通信单元等五大部分。

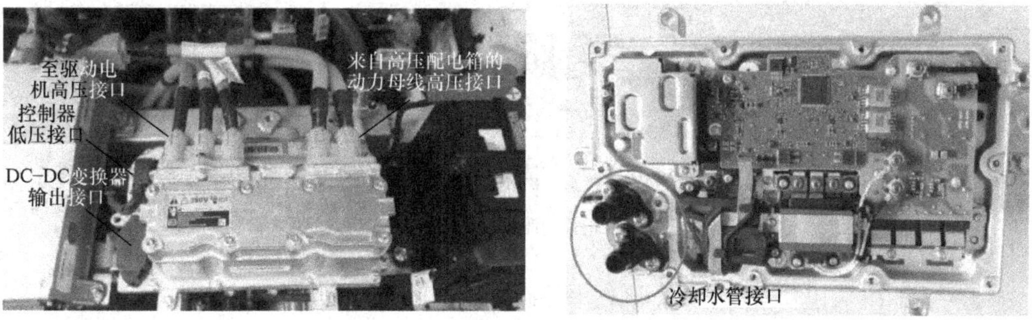

图 2-23 MCU 外部结构

（1）主控制单元

主控制单元是 MCU 的核心，如图 2-24 所示，其作用是综合处理速度指令、速度反馈信号及电流传感器、位置传感器、温度传感器的反馈信号，控制功率变换器中主开关器件的通断，实现对电机运行状态的控制。

图 2-24　MCU 主控制单元

在电动汽车上，VCU 根据驾驶人意图发出各种指令，MCU 响应并反馈，实时调整驱动电机的输出，以实现整车的怠速、前行、倒车、停车、能量回收以及驻坡等功能。同时还包含通信和保护，实时进行状态和故障检测，保护驱动电机系统和整车安全可靠运行。

（2）速度、位置检测单元

位置传感器向 MCU 提供转子位置及速度、方向等信号，使 MCU 能正确决定各相绕组的导通和截止时刻。通常采用光电元件、霍尔元件或电磁线圈进行位置检测。

如图 2-25 所示为电磁式位置传感器（旋变）信号检测分析过程。

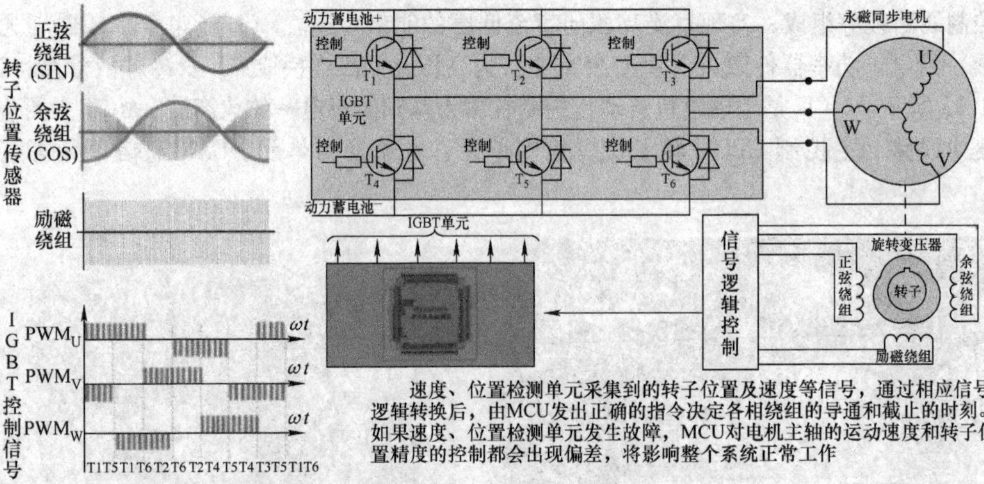

图 2-25　电磁式位置传感器（旋变）信号检测分析过程

（3）电流、电压检测单元

电流、电压检测单元的主要作用有以下两点：

1）将检测得到的实时电流作为电流调节的控制参量，在起动、低速运行和加速运行时进行电流调节和导通角度的限制。

2）监测功率变换线路，判断线路是否存在过电流、过电压、欠电压故障，以便进行过电流、过电压、欠电压保护和故障处理。

常用的电流、电压检测方法是通过电阻采样或霍尔采样。电阻采样功耗高，且检测灵敏度较低，此外对电流检测的线性度不好；而霍尔采样相对来说灵敏度更高，本身还有自保护功能，因而适用更广。本书只讲霍尔采样方法。

霍尔电流传感器基于磁平衡式霍尔原理，根据霍尔效应原理，从霍尔元件的控制电流端通入电流 I，并在霍尔元件平面的法线方向下施加磁感应强度为 B 的磁场，那么在垂直于电流和磁场方向（即霍尔输出端之间），将产生一个电势 U_H，称其为霍尔电势，其大小正比于控制电流 I 与磁感应强度 B 的乘积，如图 2-26 所示为霍尔效应原理。

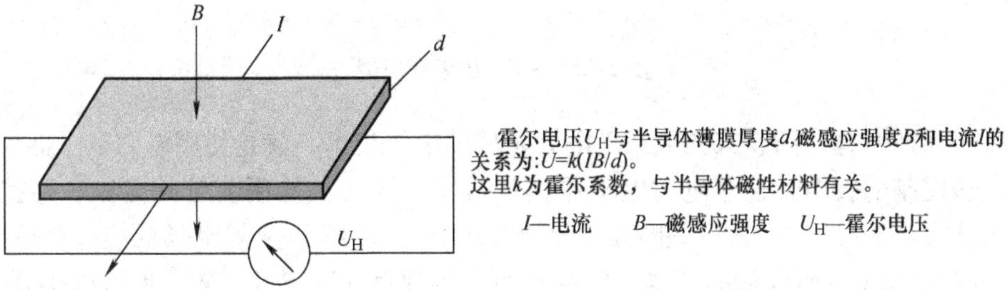
B
I
d
U_H
霍尔电压U_H与半导体薄膜厚度d,磁感应强度B和电流I的关系为:$U=k(IB/d)$。
这里k为霍尔系数，与半导体磁性材料有关。
I—电流　B—磁感应强度　U_H—霍尔电压

图 2-26　霍尔效应原理

如图 2-27 所示为霍尔电流传感器工作原理示意图，当主回路有一电流通过时，在导线上产生的磁场被磁环聚集并感应到霍尔器件上，所产生的信号输出用于驱动功率晶体管并使其导通，从而获得一个补偿电流 I_s，这一电流再通过多匝绕组产生磁场，该磁场与被测电流 I_p 产生的磁场正好相反，因而补偿了原来的磁场，使霍尔器件的输出逐渐减小；当与 I_p 与匝数相乘所产生的磁场相等时，I_s 不再增加，这时的霍尔器件起到指示零磁通的作用，此时可以通过 I_s 来测试 I_p；当 I_p 变化时，平衡受到破坏，霍尔器件有信号输出，即重复上述过程重新达到平衡。被测电流的任何变化都会破坏这一平衡，一旦磁场失去平衡，霍尔器件就有信号输出，经功率放大后，立即就有相应的电流流过次级绕组以对失衡的磁场进行补偿。从磁场失衡到再次平衡，所需的时间理论上不到 1μs，这是一个动态平衡的过程。因此，从

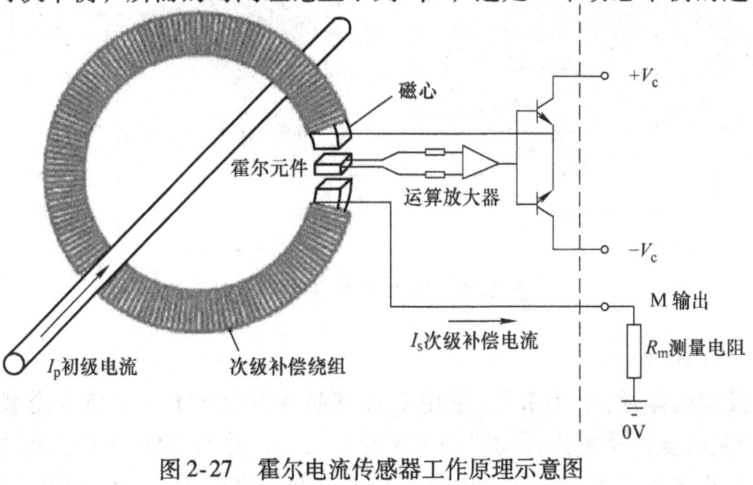

图 2-27　霍尔电流传感器工作原理示意图

宏观上看，次级的补偿电流安匝数在任何时间都与初级被测电流的安匝数相等。

（4）功率变换器

功率变换是指能有效地将直流供电电源的能量转换为负载所需要的交流电能能量，如图 2-28所示。

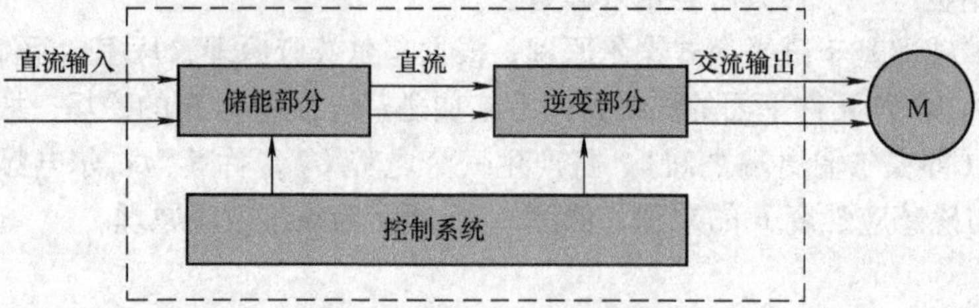

图 2-28　MCU 功率变换器

功率变换技术是一门新兴的应用于电力领域的电子技术，就是使用电力电子器件对电能进行变换和控制的技术，这些电力电子器件包括晶闸管（晶体闸流管的简称、又被称为可控硅整流器或可控硅)、门极可关断晶闸管（GTO)、(IGBT、金氧半场效应晶体管（MOS-FET)。功率变换技术所变换的“电力”功率可大到数百 MW 甚至 GW，也可以小到数 W 甚至 1W 以下，其中以 IGBT 使用较多，本书主要讲解的是以 IGBT 组成的功率变换单元。

功率变换器是连接电源和电机绕组的开关部件，通过它将电源能量送入电机，也可将电机内的磁场储能反馈回电源，其功率变换线路所用的开关部件有快速 IGBT 单元、续流二极管、散热板。如图 2-29 所示。

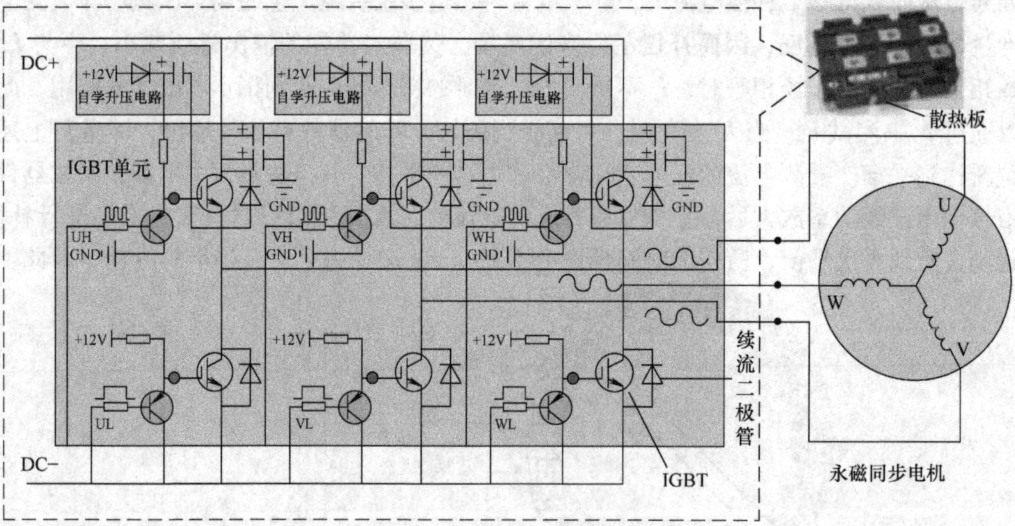

图 2-29　MCU 功率变换器结构

1）IGBT 和 IGBT 单元。

绝缘栅双极型晶体管，（IGBT）是由双极型晶体管（BJT）和绝缘栅型场效应晶体管（MOS）组成的复合全控型电压驱动式功率半导体器件，兼有 MOSFET 的高输入阻抗和 GTR 的低导通电压降两方面的优点。GTR 饱和压降低，载流密度大，但驱动电流较大；MOSFET

驱动功率很小，开关速度快，但导通电压降大，载流密度小。IGBT 正好综合了以上两种器件的优点，驱动功率小而饱和压降低。非常适合应用于直流电压为 600V 及以上的变流系统如交流电机、变频器、开关电源、照明线路、牵引传动等领域。

IGBT 单元是由 IGBT 芯片与续流二极管（FWD）芯片通过特定的线路桥接封装而成，封装后的 IGBT 单元直接应用于变频器、不间断电源（UPS）等设备上。

IGBT 单元具有节能、安装维修方便、散热稳定等特点。当前市场上销售的多为此类单元化产品，一般所说的 IGBT 也指 IGBT 单元。随着节能环保等理念的推进，此类产品在市场上将越来越多见，同时，IGBT 是能源变换与传输的核心器件，俗称电力电子装置的“CPU”，作为国家战略性新兴产业，在轨道交通、智能电网、航空航天、电动汽车与新能源装备等领域应用极广。如图 2-30 所示为 IGBT 和 IGBT 单元实物图。

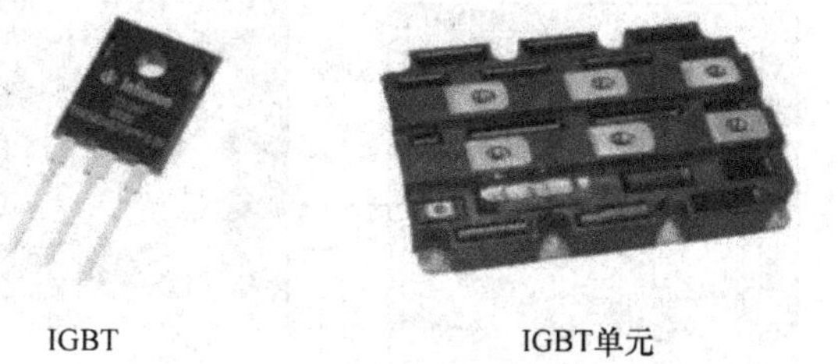

图 2-30 IGBT 和 IGBT 单元实物图

2）续流二极管。

续流二极管由于在线路中起到续流的作用而得名，如图 2-31 中圈示位置所示。一般选择快速恢复二极管或者肖特基二极管来作为续流二极管，它在线路中用来保护元件不被感应电压击穿或烧坏，以并联的方式连接到产生感应电动势的元件两端，并与其形成回路，使其产生的高电动势在回路以续电流方式消耗，从而起到保护线路中的元件不被损坏的作用。

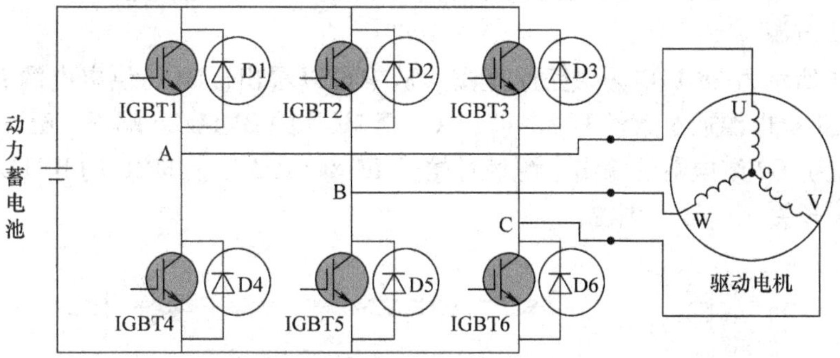

图 2-31 续流二极管线路结构图

大电感负载（电机绕组）在通过电流时，会在其两端产生感应电动势；而当电流消失时，其感应电动势会对线路中的元件产生反向电压，当反向电压高于元件的反向击穿电压时，会对晶体管、晶闸管、IGBT 等元件造成损坏。

续流二极管并联在大电感负载（电机绕组）的两端，所以这些反向电压通过在续流二极管和绕组构成的回路做功，将电压（电流）消耗掉，从而保护了线路中的其他元件的安全。

其中在电机控制线路中，续流二极管还作为整流二极管使用，将电机输出的交流电整流为直流电，输送至动力蓄电池，为动力蓄电池充电。

（5）通信单元

MCU 根据转矩需求信号（加速踏板位置传感器）、制动开关（踏板）信号、前进（前进档）、倒车（倒车档）、电机转速（旋变）、电机转子位置（旋变）、电机温度等信号控制电机转速、电机旋转方向，同时发出冷却系统启动请求、故障保护请求（过电流、过电压、高温等）等，控制结构如图 2-32 所示。

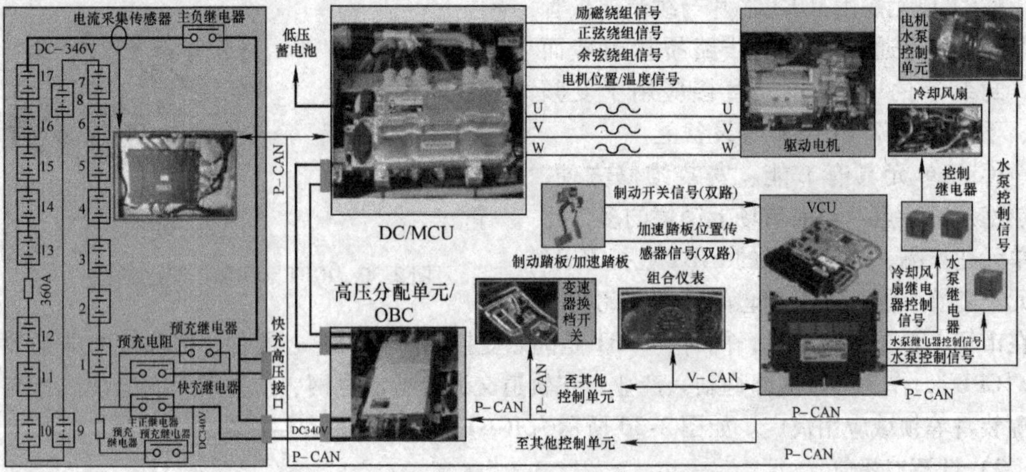

图 2-32 驱动电机整车控制结构

在电动汽车整车管理网络中，VCU 是信号控制的中心，负责信号的组织与传输、网络状态的监控、网络节点的管理、信号优先权的动态分配以及网络故障的诊断与处理等功能。通过 CAN 总线协调 BMS、MCU、空调系统、车身防盗等单元相互通信。

（6）MCU 电源

如图 2-33 所示为 MCU 电源线路原理图，从中可以看出，MCU 供电电源有两路：一路为辅助蓄电池正极电源通过熔丝 EF32（7.5A）至 MCU 的 BV11/26 端子，给 MCU 提供常火电源；另一路为 IG2 继电器的输出电源通过熔丝 IF18（10A）至 MCU 的 BV11/25 端子，给 MCU 提供点火开关（信号）电源。

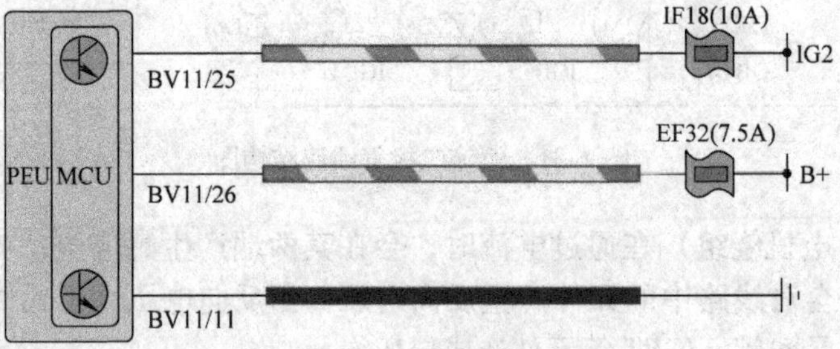

图 2-33 MCU 电源线路原理图

由于吉利 EV 系列整车控制电源的特殊需求，DC－DC 变换器/MCU 既要参与打开点火开关后的工作及 CAN 通信，还要满足车辆在点火开关关闭后充电时 DC－DC 变换器/MCU 工作及 CAN 通信需求，所以 MCU 的＋B 电源作用就是保证在这两个状态时 MCU 能正常启动及 CAN 通信，如果此＋B 电源出现故障，将导致 MCU 启动及 CAN 通信失败，致使整车高压上电失败。

（7）MCU 唤醒线路

车辆在充电过程中需要禁止车辆移动，连接充电枪后，OBC 启动充电模式并唤醒总线，VCU 唤醒并接收到启动充电模式后，需通过专用导线发送高电位至 DC - DC 变换器/MCU，MCU 接收到此信号后将起动驱动电机禁行模式，并通过 P - CAN 总线将禁行信号发送至 OBC 及 VCU，OBC 和 VCU 接收到此信号后才会起动充电模式。如果此禁行信号或禁行信号传输线路出现异常，将导致车辆无法充电，充电口红色故障指示灯被 OBC 激活点亮。如图 2-34 所示为 DC - DC 变换器/MCU 唤醒控制线路原理图。

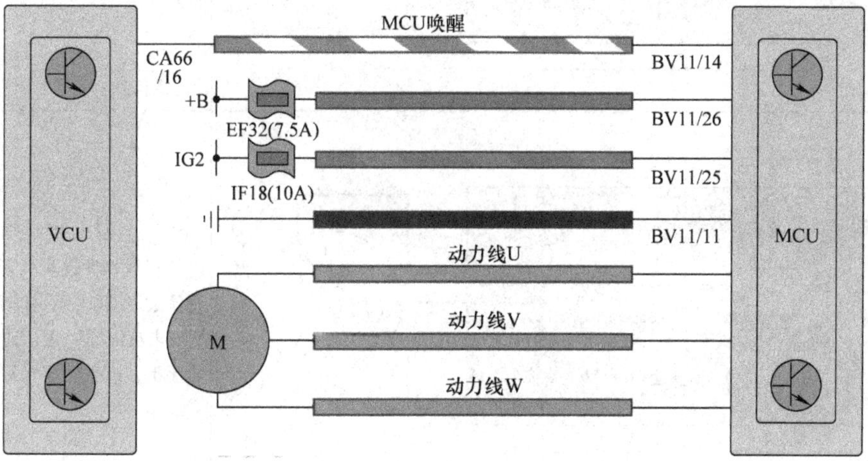

图 2-34 DC - DC 变换器/MCU 唤醒控制线路原理图

当打开点火开关至 ON 档或连接充电枪时，VCU 通过 CA66/16 端子输出 + B 信号至 MCU 的 BV11/14 端子，MCU 内部检测到此端子上的 + B 信号后，激活唤醒。此信号对于 MCU 有两个作用：

1）打开点火开关至 ON 档时，MCU 检测到此信号，同时通过 BV11/25 端子检测到点火开关的 IG 信号，MCU 判定点火开关已打开，车辆进入起动运行状态信号，MCU 进入车辆起动运行模式。

2）连接充电枪至车辆充电口，OBC 和 VCU 启动充电模式，VCU 通过 CA66/16 端子输出 + B 电压信号，MCU 检测此信号，但此时由于点火开关关闭，MCU 端子 BV11/25 电压为 0，MCU 根据这两个信号判定此时点火开关没有打开，车辆进入充电模式，MCU 起动车辆禁止运行模式，车辆行驶功能限制。

2. MCU 的工作原理

（1）电机控制过程，见表 2-1

（2）调速、调矩原理

电机调速的任务是控制转速，转速通过转矩来改变，若能快速准确地控制转矩，就能很好地控制转速，因此调速的关键是转矩的控制。转矩与绕组中流过的电流及其作用位置有关，对电流的控制实际就是对转矩的控制。电流越大，电磁力矩就越密集，从而推动转矩变大，转矩变大了转速自然就变高了。

（3）驱动电机发电原理

表 2-1　驱动电机控制过程

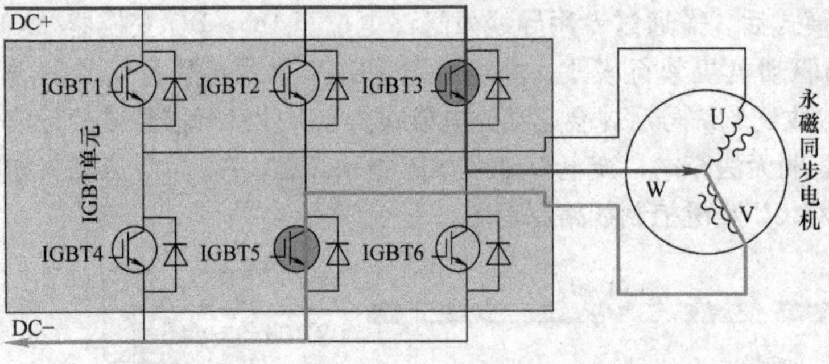	MCU 控制 IGBT3、IGBT5 工作。此时，电流流过 IGBT3 到达绕组 W，再流向绕组 V，通过 IGBT5 最后流出，产生转矩（W→V）
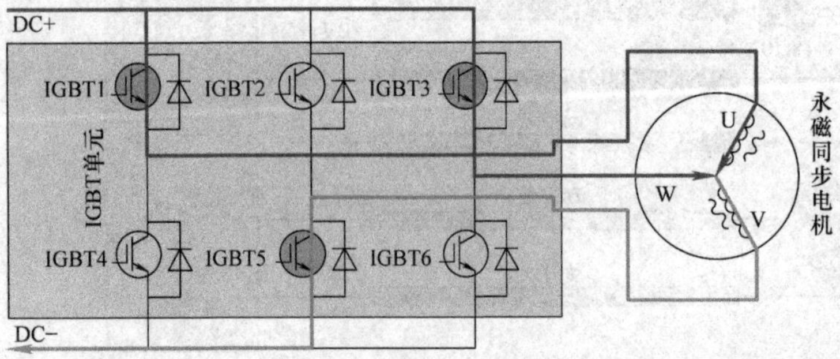	MCU 控制 IGBT1 开始工作，同时控制 IGBT3 逐步断开。此时，电流流过 IGBT1、IGBT3 到达绕组 U、W，再流向绕组 V，通过 IGBT5 最后流出，产生转矩（W、U→V）
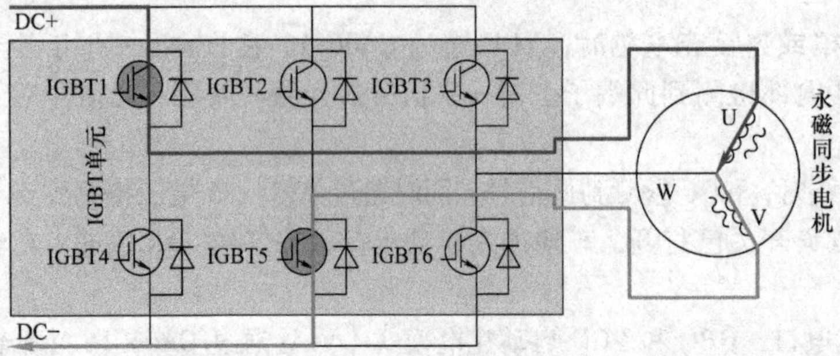	IGBT1 完全工作，IGBT3 完全断开。此时，电流流过 IGBT1 到达绕组 U，再流向绕组 V，通过 IGBT5 最后流出，产生转矩（U→V）
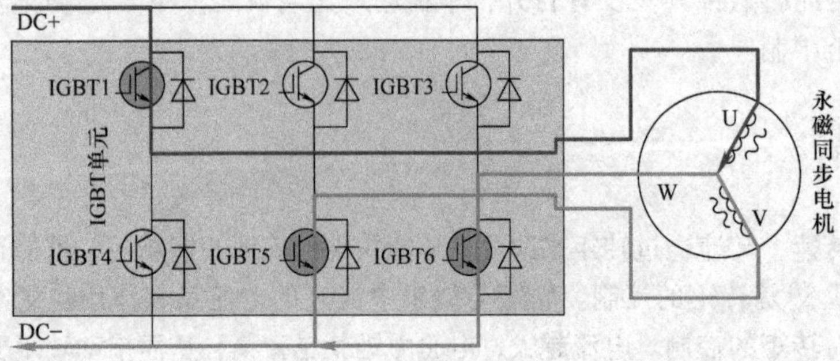	IGBT1 完全工作，MCU 控制 IGBT6 开始工作，同时控制 IGBT5 逐渐断开。此时，电流流过 IGBT1 到达绕组 U，再流向绕组 V、W，通过 IGBT5、IGBT6 最后流出，产生转矩（U→V、W）

（续）

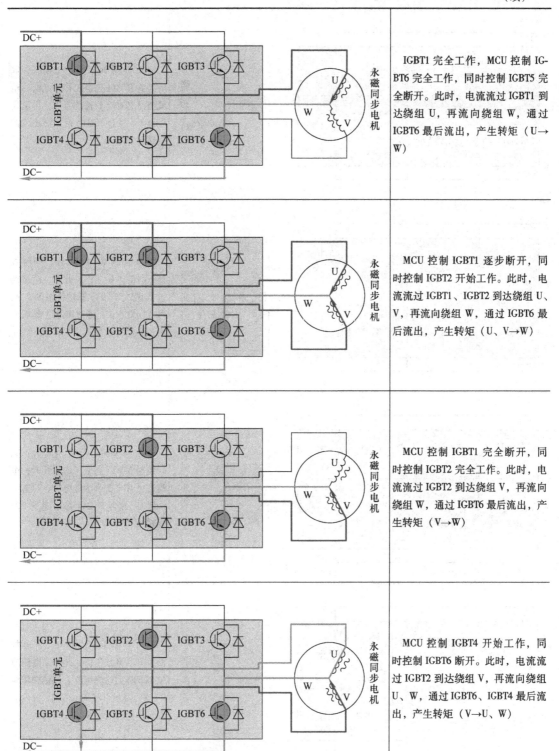

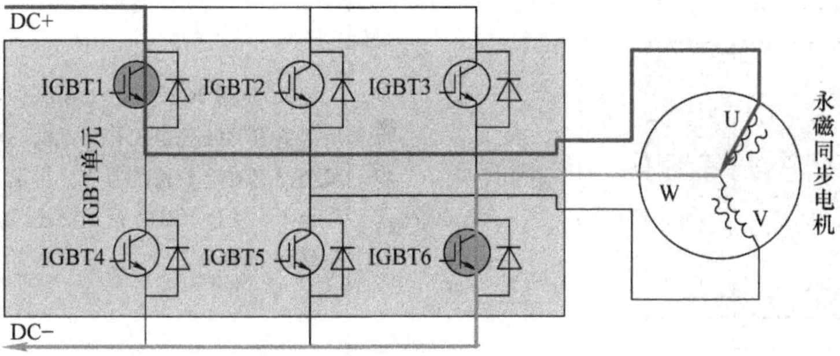	IGBT1 完全工作，MCU 控制 IGBT6 完全工作，同时控制 IGBT5 完全断开。此时，电流流过 IGBT1 到达绕组 U，再流向绕组 W，通过 IGBT6 最后流出，产生转矩（U→W）
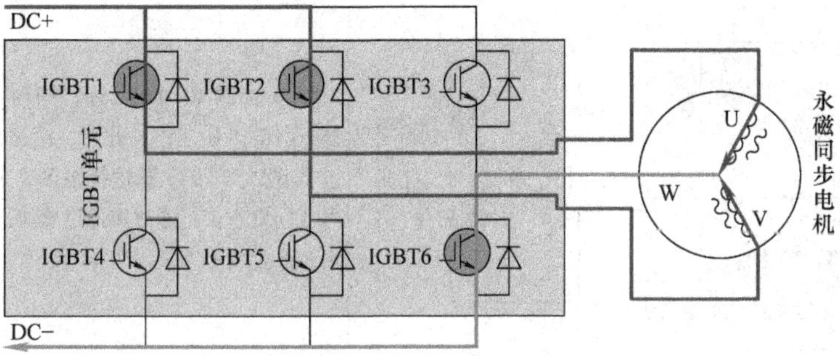	MCU 控制 IGBT1 逐步断开，同时控制 IGBT2 开始工作。此时，电流流过 IGBT1、IGBT2 到达绕组 U、V，再流向绕组 W，通过 IGBT6 最后流出，产生转矩（U、V→W）
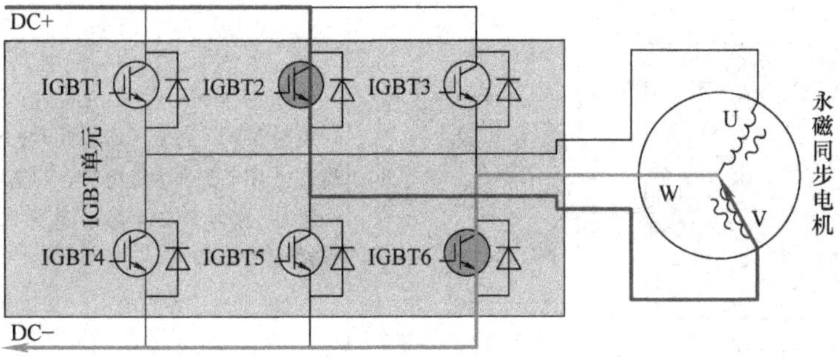	MCU 控制 IGBT1 完全断开，同时控制 IGBT2 完全工作。此时，电流流过 IGBT2 到达绕组 V，再流向绕组 W，通过 IGBT6 最后流出，产生转矩（V→W）
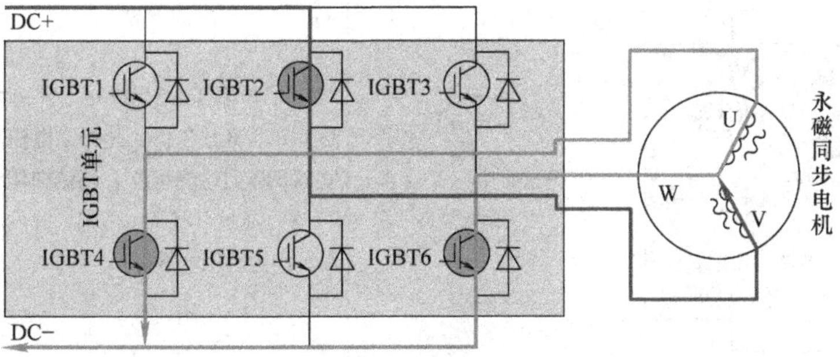	MCU 控制 IGBT4 开始工作，同时控制 IGBT6 断开。此时，电流流过 IGBT2 到达绕组 V，再流向绕组 U、W，通过 IGBT6、IGBT4 最后流出，产生转矩（V→U、W）

（续）

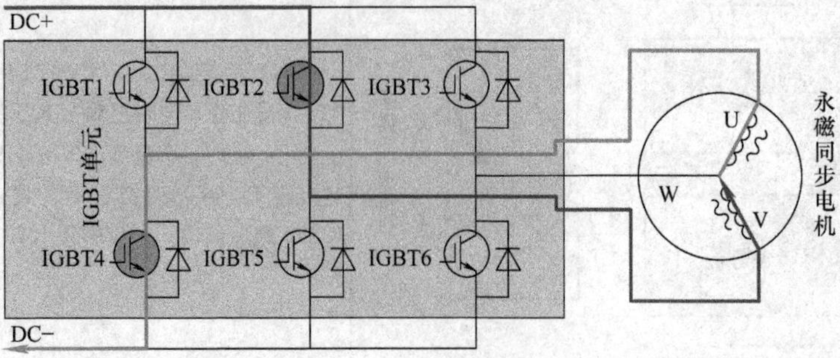	MCU 控制 IGBT6 完全断开，同时控制 IGBT4 完全工作。此时，电流流过 IGBT2 到达绕组 V，再流向绕组 U，通过 IGBT4 最后流出，产生转矩（V→U）
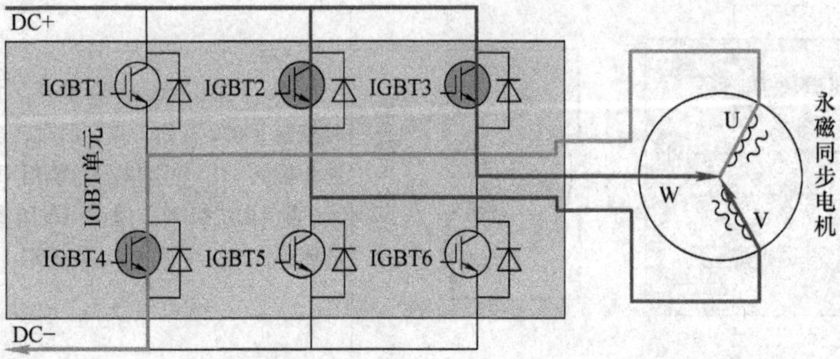	MCU 控制 IGBT2 断开，同时控制 IGBT3 开始工作，此时，电流流过 IGBT2、IGBT3 到达绕组 W、V，再流向绕组 U，通过 IGBT4 最后流出，产生转矩（W、V→U）
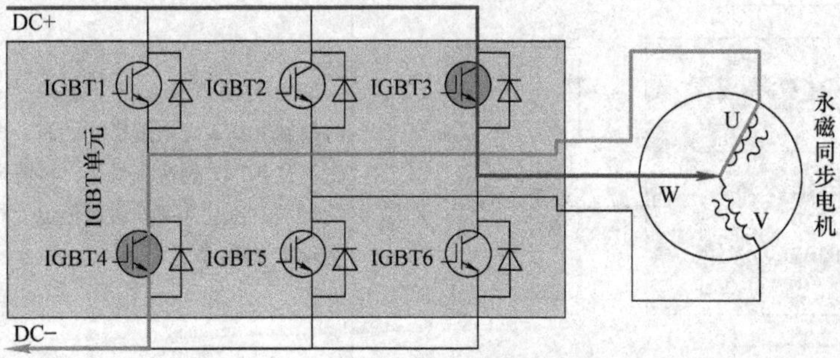	MCU 控制 IGBT2 完全断开，同时控制 IGBT3 完全工作。此时，电流流过 IGBT3 到达绕组 W，再流向绕组 U，通过 IGBT4 最后流出，产生转矩（W→U）
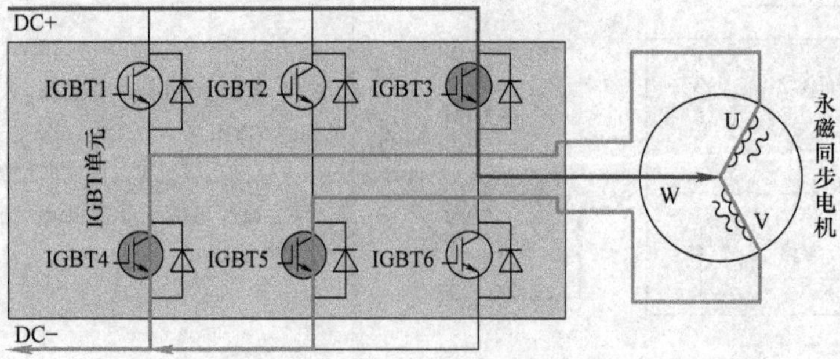	MCU 控制 IGBT4 断开，同时控制 IGBT5 开始工作。此时，电流流过 IGBT3 到达绕组 W，再流向绕组 U、V，通过 IGBT4、IGBT5 最后流出，产生转矩（W→U、V）

（续）

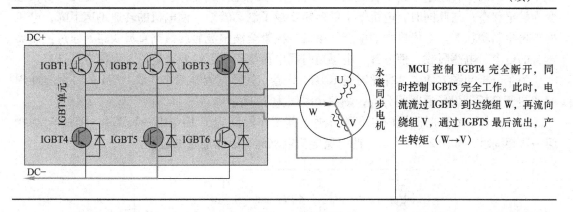

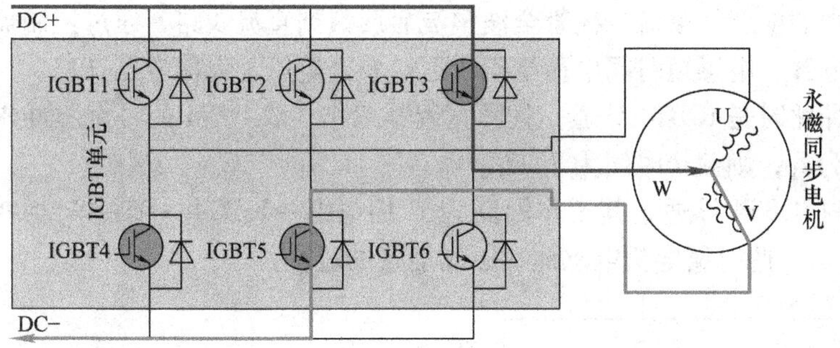	MCU 控制 IGBT4 完全断开，同时控制 IGBT5 完全工作。此时，电流流过 IGBT3 到达绕组 W，再流向绕组 V，通过 IGBT5 最后流出，产生转矩（W→V）

在发电状态时，利用主控板的控制信号将功率主线路上半桥的 IGBT1、IGBT2、IGBT3 全关闭，而下半桥的 IGBT4、IGBT5、IGBT6 分别按一定规律进行 PWM 控制，这样，因上半桥续流二极管的存在，其等效线路似同一个半控整流线路，如图 2-35 所示。

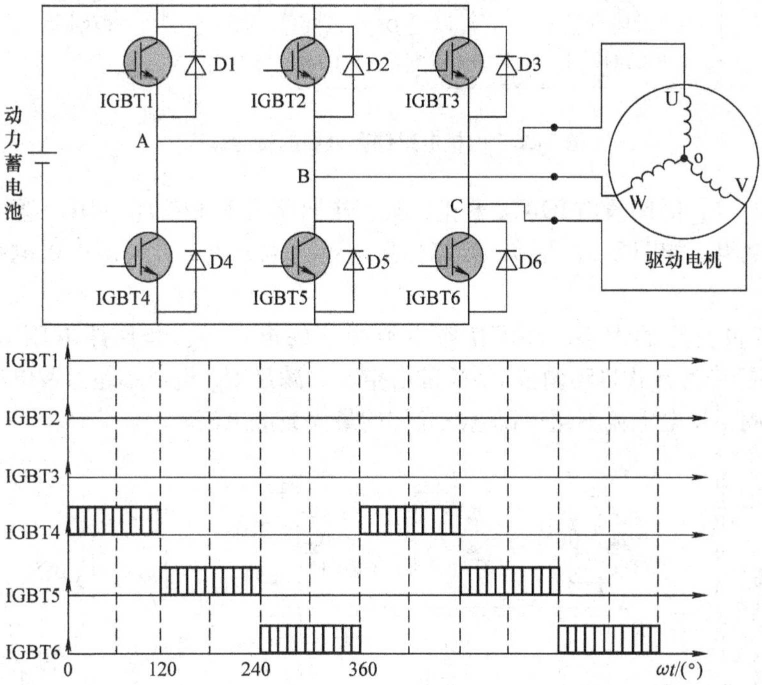

图 2-35　电机发电过程

另外，因电动汽车的电源是蓄电池，电机在进入发电工作时，其发电电压必须高于蓄电池电压才能给蓄电池供电，所以发电运行的控制方法是采用半控整流的 PWM 升压工作原理，即产生泵升电压，当泵升电压高于蓄电池的端电压时就能充电，这一过程全部由 MCU 控制。

在驱动电机控制过程中，电机的降速和停机是通过逐渐减小频率来实现的，在频率减小的瞬间，电机的同步转速随之下降，而由于机械惯性（车辆惯性）的原因，电机的转子转速未变，当同步转速小于转子转速时，转子电流的相位几乎改变了180°，电机从电动状态变为发电状态；与此同时，电机轴上的转矩变成了制动转矩，使电机的转速迅速下降，电机处于再生制动状态。电机再生的电能经续流二极管全波整流后反馈到直流线路，通过控制器本身的电容、电感吸收，使电容、电感短时间电荷堆积，形成泵升电压，促使电压升高。

为了分析问题方便，选择此时是IGBT4导通，且脉宽调制工作，取PWM的一个脉冲周期T进行分析，设导通时间为t_1，则截止时间为$T-t_1$。

1）在【0，t_1】时间段内IGBT4导通，其工作回路为U相绕组→IGBT4→D5→W相绕组→U相绕组，如图2-36所示，此时属电机电感储存磁场能量的过程。

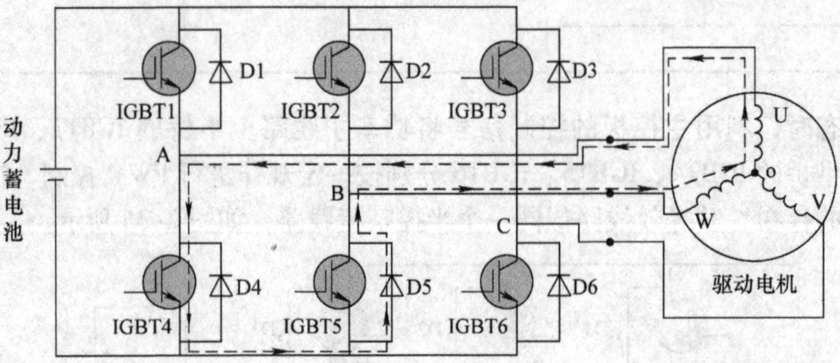

图2-36　电机电感储存磁场能量的过程

2）在【t_1，T】时间段内IGBT4截止，其工作回路为U相绕组→D1→蓄电池→D5→W相绕组→U相绕组，如图2-37所示，续流作用向蓄电池充电，此时属电机电感释放磁场能量的过程。

控制PWM占空比的大小，即可使蓄电池两端的电压$U_{AB} \geqslant$回路电压U_d。当然，在MCU中以闭环控制的方式自动调整PWM的占空比，满足U_{AB}电压不超过蓄电池允许的最高充电电压，并满足发电电流不超过蓄电池允许的最大充电电流。

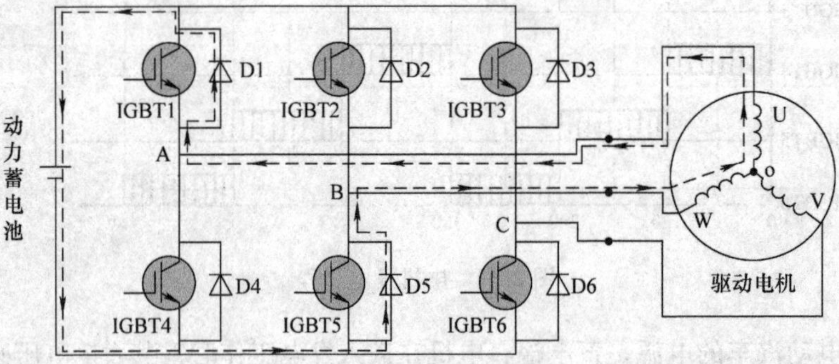

图2-37　电机电感释放磁场能量的过程

3. MCU功能

根据车辆运行的不同情况，包括档位、车速、动力蓄电池SOC值、加速踏板位置传感器、制动开关、温度等值来决定电机输出转矩、功率及旋转方向，同时根据辅助电气信号及充电状态信号来控制车辆运行。主要控制功能如下：

（1）参与高压上电控制

驱动电机及控制器是整车高压用电的主要设备，其安全性尤为重要，在整车高压上电过程中，VCU 必须查询及接收到驱动电机及控制器性能正常的信号后，才会对高压上电进行控制。

如果驱动电机及控制器性能异常，VCU 将启动保护功能，停止高压上电流程，防止事故发生。

（2）换档控制

档位管理关系到驾驶人的安全，正确理解驾驶人意图，以及正确识别车辆的档位，在基于模型开发的档位管理单元中得到很好的优化。能在出现故障时做出相应处理保证整车安全，在驾驶人出现档位误操作时通过仪表等提示驾驶人，使驾驶人能迅速纠正。如图 2-38 所示为换档控制结构图。

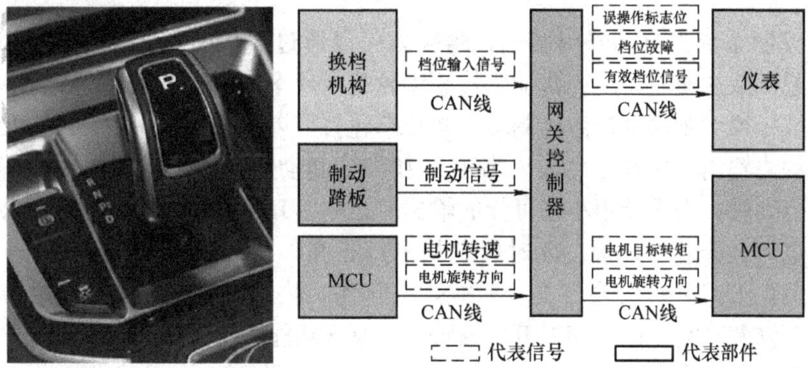

图 2-38　换档控制结构图

（3）驾驶人意图解析

MCU 对驾驶人操作信号及控制命令进行分析处理，也就是将驾驶人的节气门信号和制动信号根据某种规则转化成驱动电机的需求转矩命令。因而驱动电机对驾驶人操作的响应性能完全取决于整车控制的加速踏板信号解析结果，这直接影响驾驶人的控制效果和操作感觉。

当驾驶人踩下加速踏板或制动踏板时，驱动电机则要输出一定的驱动功率或再生制动功率。踏板开度越大，驱动电机的输出功率越大。因此，MCU 要合理解析驾驶人操作，接收整车各子系统的反馈信号，为驾驶人提供决策反馈；对整车各子系统发送控制指令，以实现车辆的正常行驶。如图 2-39 所示为逻辑控制结构图。

（4）驱动控制

根据驾驶人对车辆的操纵输入（加速踏板、制动踏板以及选档开关）、车辆状态、道路及环境状况，经分析和处理，向 MCU 发出相应的指令，控制电机的驱动转矩来驱动车辆，以满足驾驶人对车辆的动力性要求；同时根据车辆状态，向 MCU 发出相应指令，保证车辆的安全性、舒适性。

牵引力控制系统能够识别车辆起步或者加速过程中的驱动轮打滑趋势，通过干预动力管理控制或者施加车轮制动，控制车轮滑转率，保证车辆的驱动稳定性和舒适性。

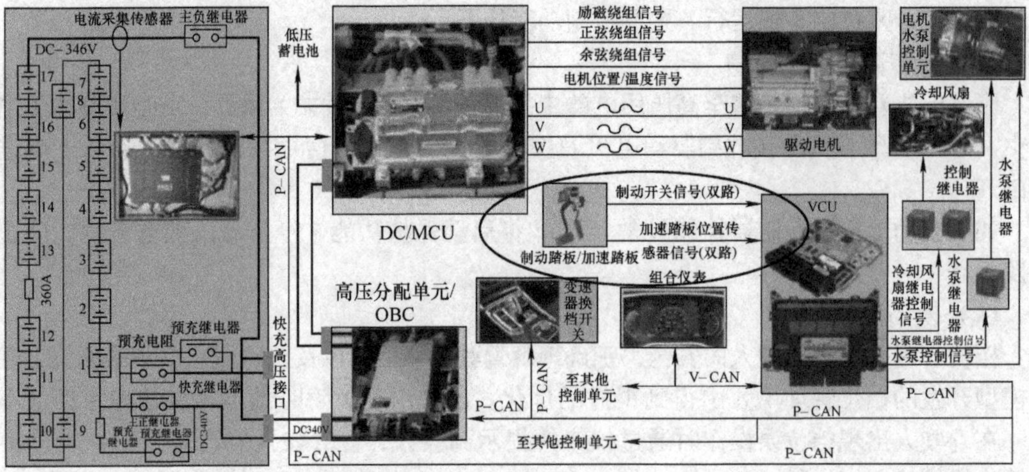

图 2-39　逻辑控制结构图

牵引力控制系统为自动开启状态，驾驶人可以通过面板上的 ESC OFF 开关进行关闭。功能开启，起动或加速时，系统自动监控驱动轮的滑转率，超过设定值范围时，系统通过降低动力输出转矩或对车轮进行液压制动，防止车轮打滑以致侧向附着力降低；低于设定值范围时，增加动力输出（不高于驾驶人需求）和降低制动力矩；系统监测到故障时，TCS 会立即关闭；当驾驶人需求转矩小于可能的输出转矩时，TCS 对动力输出的干预会立即停止。

系统上电时，会进行自检，此时仪表指示灯长亮，几秒后若无故障则熄灭；TCS 失效时，仪表上黄色 ESC 故障灯会点亮，若故障不排除，故障灯会一直点亮。故障排除后，在下一点火循环恢复功能。ESC OFF 开关被按下，TCS 功能关闭，仪表上 ESC OFF 灯长亮。

（5）上坡辅助功能控制

纯电动汽车在坡上起步时，驾驶人从松开制动踏板到踩下加速踏板过程中，会出现整车向后溜车的现象。在坡上行驶过程中，如果驾驶人踩加速踏板的深度不够，整车会出现车速逐渐降到零，然后向后溜车现象。为了防止纯电动汽车在坡上起步和运行时向后溜车现象，在整车控制策略中增加了上坡辅助功能。上坡辅助功能可以保证整车在坡上起步时，向后溜车小于 10cm；在整车坡上运行过程中如果动力不足时，整车车速会慢慢降到零，然后保持零车速，不再向后溜车。

（6）制动能量回收控制

MCU 根据加速踏板和制动踏板的开度、车辆行驶状态信号以及动力蓄电池的状态信号（如 SOC 值）来判断某一时刻能否进行制动能量回收，在满足安全性能、制动性能以及驾驶人舒适性的前提下回收部分能量。

（7）车辆状态实时监测和显示

MCU 应该对车辆的运行状态进行实时检测，并且将系统的信号发送给车载信号显示系统（组合仪表），其过程是通过传感器和 CAN 总线，最终将状态信号和故障诊断信号通过车载信号显示系统（组合仪表）显示出来。

（8）行车控制分级

根据车辆状态信号，确定车辆运行模式，主要包括正常模式、跛行模式和停机保护模式。

（9）热管理控制

驱动电机转子高速旋转会产生高温，热量通过机体传递，如果不加以降温，驱动电机无法正常工作，所以驱动电机机体内设置有冷却液道，通过冷却液的循环与外界进行热交换。这样能将驱动电机的工作温度保持在一定范围内，防止驱动电机过热。

（10）DC－DC 变换器

DC－DC 变换器在电动汽车上将动力蓄电池的高压直流电转换为整车低压 12V 直流电，给整车低压用电系统供电及铅酸蓄电池充电。如图 2-40 所示为吉利 EV 系列 DC－DC 变换器结构，其主要结构由输出、主控制、功率线路 IGBT 组成。

DC－DC 变换器工作原理如图 2-41 所示，当开关闭合时，加在电感两端的电压为（V_i-V_o），此时电感由电压（V_i-V_o）励磁，电感增加的磁通为（V_i-V_o）T_{on}。

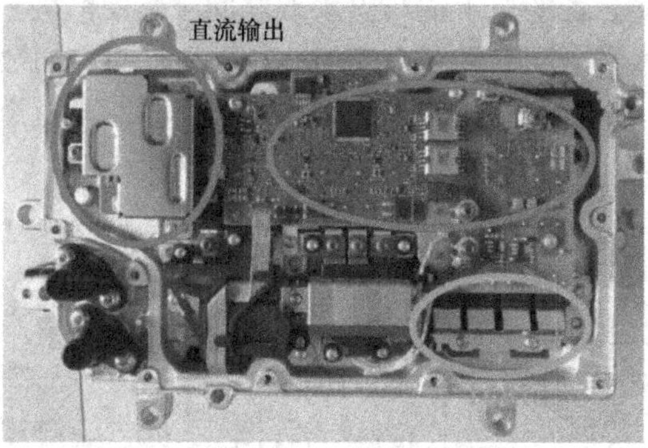

图 2-40　DC－DC 变换器结构

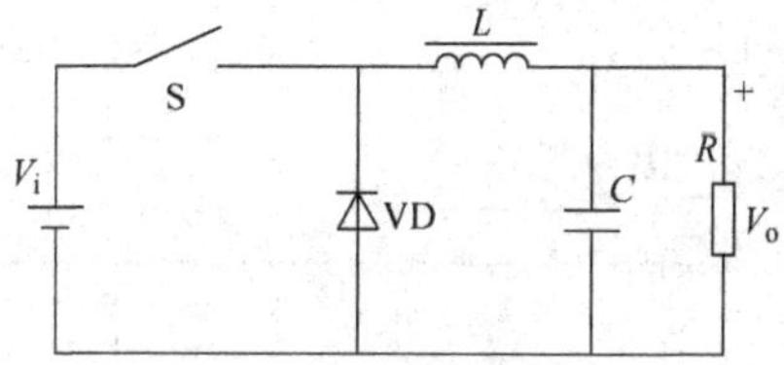

图 2-41　DC－DC 变换器工作原理

当开关断开时，由于输出电流的连续，二极管 VD 变为导通，电感削磁，电感减少的磁通为 V_oT_{off}。

当开关闭合与开关断开的状态达到平衡时，$(V_i-V_o)T_{on}=V_oT_{off}$，由于开关 S 占空比 $D<1$，所以 $V_i>V_o$，实现降电压功能。

说明：T_{on}为开关 S 闭合时间，T_{off}为开关 S 断开时间。

DC－DC 变换器工作过程是将原直流电通过调整其 PWM 来控制输出的有效电压的大小。线路由开关 S（实际线路中为晶体管或者场效应晶体管）、续流二极管 VD、储能电感 L 及滤波电容 C 等构成。

当开关闭合时，电源通过开关 S、电感 L 给负载供电，并将部分电能储存在电感 L 以及电容 C 中。由于电感 L 的自感，在开关接通后，电流增大得比较缓慢，即输出不能立刻达到电源电压值。

一定时间后，开关断开，由于电感 L 的自感作用，将保持线路中的电流不变，即从左往右继续流。这电流流过负载，从地线返回，流到续流二极管 VD 的正极，经过二极管 VD，返回电感 L 的左端，从而形成了一个回路。

通过控制开关闭合跟断开的时间（即 PWM——脉冲宽度调制），就可以控制输出电压。

如果通过检测输出电压来控制开、关的时间，以保持输出电压不变，这就实现了稳压的目的。

新能源汽车 DC－DC 变换器工作流程：整车 ON 档上电或充电唤醒上电、动力蓄电池完成高压系统预充电流程、VCU 发给 DC－DC 变换器使能信号、DC－DC 变换器开始工作。

（11）冷却系统的控制

驱动电机和 MCU、DC－DC 变换器工作电流大，产热量大，同时系统处于封闭的空间，就会导致驱动电机和 MCU、DC－DC 变换器的温度上升，如果温度过高，将导致电机功率下降，电机绕组和 MCU、DC－DC 变换器内部 IGBT 烧毁，为了保证驱动电机和控制系统良好的工作性能车辆无法正常运行，因此，专门为电机和控制器提供了一套冷却系统及热管理系统，如图 2-42 所示为电动汽车驱动电机及控制器冷却系统示意图。

冷却系统的主要组成包括散热器、冷却液散热风扇、控制单元、温度传感器和水泵（电机）。冷却液风扇设置于散热器进风端。电动汽车的驱动电机、MCU 分别设置有散热器（板），散热器（板）分别通过管道串联于散热器的进水端与出水端之间，驱动电机、MCU 的散热器（板）上均设置有温度传感器。水泵分别串联于 MCU、OBC、驱动电机的散热器冷却液支路上，为 PWM 占空比可调速水泵。水泵和冷却风扇分别连接于 VCU，电机温度传感器连接 MCU。

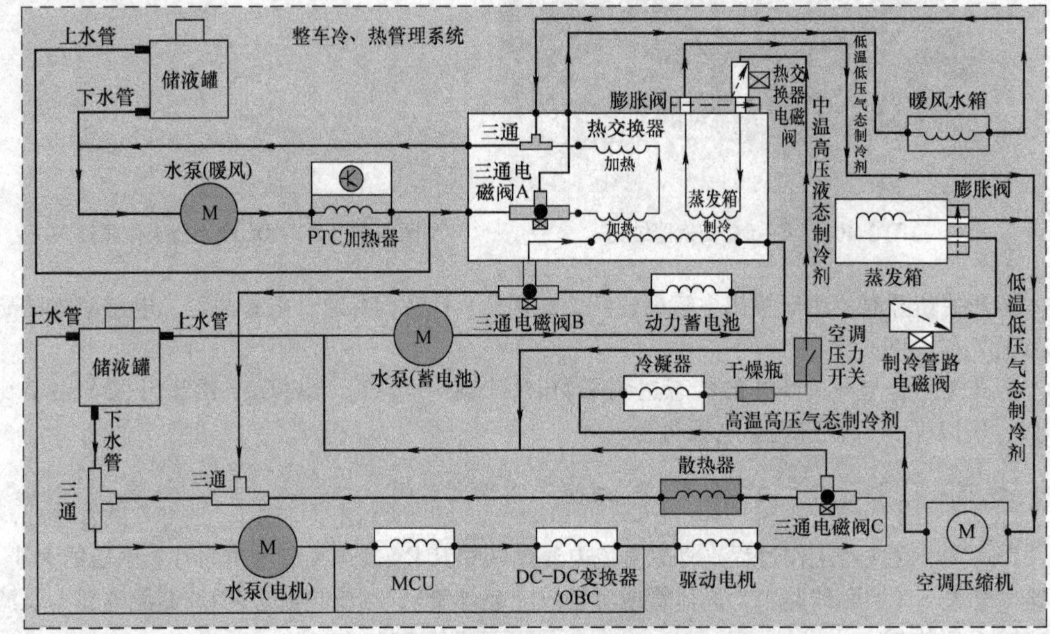

图 2-42　电动汽车驱动电机及控制器冷却系统示意图

风扇采用温控风扇策略，能够根据 IGBT 温度、驱动电机温度控制转速，当这些温度较低时，关闭冷却风扇以节约电能；当温度稍高时，以一个较低的风扇转速对散热器进行冷却；当温度高时，冷却风扇全速运行，以获得最大的散热量，维护散热系统的温度不过高。

第二节　MCU 常见故障的诊断与排除

一、任务描述

驱动电机系统常见的、稳定的故障现象有 2 种：

1）踩制动踏板，打开点火开关，车辆“READY”正常点亮，挂入 D 位或 R 位后，松开制动踏板，踩加速踏板，车辆无法运行（电机不运转或发出“吭吭”的声音）。

2）踩制动踏板，打开点火开关，车辆“READY”正常点亮，挂入 D 位或 R 位，松开制动踏板，踩加速踏板，车辆速度无法上升（电机功率受限）。

说明：此处只对驱动电机系统造成电机不运转和电机功率受限故障进行分析，驱动电机系统造成高压不上电现象此处不分析，以上现象默认高压系统已上电。

二、任务分析

要想完成以上故障的诊断与排除，需要具备以下知识和技能：

1. 相关知识

1）动力蓄电池的认知和检测。

2）动力蓄电池组的认知和检测。

3）BMS 的认知和检测。

4）VCU 的认知和检测。

5）MCU 的认知和检测。

6）车辆充电控制系统的认知和检测。

7）CAN 及 LIN 总线数据通信的认知和检测。

8）高压互锁线路结构和原理。

9）高压系统绝缘的监测和检测。

10）整车热管理系统的认知和检测。

2. 相关技能

1）绝缘防护以及隔离警示设备、用品的规范使用。

2）万用表、示波器、诊断仪器、绝缘表等常见设备的使用。

3）维修资料的查阅、线路原理图的识读和分析。

4）常见故障的诊断与排除。

5）5S 管理和操作。

三、故障分析

1. 初步分析

如图 2-43 所示为 MCU 线路原理图，从中可以看出，如果驱动电机、MCU、驱动线路或其关键信号输入出现故障，都将造成驱动电机无法正常运转，车辆无法正常行驶。

2. 故障验证

踩制动踏板数次后并保持，点火开关上的绿色指示灯应点亮；打开点火开关，仪表上的可运行指示“READY”灯应正常点亮，电量显示、档位显示及操作应正常，无闪烁，车辆模式指示灯 ECO 应点亮，外界温度数值显示应正常。在 5s 内主正、主负继电器应发出“咔哒”的正常工作声，制动踏板高度应降低，否则说明故障存在。

故障现象一：踩制动踏板数次并保持，点火开关上的绿色指示灯应点亮；打开点火开关后，仪表点亮正常，可运行指示“READY”灯正常点亮；但 VCU 故障指示灯点亮，仪表再

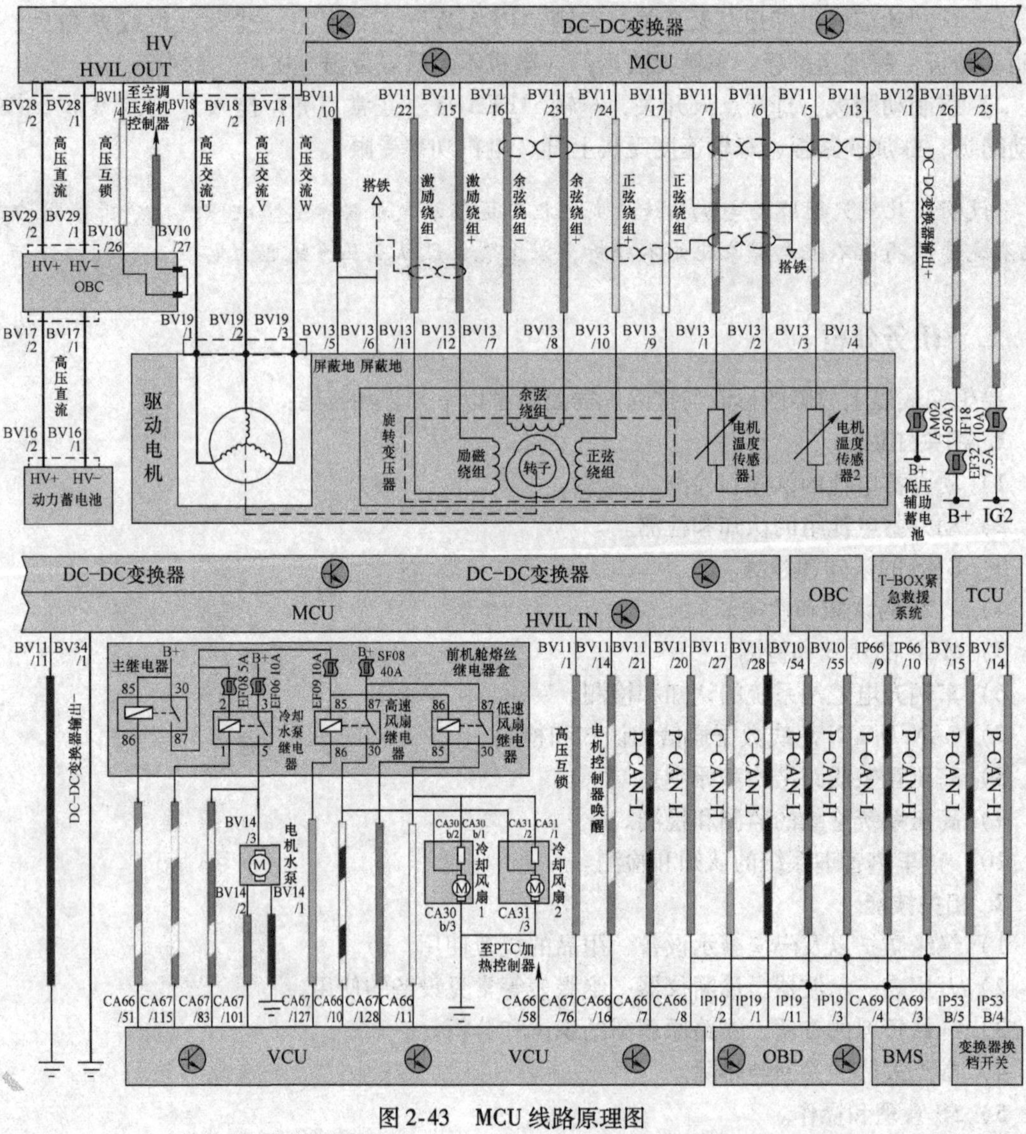

图 2-43　MCU 线路原理图

无其他信号显示；同时动力蓄电池主正、主负继电器正常动作，高压正常上电，制动踏板高度反应正常，此时可以将档位切换至 D 位。踩加速踏板，车辆 EPB 正常解锁，但此时车辆不运行，有时候感觉车辆蠕动了一下后马上停止。

结合以上现象分析，第一次打开点火开关后可以正常上电，说明动力系统 MCU、VCU、OBC、BMS 内数据信号、高压互锁、动力蓄电池状态、高压绝缘、DC - DC 控制、驱动电机控制 DC - DC 都检测正常，但此时 VCU 故障指示灯点亮，说明系统有故障，但该故障不影响高压上电；而在换档加速时车辆不运行，或者有时车辆蠕动了一下后马上停止，说明 MCU 已正常对驱动电机进行驱动，驱动电机开始运转，但无法持续，可能故障发生在驱动电机运转后，可能存在以下故障：

1）驱动电机高压（U、V、W）相线中缺一相。

2）驱动电机位置传感器余弦信号线路断路、虚接、短路故障。

3）驱动电机位置传感器正弦信号线路断路、虚接、短路异常。

由于驱动电机高压（U、V、W）三相出现故障的概率较少，所以首先需要检测和分析电机位置传感器的正弦和余弦位置信号。

注意：MCU在被点火信号唤醒后会进行自检，其中需要检测的项目里就包含电机位置传感器的励磁、正弦和余弦信号。如果励磁出现故障，正弦和余弦信号都将不会产生，MCU会同时检测不到正弦和余弦信号，此时会通过CAN总线发出MCU异常信号，整车高压禁止上电，这和当前的现象不符，所以不考虑。如果励磁正常，而正弦和余弦信号有一个异常，由于此时车辆静止，MCU可能检测不到存在的故障，因此不会影响车辆高压上电；但如果换档后车辆运行，MCU没有收到驱动电机运转时电机位置传感器返回的正弦或余弦位置信号，MCU就无法对驱动电机IGBT的导通时间进行控制，因此MCU进行驱动保护，车辆无法行驶，同时生成和存储故障代码。此时关闭点火开关后再次打开，MCU和VCU通过第一次电机驱动运行，已经确认正弦和余弦位置信号异常，且已生成故障代码，因此MCU和VCU在点火开关第二次打开后会启动保护功能，禁止高压上电。

故障现象二：踩制动踏板数次后并保持，打开点火开关后，仪表点亮正常，可运行指示“READY”灯无法正常点亮，动力蓄电池指示灯、整车系统故障指示灯点亮，仪表再无其他信号显示。同时动力蓄电池主正、主负继电器不动作，高压不上电，制动踏板高度没有降低，异常。此时档位只能从P位切换至N位，或是从N位切换至P位，而D位和R位无法进行切换。

结合以上现象，动力蓄电池故障指示灯未点亮，说明BMS电源、通信、内部自检正常；而VCU、MCU、ABS、高压互锁、高压绝缘等属于VCU监测范畴，这些系统故障都能导致VCU故障指示灯点亮；此时仪表上其他系统没有显示故障信号及指示灯，说明其他系统通信。所以导致这一故障的只可能为VCU检测到严重故障代码或安全异常信号，才导致VCU禁止上高压、DC-DC变换器禁止启动、仪表上动力蓄电池指示灯点亮。因此，单就MCU而言，导致这一现象的主要原因为：

1）高压互锁信号线路断路、虚接、短路故障。

2）驱动电机旋变励磁信号线路断路、虚接、短路异常。

3）驱动电机温度传感器信号线路断路、虚接、短路异常。

4）主继电器ER05自身、电源、控制线路断路、虚接、短路故障。

5）继电器ER05输出至VCU间的供电线路同时出现断路、虚接、短路故障。

6）主继电器ER05输出至VCU间的反馈线路断路、虚接、短路故障。

故障现象三：踩制动踏板数次后并保持，打开点火开关后，仪表点亮正常，可运行指示“READY”灯无法正常点亮，动力蓄电池指示灯、整车系统故障指示灯点亮，此时右侧故障提醒警告灯、EPB故障警告灯、减速器故障指示灯也点亮。同时动力蓄电池主正、主负继电器不动作，制动踏板高度没有降低，高压不上电。此时档位只能从P位切换至N位，或是从N位切换至P位，而D位和R位无法切换。

结合以上现象，动力蓄电池故障指示灯未点亮，说明BMS电源、通信、内部自检正常，而VCU、MCU、ABS、高压互锁、高压绝缘等属于整车系统检测和控制范畴，如果系统出现异常，都会导致整车系统故障指示灯点亮。此时右侧故障提醒警告灯、EPB故障警告灯、减速器故障指示灯也点亮，说明驱动系统有故障，其中驱动系统包含驱动电机及 MCU、TCU、ABS、ESC、EPB、电子变速杆。如果 TCU、ABS、ESC、EPB、电子变速杆出现故障，将严重影响行车安全，结合车辆控制逻辑，车辆将禁止切换任何档位，同时保持 P 位，EPB 不会解锁。而此时档位可以切换至 N 位或 P 位，只是无法切换至 D 位或 R 位，说明 TCU、ABS、ESC、EPB、电子变速杆正常，故障应该为 MCU 故障，造成仪表上代表驱动系统的故障提醒警告灯、EPB 故障警告灯、减速器故障指示灯也点亮，同时导致 VCU、BMS 禁止上高压，DC－DC 变换器禁止启动，同时仪表上蓄电池指示点亮，制动真空泵没有起动工作。因此，导致这一现象的则可能由于以下一项或多项造成：

1）MCU 电源线路断路、虚接、短路故障。

2）MCU 的 P－CAN 通信线路断路、虚接、短路故障。

3）MCU 自身故障。

故障现象四：车辆正常上电后，踩下制动踏板，换入 D 位，仪表上 D 位指示灯正常点亮；但松开制动踏板，踩加速踏板，EPB 不解锁，车辆无法行驶。有关该故障的分析和诊断请参考本书第一章内容。

四、DTC 分析

现在汽车一般都具有自诊断功能，即使通过故障现象可以明确故障范围，但也最好首先读取故障记忆，因为这特别有利于快速发现故障。如果有故障代码，应清楚故障代码的定义和生成的条件，并基于此展开诊断和故障检修；如果没有故障代码，则基于系统的结构与工作原理进行系统诊断。

连接诊断仪器，扫描 MCU，读取故障代码，实测过程中会遇到三种情况：

1）诊断仪器可以正常和 MCU 通信，但系统没有故障记忆，这种情况下只能根据故障现象，按照无故障代码的诊断方法进行诊断。

2）诊断仪器可以正常和 MCU 通信，并可以读取到系统中所存储的故障代码，此时应结合故障代码信号进行维修。

3）在打开点火开关后操作诊断仪器，诊断仪器不能正常和 MCU 通信，从而无法读取系统中所存储的故障代码。此时，应操作诊断仪器和其他控制单元进行通信，综合所有控制单元的通信状况来判定故障所在。如图 2-44 所示为诊断通信线路原理图，从中可以看出，诊断仪器通过连接线（或无线或蓝牙通信）、OBD－Ⅱ诊断接口、CAN 总线与 MCU 或其他控制单元进行通信。

4）如果诊断仪器无法进入车辆所有系统，则可能是诊断仪器、诊断连接线、无线或蓝牙通信、OBD－Ⅱ诊断接口、CAN 总线中的一个或多个出现故障；如果只是某个控制单元无法到达，则可能是该控制单元或其电源线路、相邻的 CAN 总线区间出现故障，如图 2-44 所示。

利用故障代码进行故障诊断时按以下步骤进行：

1）读取故障代码，查阅资料了解故障代码的定义和生成条件；

2）第二步则必须是验证故障代码的真实性，验证的方法也分两步：

① 通过清除故障代码、模仿故障工况运行车辆、再次读取故障代码；

② 通过数据流或在线测量值来判定故障真实性，并由此展开系统测量。

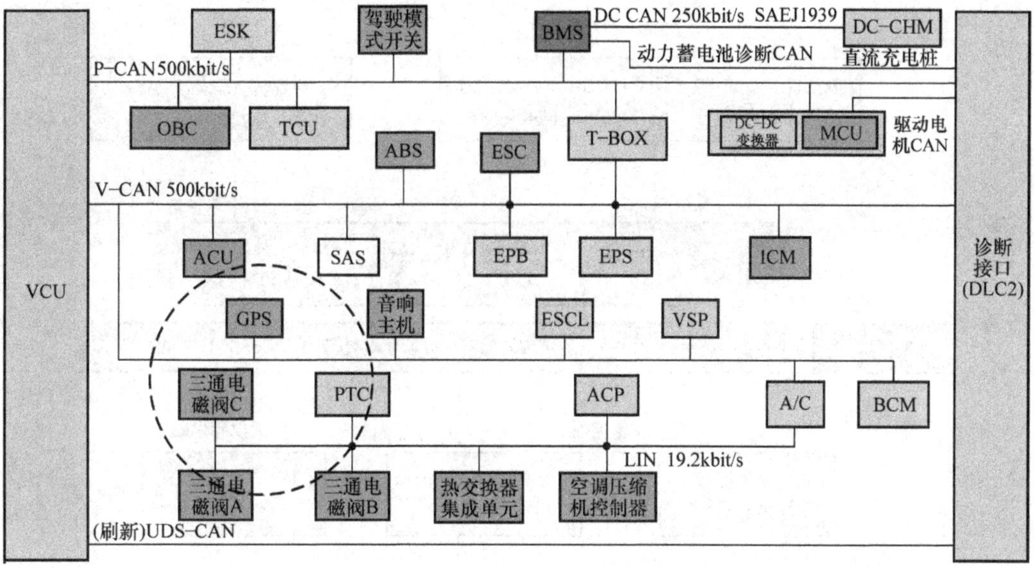

图 2-44　吉利 EV 系列诊断通信线路原理图

五、诊断流程

面对 MCU 无法正常运行的故障，诊断及处理失误将给企业和个人造成相当大的损失。正确的诊断及处理，不可能来自于盲目的主观臆断，而应该建立在获取与故障有关信号的基础上，依据 MCU、BMS、车载充电机等的工作原理以及控制结构，运用科学的分析方法，按照合理的步骤进行综合分析，去伪存真、舍次取主，排除故障“受害者”，找出故障“肇事者”，这才是提高故障诊断准确性的关键所在。为了便于分析，不至于被众多杂乱无章的信号扰乱思路，需要结合线路原理图，遵从以下流程进行诊断维修。MCU 运行异常的诊断流程，如图 2-45 所示。

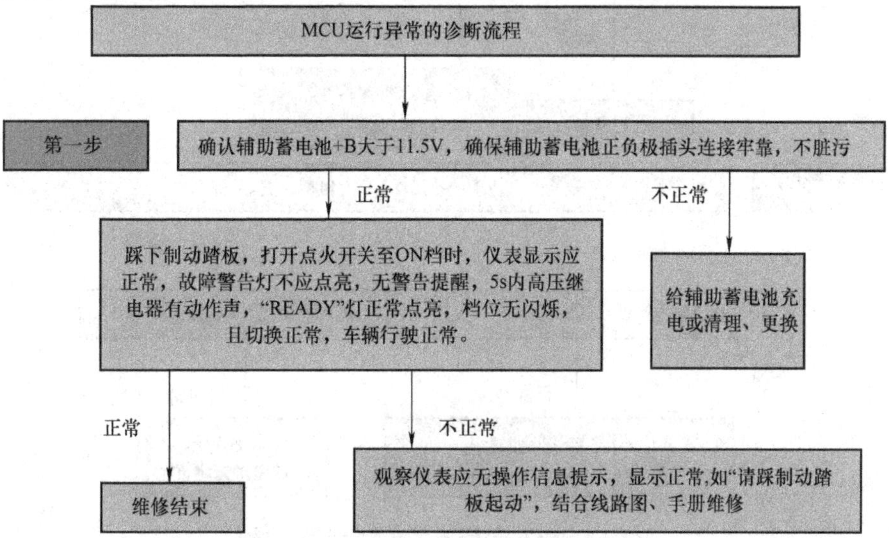

图 2-45　MCU 运行异常的诊断流程

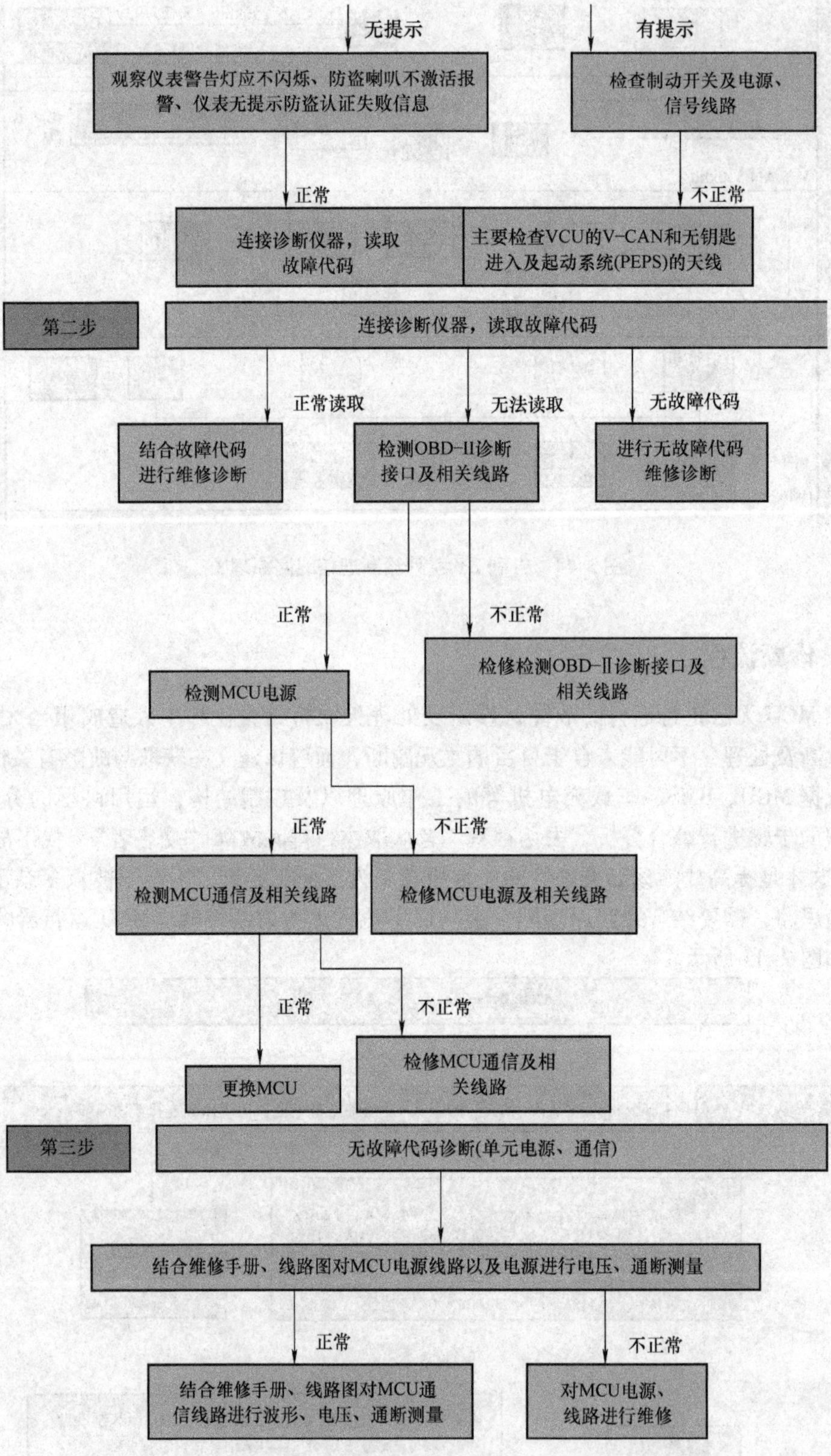

图 2-45　MCU 运行异常的诊断流程（续）

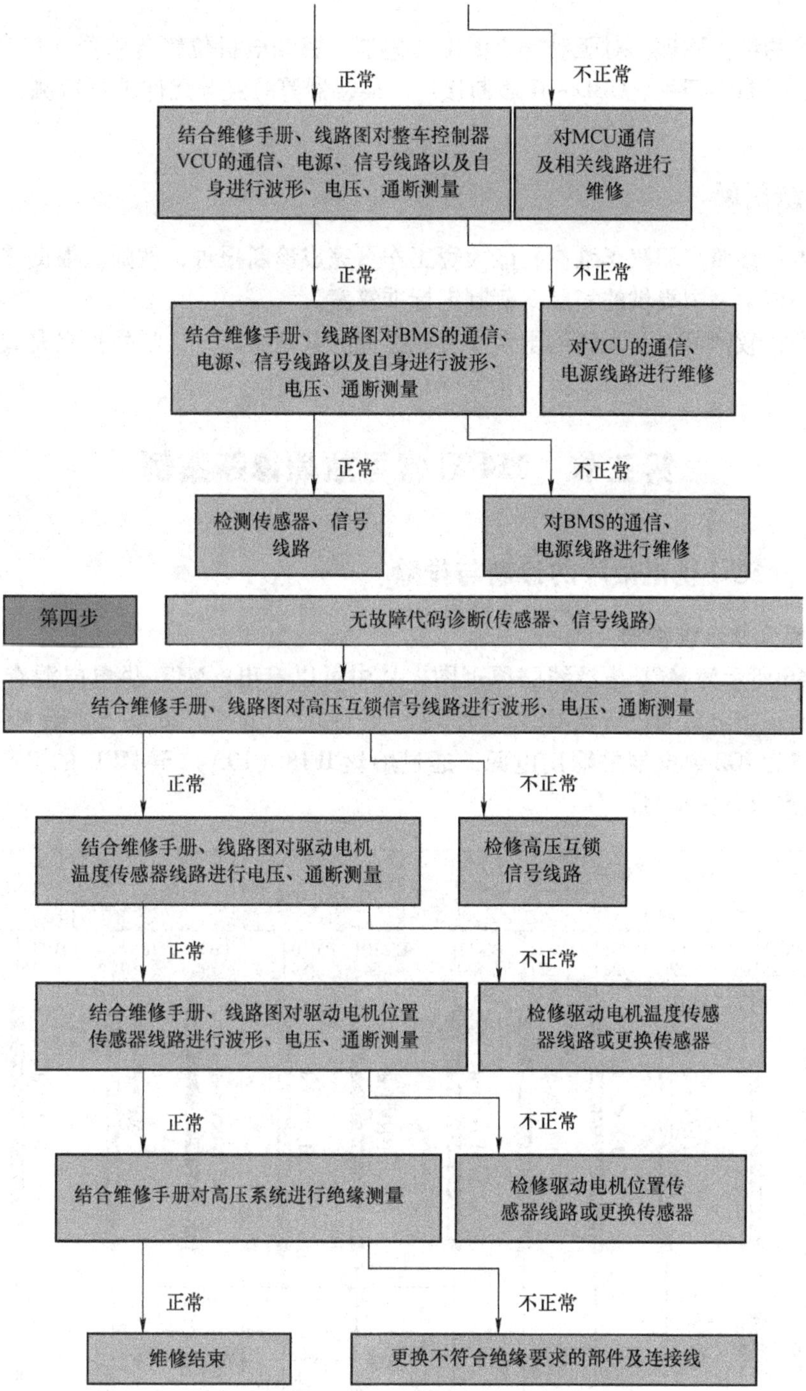

图 2-45　MCU 运行异常的诊断流程（续）

根据系统的结构原理，对 IG 电源线路、MCU 电源线路、BMS 电源线路、驱动电机温度传感器线路、驱动电机位置传感器（旋变）线路、加速踏板位置传感器线路、制动开关线路、P－CAN 总线、V－CAN 总线、OBD－II 诊断接口及插接器等进行检测，检测方法参照相关内容。

根据系统的结构原理，对驱动电机温度传感器、驱动电机位置传感器（旋变）、加速踏板位置传感器、制动开关、OBD－Ⅱ诊断接口、插接器等线路等元件进行检测，检测方法参照相关内容。

六、总结拓展

技术报告：参照高职汽车维修技能大赛工作页完成诊断报告，教师应根据需要设置好故障点，也可根据本书中提供的实际案例制定标准答案。

拓展实训：教师可以在车辆给学生设置相类似的其他故障，让学生独立完成，以考核学生的掌握水平。

第三节　MCU 常见故障诊断案例

案例 1　MCU 供电故障的诊断与排除

1. 原理简介及系统影响

如图 2-46 所示为 MCU 电源线路原理图，从中可以看出，MCU 供电电源有两路：一路为辅助蓄电池正极电源通过熔丝 EF32（7.5A）至 MCU 的 BV11/26 端子，给 MCU 提供常火电源；另一路为 IG2 继电器的输出电源，通过熔丝 IF18（10A）至 MCU 的 BV11/25 端子，给 MCU 提供点火开关信号。

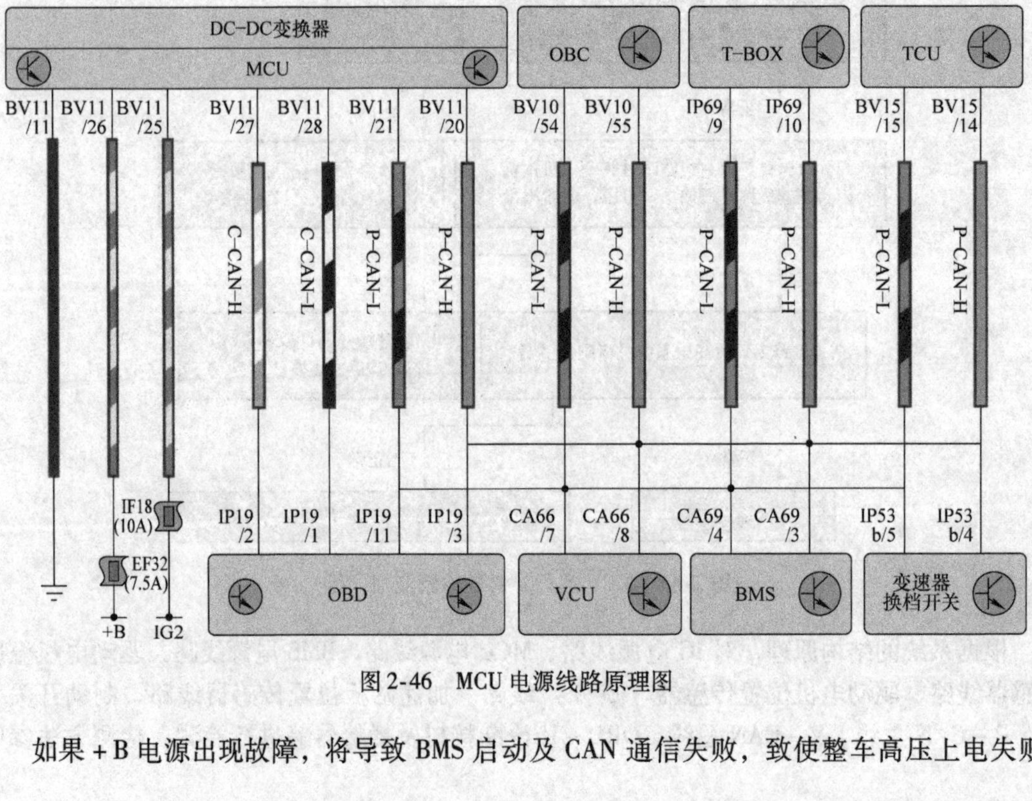

图 2-46　MCU 电源线路原理图

如果＋B 电源出现故障，将导致 BMS 启动及 CAN 通信失败，致使整车高压上电失败；

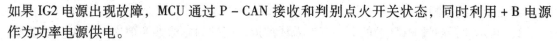

如果 IG2 电源出现故障，MCU 通过 P－CAN 接收和判别点火开关状态，同时利用＋B 电源作为功率电源供电。

2. 故障现象描述

踩制动踏板数次后并保持，点火开关上的绿色指示灯正常点亮；打开点火开关后，仪表点亮正常，可运行指示“READY”灯无法正常点亮，蓄电池指示灯、VCU 故障指示灯点亮；右侧代表驱动系统性能的故障提醒警告灯、EPB 故障警告灯、减速器故障指示灯点亮；动力蓄电池主正、主负继电器不动作，高压不上电，制动踏板高度反应正常，但档位无法切换至 D 位或 R 位。

3. 故障现象分析（具体分析方法参考本章第二节故障分析部分内容）

4. 故障诊断过程

第一步：读取故障代码（DTC）

连接诊断仪器至 OBD 诊断接口后，踩制动踏板并保持，打开点火开关，使用诊断仪器与 MCU 进行通信，显示未连接成功；通过使用诊断仪器与 VCU 连接，在 VCU 内部读取到表 2-2 内的故障代码。

表 2-2　从 VCU 内读取到故障代码

故障诊断	代码说明
U011087	与 MCU 通信丢失
P1C6F04	P 位锁控制单元（PCU）3 级故障
P1C3E01	TCS 报故障

记录当前诊断仪器上的故障代码信号，通过诊断仪器清除故障代码。清除故障代码后，将诊断仪器从 VCU 内退出，关闭点火开关。然后再打开点火开关，如果故障现象消失，车辆正常上电，MCU 可以正常进行通信，则可能为系统故障代码保护，造成 VCU、MCU 进入功能性保护模式，车辆无法上电；如果车辆还是不能上电，且现象依旧存在，则通过诊断仪器，再次读取故障代码，并和先前的故障代码进行比对，如果减少，减少的可能为偶发历史故障；如果增加，增加的可能为当前系统关联性故障；如果不变，则此时故障代码所指部位可能存在异常。

第二步：DTC 分析

诊断仪器和 MCU 无法通信，但和 VCU 通信正常，且读取到“U011087：与 MCU 通信丢失”，说明 MCU 与外界通信异常，导致这个故障的可能原因有：

1）MCU 的＋B 供电线路（断路、虚接、短路）故障。

2）MCU 的搭铁线路（断路、虚接）故障。

3）MCU 的 P－CAN 总线（断路、虚接、短路）故障。

4）MCU 自身故障。

故障代码“P1C6F04：P 位锁控制单元（PCU）3 级故障”和“P1C3E01：TCS 报故障”进一步证明 MCU 可能出现故障；因 MCU、TCS、ESC 等属于整车驱动控制系统，如果 MCU 此时无法通信，VCU 判断驱动控制系统条件 MCU 信号缺失，随即通过 V－CAN 总线发送故障信号至组合仪表，组合仪表点亮对应的代表驱动系统性能的故障提醒警告灯、EPB 故障警告灯、减速器故障指示灯。

第三步：线路测试

1）用示波器测量 MCU 端的 P－CAN 总线波形，测试的方法参照前文，实测结果正常，说明故障可能在：

① MCU 的＋B 供电线路（断路、虚接、短路）故障。

② MCU 的搭铁线路（断路、虚接）故障。

③ MCU 自身故障。

2）MCU＋B 电源电压测试，见表2-3。

表 2-3　MCU 的端子 BV11/26 与端子 BV11/11 间电压测试

测试标准：打开点火开关，用万用表测量 MCU BV11/26 号端子对地电压，标准应为＋B。

可能性	检测结果/V	结论	下一步操作
1	＋B	正常	考虑更换 MCU
2	大于 0 但小于＋B	异常	测试 MCU＋B 供电端子对地电压
3	0	异常	

3）MCU＋B 供电端子对地电压测试，见表2-4。

表 2-4　MCU BV11 插接器的 26 号端子对地电压测试

测试标准：打开点火开关，用万用表测试 MCU BV11/26 端子对地电压，标准应为＋B。

可能性	检测结果/V	结论	下一步操作
1	等于＋B	正常	如果上一步测试结果为 0，说明单元搭铁线路断路，应进一步测试 MCU GND 搭铁线路 如果上一步测试结果为部分＋B，说明单元搭铁线路虚接，应进一步测试 MCU GND 搭铁端线路
2	大于 0 小于＋B	异常	说明测试点上游线路虚接，应进一步测量 EF32 熔丝两端对地电压的测试
3	0	异常	说明测试点上游线路断路，应进一步测量 EF32 熔丝两端对地电压的测试

4）EF32 熔丝两端对地电压测试，见表2-5。

表 2-5　EF32 熔丝两端对地的电压测试

测试标准：打开点火开关，万用表测试 EF32 7.5A 熔丝端对地的电压，标准均应为＋B。

序号	实测结果/V	结论	下一步操作
1	＋B，＋B	正常	测试 EF32 熔丝与 MCU 之间线路阻值
2	＋B，部分＋B	异常	EF32 熔丝阻值过大，更换熔丝
3	＋B，0	异常	测试 EF32 熔丝下游线路对地电阻
4	均部分＋B	异常	说明熔丝供电异常，进一步测试熔丝供电线路阻值
5	0，0	异常	

5）EF32 熔丝与 MCU 端子 BV11/26 之间线路导通性测试，见表2-6。

表 2-6　EF32 熔丝与 MCU 端子 BV11/26 之间线路导通性测试

测试标准：关闭点火开关，断开 EF32 熔丝和 MCU 的 BV11 插接器，检查 MCU BV11/26 端子至 EF32 熔丝之间线路的电阻值，标准值近乎为 0Ω。

可能性	检测结果/Ω	状态	下一步操作
1	近乎为 0	正常	测试完成
2	大于 2	异常	说明线路虚接，维修或更换线束
3	∞	异常	说明线路断路，维修或更换线束

6）EF32 熔丝与 MCU 端子 BV11/26 之间线路对地电阻测试，见表 2-7。

表 2-7　EF32 熔丝与 MCU 端子 BV11/26 之间线路对地电阻测试

测试标准：关闭点火开关，检查 EF32 熔丝与 MCU 端子 BV11/26 之间线路对地的电阻值，标准值为大于 2Ω。

能性	检测结果/Ω	状态	下一步操作
1	大于 2	正常	更换熔丝
2	小于 2	异常	维修或更换线束，必要时更换单元

5. 诊断验证

注意：完成诊断修理后，某些 DTC 需要将点火开关旋至 OFF（关闭）位置，然后旋回至 ON（打开）位置之后，诊断仪器功能才会清除 DTC。

1）将点火开关置于“OFF”（关闭）位置。

2）安装所有诊断时拆下或更换的部件及插接器。

3）将点火开关置于“ON（打开）”位置。

4）读取并清除 DTC。

5）关闭点火开关 60s。

6）踩下制动踏板，打开点火开关，车辆仪表显示正常，切换至 D 位或 R 位进行试车，车辆运行正常，维修结束。

6. 故障机理分析

如果 MCU 电源线路存在故障，造成 MCU 无法启动运行及信号传输，将会使 VCU 无法正常接收到 MCU 发送的系统故障、温度等状态信号，MCU 无法接收 VCU 发送的整车控制模式信号（启动运行、充电），VCU 启动整车保护功能，导致整车高压系统不上电。

7. 总结与拓展

教师可以在车辆上给学生设置表 2-8 中所列举的故障，参照中、高职新能源汽车相关大赛工作页，让学生独立或成组完成，并填写诊断报告，以考核学生的掌握水平。

表 2-8　扩展练习故障

序号	故障部位	故障性质
1	EF32（7.5A）熔丝供电线路	断路、虚接
2	EF32（7.5A）熔丝	断路、虚接
3	EF32 熔丝与 MCU 端子 BV11/26 之间线路	断路、虚接、短路

案例2 驱动电机温度信号故障的诊断与排除

1. 原理简介及系统影响

如图2-47所示为驱动电机温度传感器线路原理图，从中可以看出，驱动电机温度传感器有两个，其中传感器1由MCU的BV11/7端子和温度传感器1的BV13/1端子之间线路连接，输出+5V信号参考电压，通过温度传感器1，再从传感器1的BV13/2端子至MCU的BV11/6端子之间线路至MCU内部搭铁构成回路；传感器2由MCU的BV11/5端子和温度传感器1的BV13/3端子之间线路连接，输出+5V信号参考电压，通过温度传感器2，再从传感器2的BV13/4端子至MCU的BV11/13端子之间线路至MCU内部搭铁构成回路。

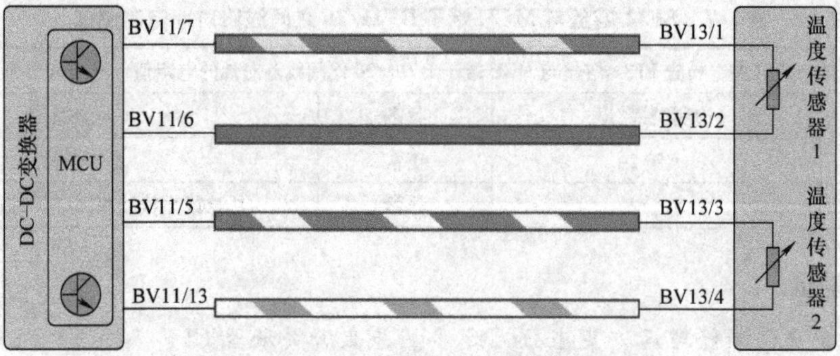

图2-47 驱动电机温度传感器线路原理图

如果有一个温度传感器出现故障，MCU将使用另一个进行替代；如果两个温度传感器同时出现故障，MCU将启动整车限功率保护功能，车辆最高车速及加速性能将受限，同时仪表将点亮限功率指示灯，警示驾驶人尽快维修。

2. 故障现象描述

踩制动踏板数次后并保持，打开点火开关，仪表上的可运行指示“READY”灯正常点亮，在5s内主正、主负继电器发出“咔哒”的正常工作声，制动踏板高度降低；仪表上出现椭圆位置圈注的黄色警告灯点亮，如图2-48车所示，说明驱动电机功率受限；此时可听见机舱内电子水泵高速运转声，但冷却风扇不运转；换入D位进行路试，发现车辆最高速度只能达到6km/h。

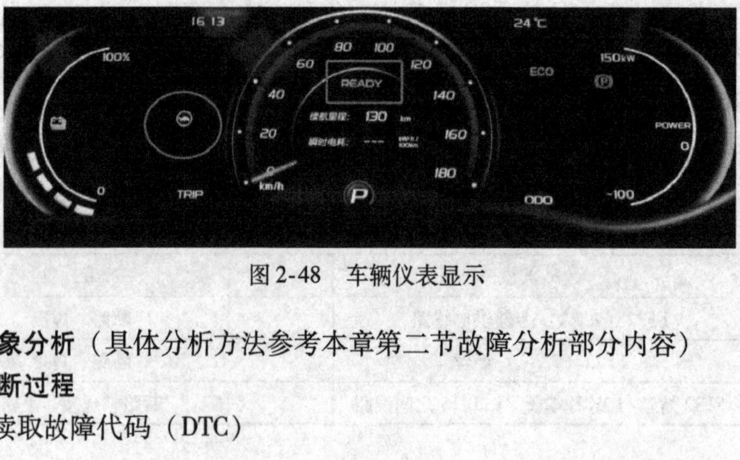

图2-48 车辆仪表显示

3. 故障现象分析（具体分析方法参考本章第二节故障分析部分内容）

4. 故障诊断过程

第一步：读取故障代码（DTC）

连接诊断仪器至 OBD 诊断接口后，踩制动踏板并保持，打开点火开关，使用诊断仪器与 MCU、BMS、VCU 进行通信，只有在 MCU 内部可能读取到表 2-9 中的一个或多个故障代码。

表 2-9　从 MCU 内读取的故障代码

故障诊断	代码说明
P0A2D00	定子温度最小值小于阈值
P0A2C00	定子温度最大值超过阈值
P0A2B00	定子温度过温故障
P0A2B01	定子温度不合理故障
P0A9300	冷却液过温故障

第二步：故障代码（DTC）分析

通过诊断仪器的数据流查看功能读取电机温度数值，可以读取到如图 2-49 所示的温度值，如果显示的温度大于 120℃或低于 -40℃，说明温度传感器信号线路异常或电机温度异常。

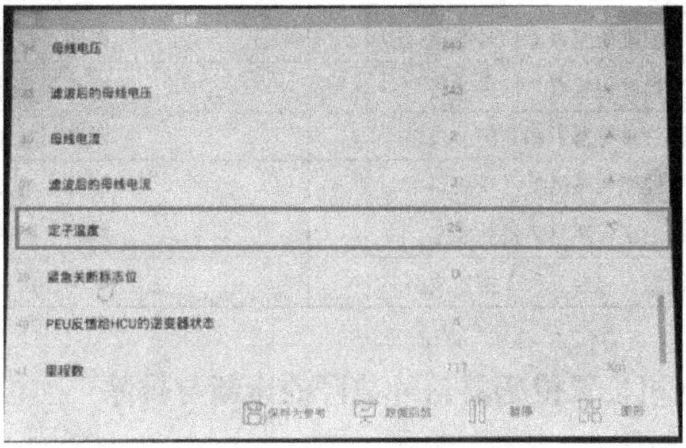

图 2-49　VCU 数据流信号

根据驱动电机温度传感器的结构与工作原理、故障现象、故障代码及数据流信号，说明温度传感器信号异常，可能原因为：

1）温度传感器 1 或温度传感器 2 自身故障。

2）温度传感器 1 或温度传感器 2 与 MCU 之间线路故障。

3）MCU 自身故障。

说明：两个传感器的检测方法完全相同，所以此处只对温度传感器 1 线路检测做说明。

第三步：线路测试

具体方法参见本书“交流充电插座温度传感器信号故障的诊断与排除”相关内容。

5. 诊断验证

注意：完成诊断修理后，某些 DTC 需要将点火开关旋至 OFF（关闭）位置，然后旋回至 ON（打开）位置之后，诊断仪器功能才会清除 DTC。

1）将点火开关置于“OFF”（关闭）位置。

2）安装所有诊断时拆下或更换的部件及插接器。

3）诊断时，拆除过或更换过的部件及单元，根据需要执行调整、编程或设置程序。

4）将点火开关置于“ON（打开）”位置。

5）读取并清除DTC。

6）关闭点火开关60s。

7）踩下制动踏板，打开点火开关，车辆仪表显示正常，切换至P位或R位进行试车，车辆运行正常维修结束。

6. 故障机理分析

驱动电机温度传感器信号故障，导致系统启动保护功能，从而使车辆功率受限。

7. 总结与拓展

教师可以在车辆上给学生设置表2-10中所列举的故障，参照中、高职新能源汽车相关大赛工作页，让学生独立或成组完成，并填写诊断报告，以考核学生的掌握水平。

表2-10 扩展练习故障

序号	故障部位	故障性质
1	温度传感器1信号线路	断路、虚接、短路
2	温度传感器2信号线路	断路、虚接、短路
3	温度传感器1和2信号线路	断路、虚接、短路
4	温度传感器1搭铁线路	断路、虚接、短路
5	温度传感器2搭铁线路	断路、虚接、短路
6	温度传感器1和2搭铁线路	断路、虚接、短路

案例3 驱动电机位置传感器信号故障的诊断与排除

1. 原理简介及系统影响

驱动电机位置传感器是一种输出电压随转子变化的信号元件，这个信号用来精确测量驱动电机的转子转角，MCU根据转子信号来确定输入给驱动电机的三相电的初相位，并根据驾驶需求，对驱动电机进行控制，如果此信号异常，MCU将无法判断当前转子的位置，从而无法对功率元件的导通时间进行控制，致使驱动电机无法运行。

如图2-50所示为驱动电机位置传感器线路原理图，从中可以看出，传感器由励磁绕组、正弦绕组、余弦绕组构成，其中MCU的BV11/22端子和位置传感器的BV13/11端子连接，通过位置传感器内部绕组，再从传感器BV13/12端子输出至MCU的BV11/15端子，MCU通过励磁绕组输出振幅、频率恒定的正弦波，其中绕组阻值为（9.5±1.5）Ω；MCU的BV11/24端子和位置传感器的BV13/10端子连接，通过位置传感器内部绕组，再从传感器BV13/9端子输出至MCU的BV11/7端子，MCU通过正弦绕组产生的波形判断驱动电机转子位置和速度以及方向，其中绕组阻值为（13.5±1.5）Ω；MCU的BV11/23端子和位置传感器的BV13/8端子连接，通过位置传感器内部绕组，再从传感器BV13/7端子输出至MCU的BV11/16端子，MCU通过余弦绕组产生的波形判断驱动电机转子位置和速度以及方向，其中绕组阻值为（14.5±1.5）Ω。

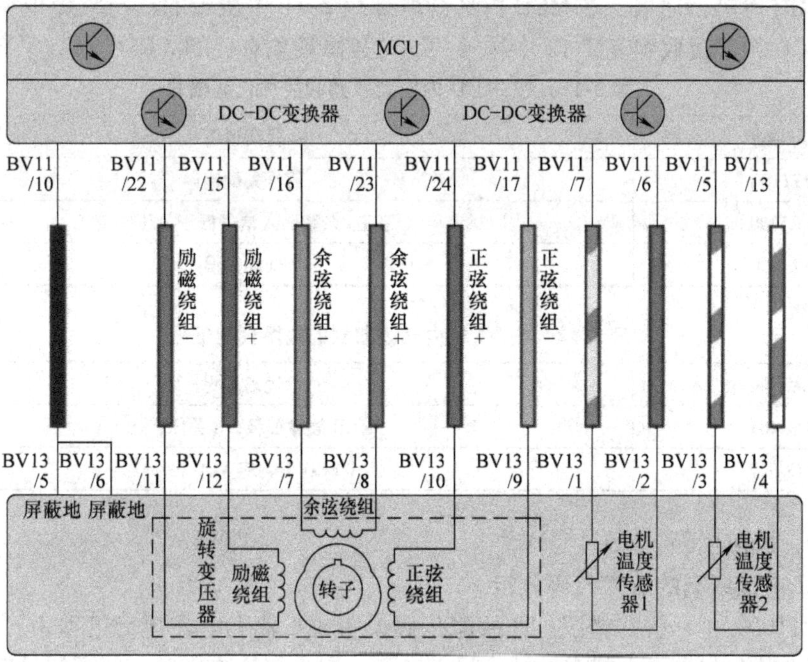

图 2-50 驱动电机位置传感器线路原理图

2. 故障现象描述

与传感器故障有关的故障现象一般有两种：

故障现象一：踩制动踏板数次并保持，点火开关上的绿色指示灯正常点亮；打开点火开关后，仪表点亮正常，可运行指示“READY”灯正常点亮，但 VCU 故障指示灯也点亮，仪表再无其他信号显示；动力蓄电池主正、主负继电器正常动作，高压正常上电，制动踏板高度反应正常，此时将档位切换至 D 位，踩加速踏板，EPB 正常解锁，但此时车辆不运行，有时候感觉车辆蠕动了一下后马上停止。

接着关闭点火开关，再次踩制动踏板并保持，打开点火开关后，发现整车此时已无法上电，可运行指示“READY”灯无法正常点亮，蓄电池指示灯、VCU 故障指示灯点亮，仪表再无其他信号显示；动力蓄电池主正、主负继电器不动作，高压不上电，制动踏板高度无反应，档位无法切换至 D 位或 R 位。

故障现象二：踩制动踏板数次后并保持，打开点火开关后，仪表点亮正常，可运行指示“READY”灯无法正常点亮，蓄电池指示灯、VCU 故障指示灯点亮，仪表再无其他信号显示；同时动力蓄电池主正、主负继电器不动作，高压不上电，制动踏板高度无反应正常，档位无法切换至 D 位或 R 位。

3. 故障现象分析（具体分析方法参考本章第二节故障分析部分内容）

注意：本书针对第一种故障现象进行分析和诊断。

4. 故障诊断过程

第一步：读取故障代码（DTC）

连接诊断仪器至 OBD 诊断接口后，踩制动踏板并保持，打开点火开关，使用诊断仪器与 MCU、VCU 等进行通信，在 MCU 内部读取到表 2-11 中所示的、与故障现象有关的故障代码，在 VCU 内部读取到表 2-12 中所示的、与故障现象有关的故障代码：

表 2-11　在 MCU 内部读取到的故障代码信号

故障诊断	代码说明
P171100	信号失配错误
P0C5200	正弦/余弦输入信号低于电压阈值
P171400	锁相错误

表 2-12　在 VCU 内部读取到的故障代码信号

故障诊断	代码说明
P1C3404	MCU 故障等级 2（关闭输出）
P1C6B87	PCU 不响应 VCU 命令

第二步：故障代码（DTC）分析

1. MCU 内读取到的故障代码分析

1）P171100 - 信号失配错误：此故障代码说明在车辆上电或运行过程中，MCU 检测到的正弦和余弦信号与自身内部存储的信号不匹配，产生此故障代码。所谓信号匹配，就控制线路来说首先要确保励磁信号正常，如果励磁出现异常无信号输出、正弦和余弦输入信号对地短路及线路电阻过大，都将导致正弦和余弦信号过低，MCU 检测到正弦和余弦输入信号与自身内部存储的信号图谱不符，随即产生此故障代码。

2）P0C5200 - 正弦/余弦输入信号低于电压阈值：正弦和余弦输入信号要正常，首先要确保励磁信号正常。如果励磁出现异常无信号输出、正弦和余弦输入信号对地短路及线路电阻过大，将导致正弦和余弦信号过低，MCU 检测到正弦和余弦输入信号低于自身内部存储的最低信号，随即产生此故障代码。

3）P171400 - 锁相错误：MCU 要控制驱动电机运转，首先要通过正弦和余弦输入信号判断此时驱动电机转子位置，从而和内部所存储的位置、转速、电流、电压、温度等图谱比对，进而控制内部 IGBT 的导通与截止，输出三相交流电至驱动电机定子，电机运转。如果在上电及运行过程中，MCU 接收到的正弦和余弦输入信号都异常，将导致 MCU 无法识别和获知转子位置，即初始相顺序及位置，也就无法控制 IGBT 的导通与截止，导致三相电无法输出，随即产生此故障代码。

2. VCU 内读取到的故障代码分析

1）P1C3404 - MCU 故障等级 2（关闭输出）：在 VCU 中读取到此故障代码，说明 MCU 内部有严重故障代码，导致 MCU 需要关闭其驱动输出。MCU 启动保护功能且关闭输出后，随即通过 P - CAN 发送数据至 VCU，告知 VCU 当前 MCU 所处的状态，VCU 接收到此信号后生成故障代码。

2）P1C6B87 - PCU 不响应 VCU 命令：在 VCU 中读取到此故障代码，说明 VCU 发送驱动电机需进入起动运行模式或其他信号时，VCU 数据已发送至 MCU，但 MCU 没有返回其进入起动运行模式信号或返回的信号异常，随即 VCU 生成此故障代码。

结合 MCU 内部读出的三个故障代码以及 VCU 内故障代码 P1C3404 - MCU 故障等级 2

（关闭输出），说明电机位置传感器的正弦、余弦信号同时存在故障，根据故障概率，这两个传感器同时损坏的概率不高，极有可能是励磁信号出现异常，才会导致 MCU 内部读出的三个故障代码。所以在以下步骤中首先要对驱动电机旋变位置传感信号的励磁线路进行测试。

第三步：线路测试

> 注意：
>
> 1）最好使用四通道示波器进行测试。在测试时，示波器负极表笔尽量和蓄电池负极相连接。有些示波器负表笔和示波器供电 AC 220V 搭铁相连接，如果负表笔接触传感器任一端子可能导致传感器信号搭铁，致使测试的波形出现错误，导致误判断。
>
> 2）连接好示波器后在进行测试，因为有些车辆在出现故障时可能进行功能性保护，电机位置传感器输出或输入波形时间很短，使测量比较困难，因此应进行多次测量。
>
> 3）打开点火开关，踩下制动踏板，挂入 D 位，松开制动踏板，观察示波器，车辆正常行驶中，励磁、正弦和余弦信号波形图如图 2-51 所示。

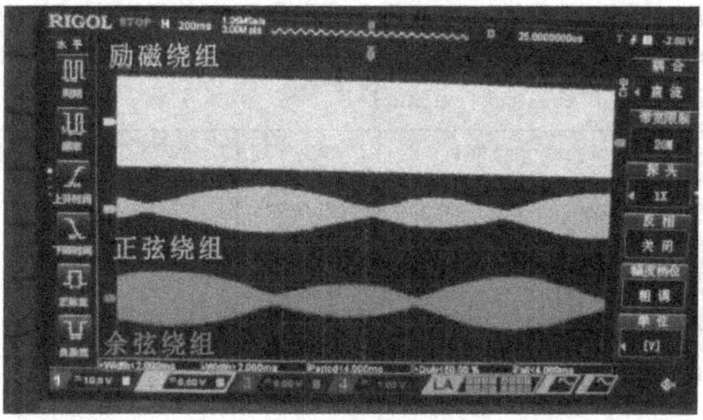

图 2-51　励磁、正弦和余弦信号波形

1）驱动电机端电机位置传感器励磁信号波形测试，见表 2-13。

表 2-13　驱动电机端电机位置传感器励磁波形测试

测试标准：连接示波器正极表笔至电机的 BV13/12 端子，负极表笔连接 BV13/11 端子；踩下制动踏板，打开点火开关，挂入 D 位，松开制动踏板，观察示波器上的励磁波形。

可能性	实测结果（波形）	状态	下一步操作
1	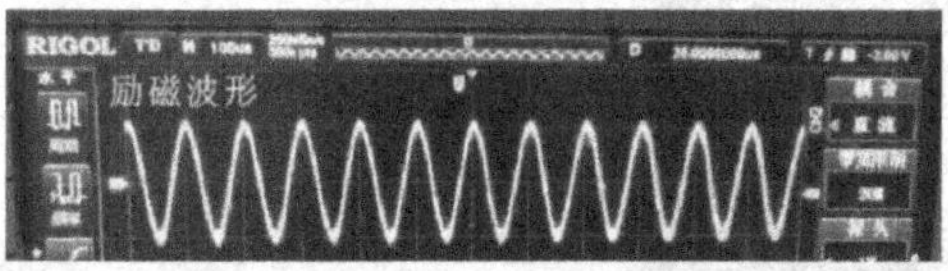	励磁信号波形正常	检查正弦、余弦信号波形
2	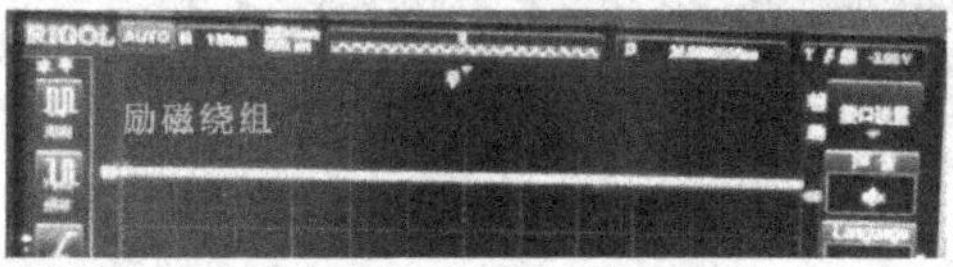	励磁信号波形异常	测量 MCU 端励磁绕组线路

2）MCU 端电机位置传感器励磁信号波形测试，见表 2-14。

表 2-14　MCU 端电机位置传感器励磁信号波形测试

测试标准：连接示波器正极表笔至 MCU 的 BV11/15 端子，负极表笔连接 MCU 的 BV11/22 端子；踩下制动踏板，打开点火开关，挂入 D 位，松开制动踏板，观察示波器上的励磁波形。

可能性	实测结果（波形）	状态及分析	下一步操作
1	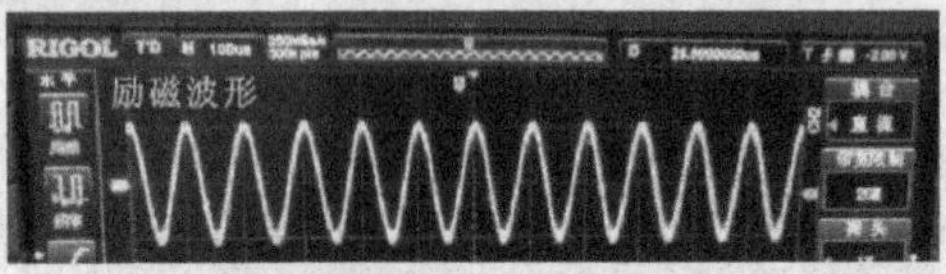	励磁信号波形正常，结合上步异常测试结果说明信号线路故障	检查励磁信号线路是否存在断路
2	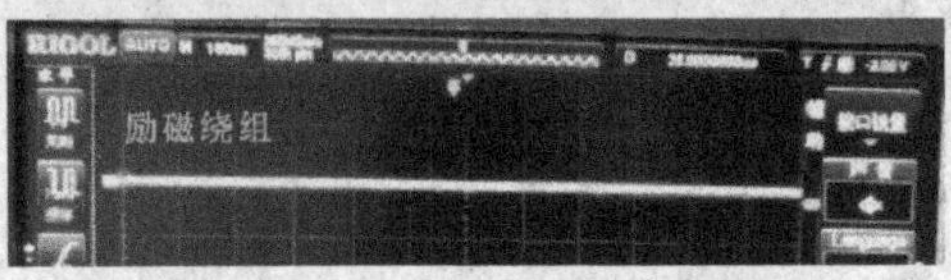	励磁信号波形异常，说明 MCU、信号线路或励磁绕组存在故障	检查励磁信号线路是否存在短路

3）MCU 端电机位置传感器正弦和余弦波形测试，见表 2-15。

表 2-15　MCU 端电机位置传感器正弦和余弦波形测试

测试标准：连接示波器通道 1 正极表笔至 MCU 的 BV11/24 端子，负极表笔连接至 MCU 的 BV11/17 端子；连接示波器通道 2 正极表笔至 MCU 的 BV11/23 端子，负极表笔连接至 MCU 的 BV11/16 端子；踩下制动踏板，打开点火开关，挂入 D 位，松开制动踏板，观察示波器上励磁、正弦、余弦波形。

可能性	实测结果（波形）	状态	下一步操作
1	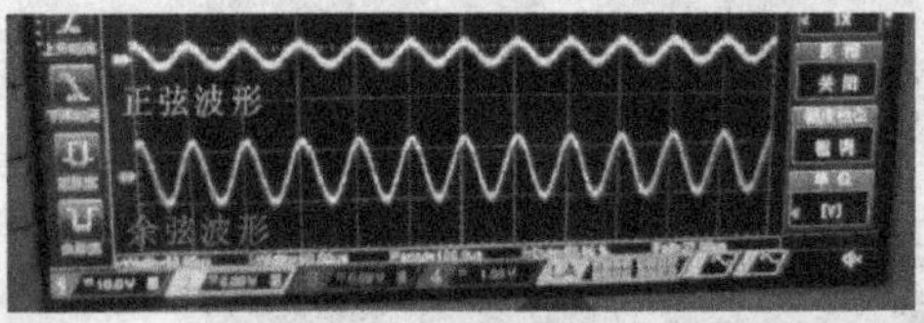	正常	考虑更换 MCU
2	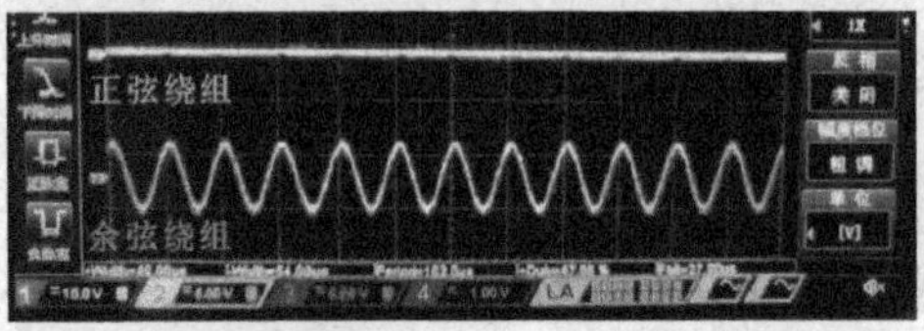	余弦波形正常、正弦波形异常	测量电机位置传感器端绕阻波形
3	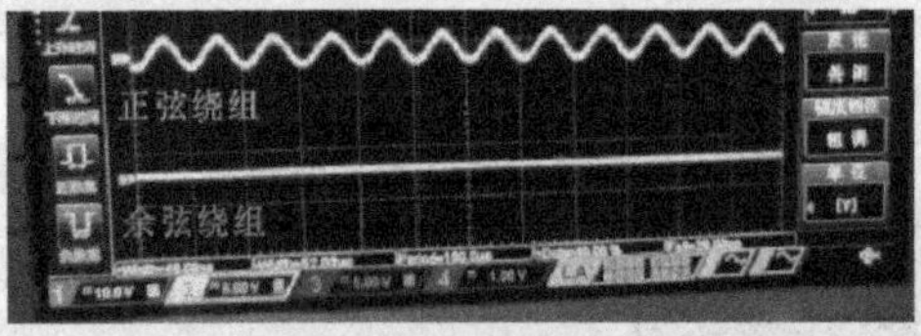	正弦波形正常、余弦波形异常	测量电机位置传感器端绕阻波形
4	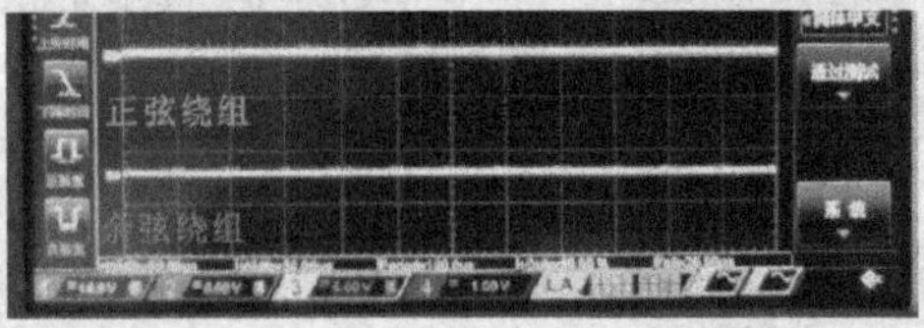	正弦和余弦波形均异常	测量电机位置传感器端绕组波形

4）驱动电机端电机位置传感器正弦和余弦波形测试，见表 2-16。

表 2-16　驱动电机端电机位置传感器正弦和余弦波形测试

测试标准：连接示波器通道 1 正极表笔至 MCU 的 BV13/10 端子，负极表笔连接至 MCU 的 BV13/9 端子；连接示波器通道 2 正极表笔至 MCU 的 BV13/8 端子，负极表笔连接至 MCU 的 BV13/7 端子；踩下制动踏板，打开点火开关，挂入 D 位，松开制动踏板，观察示波器上正弦、余弦波形。

可能性	实测结果（波形）	状态及分析	下一步操作
1	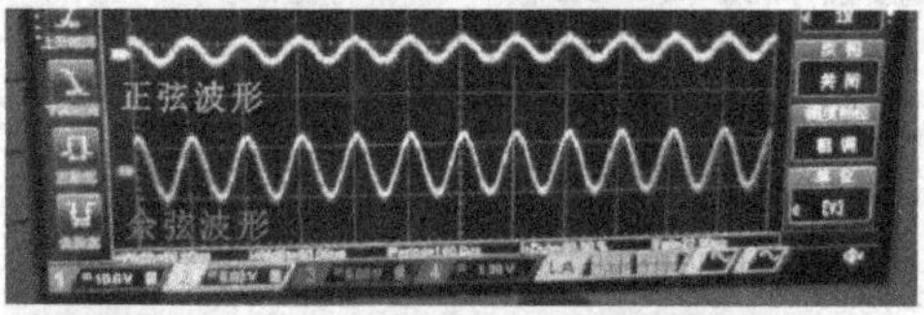	正常，结合上步说明正弦或余弦信号线路断路故障	线路导通性检查
2	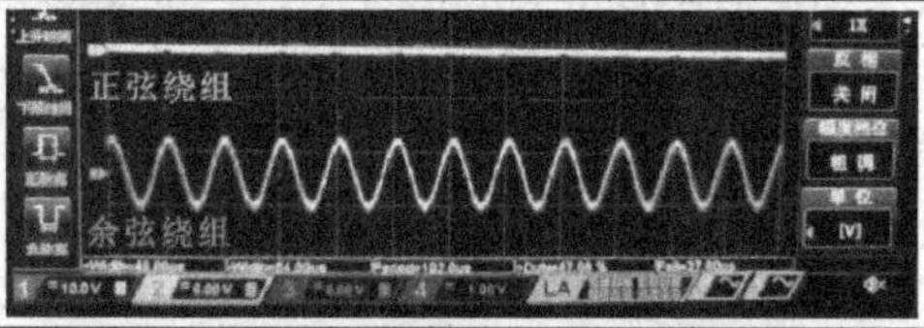	余弦波形正常、正弦波形异常，结合上步说明传感器或线路存在故障	检查正弦信号线路是否存在相互短路
3	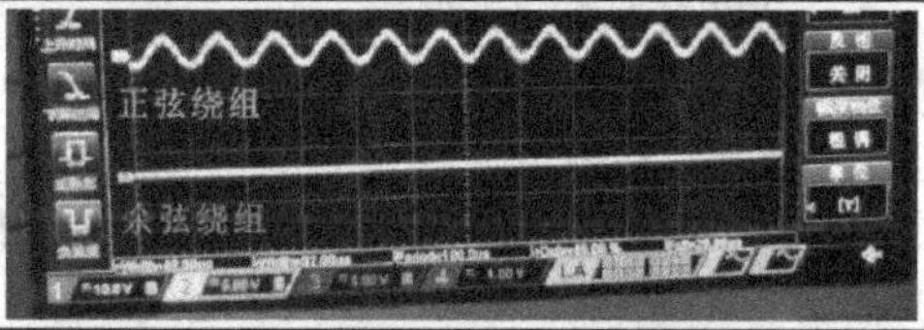	正弦波形正常、余弦波形异常，结合上步说明传感器或线路存在故障	检查余弦信号线路是否存在相互短路
4	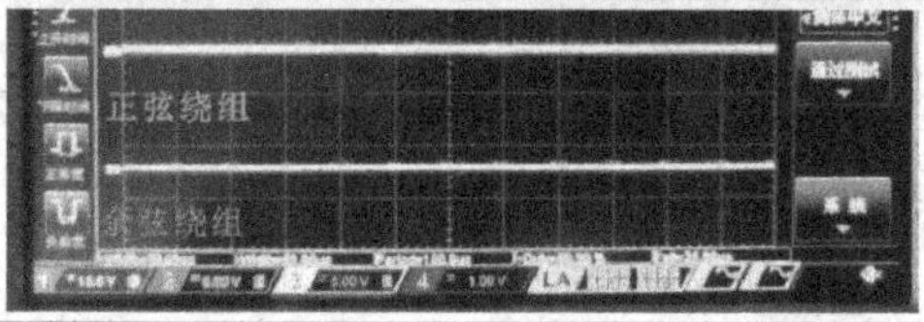	正弦和余弦波形异常，结合上步说明传感器或线路存在故障	检查正弦、余弦信号线路是否存在相互短路

5）电机位置传感器励磁绕组线路测试（正弦、余弦绕组线路测试与此相同）。

① 电机位置传感器励磁绕组的电阻测试，见表 2-17。

表 2-17　电机位置传感器励磁绕组的电阻测试

测试标准：关闭点火开关，断开 MCU 端低压插接器 BV11，测试 BV11 线束端的 BV11/22 端子和 BV11/15 端子之间电阻，标准为 (9.5 ± 1.5)Ω。

可能性	检测结果/Ω	状态	可能性	下一步操作
1	9.5 ± 1.5	正常	MCU 异常	更换 MCU
2	∞	异常	信号回路断路	线路导通性测试
3	近乎为 0		信号线路间相互短路	维修线路
4	大于 9.5 ± 1.5		励磁绕组线路虚接	励磁绕组线路导通性测试

② 电机位置传感器励磁线路导通性测试，见表 2-18。

表 2-18　电机位置传感器励磁线路导通性测试

测试标准：关闭点火开关，断开 MCU 端 BV11 低压插接器、传感器端 BV13 插接器，测试线束端 BV11/22 端子和 BV13/11、BV11/15 和 BV13/12 端子线路之间电阻，标准近乎为 0。

可能性	检测结果/Ω	状态	可能性	下一步操作
1	近乎为 0	正常	励磁绕组断路	更换传感器

（续）

可能性	检测结果/Ω	状态	可能性	下一步操作
2	明显大于0	异常	线路电阻过大	维修线路
3	无穷大	异常	线路断路	

③ 电机位置传感器励磁信号线路对地电阻测试，见表2-19。

表2-19 电机位置传感器励磁绕组线路对地电阻测试

测试标准：首先关闭点火开关，断开MCU端BV11低压插接器、传感器端BV13插接器，测试线束端BV11/22端子和BV11/15端子对地电阻，标准为无穷大。			
检测结果/Ω	状态	故障原因	下一步操作
无穷大	正常	传感器或单元可能对地短路	连接BV13，继续测量
近乎为0	异常	励磁绕组线路间短路	维修线路
测试标准：接着连接传感器端BV13插接器，测试线束端BV11/22端子和BV11/15端子对地电阻，标准为无穷大			
检测结果/Ω	状态	故障原因	下一步操作
无穷大	正常	单元可能对地短路	连接BV11，继续测量
近乎为0	异常	传感器内部对地短路	维修线路
测试标准：接着连接MCU端BV11低压插接器，测试BV11/22端子和BV11/15端子对地电阻，标准为无穷大。			
无穷大	正常	测试结束	
近乎为0	异常	单元内部对地短路	维修线路

5. 诊断验证

注意：完成诊断修理后，某些DTC需要将点火开关旋至OFF（关闭）位置，然后旋回至ON（打开）位置之后，诊断仪器功能才会清除DTC。

1）将点火开关置于“OFF”（关闭）位置。

2）安装所有诊断时拆下或更换的部件及插接器。

3）诊断时，拆除过或更换过的部件及单元，根据需要执行调整、编程或设置程序。

4）将点火开关置于“ON（打开）”位置。

5）读取并清除DTC。

6）关闭点火开关60s。

7）踩下制动踏板，打开点火开关，车辆仪表显示正常，切换至D位或R位进行试车，车辆运行正常，维修结束。

6. 故障机理分析

旋变信号异常，导致MCU无法感知电机转子的位置信号，进而无法控制提供给电机的初相位等相关驱动信号，启动功能保护模式。

7. 总结与拓展

教师可以在车辆上给学生设置表2-20中所列举的故障，参照中、高职新能源汽车相关大赛工作页，让学生独立或成组完成，并填写诊断报告，以考核学生的掌握水平。

表2-20 扩展练习故障

序号	故障部位	故障性质
1	励磁绕组+信号线路	断路、虚接、短路
2	励磁绕组-信号线路	断路、虚接、短路
3	励磁绕组+和-信号线路	虚接、短路

（续）

序号	故障部位	故障性质
4	正弦绕组+信号线路	断路、虚接、短路
5	正弦绕组-信号线路	断路、虚接、短路
6	正弦绕组+和-信号线路	虚接、短路
7	余弦绕组+信号线路	断路、虚接、短路
8	余弦绕组-信号线路	断路、虚接、短路
9	余弦绕组+和-信号线路	虚接、短路

案例4 MCU的P-CAN故障的诊断与排除

1. 原理简介及系统影响

MCU主要通过P-CAN对外接收和发送信号，其中P-CAN主要连接的单元为驾驶模式开关、VCU、DC-DC变换器/MCU、OBC、BMS、变速器变速杆、TCU、T-BOX、驾驶模式开关、诊断接口等，如图2-52所示。

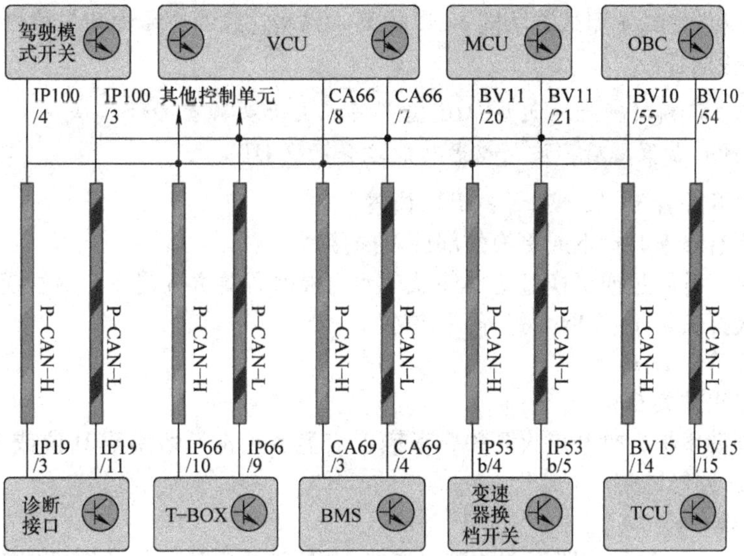

图2-52 CAN总线线路原理图

如果DC-DC变换器/MCU的P-CAN总线出现异常，将导致MCU无法接收和传递任何信号，导致整车启动保护模式，高压无法上电，车辆不能行驶。

2. 故障现象描述

踩制动踏板数次后并保持，打开点火开关后，仪表点亮正常，可运行指示“READY”灯无法正常点亮，蓄电池指示灯、VCU故障指示灯点亮，代表驱动系统性能的故障提醒警告灯、EPB故障警告灯、减速器故障指示灯点亮；动力蓄电池主正、主负继电器不动作，高压不上电，制动踏板高度反应正常，但档位无法切换至D位或R位。

3. 故障现象分析（具体分析方法参考本章第二节故障分析部分内容）

4. 故障诊断过程

第一步：读取故障代码（DTC）

连接诊断仪器至OBD诊断接口后，踩制动踏板并保持，打开点火开关，使用诊断仪器与MCU进行通信，显示未连接成功；使用诊断仪器与VCU连接，在VCU内部读取到

表2-21所示的故障代码。

表2-21 VCU读取到故障代码信号

故障诊断	代码说明
U011087	与MCU通信丢失
P1C6F04	PCU（P位锁控制单元）3级故障
P1C3E01	TCS（牵引力控制系统）报故障

第二步：故障代码（DTC）分析

诊断仪器和MCU无法通信，但和VCU通信正常，且读取到“U011087：与MCU通信丢失”的故障代码，说明MCU在打开点火开关时未工作，导致这个故障的可能原因有：

1）MCU供电线路（断路、虚接、短路）故障。

2）MCU的P-CAN-H总线（断路、虚接、短路）故障。

3）MCU的P-CAN-L总线（断路、虚接、短路）故障。

4）MCU自身故障。

第三步：线路测试（测试方法同VCU的P-CAN总线的故障诊断与检测相关内容）

5. 诊断结论验证

注意：完成诊断修理后，某些DTC需要将点火开关旋至OFF（关闭）位置，然后旋回至ON（打开）位置之后，诊断仪器功能才会清除DTC。

1）将点火开关置于“OFF”（关闭）位置。

2）安装所有诊断时拆下或更换的部件及插接器。

3）诊断时，拆除过或更换过的部件及单元，根据需要执行调整、编程或设置程序。

4）将点火开关置于“ON（打开）”位置。

5）读取并清除DTC。

6）关闭点火开关60s。

7）踩下制动踏板，打开点火开关，车辆仪表显示正常，切换至D位或R位进行试车，车辆运行正常，维修结束。

6. 故障机理分析

MCU的P-CAN通信线路存在故障，造成MCU无法启动运行及信号传输，将会使整车控制器VCU无法正常接收到MCU反馈及发送的MCU状态（启动运行、禁止运行）、内部故障信号、IGBT温度等状态信号，从而无法确认整车控制的工作状态，VCU启动整车保护功能，导致整车高压系统不上电。

7. 总结与拓展

教师可以在车辆上给学生设置表2-22中所列举的故障，参照中、高职新能源汽车相关大赛工作页，让学生独立或成组完成，并填写诊断报告，以考核学生的掌握水平。

表2-22 扩展练习故障

序号	故障部位	故障性质
1	数据通信P-CAN-H线路	断路、虚接、短路
2	数据通信P-CAN-L线路	断路、虚接、短路
3	数据通信P-CAN-H与P-CAN-L线路	相互短路

第三章 动力蓄电池管理系统（BMS）及检修

第一节　BMS 的结构与工作原理

BMS 俗称为蓄电池保姆或蓄电池管家，主要就是为了智能化管理及维护各个蓄电池单元，防止蓄电池出现过充电和过放电，延长蓄电池的使用寿命，监控蓄电池的状态。动力蓄电池及管理系统包括控制单元（BMV）、显示单元、无线通信单元、电气设备、用于为电气设备供电的蓄电池组以及用于采集蓄电池组的蓄电池信号的采集系统（CSC）。

BMS 通过通信接口分别与无线通信单元及显示单元连接，采集单元的输出端与 BMS 的输入端连接，BMS 的输出端与控制单元的输入端连接，控制单元分别与蓄电池组及电气设备连接，BMS 通过无线通信单元与服务器端连接。

一、BMS 概述

1. 结构组成

动力蓄电池是电动汽车动力能源，它为整车驱动和其他用电器提供电能，如图 3-1 所示为动力蓄电池组成结构图。

2. 基本参数

蓄电池容量：150（1C）Ah。

数量：17 组。

单体蓄电池数量：95 个。

充电截止电压：4.3V。

额定电压：346V。

单体蓄电池标称电压：3.65V。

放电截止电压：2.8V。

额定功率：50kW。

放电截止电压：266V。

3. 控制模式

为了确保整车上、下电的安全性和可靠性，必须严格定义各电气部件的上、下电流程，且各电气部件的上、下电状态必须经各控制器及时反馈给 BMS，进行“握手”确认后再执行下一步上、下电操作，避免产生意外事故。

（1）上电模式

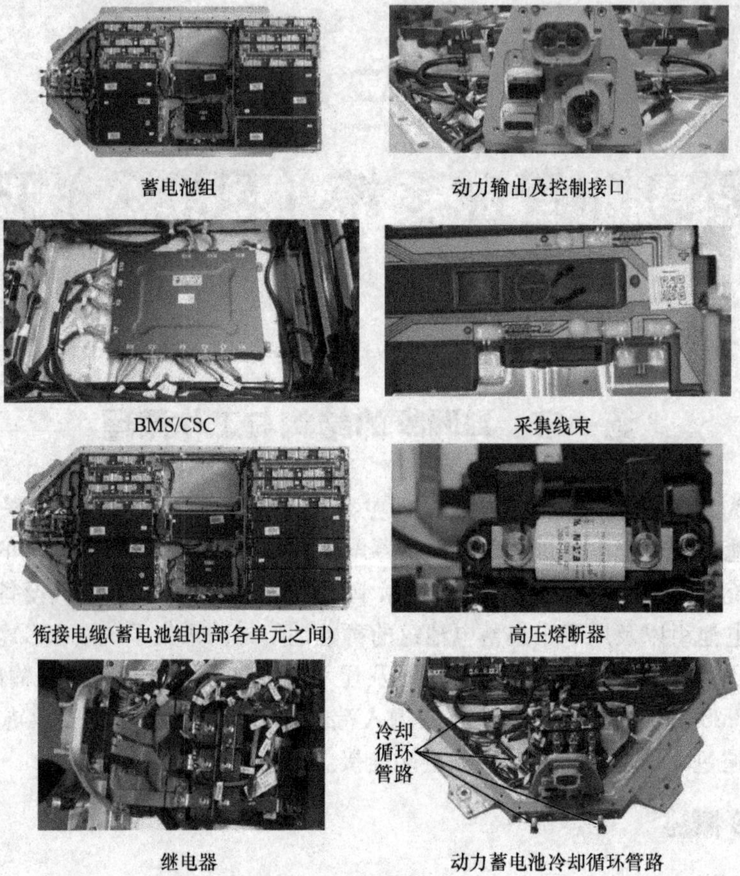

图 3-1　动力蓄电池组成结构图

如图 3-2 所示为整车高压上电控制逻辑图。当 BMS 同时监测到点火开关的高压上电信号（Key－ST 信号）以及制动开关信号后，即 WAKE－UP 信号，BCM 接通 ACC、IG1、IG2 继电器，低压上电，整车进入低压上电及低压检测模式，同时唤醒所有 CAN 总线。

在此阶段，BMS、VCU、OBC、DC－DC 变换器/MCU、空调压缩机控制器、PTC 加热器被 CAN 唤醒启动自检模式，内部低压自检，并各自读取系统故障代码，同时检测各自高压互锁是否完整，单体蓄电池循环检测。如果此时低压自检、某单元内部出现严重故障代码、高压互锁、单体蓄电池（温度、电压）、CAN 通信、动力系统防盗有一项异常，将停止上电流程，且系统生成并存储故障代码，同时将故障信号通过 CAN 总线发送至组合仪表，组合仪表显示故障信号或点亮故障信号指示灯。

在以上检测完成且正常后，BMS 闭合主负继电器，同时对以上信号持续检测。同时对主负继电器断路、预充电阻断路、预充继电器粘连、主正继电器粘连进行检测，如果检测成功，闭合预充接触器。

由于电机及高压线路中包括容性、感性元件，为防止过大的电流对这些元件造成冲击，如果主负继电器闭合后检测成功，即闭合预充继电器，进入预充电状态。

在预充阶段，BMS 对预充继电器断路、整车高压绝缘进行检测。如果此时 BMS 检测预充继电器断路或整车高压绝缘异常，将停止上电流程，且系统生成并存储故障代码，同时将

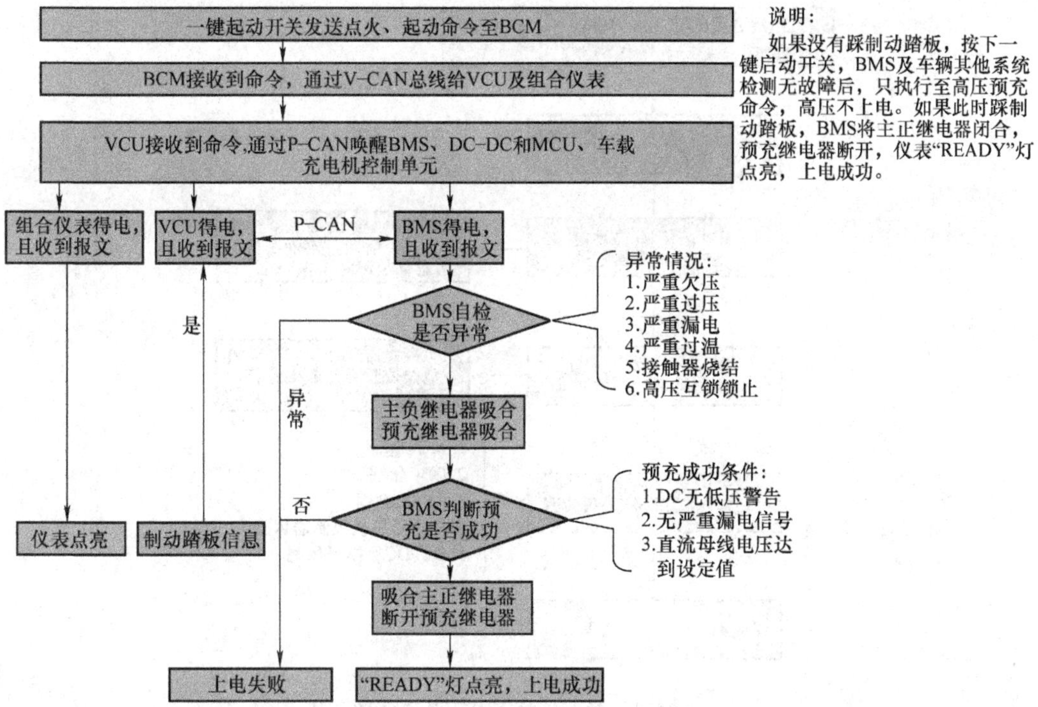

图 3-2　整车高压上电控制逻辑图

故障信号通过 CAN 总线发送至组合仪表，组合仪表显示故障信号或点亮故障信号指示灯。

当预充电阻两端电压达到母线电压的 90% 时，BMS 闭合主正继电器，并对主正继电器断路进行检测。如果检测通过，断开预充继电器进入放电模式。BMS 通过 P - CAN 向 VCU 发送系统准备完成、高压系统已上电信号，组合仪表接收到 VCU 发送的信号后，点亮仪表上绿色“READY”指示灯，上电开始。如果此时 BMS 检测主正继电器异常，将停止上电流程，且系统生成并存储故障代码，同时将故障信号通过 CAN 总线发送至组合仪表，组合仪表显示故障信号或点亮故障信号指示灯。

目前纯电动汽车的低压电源一般由 12V 的铅酸低压蓄电池提供，不仅要为低压控制系统供电，还需为助力转向电机、刮水器电机、安全气囊及后视镜调节电机等提供电源。为保证低压蓄电池能持续为 VCU 供电，低压蓄电池需有充电电源，而 DC - DC 变换器即可满足这一需求，因此，当点火开关打开或车辆充电时，主正继电器闭合后，即高压上电完成后启动 DC - DC 变换器，以保证低压电源持续供电。

（2）下电模式

在车辆下电时，BCM 接收到点火开关 OFF 命令，通过 V - CAN 总线发送至 VCU，VCU 解析信号后通过 P - CAN 发送至 BMS 以及 DC - DC 变换器和 MCU、OBC 等。BMS 接收到点火开关 OFF 命令，依次断开主正和主负继电器，高压下电。

动力蓄电池高压下电后，BMS 将高压下电信号通过 P - CAN、VCU、V - CAN 总线发送至 BCM，BCM 接收到此信号后，断开 ACC、IG1、IG2 继电器，低压下电，整车进入下电模式，具体流程如图 3-3 所示。

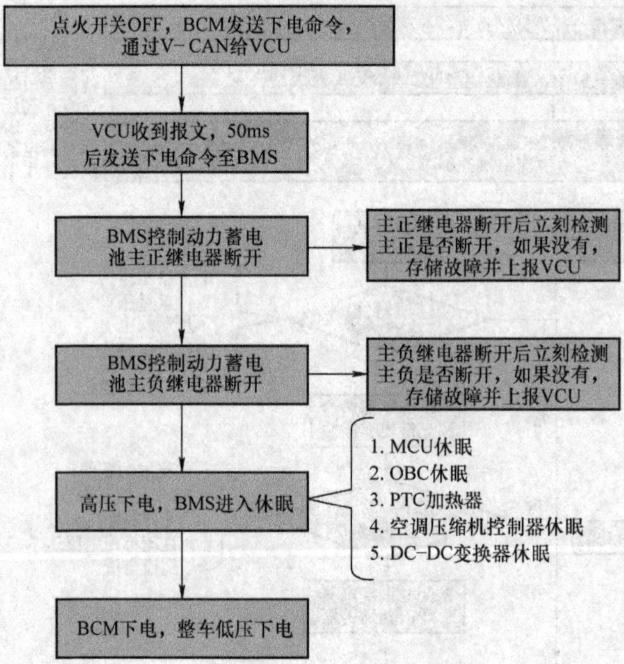

图 3-3　慢充系统下电控制逻辑图

(3) 充电模式

当 OBC 检测到 CC、CP 信号时，系统即进入充电模式。车载充电机通过 P-CAN 激活休眠的 BMS 以及 VCU、DC-DC 变换器和 MCU，同时 VCU 通过 V-CAN 总线激活仪表。

BMS 接收到激活信号并激活，发送动力蓄电池温度、SOC、绝缘、故障等信号至 VCU 和 OBC。OBC、BMS、VCU、DC 和 MCU 检测信号无异常后，BMS 控制主负、主正继电器闭合，同时为保证低压控制电源持续供电，DC-DC 变换器激活处于工作状态，具体流程如图 3-4所示。

在充电模式下，BMS 接收到充电信号后，禁止高压系统上电，保证车辆在充电时处于行驶锁止状态，并根据动力蓄电池状态信号限制充电功率，保护动力蓄电池。充电插接器提供的充电唤醒信号可作为充电模式的判定依据。

(4) 充电过程

对于动力蓄电池，由于其低温时不具有很好的充放电特性，甚至还伴随一定的危险性，因此基于安全考虑，还应在系统进入充电模式之前进行一次温度判别。当动力蓄电池温度低于0℃时，系统进入充电预热模式，此时可通过接通直流转换器对辅助蓄电池进行供电，通过热管理系统对动力蓄电池组进行预热；当动力蓄电池组内的温度高于0℃时，系统可进入充电模式，即闭合主正继电器。

无论在充电状态还是在放电状态，动力蓄电池的电压不均衡与温度不均衡将极大地妨碍动力蓄电池性能的发挥。在充电状态下，极易出现电压、温度不均衡的状态，充电过程中可通过电压比较及控制线路使得电压较低的单体蓄电池充电电流增大，而让电压较高的蓄电池单体充电电流减小，进而实现电压均衡的目的。温度的不均匀性会大大降低动力蓄电池组的

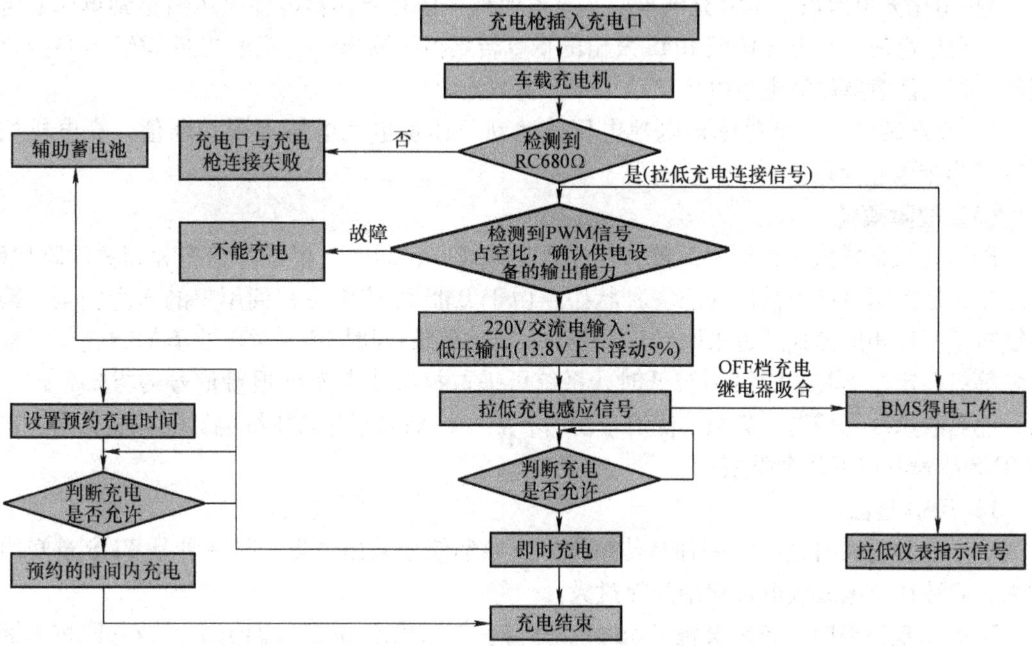

图 3-4 慢充流程图

使用寿命，因此，当蓄电池单体温度传感器监测出各单体蓄电池温度不均衡时，通过整车热管理系统，以达到温度均衡的目标，如图 3-5 所示。

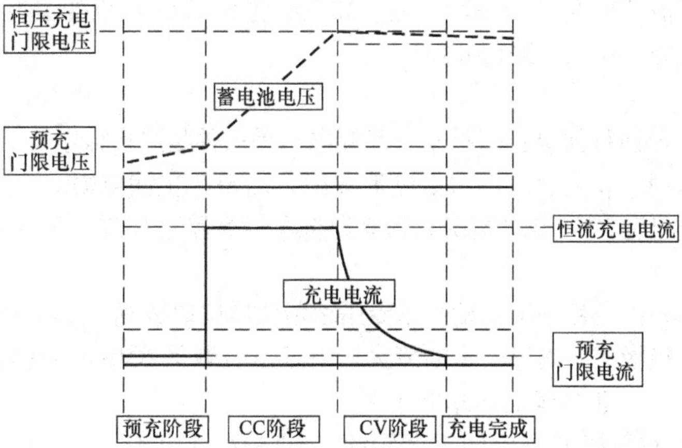

图 3-5 慢充系统充电过程

充电过程如下所述：

1）预充电阶段：使用充电设备对蓄电池或蓄电池组进行充电时，充电器以 0.02C 的电流值启动充电，当 BMS 检测到最低单体蓄电池电压在 2000mV 以上时即可转到恒流充电模式。

2）恒流充电阶段：恒流充电开始，充电器以 BMS 规定的最大电流进行恒定电流值输出。

3）恒压充电阶段：恒流充电末期，蓄电池组中任意单体蓄电池电压值达到单体蓄电池电压上限报警值，充电器按照 BMS 发出的指令转到恒压输出，电流值按照 BMS 的指令进行调整，直至任意单体蓄电池电压值达到单体蓄电池电压上限切断值。

4）充电结束：任意单体蓄电池电压值达到单体蓄电池电压上限切断值，充电机按照 BMS 的指令停止充电。

（5）故障模式

BMS 在任何模式下检测到故障，均进入故障模式，同时上报故障状态和相关故障代码。故障模式是控制系统中常出现的一种状态，由于 BMS 的使用关系到用户的人身安全，因而系统对于各种相应模式总是采取“安全第一”的原则。同时 BMS 对于故障的响应还需根据故障等级而定，当其故障级别较低时，系统可采取报错或者发出报警信号的方式告知驾驶人；而当故障级别较高，甚至伴随有危险时，系统将采取断开高压继电器的控制策略，常见的 BMS 故障有以下几个类型：

1）BMS 过温。

BMS 过温分两种情况：一种是传感器故障导致信号采集失真；另一种是 BMS 自身内阻过大，导致在充电或放电过程中发热过大。

BMS 出现过温时，仪表会报 BMS 过温故障。如果出现 BMS 过温情况，请立即将车辆靠路边停靠，联系维修工作人员进行处理。

2）BMS SOC 跳变。

BMS SOC 跳变的原因是 BMS 内部单体有一节或几节自身故障导致单节电压被拉低，车辆 SOC 根据电压对其进行修正，在此种情况下，SOC 会进行跳变，车辆对其的反应为续驶里程自动修正为当前 SOC 值下的续驶里程。如果出现 BMS SOC 跳变情况，请立即将车辆靠路边停靠，联系维修工作人员进行处理。

3）BMS 漏电。

BMS 漏电一般分两种情况：一种是一般漏电；另一种是严重漏电。

BMS 出现漏电时，仪表会报动力蓄电池故障，出现严重漏电时，车辆会自动将动力切断进行保护。如果出现 BMS 漏电情况，请立即将车辆靠路边停靠，联系厂家工作人员进行处理。

检测方法有两种：一种是用电动汽车专用诊断仪器读取数据（漏电故障）；另一种是戴上绝缘手套、穿上绝缘鞋，确保安全的情况下用万用表测量 BMS 的数据，正极对车身电压 V_1、负极对地电压 V_2、正负极之间总电压 V。

若 $V_1 > V_2$，则在正极并联电阻 R（50kΩ、100kΩ、110kΩ、150kΩ，最好选 100kΩ 或 110kΩ）后测量对地电压为 V_3，那绝缘电阻 $R = [(V_1 - V_3)/V_3] \times R$

若 $V_1 < V_2$，则在负极并联电阻 R（50kΩ、100kΩ、110kΩ、150kΩ，最好选 100kΩ 或 110kΩ）后测量对地电压为 V_4，那绝缘电阻 $R = [(V_2 - V_4)/V_4) \times R$

若 R 绝缘 $< 500\Omega/V$，则说明 BMS 漏电，应将 BMS 拆卸后交付厂家进行专业检修。

4）容量标定错误。

容量标定错误：外界人为因素对 BMS 容量大小、当前 SOC 未进行标定匹配引起的错误；容量标定错误将会导致车辆的续驶里程与当前 SOC 值不匹配，严重情况下会出现续驶里程跳变或驾驶人误判续驶里程导致车辆抛锚。

如果出现 BMS 容量标定错误，请联系厂家工作人员进行处理。一般的处理方法是在条件允许的情况下，通过充电柜对车辆进行放电至车辆自动切断动力，然后给车辆进行充电至 SOC 为 100%，在 SOC 为 90% 左右时，通过机舱动力蓄电池的诊断 CAN 口连接上位机，打开 BMS 监控系统，采集到车辆充电到 SOC 为 100% 时的本次充电容量，将此充电容量对于 SOC 100% 重新标入 BMS 中，恢复车辆上电，车辆恢复正常。

如果不能通过充电柜对车辆进行放电，则需要在 SOC 尽量小的情况下将车辆停放在充电位上，开启 PTC 加热器将车辆电量放电至动力自动切断，然后给车辆进行充电至 SOC 为 100%，在 SOC 为 90% 左右时，通过机舱的诊断 CAN 口连接上位机，打开 BMS 监控系统，采集到车辆充电到 SOC 为 100% 时的本次充电容量，将此充电容量对应于 SOC100% 重新标入 BMS 中，恢复车辆上电，车辆恢复正常。

BMS 自带有修复功能，如果上述两种情况均无法操作，车辆在多次充放电后会将车辆容量修正为接近实际容量。

5）BMS 保护结构或自身被撞。

由于外界人为或环境因素，可能导致 BMS 在行驶过程中被撞到，严重情况下可能会导致 BMS 内部芯体损坏。吉利 EV450 动力蓄电池有多层设计保护措施，包括防撞钢管、防刮铁板、BMS 托盘。

如果防撞钢管被撞或者防刮铁板被撞坏，则需要更换新的配件；如果 BMS 托盘刮伤，则需要补防锈漆、涂 PVC 胶；如果 BMS 托盘严重变形，则将 BMS 拆卸后交付厂家进行专业检修；如果 BMS 内部进水，请立即联系厂家工作人员进行现场处理。

6）BMS 其他故障。

BMS 出现其他故障，请立即联系厂家工作人员进行现场处理。

4. 线路结构

BMS 的主要功能有充放电管理、继电器控制、功率控制、蓄电池异常状态报警和保护、SOC/SOH 计算、自检以及通信功能等；CSC 的主要功能有蓄电池电压采样、温度采样、蓄电池均衡、采样线异常检测等；动力蓄电池采样线的主要功能是连接 BMS 和蓄电池信号采集器，实现二者之间的通信及信号交换，其线路结构组成有以下几种：

（1）BMS 的电源

从 BMS 线路原理图（图 3-6）可以看出，单元电源由两路供给：一路由辅助蓄电池正极通过熔丝 EF01（10A）给单元 CA69/1 端子提供常电，通过单元端子 CA69/2 搭铁，构成回路；一路由 IG2 继电器通过熔丝 IF18（10A）给单元 CA69/7 端子提供点火开关电源，通过单元端子 CA69/2 搭铁，构成回路。

由于新能源整车控制电源在设计时就有特殊需求，即 BMS 要参与点火开关打开后的工作及通信，还要满足车辆在点火开关关闭、充电时 BMS 工作及通信需求，所以 BMS 的 +B 电源作用就是保证在这两个状态时 BMS 能正常启动及通信。如果此 +B 电源出现故障，将导致 BMS 启动及通信失败，致使整车高压上电失败。

BMS 的 IG 电源，在此车辆上主要作为 BMS 的唤醒信号，和 CAN 总线唤醒为冗余关系，同时还作为 BMS 低压下电后启动休眠模式的时间参考信号。如果此电源出现故障，BMS 通过 P-CAN 接收和判别点火开关状态，同时利用 +B 电源作为功率电源供电。

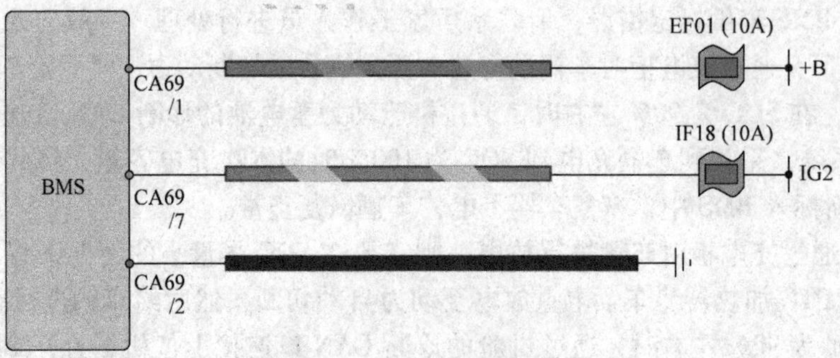

图 3-6　BMS 线路原理图

（2）CSC

如图 3-7 所示为动力蓄电池组采集系统（CSC）及控制单元（BMU），CSC 安装在动力蓄电池内部，每一个动力蓄电池组内有多个 CSC，以监测其中每个蓄电池单体或蓄电池组单体电压、温度信号。CSC 将相关信号上报 BMU，并根据 BMU 的指令执行单体电压均衡。CSC 包含采集单元、采集线束、温度传感器等组成，如图 3-8 所示。

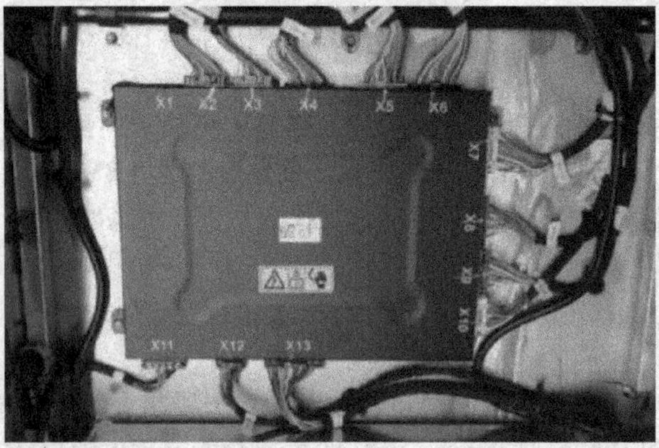

图 3-7　动力蓄电池组采集系统（CSC）及控制单元（BMU）

（3）继电器控制

在上下电以及充电过程中，高压线路有特殊的分布，所以对线路要进行单独的控制和切换。这些切换控制都是由动力蓄电池组内部的继电器完成，从而实现电源分配、接通、断开。动力蓄电池内部有 5 个继电器，分别为主正继电器、主负继电器、预充继电器、快充继电器、快充预充继电器，如图 3-9 所示。继电器电源为辅助蓄电池供电，继电器控制都是通过 BMS 根据车辆状态及功能进行控制。

主正继电器：主要控制动力蓄电池输出的高压电流向负载。

预充继电器：是为了保护电机以及内部大容量电容等感性负载，在初始状态时，不会因为电流过大而损坏。

主负继电器：负责动力蓄电池电能输出，断开后动力蓄电池电能将无法输出。

快充继电器：在快充充电过程中，控制外部直流高压电源的接通以及断开。

快充预充继电器：在快充充电初期接通，防止动力蓄电池由于电流过大冲击损坏。

预充电阻：限制高压电电流，在高压接通瞬间通过电阻限流，防止负载由于电流过大冲击损坏。

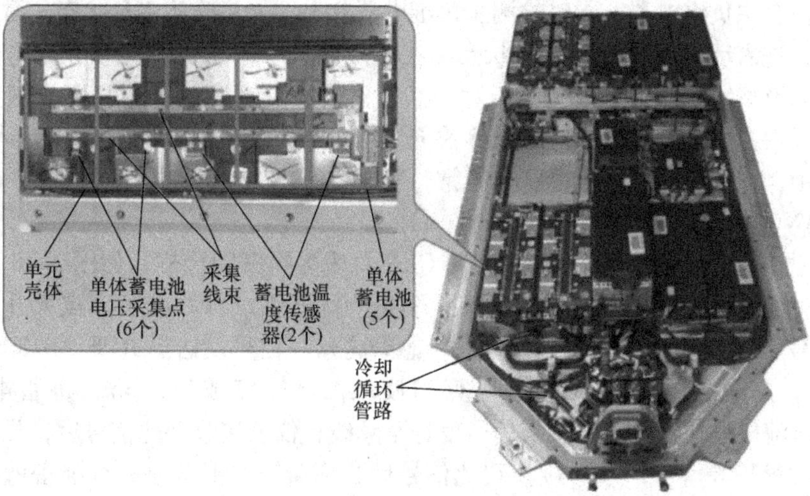

图 3-8　CSC 结构组成

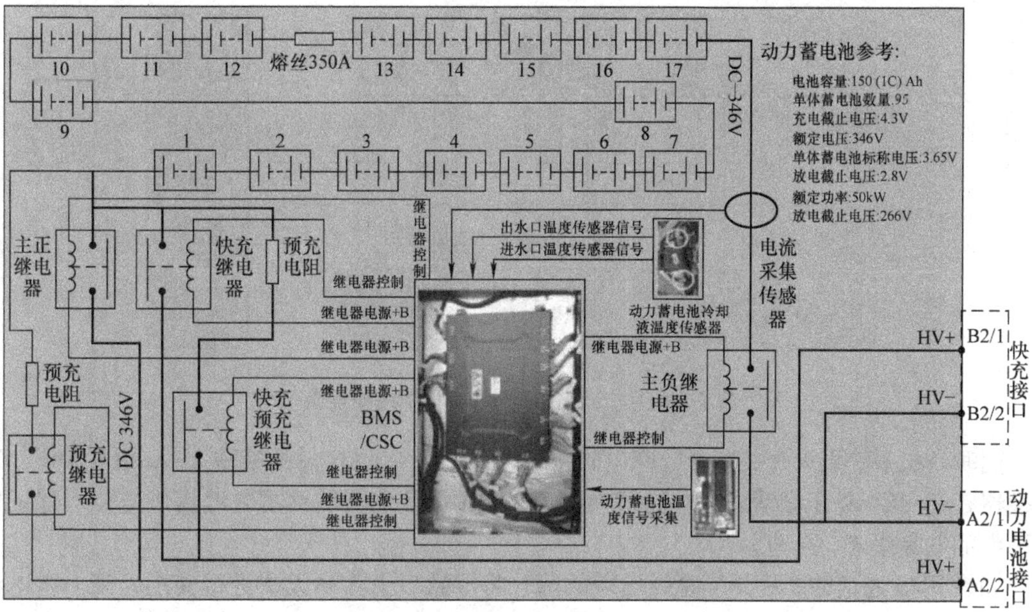

图 3-9　动力蓄电池内部继电器控制线路原理图

车辆上电：BMS 接收到 VCU 发送的车辆准备就绪信号，首先闭合主负继电器，同时检测主负继电器状态，如果确认主负状态正常，闭合预充继电器，进入预充电状态。在此阶段，BMS 检测预充继电器状态、高压绝缘状态以及母线电压，当母线电压达到其标称值的 90%时，先闭合主正继电器后，再断开预充继电器，同时检测主正继电器状态，如果正常，进入放电模式。在上述过程中，如果检测到继电器状态异常，整车将停止上电。

车辆下电：BMS 接收到 VCU 发送的下电信号，首先断开主正继电器，同时检测主正继电器状态，如果状态异常，生产故障代码存储。如果正常，BMS 在断开主负继电器，同时检测主负继电器状态，如果状态异常，生产故障代码存储。此时车辆进入高压下电模式。

快充控制：车辆进行快速充电时，BMS 接收到快充充电桩及 VCU 发送的车辆准备就绪信号，首先闭合主负继电器，同时检测主负继电器状态，如果确认主负状态正常，闭合快充预充继电器，进入动力蓄电池预充电状态。在此阶段，BMS检测快充预充继电器状态、高压绝缘状态以及母线电压，当母线电压达到其标称值的75%～90%时，闭合快充正极继电器后，再断开快充预充继电器，同时检测快充正极继电器状态，如果正常，进入充电模式。在上述过程中，如果检测到继电器状态异常，整车将停止充电。

（4）CAN通信

BMS启动、信号传输，都需要通过P-CAN总线去唤醒和传输，如图3-10所示为动力蓄电池CAN总线线路原理图。踩制动踏板，打开点火开关，VCU接收到点火开关打开及踩制动踏板信号后，VCU激活，通过P-CAN总线将这一信号发送至BMS，BMS接收到此信号后被唤醒，同时进行自检及数据计算和读取，自检完成后，BMS将蓄电池电量值（SOC）、蓄电池电压、蓄电池温度等信号发送至总线；仪表接收到此信号后，显示蓄电池电量及剩余行驶里程等信号；VCU接收到此信号后，判断动力蓄电池是否准备就绪，是否可以高压上电。VCU判断结束后，通过P-CAN总线发送整车上电请求信号至BMS，BMS接收到此信号后对继电器控制进行高压上电。

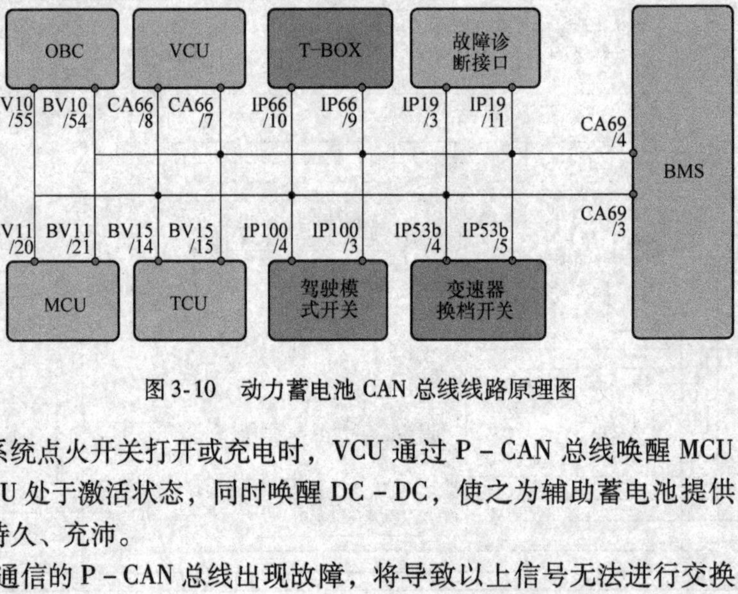

图3-10 动力蓄电池CAN总线线路原理图

同时，在系统点火开关打开或充电时，VCU通过P-CAN总线唤醒MCU以及DC-DC变换器，使MCU处于激活状态，同时唤醒DC-DC，使之为辅助蓄电池提供电源，保证辅助蓄电池电源持久、充沛。

如果BMS通信的P-CAN总线出现故障，将导致以上信号无法进行交换，动力蓄电池高压上电无法实现。

二、数据通信总线

车辆内部有很多控制单元都依赖于来自其他控制单元的信号并向其他控制单元传输信号或者两者并存。总线数据通信网络提供了一个可靠的、经济有效的通路，使车辆内的不同部件之间可以互相“联系”并分享信号。

吉利EV450的总线包括P-CAN总线、V-CAN总线、C-CAN总线（驱动电机）、UDS-CAN总线（刷新）、动力蓄电池诊断CAN总线、DC快充CAN总线、LIN总线。其中CAN总线传输速率为500kbit/s，LIN传输速率为19.2kbit/s，如图3-11所示。

1. P-CAN总线

新能源汽车比传统的车辆上多了BMS、VCU、DC-DC变换器、OBC、MCU、电动空调

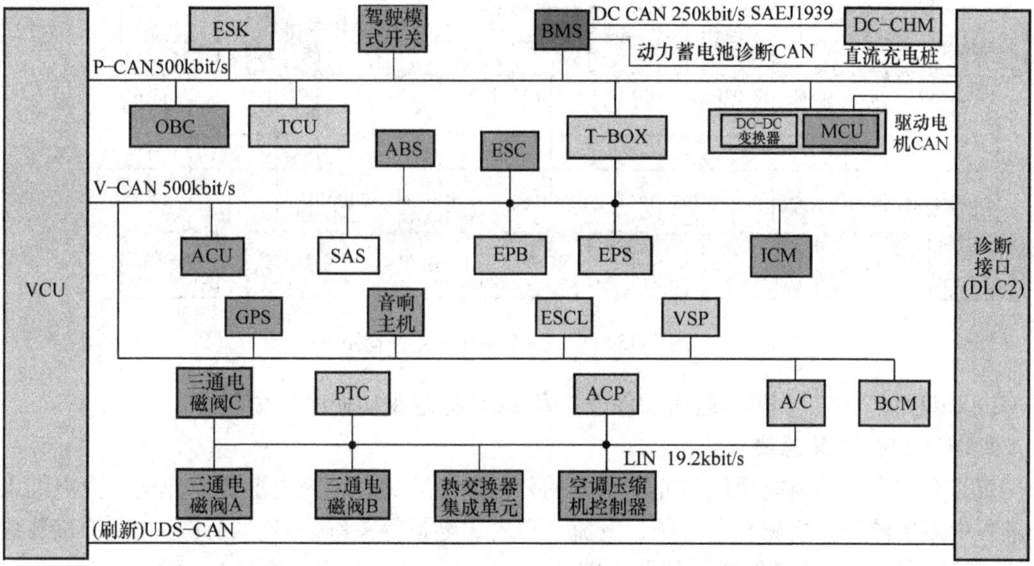

图 3-11　新能源数据总线的组成

等控制单元，这些单元组成的网络称为 P－CAN，如图 3-12 所示。P－CAN 总线上传递的数据信号主要有：蓄电池温度、电压、电流信号，充电信号，高压绝缘信号，高压互锁信号，加速踏板信号，制动踏板信号，档位信号，能量回收信号，能量管理信号，冷却控制信号，故障等级信号。

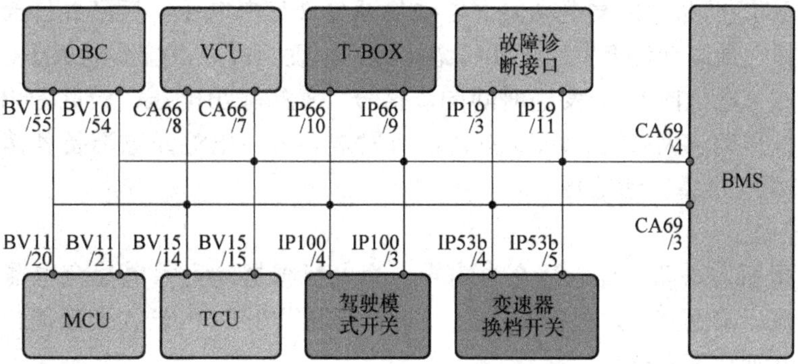

图 3-12　P－CAN 线路原理图

2. V－CAN 总线

V－CAN 总线主要用来连接电子转向柱锁控制器（ESCL）、组合仪表、EPB、空调控制器、安全气囊控制单元（ACU）、BCM 等，如图 3-13 所示。主要数据信号有以下：遥控防盗信号、点火电源控制、整车热管理信号、倒车影像、距离信号、气囊数据信号、玻璃升降器控制信号、远程监控数据信号、行驶状态信号、故障等级信号等。

3. C－CAN 总线、UDS－CAN 总线、动力蓄电池诊断 CAN 总线

C－CAN 总线、UDS－CAN 总线、动力蓄电池诊断 CAN 总线为刷新 CAN，主要基于 CCP 的在线匹配标定，主要作用是监控 ECU 工作变量、在线调整 ECU 的控制参数（包括 MAP、曲线及点参数）、保存标定数据结果以及处理离线数据等。完整的标定系统包括上位

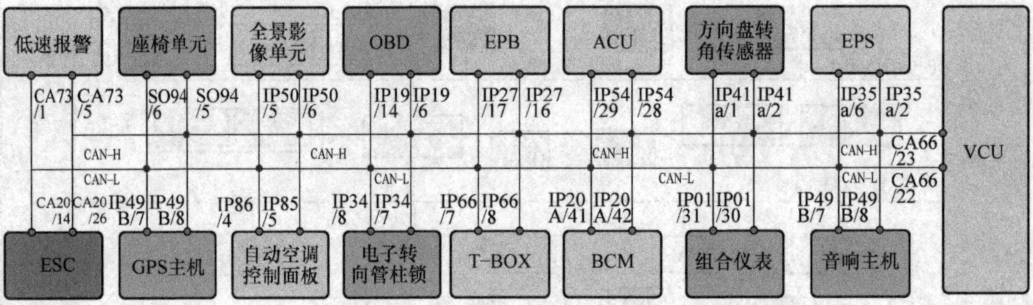

图 3-13　V-CAN 总线线路原理图

机 PC 标定程序、PC 与 ECU 通信硬件连接及 ECU 标定驱动程序三个部分。

4. DC 快充 CAN 总线

直流充电设备是新能源汽车充电系统的外部连接装置，在充电准备、充电、充电结束三个过程中需要监控、检测充电电压、电流、温度、电量等关键信号。因此在快充连接装置中设置了快充 DC-CAN 总线通信线路，即 S+（CAN-H）和 S-（CAN-L）。

1）握手阶段。

当充电连接电缆及充电枪连接完成并启用充电桩后，充电机向 BMS 发送握手协议，当充电机通过握手并检测绝缘正常后，充电机使用 250kbit/s 频率向 BMS 发送充电机辨别信号。BMS 以同样方式向充电机发送车辆信号，用于确认充电机和 BMS 之间通信链路正确。

2）参数配置。

配置阶段 BMS 向充电机发送动力蓄电池最高允许充电电压、最高允许充电电流、慢充系统标称总能量、最高允许充电总电压、最高允许温度、慢充系统荷电状态、慢充系统总电压等参数信号；充电机向 BMS 发送时间同步信号、最高输出电压、最低输出电压、最大输出电流。以上信号确认无误后，BMS 向充电机发送动力蓄电池充电准备就绪信号，充电机向 BMS 发送充电机准备就绪信号。

3）充电控制。

BMS 向充电机发送动力蓄电池充电需求，充电机根据动力蓄电池充电需求来调整充电电压和充电电流，确保充电过程正常进行，如果充电机在 1s 内没收到任何信号，即为超时错误，充电机立即结束充电。

在恒压充电模式下，充电机输出电压满足电压需求值，输出电流不能超过需求值；在恒流充电模式下，充电机输出电流满足电流需求值，输出电压不超过需求值；当电压或电流需求为 0 时，充电机按最小输出能力输出。

5. LIN 总线

局域互联网（Local Interconnect Network，LIN）表示所有的控制单元都装在一个有限的空间内（如空调控制器、PTC 加热器），所以它也被称为“局域子系统”。如图 3-14 所示为空调系统 LIN 总线线路原理图。

吉利 EV450 的 LIN 总线主要由空调控制器、空调面板开关、空调压缩机控制器、热交换器集成单元、PTC 加热器、三通电磁阀 A/B/C 组成。其数据信号有空调压缩机起动信息、PTC 加热器启动信号、冷却风扇起动信号、冷却液循环水路控制信号等，其传输信号不仅仅为空调制冷、制热信号，同时在整车充电（慢充/快充）过程中，也需要传输车辆热管理

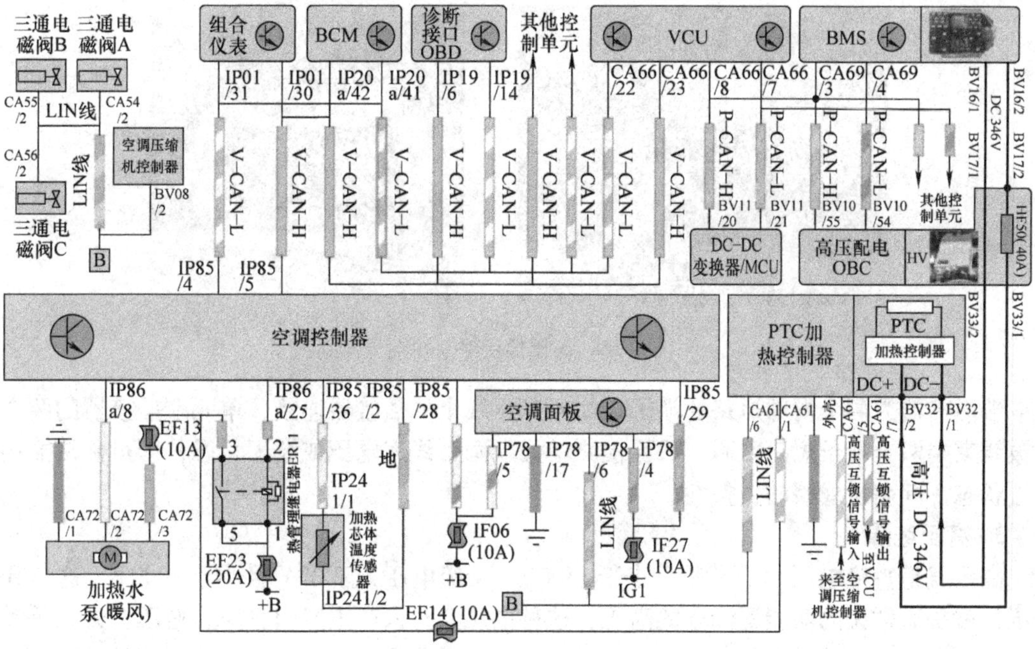

图 3-14　空调系统 LIN 总线线路原理图

信号。

三、动力蓄电池安全管理

动力蓄电池安全管理主要包含蓄电池安全、高压互锁、高压绝缘、碰撞安全这四方面的管理。通过对这几方面的性能检测以及控制，就可以实现动力蓄电池的安全使用，进而保证车辆的整体安全性能以及维护的安全性。

1. 蓄电池安全

蓄电池安全主要包括内部短路、大电流、气体排放、燃烧四个方面。

1）锂离子在负极堆积形成枝晶，刺穿隔膜，形成内部短路。

2）大电流放电，产生巨大热量，内部短路，隔膜穿透，温度上升，短路扩大，形成恶性循环。

3）电解液在大电流、高温下电解，产生气体，导致内压上升，严重时冲破壳体。

4）在壳体破裂时蓄电池内部可燃物与空气接触，导致燃烧，同时引燃电解质发生爆炸。

2. 高压互锁

高压互锁（High Voltage Inter Lock，HVIL）的目的是用来确认整个高压系统的完整性的，当高压系统回路断开或者完整性受到破坏的时候，就需要启动安全措施了。HVIL 的存在，可以使得在高压母线上电之前，就知道整个系统的完整性，也就是说在蓄电池系统主、负继电器闭合给电之前就防患于未然。HVIL 的存在，是需要整个系统构成的，主要通过插接器的低压连接回路完成的。如图 3-15 所示。

高压互锁线路是在高压插接器内部增加低压检测线路，一般单元端插接器为两个插孔，

图 3-15　高压插接器互锁端子

线束端插接器为两个内部短路的端子。如果高压线束的插接器连接，单元端插接器的两个插孔被线束端两个端子短路接通，只要检测单元端两个线束电压或波形状态，即可确认插接器连接状态，即高压线路的完整性。

3. 高压绝缘

高压就是直流电压大于60V 且小于1500V、交流电压大于30V 且小于1000V，这是B 级电压，就是通常说的新能源汽车的高压，这种电压会对人产生肌肉收缩、血压上升、呼吸困难甚至死亡，所以就带来了一个安全的问题。安全问题涉及面较广，包括车辆使用、生产、维修等都会给人带来触电的危险，所以简单说高压安全技术就是防止高压对人造成伤害的技术。

新能源汽车的绝缘状况以直流正负母线对地（车身）的绝缘电阻来衡量。电动汽车的国际标准规定，绝缘电阻值 R 除以电动汽车直流系统标称电压 U，结果应大于 100Ω/V，才符合安全要求。

电气系统是新能源汽车的重要组成部分。根据不同用途，新能源汽车的电气系统通常分为低电压系统和高电压系统。前者为车辆的中央控制器和灯光、刮水器等提供电能，一般采用直流 12V 或 24V 电源，车用低电压系统的设计与结构布置采用相应的规范与标准，技术成熟、可靠性高。后者为车辆的驱动电机等大功率部件提供电能。

新能源汽车高压系统主要由慢充系统、DC－DC 变换器、MCU 和驱动电机、OBC、高压分配盒、空调系统、连接电缆等电气设备组成。高压一般在直流 100V 以上，采用较高的电压规范，减小了电气设备的工作电流、降低了电气设备和整车集成的重量。但是，较高的工作电压对高电压系统与车辆底盘之间的绝缘性能提出了更高的要求。高压电缆线绝缘介质损耗或受潮湿环境影响等因素都会导致高电压线路和车辆底盘之间的绝缘性能下降，电源正、负极引线将通过绝缘层和底盘构成漏电流回路，使底盘电位上升，不仅会危及乘客的人身安全，而且将影响低压电气和 VCU 的正常工作。当高电压线路和底盘之间发生多点绝缘性能严重下降时，还会导致漏电回路的热积累效应，可能造成车辆的电气火灾。因此，实时、定量检测高压电气系统相对车辆底盘的电气绝缘性能，对保证乘客安全、电气设备正常工作和车辆安全运行具有重要意义。

对于封闭回路的高压直流电气系统，其绝缘性能通常用电气系统中电源对地漏电流的大小来表征。现在普遍使用的三种漏电流检测的方法：辅助电源法、电流传感法和桥式电阻法。本书重点介绍桥式电阻法。

如图 3-16 所示为桥式电阻法绝缘电阻监测线路结构，A 点与动力蓄电池正极相连，B

点与动力蓄电池负极相连，O 点与车辆底盘相连。U_o 为动力蓄电池高压电源的输出电压，R_{g1}、R_{g2} 分别为高压电源正、负极引线对底盘的一种等效绝缘电阻，此电阻的数值不是固定的，是随环境等各因素可变化的，R 为限流电阻，可以取一个合适较大数值，如取 $R=51\text{k}\Omega$。T_1、T_2 为电子控制开关管。

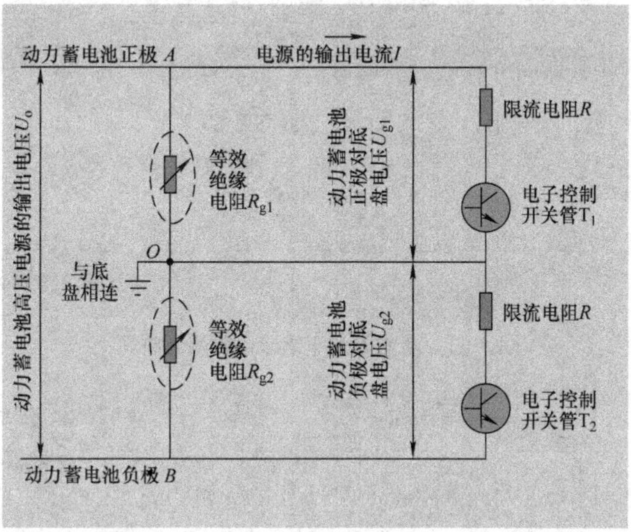

图 3-16 新能源汽车桥式电阻法绝缘监测线路结构

控制单元通过 T_1 和 T_2 让其导通与关断，改变点 A（动力蓄电池正极连接点）和点 B（动力蓄电池负极连接点）之间的等效电阻和动力蓄电池电源的输出电流 I，根据为动力蓄电池高压电源的输出电压 U_o、动力蓄电池电源的输出电流 I 和等效电阻之间的关系，便可以计算出等效绝缘电阻 R_{g1} 和等效绝缘电阻 R_{g2} 的阻值。

如图 3-17 为新能源汽车绝缘电阻测量原理，图中 R_{c1}、R_{c2} 为标准阻值为 51kΩ。其监测的工作原理如下：相对电压 U_o 而言，开关管 T_1 和 T_2 的导通电压很小，可以忽略不计。在电动汽车运行过程中，电压 U_o 不是恒定不变的，其读数需要和电流 I 同时采集。

1）当 T_1 导通、T_2 关断时，桥式线路的等效形式为 R_{g1} 与 R_{c1} 并联后与 R_{g2} 串联，如图 3-18所示。这时，电源电压为 U_{o1}、电流为 I_1：

$$U_{o1}=I_1\left[R_{g2}+\frac{R_{g1}R_{c1}}{R_{g1}+R_{c1}}\right]$$

2）当 T_2 导通、T_1 关断时，桥式线路的等效形式为 R_{g2} 与 R_{c2} 并联后与 R_{g1} 串联，如图 3-19所示。这时，电源电压为 U_{o2}、电流为 I_2：

$$U_{o2}=I_2\left[R_{g1}+\frac{R_{g2}R_{c2}}{R_{g2}+R_{c2}}\right]$$

当高压电源正、负极引线对底盘绝缘性能较好，满足 $R_{g1}>10R_{c1}$、$R_{g2}>10R_{c2}$ 时，可以做以下近似处理：

$$R_{g1}R_{c1}/(R_{g1}+R_{c1})\approx R_{c1}$$
$$R_{g2}R_{c2}/(R_{g2}+R_{c2})\approx R_{c2}$$

由以上四式可得到：

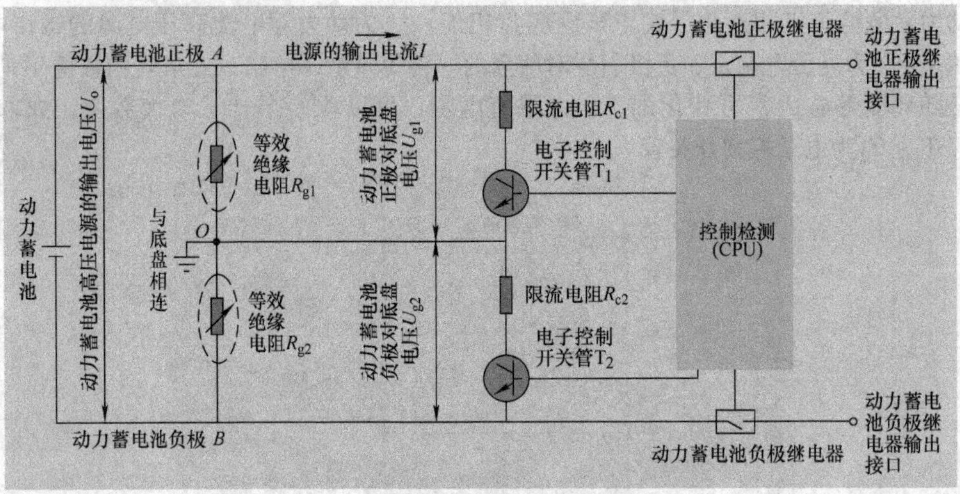

图 3-17　新能源汽车绝缘电阻测量原理

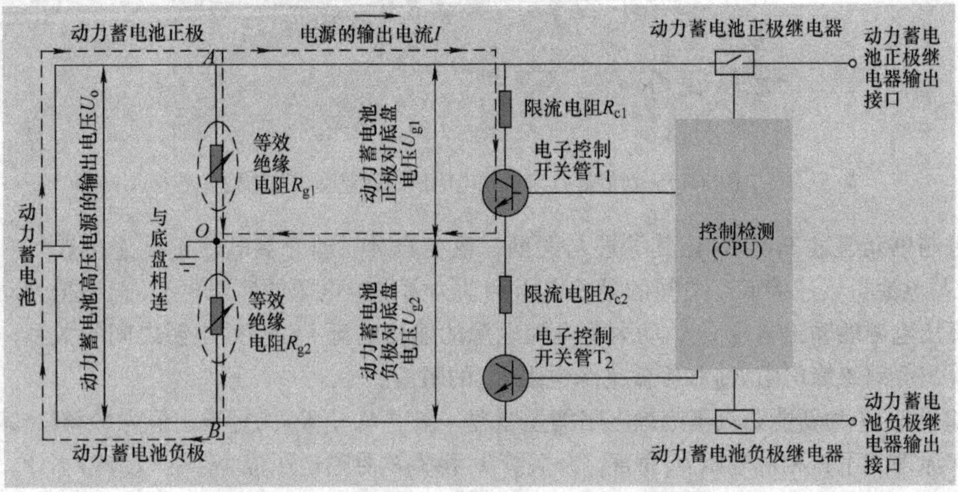

图 3-18　T_1导通、T_2关断时，桥式线路等效形式

$$R_{g1} = U_{o2}/I_2 - R_{c1}$$

$$R_{g2} = U_{o1}/I_2 - R_{c2}$$

3）如果绝缘电阻R_{g1}、R_{g2}之和小于250kΩ，说明电流I大于2mA，则T_1和T_2同时关断，电源的正、负极引线电缆对底盘的绝缘性能都不好，检测系统不再单独检测R_{g1}和R_{g2}，并立即发出报警信号，同时BMS断开正负继电器，停止整车高压上电。

4. 碰撞安全

汽车遭受碰撞时，汽车安全气囊（SRS）单元检测到的碰撞传感器动作，通过CAN通信线路将数据发送至BMS，BMS随即控制动力蓄电池组内部高压继电器关闭，切断高压回路，执行下电管理，防止触电事故发生，如图3-20所示。

四、动力蓄电池热管理

动力蓄电池最佳的工作温度为25℃左右，但动力蓄电池工作电流大，产热量大，同时动力蓄电池处于一个相对封闭的环境，就会导致蓄电池的温度上升。同时，在低温下充电及

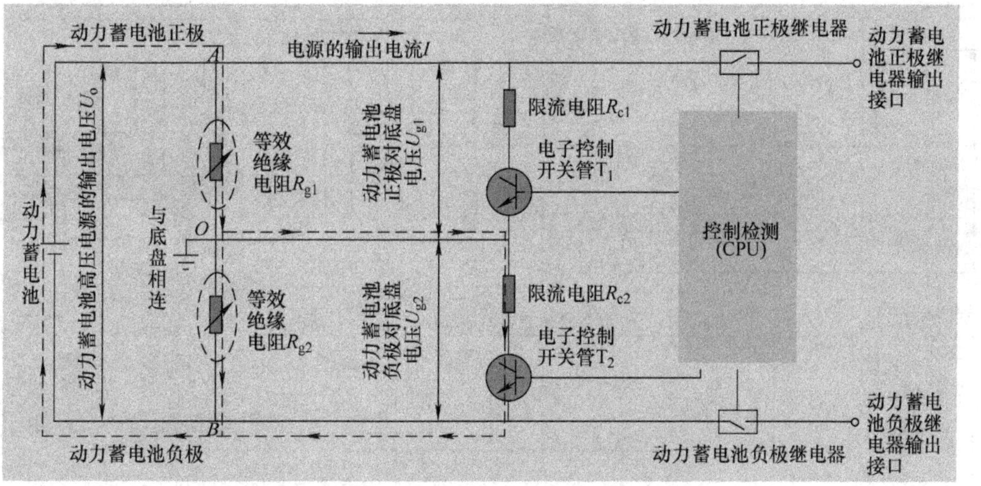

图 3-19　T_2导通、T_1关断时，桥式线路的等效形式

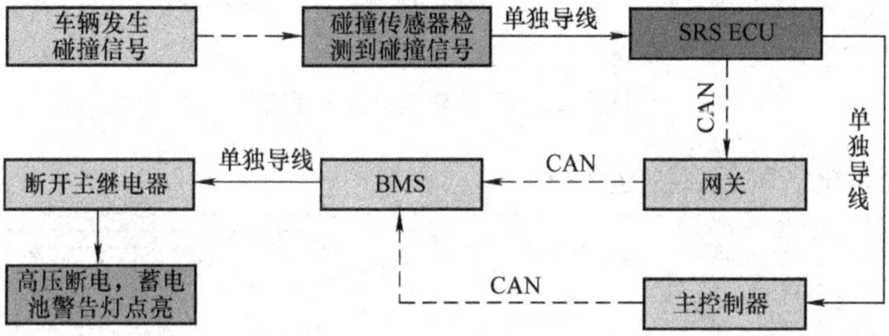

图 3-20　汽车安全气囊（SRS）单元工作原理

车辆行驶，将导致蓄电池性能急剧下降。因此，吉利电动汽车通过引入外部暖风、空调以及电机、电控等外部热源、冷源，实现低能耗热管理控制，增加车辆续驶里程。

整车热管理将电机、电控部分的液体温控循环系统与动力蓄电池的液态温控系统打通，中间通过两个电磁阀（B/C）和一个阀体（热交换器阀体）进行控制冷却及预热。同时通过一个电磁阀（A）引入 PTC 加热器的暖风热源，为动力蓄电池进行预热。

热管理模式按系统功能分为预热管理和散热（冷却）管理两种；按工作状态分为运行热管理和充电热管理。其中在运行热管理、充电热管理中又包含预热管理和散热（冷却）管理功能。

图 3-21 为吉利电动汽车整车热管理结构组成，包括暖风控制系统、空调制冷控制系统、蓄电池/驱动电机/电控部分的液体温控循环系统三大部分。

1. 运行预热

在运行放电模式下，当蓄电池温度低于 0℃时加热开启，高于 3℃加热关闭。图 3-22 中虚线所指的为运行预热循环系统。运行预热引入电机、电控部分工作时所产生的热源，驱动电机只要运转就会产生热量，这个发热源不仅效率比 PTC 加热器要快很多，并且还不用消耗任何蓄电池电量。因此将电机、电控系统运转时产生的热量，由冷却液作为介质，通过接通后的阀体将热量传递给动力蓄电池组。既能够给单体蓄电池快速加温，又完全不消耗蓄电池电量。一旦蓄电池温度达到标定值，阀体就会断开连接。断开后的电机、电控系统，与动

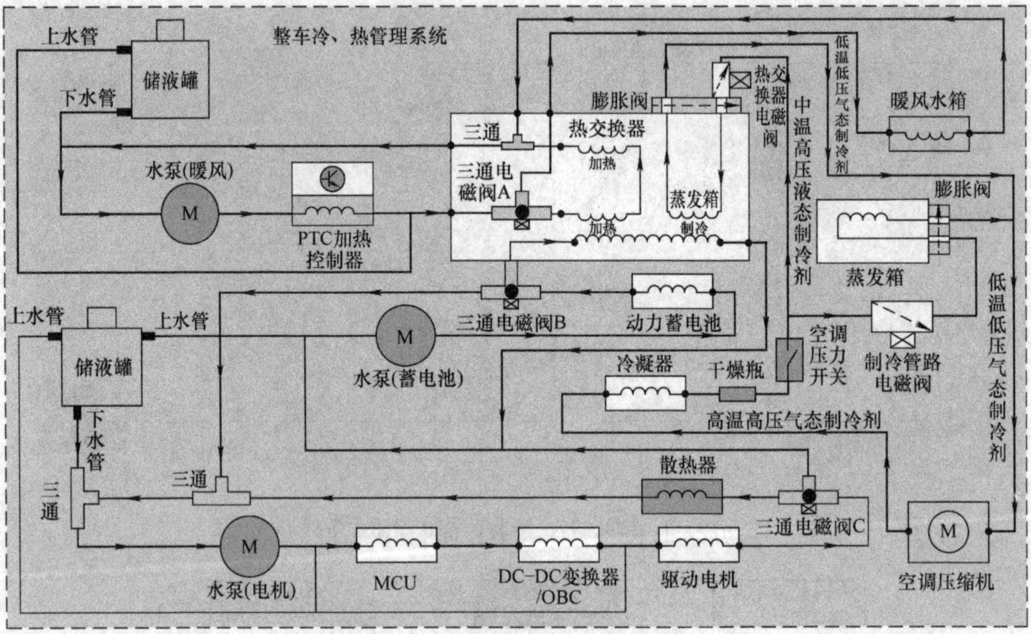

图 3-21　整车热管理结构组成

力蓄电池的温控系统恢复各自独立运行。

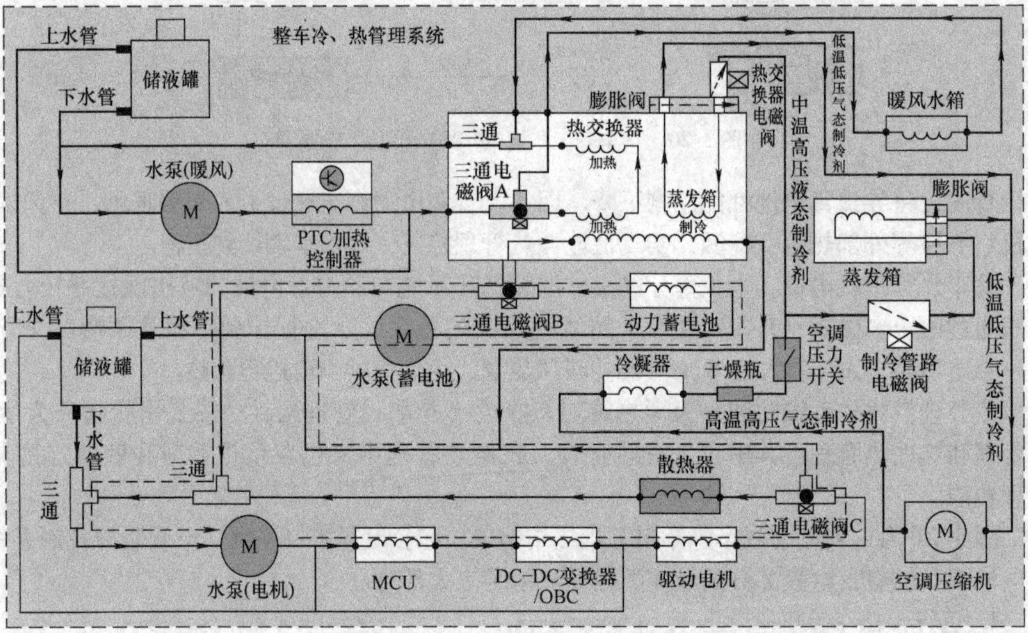

图 3-22　运行预热循环控制图

如图 3-23 所示为热循环系统线路原理图。BMS 将蓄电池温度预热请求信号通过动力 P-CAN（CA69/3、CA69/4 端子）发送至 VCU（CA66/8、CA66/7 端子），VCU 接收到动力蓄电池预热请求信号后，内部控制（CA67/115 端子）至水泵（电机）冷却继电器 1 线路搭铁，继电器工作，为水泵（电机）提供电源，VCU（CA67/101 端子）根据当前的温度信号输出 PWM 占空比信号，控制水泵运转速度（冷却液流量）。占空比越大，水泵转速越高，反之，水泵转速越低。被电机、电控部分加热的冷却液开始流动至三通电磁阀 C 位置。VCU 同时通过 CA67/83 端子返回的信号检测和判断水泵的工作状态，实现闭环控制。

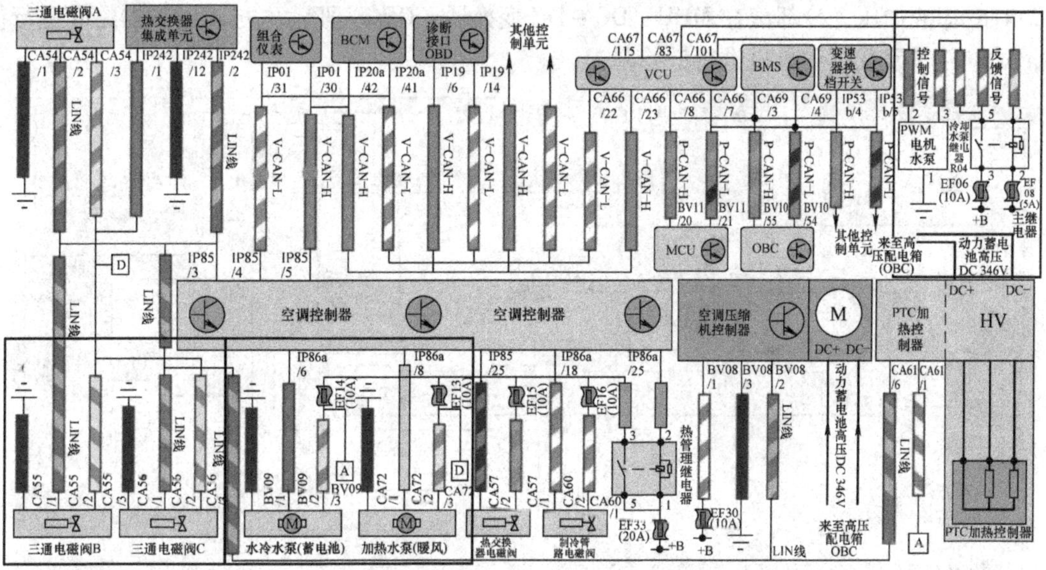

图 3-23　热循环系统线路原理图

同时，VCU 通过 V－CAN（CA66/22、CA66/23 端子）发送动力蓄电池预热请求至空调控制器（IP85/4、IP85/5 端子），空调控制器接收到预热信号后，通过 LIN 总线（IP85/3 端子）发送数据至三通电磁阀 B、三通电磁阀 C。三通电磁阀 B 打开至回水管三通的水道，三通电磁阀 C 打开至水泵（电机）的水道，关闭散热器水道。同时空调控制器起动水泵（蓄电池）工作，电机、电控部分加热的冷却液开始流动至动力蓄电池箱内部冷却管路，为蓄电池预热。

2. 运行散热（冷却）

1）驱动电机及电控单元散热。

车辆在运行过程中，MCU、DC－DC 变换器、驱动电机是车辆运行中的功率输出单元。MCU 将 DC 346V 通过内部变压器、大功率晶体管等转换为车辆所用的 AC 346V，为驱动电机提供电能。驱动电机将 MCU 转化的 AC 346V 电能转为磁能，在转化为机械能，驱动车辆运行。DC－DC 变换器将 DC 346V 电通过内部变压器、大功率晶体管等转换为车辆所用的 DC 12V。其中在这些变压器、大功率晶体管和电机绕组工作时，有一部分电能或磁能转化为热能，聚集在这些功率元件上，致使元件温度升高。

如果在这些元件工作时不将这些热量散发出去，将导致元件过温而损坏，甚至发生火灾。因此，车辆为保证整车运行设计了一套热管理系统，以控制、稳定运行过程中的元件温度，防止事故发生。如图 3-24 所示为驱动电机及电控单元运行散热结构图，虚线表示为驱动电机及电控单元散热时冷却液流动方向图。

驱动电机及电控单元散热循环包含水泵（电机）、MCU、DC－DC 变换器、OBC、驱动电机、散热器、冷却液循环管、储液罐等元件。控制系统包含 VCU、冷却风扇、冷却风扇继电器、温度传感器（MCU 内部）。其线路控制结构如图 3-25 所示。

驱动电机及电控单元热管理由 VCU 实际控制，在充电过程中，MCU 根据内部温度传感器，实时监测 MCU 功率转换元件的工作温度，如果超过预设的阈值（≥45℃）时，起动水泵，对冷却液加压，冷却液在 MCU、DC－DC 变换器、OBC、驱动电机、散热器之间进行循环，对电控单元及驱动电机进行散热降温。

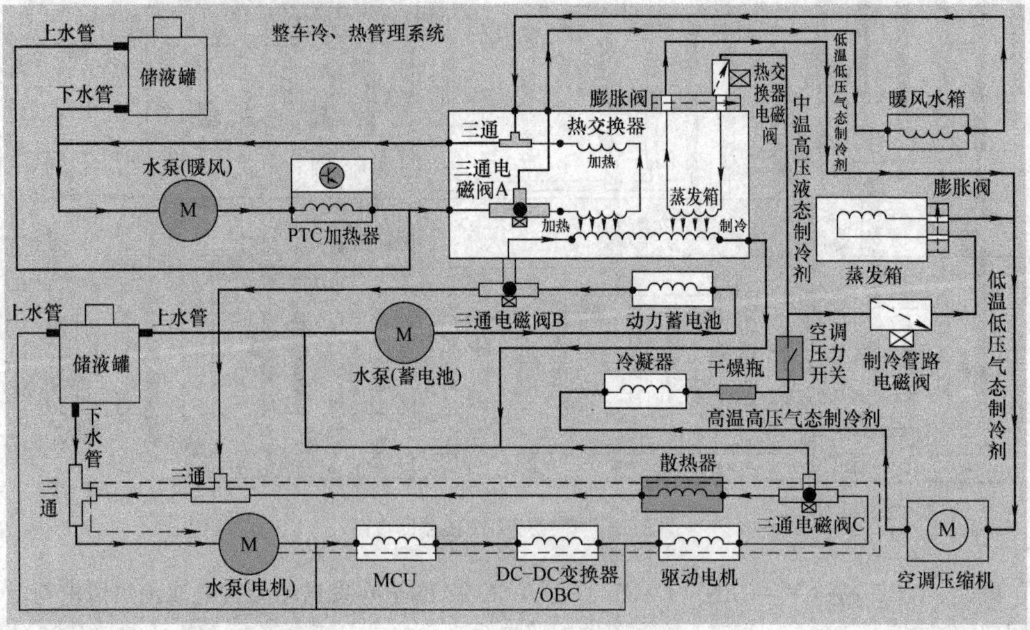

图 3-24　驱动电机及电控单元运行散热结构图

冷却风扇控制：当温度≥45℃时，冷却风扇低速运转；当温度≥78℃时，冷却风扇高速运转。其线路控制结构如图 3-25 所示。

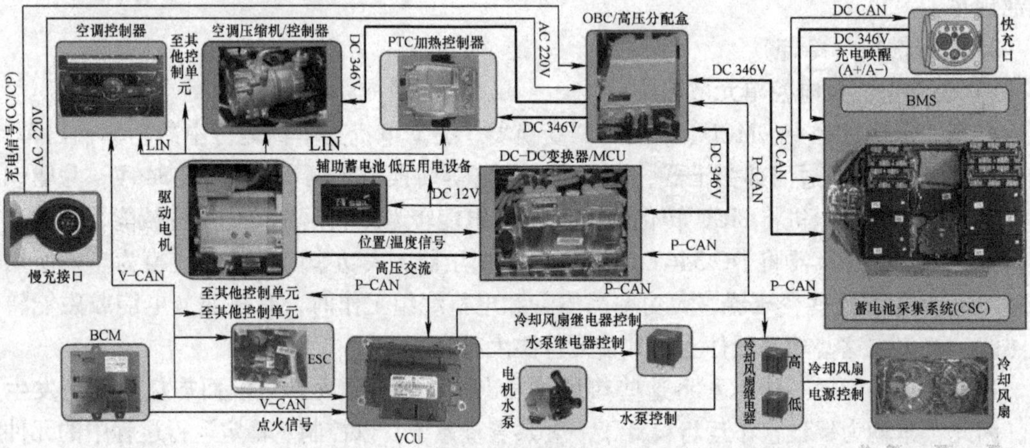

图 3-25　电控单元散热控制结构图

2）动力蓄电池散热。

在车辆运行过程中，动力蓄电池温度上升，如果不加以控制，将严重影响蓄电池性能，甚至发生火灾事故。因此 BMS 检测动力蓄电池温度，当动力蓄电池温度高于预设的阈值时（38℃），BMS 发出动力蓄电池冷却请求信号至 VCU、空调控制单元和空调压缩机控制单元。空调控制单元控制三通电磁阀 B 打开热交换器冷却通道，水泵（蓄电池）起动工作，同时，空调压缩机控制单元关闭制冷管路电磁阀，打开热交换器电磁阀，空调压缩机起动，制冷剂流入热交换器，降低动力蓄电池内部流出的冷却液温度，再通过水泵（蓄电池）进入动力蓄电池箱内部冷却管路，形成散热冷却循环，降低动力蓄电池温度。

图 3-26 所示为散热循环系统线路原理图。BMS 检测到蓄电池温度超过 38℃时，将蓄电池冷却请求信号通过 P－CAN（CA69/3、CA69/4 端子）发送至 VCU（CA66/8、CA66/7 端子），VCU 接收到动力蓄电池冷却请求信号后，通过 V－CAN（CA66/22、CA66/23 端子）发送动力蓄电池冷却请求至空调控制器（IP85/4、IP85/5 端子），空调控制器接收到蓄电池冷却信号后，内部通过 IP86a/25 端子将至热管理继电器端子 2 间线路搭铁，热管理继电器工作，为水冷水泵（蓄电池）提供电源。同时为热交换器电磁阀、制冷管路电磁阀、加热水泵（暖风）、三通电磁阀 A、三通电磁阀 B、三通电磁阀 C、PTC 加热器提供电源。

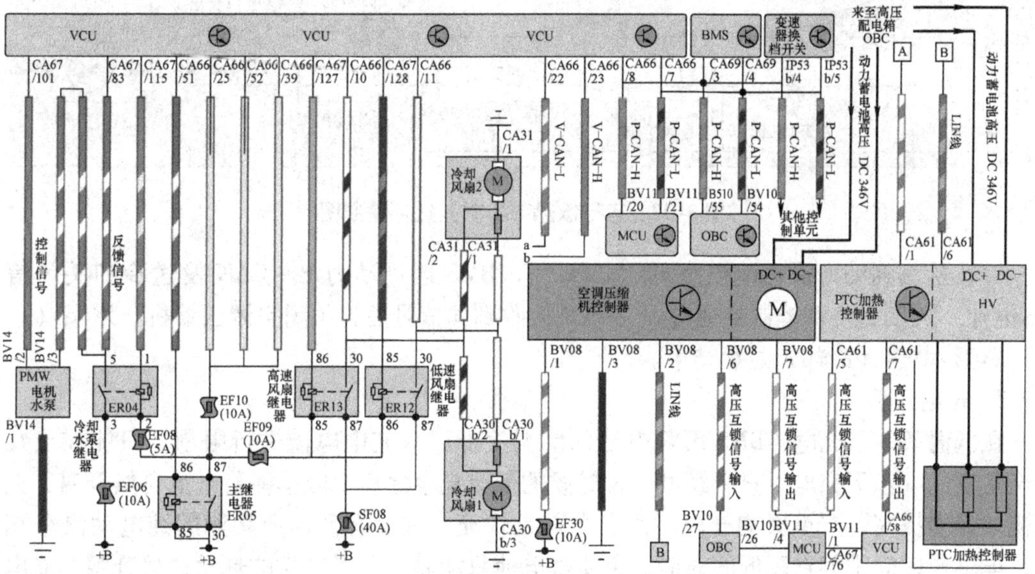

图 3-26　散热循环系统线路原理图

空调控制器再通过 LIN 总线（IP85/3 端子）发送数据至三通电磁阀 B、三通电磁阀 C，三通电磁阀 B 关闭至回水管三通的水道，打开至热交换器的水道。三通电磁阀 C 关闭至水泵（电机）的水道，打开散热器水道。同时水冷水泵（蓄电池）通过 IP86a/6 端子输出 PWM 信号控制水泵运转。

空调控制器检测空调开关（AC）是否开启，如果没有开启，空调控制器通过 IP86a/18 端子关闭制冷管路电磁阀，切断驾驶室蒸发箱制冷剂的流通通道，通过 IP85/25 端子打开热交换器电磁阀，接通热交换器内制冷剂的流通通道。

空调控制器再通过 LIN 总线（IP85/3 端子）发送数据空调起动请求信号至空调压缩机控制器 BV08/2 端子，空调压缩机控制器接收到此信号后起动空调压缩机，制冷剂循环至热交换器，将动力蓄电池内部循环出来的高温冷却液温度降低，再通过水冷水泵（蓄电池）

加压后进入动力蓄电池箱内部冷却管路，对蓄电池进行降温。图 3-27 中虚线所指的为运行散热（冷却）循环系统。

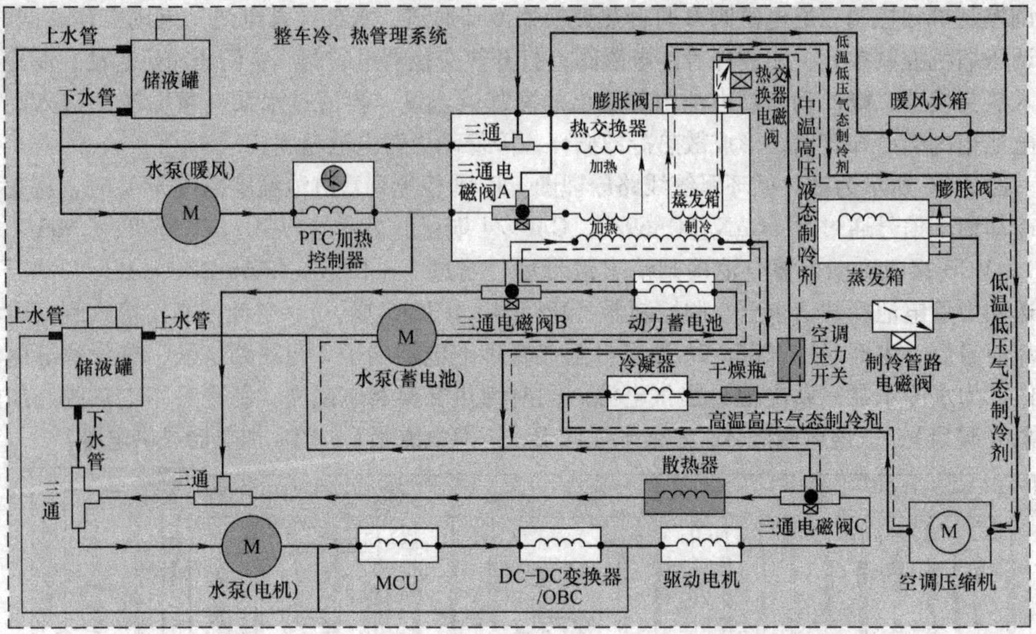

图 3-27　运行散热（冷却）循环控制图

BMS 检测到动力蓄电池温度低于 32℃时，BMS 通过动力 P－CAN 发送冷却关闭信息（蓄电池）关闭，空调控制器通过 V－CAN 接收到此信号后，关闭空调压缩机、水泵（蓄电池），运行散热（冷却）过程结束。

3. 充电预热

在低温条件下充电，BMS 因蓄电池内部温度低而对充电电流进行限制，只能在十几安甚至几安的状态下充电。只有经过较长时候的低速充电之后，因单体蓄电池自然升温，充电电流才慢慢提高，严重影响充电时间，尤其是快充。在没有预加温功能的纯电动汽车充电时，电流长时间徘徊在较低的数值。单体蓄电池只能靠充电时产生的热量自然升温，充电等候时间被拉长。

吉利 EV450 配置有充电前的预热方案，在连接充电桩之后如果环境温度过低，那么会先对蓄电池进行预加温。当蓄电池内部温度迅速达到合适的数值后，再启动对蓄电池组的快速充电。不仅减少了的充电时间，同时还避免低温状态下快充对单体蓄电池可能造成的伤害。

慢充电模式：当蓄电池温度低于 0℃时加热开启，高于 3℃加热关闭。

快充电模式：当蓄电池温度低于 10℃时加热开启，高于 12℃加热关闭。

如图 3-29 充电预热循环控制图所示，上部虚线为 PTC 加热器的冷却液流动方向，下部虚线为动力蓄电池内冷却液的流动方向。

图 3-30 所示为热循环控制线路原理图。连慢充或快充充电枪，BMS 检测到蓄电池温度低于预设的阈值时，将蓄电池预热请求信号通过动力 P－CAN（CA69/3、CA69/4 端子）发送至 VCU（CA66/8、CA66/7 端子），VCU 接收到动力蓄电池冷却请求信号后，通过 V－

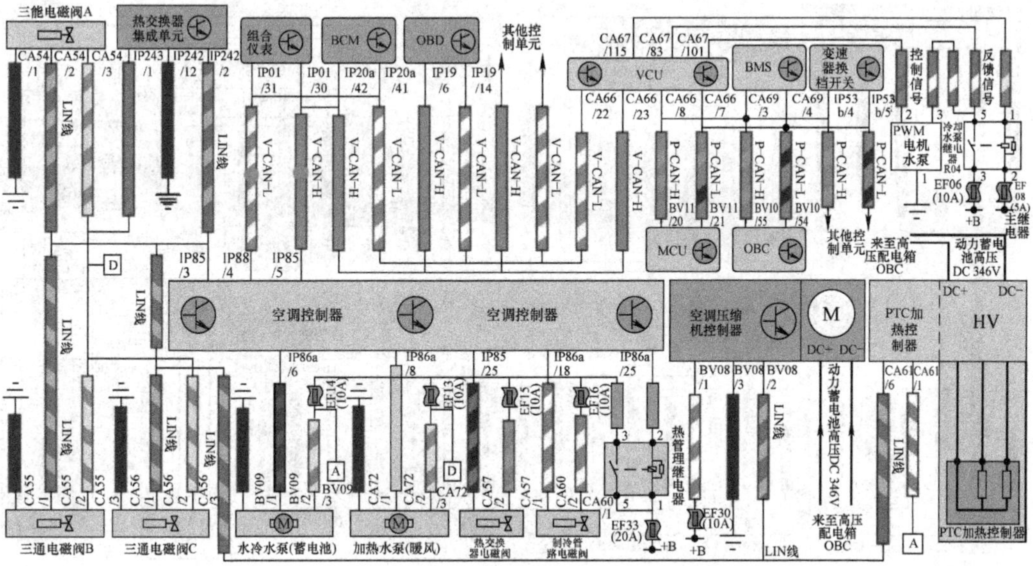

图 3-28 热管理控制线路原理图

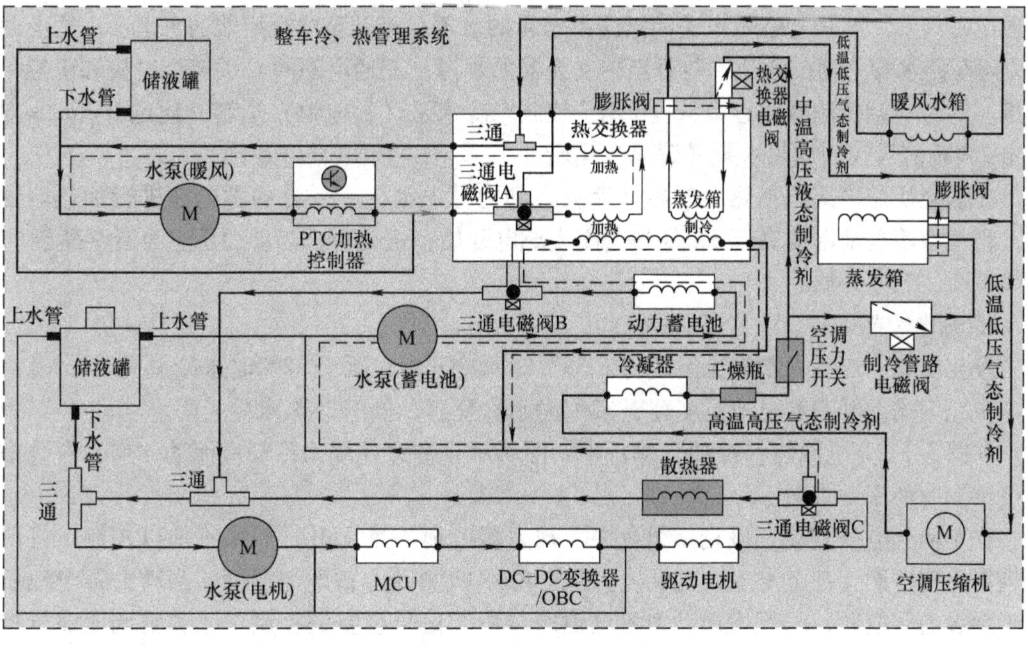

图 3-29 充电预热循环控制图

CAN（CA66/22、CA66/23 端子）发送动力蓄电池预热请求至空调控制器（IP85/4、IP85/5 端子），空调控制器接收到蓄电池预热信号后，内部通过 IP86a/25 端子将至热管理继电器端子 2 间线路搭铁，热管理继电器工作，为水冷水泵（蓄电池）提供电源。同时为热交换器电磁阀、制冷管路电磁阀、加热水泵（暖风）、三通电磁阀 A、三通电磁阀 B、三通电磁阀 C、PTC 加热器提供电源。

空调控制器再通过 LIN 总线（IP85/3 端子）发送数据至三通电磁阀 A、三通电磁阀 B、

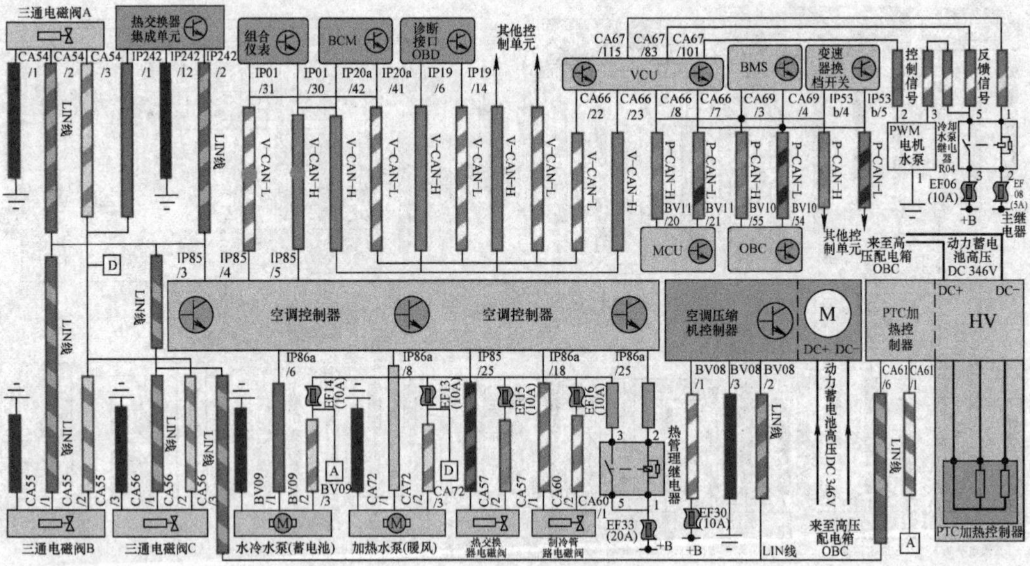

图 3-30　热循环控制线路原理图

三通电磁阀 C，三通电磁阀 A 关闭至暖风水箱的水道，打开至热交换器的水道。三通电磁阀 B 关闭至回水管三通的水道，打开至热交换器的水道。三通电磁阀 C 关闭至电机和电控单元水道。同时空调控制器通过 IP86a/6 端子控制水冷水泵（蓄电池）运转，通过 IP86a/8 端子输出 PWM 信号控制加热水泵（暖风）运转。

在热交换器内部被加热后的冷却液流入动力蓄电池，为低温的蓄电池进行加热。慢充时，当动力蓄电池温度高于 3℃加热关闭，充电开始；快充时，当动力蓄电池温度高于 12℃加热关闭，充电开始。

4. 充电散热（冷却）

慢充模式：当动力蓄电池温度高于 38℃时水冷开启，低于 32℃时水冷关闭。

快充模式：动力蓄电池温度高于 32℃时水冷开启，低于 28℃水冷关闭。

如图 3-31 充电散热（冷却）循环控制图所示，左边虚线为冷却液流动方向，右边虚线为空调制冷剂流动方向。

在车辆充电（快充、慢充）过程中，动力蓄电池温度上升，如果不加以控制，将严重影响蓄电池性能，甚至发生火灾事故。因此 BMS 检测动力蓄电池温度，当动力蓄电池温度高于预设的阈值时，BMS 发出动力蓄电池冷却请求信号至空调控制单元和空调压缩机控制单元。空调控制单元控制三通电磁阀 B 打开热交换器冷却通道，水泵（蓄电池）起动工作，同时，空调压缩机控制单元关闭制冷管路电磁阀，打开热交换器电磁阀，空调压缩机起动，制冷剂流入热交换器，降低动力蓄电池内部流出的冷却液温度，再通过水泵（蓄电池）进入动力蓄电池箱内部冷却管路，形成散热冷却循环，降低动力蓄电池温度。

图 3-32 为热循环控制线路原理图。在车辆充电（快充、慢充）过程中，BMS 检测动力蓄电池温度，当动力蓄电池温度高于预设的阈值时，将蓄电池冷却请求信号通过动力 P－CAN（CA69/3、CA69/4 端子）发送至 VCU（CA66/8、CA66/7 端子），VCU 接收到动力蓄电池冷却请求信号后，通过 V－CAN（CA66/22、CA66/23 端子）发送动力蓄电池冷却请求

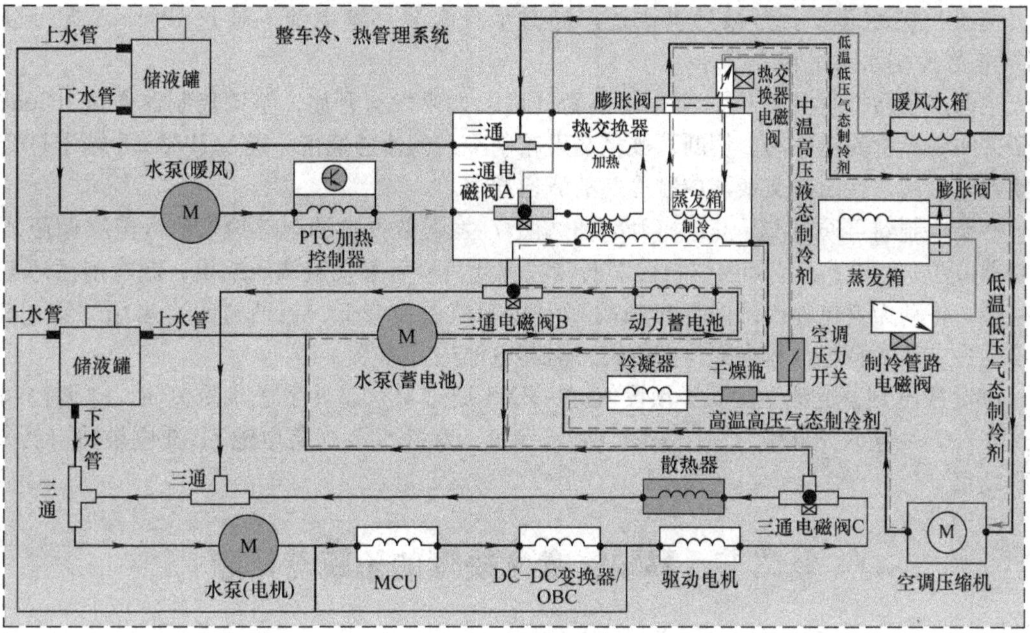

图 3-31　充电散热（冷却）循环控制图

至空调控制器（IP85/4、IP85/5 端子），空调控制器接收到蓄电池冷却信号后，内部通过 IP86a/25 端子将至热管理继电器端子 2 间线路搭铁，热管理继电器工作，为水冷水泵（蓄电池）提供电源。同时为热交换器电磁阀、制冷管路电磁阀、加热水泵（暖风）、三通电磁阀 A、三通电磁阀 B、三通电磁阀 C、PTC 加热器提供电源。

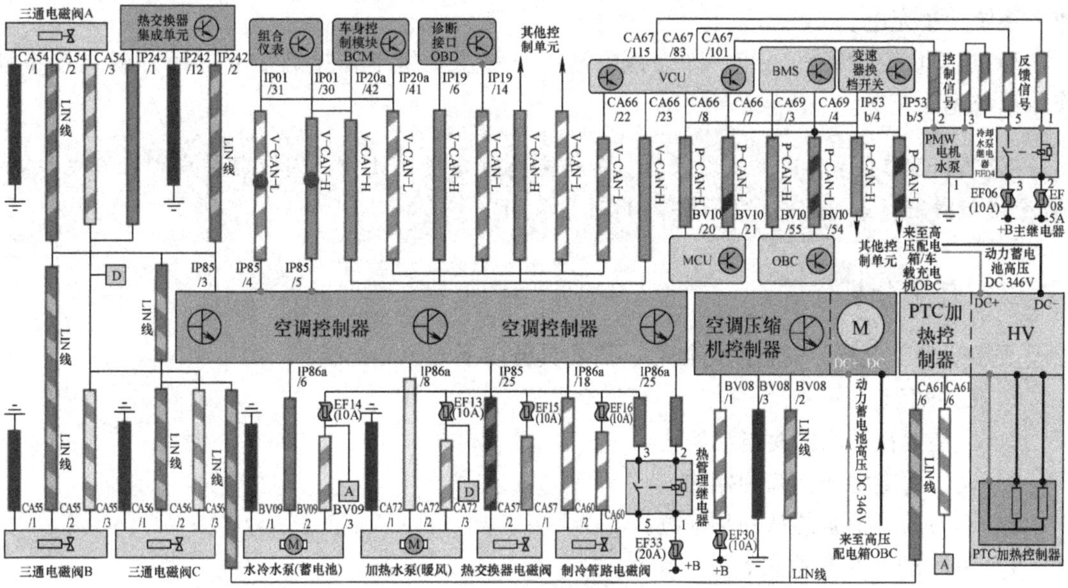

图 3-32　热循环控制线路原理图

空调控制器再通过 LIN 总线（IP85/3 端子）发送数据至三通电磁阀 B、三通电磁阀 C，三通电磁阀 B 关闭至回水管三通的水道，打开至热交换器的水道。三通电磁阀 C 关闭至水泵（电机）的水道，打开散热器水道。同时水冷水泵（蓄电池）通过 IP86a/6 端子输出 PWM 信号控制水泵运转。

空调控制器检测空调开关（AC）是否开启，如果没有开启，空调控制器通过 IP86a/18 端子关闭制冷管路电磁阀，切断驾驶室蒸发箱制冷剂的流通通道，通过 IP85/25 端子打开热交换器电磁阀，接通热交换器内制冷剂的流通通道。

空调控制器再通过 LIN 总线（IP85/3 端子）发送数据空调起动请求信号至空调压缩机控制器 BV08/2 端子，空调压缩机控制器接收到此信号后起动空调压缩机，制冷剂循环至热交换器，将动力蓄电池内部循环出来的高温冷却液温度降低，再通过水冷水泵（蓄电池）加压后进入动力蓄电池箱内部冷却管路，对蓄电池进行降温。

BMS 检测到蓄电池温度低于预设值时，BMS 通过 P－CAN 发送水冷关闭，空调控制器通过 V－CAN 接收到此信号后，关闭空调压缩机、水冷水泵（蓄电池），充电散热（冷却）过程结束。

第二节　BMS 常见故障的诊断与排除

一、任务描述

动力蓄电池无法上电常见的故障现象有三种：

1）踩制动踏板，打开点火开关，上电运行“READY”灯无法点亮，动力蓄电池主正和预充继电器接通后立即断开或直接不动作，系统无法上电。

2）连接慢充设备和电缆，动力蓄电池主正和主负继电器接通后立即断开或直接不动作，系统无法充电。

3）连接快充设备和电缆，动力蓄电池主正和主负继电器接通后立即断开或直接不动作，系统无法充电。

说明：因 2）和 3）故障现象为在车辆充电时出现的故障，因此相关内容在充电系统部分进行讲解，此处只对故障现象 1）进行诊断。

二、任务分析

要想完成以上故障的诊断与排除，需要具备以下知识和技能：

1. 相关知识

1）新能源汽车动力蓄电池概述。

2）动力蓄电池的认知和检测。

3）动力蓄电池组的认知和检测。

4）BMS 的认知和检测。

5）VCU 的认知和检测。

6）车辆充电控制系统的认知和检测。

7）CAN 及 LIN 总线数据通信的认知和检测。

8）高压互锁线路结构和原理。

9）高压系统绝缘的监测和检测。

10）整车热管理系统的认知和检测。

2. 相关技能

1）绝缘防护以及隔离警示设备、用品的规范使用。

2）万用表、示波器、诊断仪器、绝缘电阻表等常见设备的使用。

3）维修资料的查阅、线路原理图的识读和分析。

4）常见故障的诊断与排除。

5）5S 管理和操作。

三、故障分析

如图 3-33 所示为 BMS 线路原理图，结合 BMS 结构与工作原理可知，BMS 对外主要由电源线路、通信线路和快充线路组成。

BMS 及动力蓄电池组作为车辆运行的能量储备及输送单元，其安全监测和故障处理机制条件非常高，因此在车辆准备起动及正常运行时，BMS 是决定车辆高压是否上电的主要条件之一。如果 BMS 出现故障，将造成整车其他控制单元无法获知蓄电池电量，同时 BMS 无法获知高压系统连接的完整性、其他高压系统的绝缘状态、车辆准备状态以及车辆运行状态（行驶、充电），造成 BMS 无法控制内部主正、主负、预充继电器的动作，致使高压不上电，同时车辆行驶及其他辅助功能也将受限。

动力蓄电池内部温度、单体蓄电池电压、蓄电池组电流是衡量蓄电池组健康（SOH）的主要因素，单体温度、单体电压和蓄电池组电流由数据采集单元采集并监控，同时数据采集单元还对蓄电池组单体蓄电池电压进行均衡，使所有单体蓄电池电压达到一致性。如果系统出现故障，BMS 有可能启动保护功能，导致输出电量受限，严重时为了蓄电池以及车辆安全，中断整车高压上电。

BMS 常见的故障现象是车辆上电失败或输出功率受限，而其成因主要包括：

1）至 BMS 的 CAN 总线断路、虚接或短路故障。

2）BMS 电源线路断路、虚接、短路或其自身故障。

3）动力蓄电池组输出线路故障。

4）动力蓄电池组内部电流、电压传感器或其线路断路、虚接、短路故障。

5）动力蓄电池组内部主正、主负、预充继电器控制、线路以及自身故障。

6）动力蓄电池内部高压互锁信号及线路断路、虚接、短路故障。

7）蓄电池组内部温度传感器信号及线路断路、虚接、短路故障。

8）BMS 对蓄电池进行过温保护。

9）BMS 对蓄电池进行过电压保护。

10）BMS 对蓄电池进行过电流保护。

11）动力蓄电池电量过低，导致整车无法起动。

在对 BMS 及动力蓄电池组做故障分析时，要结合系统线路和观察到的现象认真分析，逐步缩小故障范围。动力蓄电池由于技术和安全问题，一般不允许打开，只有厂家专业人员才被允许打开动力蓄电池组进行诊断和检修，所以只对动力蓄电池组外部线路及信号做诊断分析。

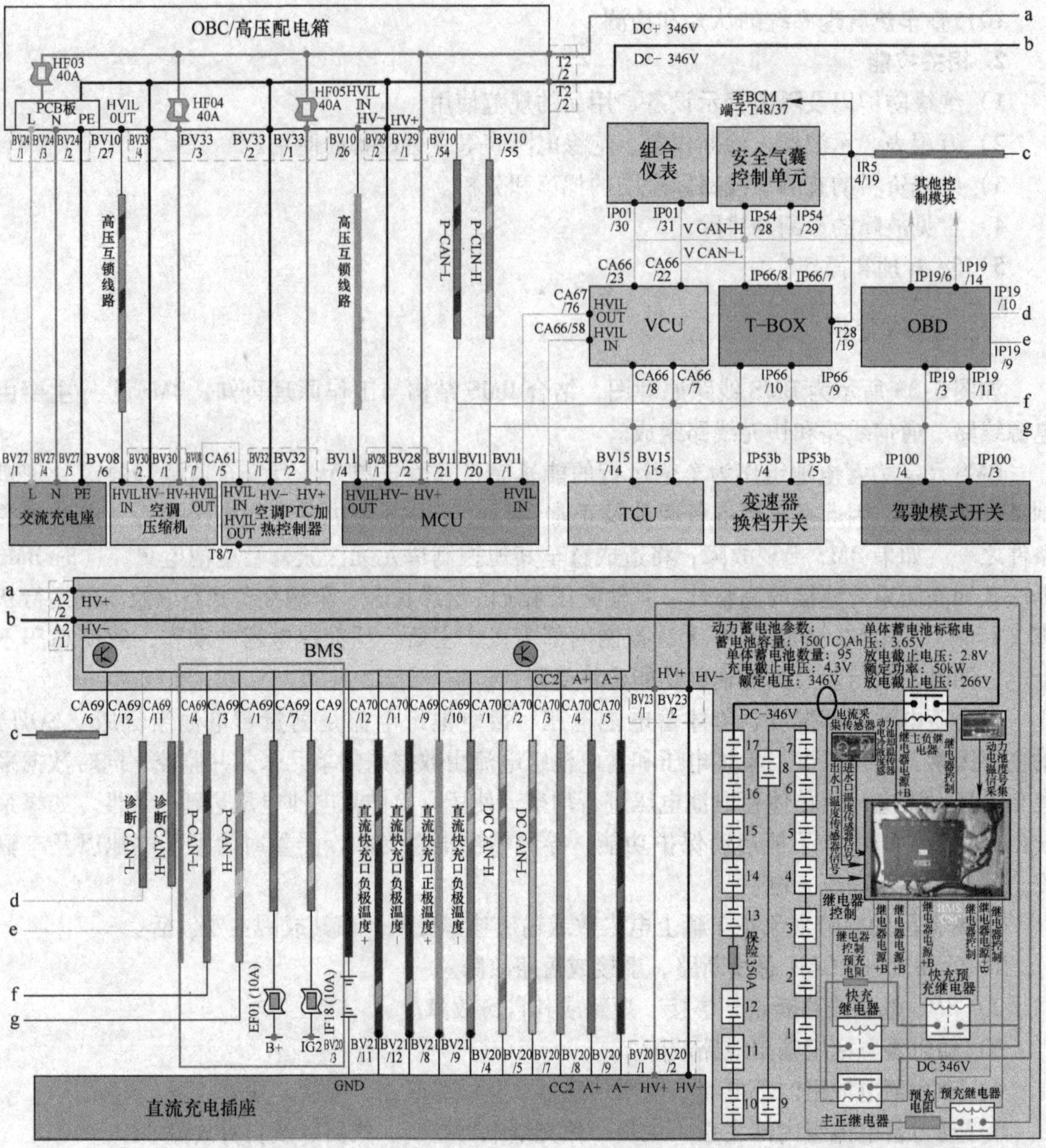

图 3-33　BMS 线路原理图

注意：仪表对蓄电池 SOC 电量信号显示有记忆功能，如果仪表没有接收到当前的蓄电池 SOC 电量信号，将会显示上一次关闭点火开关前的蓄电池 SOC 电量信号。如果怀疑当前蓄电池电量信号，可断开辅助蓄电池负极 1min 以上，清除仪表记忆，再连接辅助蓄电池负极，此时仪表所显示的就是当前动力蓄电池 SOC 电量信号。

常见的故障现象为：踩制动踏板数次并保持，打开点火开关后，仪表正常点亮，可运行指示“READY”灯无法点亮，蓄电池指示灯、动力蓄电池故障指示灯（红色）点亮，如图 3-34所示，此时制动踏板高度没有变化，同时组合仪表上没有其他系统故障灯点亮。

结合故障信号及 EV450 动力蓄电池、整车控制逻辑，动力蓄电池故障灯由 BMS 和 VCU

图3-34　仪表信号显示图1

控制其点亮和熄灭的状态。其控制有两种方式：一是动力蓄电池激活后自检，内部自检出现异常，BMS 通过 P－CAN 发送动力蓄电池内部故障信号给 VCU，VCU 接收到此信号后通过 V－CAN 发送动力蓄电池故障信号至组合仪表，组合仪表接收到此信号后点亮仪表上动力蓄电池故障指示灯；另一个是 VCU 如果没有接收到 BMS 发送的动力蓄电池故障、蓄电池电量、蓄电池状态、蓄电池温度等信号，VCU 通过 V－CAN 发送动力蓄电池故障信号至组合仪表，组合仪表接收到此信号后点亮仪表上动力蓄电池故障指示灯。

同时，VCU 故障灯没有点亮，ABS、ESC 等驱动系统故障灯也没有点亮，说明 VCU、ABS、ESC 等驱动系统电源、通信、自检都正常，如果此系统出现异常，首先会点亮 VCU 故障指示灯和 ESC 故障指示灯。

动力蓄电池故障指示灯点亮，说明动力蓄电池系统此时出现异常，而动力蓄电池系统异常，导致高压不上电，同时也会导致代表 DC－DC 变换器工作的蓄电池指示灯点亮，表示 DC－DC 变换器无法启动工作。而导致以上现象的则可能为 BMS 通信、电源、内部控制、安全检测中的一项或多项造成。

此时可关闭点火开关，移除辅助蓄电池负极 1min 以上，然后复位。踩住制动踏板、打开点火开关，如果此时仪表上其他信号没有变化，只是动力蓄电池 SOC 信号值丢失，动力蓄电池低电量指示灯（黄色）亮起，如图3-35 中椭圆圈示位置所示，即可确认 BMS 的通信 CAN 总线极有可能出现异常，导致 BMS 和 VCU 无法通信，蓄电池电量丢失，动力蓄电池故障指示灯点亮，具体表现为：

1）BMS 的 P－CAN 通信线路断路、虚接或短路故障。

2）BMS 电源线路断路、虚接或短路故障。

3）BMS 自身故障。

图3-35　仪表信号显示图2

四、DTC 分析

系统控制单元根据需要实时监测特定的元件、数据通信及线路的电压、信号。如果受监测的元件、数据通信及线路的电压、信号出现波动或异常，在设定时间内控制单元将确认此元件、数据通信及线路是否出现故障，随即在 ROM 中调取一个和电压以及信号异常相对应的代码，存储于控制单元 RAM 中，这就是故障代码，即 DTC。

连接诊断仪器，打开点火开关，操作诊断仪器，通过 VCU、BMS，读取故障代码，实测过程中会遇到三种情况：

1）诊断仪器可以正常和 VCU、BMS 通信，但系统没有故障记忆。

2）诊断仪器可以正常和 VCU、BMS、MCU、OBC 等通信，并能读取到系统中所存储的故障代码，此时应结合故障代码信号进行维修。

3）诊断仪器不能正常和 VCU、BMS、MCU、OBC 等通信，从而无法读取系统中所存储的故障代码。

如图 3-36 所示为诊断仪器和 VCU、BMS 之间的通信原理图，从中可以看出，诊断仪器通过诊断仪器连接线、无线或蓝牙通信、OBD－II 诊断接口、CAN 总线与 VCU、BMS 或其他控制单元进行通信。

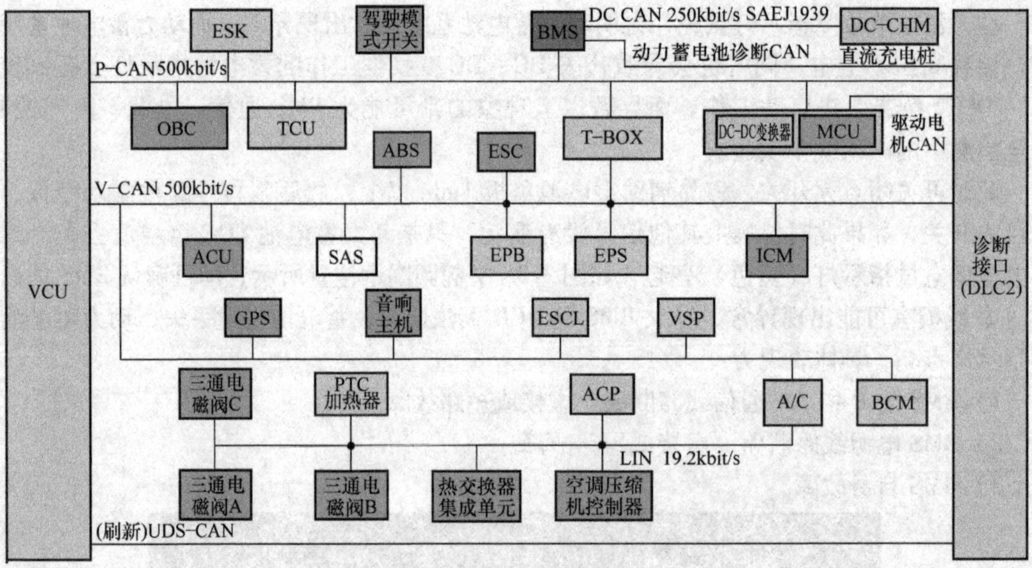

图 3-36　数据诊断通信线路图解

如果诊断仪器无法进入车辆所有系统，则可能是诊断仪器、诊断连接线（无线或蓝牙通信）、OBD－II 诊断接口、CAN 总线中的一个或多个出现故障；如果只是某个控制单元无法访问，则可能是该控制单元或其电源线路、相邻的 CAN 总线区间出现故障。诊断仪器无法进入，原因有以下几种：

1）诊断接口电源故障。

2）新能源 CAN 线路故障。

3）诊断 CAN 线路故障。

4）VCU 电源、通信线路或自身故障。

5）BMS 电源、通信线路或自身故障。

6）MCU 电源、通信线路或自身故障。

7）OBC 电源、通信线路或自身故障。

在利用故障代码进行故障诊断时，一定要仔细阅读故障代码的定义和生成的条件，从中可以明确故障代码的生成机理，并根据机理确定验证故障代码真实性的方法，进而有利于提高诊断效果。利用故障代码进行故障诊断时按以下步骤进行：

1）读取故障代码，查阅资料了解故障代码的定义和生成条件。

2）必要时验证故障代码的真实性，验证的方法也分两步。

① 通过清除故障代码、模仿故障工况运行车辆、再次读取故障代码。

② 通过数据流或在线测量值来判定故障真实性，并由此展开系统诊断。

如果没有故障代码显示，那就需要技术人员结合故障现象，分析系统线路图，列举故障可能，并按照正确的流程、利用合适的测试设备、进行正确的测量，从而发现故障所在。

五、故障诊断

面对动力蓄电池无法上电这类故障，诊断及处理失误将给企业和个人造成相当大的损失。正确的诊断及处理，不可能来自于盲目的主观臆断，而应该建立在获取与故障有关信号的基础上，依据 VCU、BMS、MCU、OBC 等工作原理以及控制结构，运用科学的分析方法，按照合理的步骤进行综合分析，去伪存真、舍次取主，排除故障“受害者”，找出故障“肇事者”，这才是提高故障诊断准确性的关键所在。为了便于分析，不至于被众多杂乱无章的信号扰乱思路，需要结合线路原理图，遵从以下流程进行诊断维修。BMS 故障造成无法上电诊断流程，如图 3-37 所示。

根据系统的结构原理，对制动开关，点火开关 IG，主正、主负及预充继电器控制，电源，VCU，BMS，MCU，OBC，P-CAN 总线，V-CAN 总线，高压互锁等电源，信号线路进行检测，检测方法参照相关内容。

根据系统的结构原理，对制动开关、点火开关、正负继电器、VCU、BMS 等元件进行检测，检测方法参照相关内容。

六、总结拓展

技术报告：参照高职大赛工作页完成诊断报告，教师应根据需要设置好故障点，也可根据本书中提供的实际案例制定标准答案。

拓展实训：教师可以在车辆给学生设置相类似的其他故障，让学生独立完成，以考核学生的掌握水平。

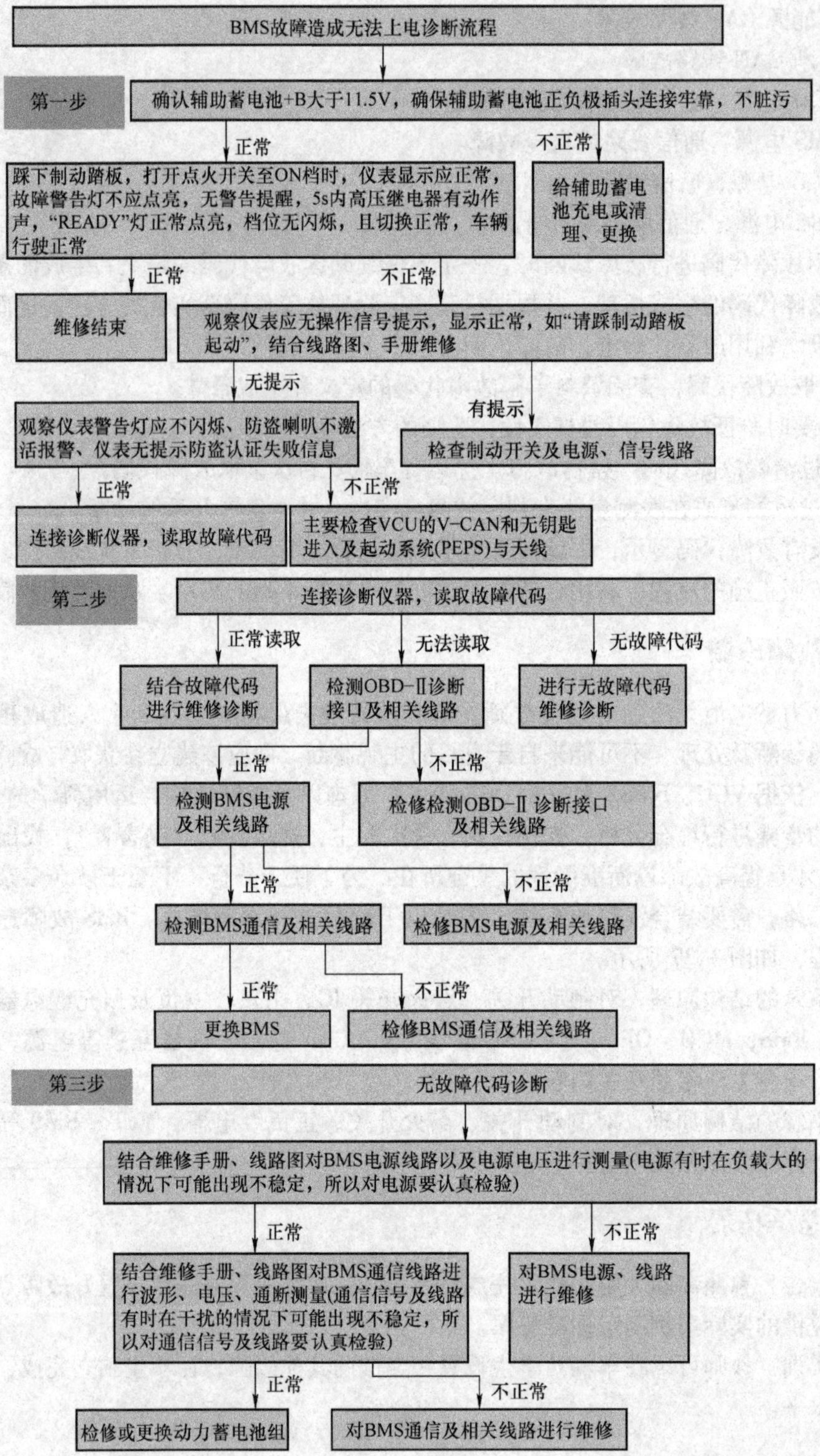

图 3-37　BMS 故障造成无法上电诊断流程

第三节　BMS常见故障诊断案例

1. 原理简介及系统影响

如图3-38所示为吉利EV450 BMS线路原理图，从中可以看出：

1）BMS通过两路供给电源：一路为+B电源，通过EF01（10A）熔丝给BMS CA69/1端子线路提供常电，通过CA69/2端子搭铁，构成回路；另一路为IG2继电器电源输出，通过IF18（10A）熔丝给BMS CA69/7端子线路提供点火电源，通过CA69/2端子搭铁，构成回路。

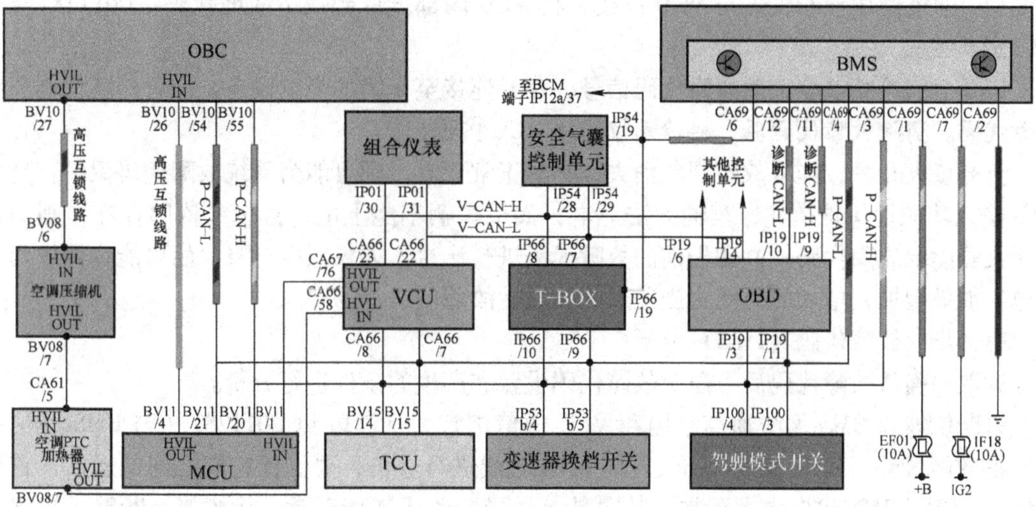

图3-38　BMS线路原理图

由于电动汽车的特性，BMS需要工作的模式有两种：一种为点火开关关闭、即慢充和快充时需要启动工作，另一种为点火开关打开后启动工作，所以BMS主供电源为+B电源，它是BMS工作及通信的首要条件。如果此电源出现故障，将导致BMS无法启动以及信号无法传输和接收，导致整车高压上电失败。IG2点火电源为唤醒电源，它为CAN总线唤醒冗余信号，此唤醒电源出现故障，BMS通过总线信号进行唤醒。所以此次检测只针对+B供电线路做分析。

2）VCU、BMS、MCU、OBC、TCU、变速器变速杆等单元通过P-CAN数据总线连接组成了一个局域网。在这个局域网中，所有系统数据的格式和速率是一样的，可以互相传输。BMS作为整车能量中心，对外接收整车启动唤醒、车辆状态（行驶、充电）以及上电指令等。其他控制单元接收BMS发送的蓄电池SOC信号、蓄电池热管理信号、蓄电池电流、蓄电池状态等信号，如果电源及通信出现故障，将导致BMS无法接收和发送这些信号，导致整车可能电功率受限，严重时导致上电失败。

2. 故障现象描述

踩制动踏板数次并保持，打开点火开关后，仪表点亮正常，可运行指示“READY”灯无法点亮，蓄电池指示灯、动力蓄电池故障指示灯（红色）点亮；动力蓄电池主正、主负继电器不动作，高压不上电，且制动踏板高度没有变化；组合仪表上没有其他系统故障灯点亮。

3. 故障现象分析（具体分析方法参考本章第二节故障分析部分内容）

4. 故障诊断过程

为了进一步确认及缩小故障部位，借用诊断仪器读取 BMS 内故障代码和数据流，对故障部位做进一步解析。

第一步：读取故障代码（DTC）

注意：最好使用原厂原车诊断仪器进行诊断。

连接诊断仪器至 OBD 诊断接口后，此时通过使用诊断仪器与 BMS 进行通信，显示未连接成功。通过使用诊断仪器与 VCU 连接，在 VCU 内部读取到以下故障代码：U011287（与 BMS 通信丢失）。

记录当前诊断仪器上的故障代码信号，断开连接至车辆的充电设备，通过诊断仪器清除故障代码。清除故障代码后，将诊断仪器从 VCU 内退出。

打开点火开关，如果故障现象消失，车辆正常上电，则可能为系统故障代码保护，造成 VCU 进入功能性保护模式，车辆无法上电；如果车辆不能上电，且现象依旧存在，则通过诊断仪器读取故障代码，并和先前的故障代码进行比对，如果减少，减少的可能为偶发历史故障。如果增加，增加的可能为当前系统关联性故障。

第二步：故障代码（DTC）分析

读取并确认故障代码后，需对故障代码设置和产生的条件进行分析。

诊断仪器和 BMS 无法通信，但和 VCU 通信正常，且读取到 U011287（与 BMS 通信丢失）的故障代码。VCU 和 BMS 通过 P-CAN 总线进行通信，要保证它们之间的通信，首先要满足 VCU、BMS 供电电源正常，其次是 P-CAN 总线连接正常，无虚接、断路、短路等故障，同时两个单元内部元件及 PCB 板线路正常。

根据故障代码定义，说明 BMS 在点火开关打开时未工作，导致这个故障的可能原因有：

1）BMS 常火供电线路（断路、虚接、短路）故障。

2）BMS 与 VCU 之间 P-CAN 总线（断路、虚接、短路）故障。

3）BMS 自身故障。

为了进一步确认故障部位，此时可关闭点火开关，移除辅助蓄电池负极 1min 以上，然后复位。踩制动踏板打开点火开关，如果此时仪表上其他信号没有变化，只是动力蓄电池 SOC 信号值丢失，动力蓄电池低电量指示灯（黄色）亮起，如图 3-39 中椭圆圈示位置所示。即可确认 BMS 的通信 CAN 总线出现异常，导致 BMS 和 VCU 无法通信，蓄电池电量丢失，动力蓄电池故障灯点亮。

结合以上现象，对于动力蓄电池及 BMS 控制的外围控制及通信线路来说则为以下的一项或多项造成。

1）BMS 的 P-CAN 通信信号及线路断路、虚接、短路故障。

2）BMS 电源 +B 线路断路、虚接、短路故障。

为了确认到底是 BMS 自身的故障导致控制单元无法通信，还是由于 CAN 总线系统故障导致控制单元无法通信，最好的方法就是用示波器测量 BMS 控制单元端的 CAN 总线波形。

第三步：测量 BMS 控制单元端的 CAN 总线波形

图3-39　仪表信号显示图2

注意：有关CAN总线波形的测试方法、常见故障的类型及其对应的波形、故障波形的分析方法，请参考本书VCU常见故障诊断案例部分，此处不再赘述。

第四步：线路测试

1）BMS的常火供电电压测试，见表3-1。

表3-1　BMS的CA69/1端子对CA69/2端子电压测试

测试标准：用万用表测量BMS CA69插接器的1号端子对2号端子电压，标准应为+B

可能性	检测结果/V	结论	下一步操作
1	+B	正常	更换BMS
2	高于0小于+B	异常	说明线路存在虚接故障，下一步测试BMS+B供电线路对地电压的测试
3	0	异常	说明线路存在断路故障，下一步测试BMS+B供电线路对地电压的测试

2）BMS+B供电线路输入端对地电压测试，见表3-2。

表3-2　BMS的CA69/1端子对地电压测试

测试标准：用万用表测试BMS CA69/1端子对地电压，标准应为+B

可能性	检测结果/V	结论	下一步操作
1	+B	正常	如果上一步测试结果为0，说明控制单元搭铁线路存在断路故障，下一步测试BMS搭铁线路对地电压 如果上一步测试结果为高于0小于+B的某个值，说明控制单元搭铁线路存在虚接故障，下一步测试BMS搭铁线路对地电压
2	高于0小于+B	异常	说明供电线路存在虚接故障，下一步测试EF01（10A）熔丝两端对地电压
3	0V	异常	说明供电线路存在断路故障，下一步测试EF01（10A）熔丝两端对地电压

3）BMS+B供电线路熔丝两端对地电压测试，见表3-3。

表3-3　EF01（10A）熔丝两端对地电压测试

测试标准：用万用表测试EF01（10A）熔丝两端对地的电压，标准均应为+B

可能性	检测结果/V	结论	下一步操作
1	+B，+B	正常	如果上步测试结果为0，说明端子CA69/1到熔丝EF01（10A）间线路存在断路故障，下一步对端子CA69/1到熔丝EF01（10A）间线路阻值测试 如果上步测试结果为高于0小于+B的某个值，说明端子CA69/1到熔丝EF01（10A）间线路存在虚接故障，下一步对端子CA69/1到熔丝EF01（10A）间线路阻值测试

（续）

测试标准：用万用表测试 EF01（10A）熔丝两端对地的电压，标准均应为 +B			
可能性	检测结果/V	结论	下一步操作
2	+B，高于 0 小于 +B	异常	说明熔丝两端连接存在阻值过大故障，下一步对熔丝片进行检查，必要时更换
3	+B，0	异常	说明熔丝断路故障，更换熔丝前测试 EF01（10A）熔丝端子与 BMS CA69/1 端子之间线路对地电阻测试
4	均高于 0 小于 +B	异常	说明熔丝供电线路存在故障，下一步对熔丝供电线路进行检查
5	0，0	异常	说明熔丝供电线路未输出电压，下一步对熔丝供电线路进行检查

4）BMS 搭铁端对地电压测试，见表 3-4。

表 3-4　BMS 的 CA69/2 端子对地电压测试

测试标准：用万用表测试 BMS CA69/2 端子对地电压，标准应小于 0.1V			
可能性	检测结果/V	结论	下一步操作
1	0	正常	更换 BMS 后进行上电测试
2	0 ~ +B 间的某个值	异常	说明搭铁线路存在虚接故障，下一步测试搭铁线路导通性
3	+B	异常	说明搭铁线路存在断路故障，下一步测试搭铁线路导通性

5）BMS 电源线路对地电阻测试，见表 3-5。

表 3-5　CA69/1 端子和 EF01 10A 熔丝间线路对地电阻测试

测试标准：关闭点火开关，拔下 EF01 熔丝，断开 BMS 的 CA69 插接器，用万用表测试 CA69/1 与 EF01 熔丝间线束对地的电阻值，标准值为∞。					
步骤	测试部位	实测结果	状态	可能原因	下一步操作
1	测量 CA69/1（线束端）对地电阻	无穷大	正常	BMS 局部故障	转本表第 2 种可能
		大于 5Ω	异常	线路对地虚接	检修线路
		近乎为零	异常	线路对地短路	
2	连接 BMS 插接器，测量 CA69/1（线束端）对地电阻	无穷大	正常	熔丝正常损坏	更换 EF29 熔丝
		大于 5Ω	异常	BMS 内部对地虚接	更换 BMS
		近乎为零	异常	BMS 内部对地短路	

6）线路导通性测量。

① BMS 端子 CA69/1 和熔丝 EF01（10A）之间线路的导通性测试，见表 3-6。

表 3-6　BMS 端子 CA69/1 和熔丝 EF01 10A 之间的导通性测试

测试标准：拔掉 BMS 的 CA69/1 插接器、熔丝 EF01，测试电阻应为小于 2Ω				
可能性	实测结果/Ω	状态	可能原因	操作
1	小于 2	正常	插接器故障	检修插接器
2	无穷大	异常	线路断路	维修线路
3	大于 5	异常	线路虚接	

② BMS 端子 CA69/2 和搭铁点之间的导通性测试，见表 3-7。

表 3-7　BMS 端子 CA69/2 和搭铁点之间的导通性测试

测试标准：拔掉 BMS 的 CA69/2 插接器，测试电阻应为小于 2Ω

可能性	实测结果/Ω	状态	可能原因	操作
1	小于 2	正常	插接器故障	检修插接器
2	无穷大	异常	线路断路	维修线路
3	大于 5	异常	线路虚接	

5. 诊断结论验证

注意：完成诊断修理后，某些 DTC 需要将点火开关旋至 OFF（关闭）位置，然后旋回至 ON（打开）位置之后，诊断仪器功能才会清除 DTC。

1）将点火开关置于“OFF”（关闭）位置。

2）安装所有诊断时拆下或更换的部件及插接器。

3）诊断时，拆除过或更换过的部件及单元，根据需要执行调整、编程或设置程序。

4）将点火开关置于“ON（打开）”位置。

5）清除 DTC。

6）关闭点火开关 60s。

7）踩下制动踏板，打开点火开关，车辆仪表显示正常，切换至 D 位或 R 位进行试车，车辆运行正常。

8）维修结束。

6. 故障机理分析

如果 BMS 电源线路或 P－CAN 通信线路存在故障，造成 BMS 无法启动运行及信号传输，将会使 VCU 无法正常接收到 BMS 发送的动力蓄电池电量、电压、故障、温度等状态信号，从而无法确认动力蓄电池的工作状态，VCU 启动整车保护功能，导致整车高压系统不上电。

7. 总结与拓展

教师可以在车辆上给学生设置表 3-8 中所列举的故障，参照中、高职新能源汽车相关大赛工作页，让学生独立或成组完成，并填写诊断报告，以考核学生的掌握水平。

表 3-8　扩展练习故障

序号	故障部位	故障性质
1	BMS＋B 供电线路	断路、虚接、短路
2	EF01（10A）熔丝	断路、虚接
3	BMS 插接器上的（CA69/1、CA69/2）端子	退针（断路）、虚接
4	线束插接器	接触不良、损坏

第四章
充电系统及检修

第一节　充电系统的结构与工作原理

车辆慢充过程主要有以下几个步骤：

1）物理连接。

2）充电模式启动。

3）充电设备起动。

4）慢充连接确认。

5）数据交换。

6）充电功能启动。

7）继电器控制。

8）充电枪锁止。

9）充电口指示灯控制。

10）充电前预热控制。

11）充电过程监控。

12）充电散热（冷却）控制。

13）充电停止。

14）非正常条件下充电模式停止。

说明：以下所有连接测试都是针对吉利 EV450 原车所配备的便携式充电设备进行分析、诊断的。

一、物理连接

物理连接就是用充电枪把充电设备和车辆侧充电口连接，充电设备和 AC 220V 交流插座连接，实现充电线路贯通。其中接口的形状及其定义如图 4-1 所示。

如图 4-2 所示为供电设备线路原理图，车辆充电前首先要确认外部供电（AC 220V）电源正常，且车身搭铁（PE）线路牢靠。如果供电电源正常，供电设备才会产生低压，供电设备才会被激活，充电控制确认（CP）连接导引线路上的电压才会为 +12V。

如果（AC 220V）供电电源异常，将导致充电设备无法获得低压电源（+B），且充电设备无法起动，充电设备上所有指示灯不亮，致使车辆无法充电。如果搭铁出现故障，将导致充

图 4-1　车辆侧充电口及充电枪结构图

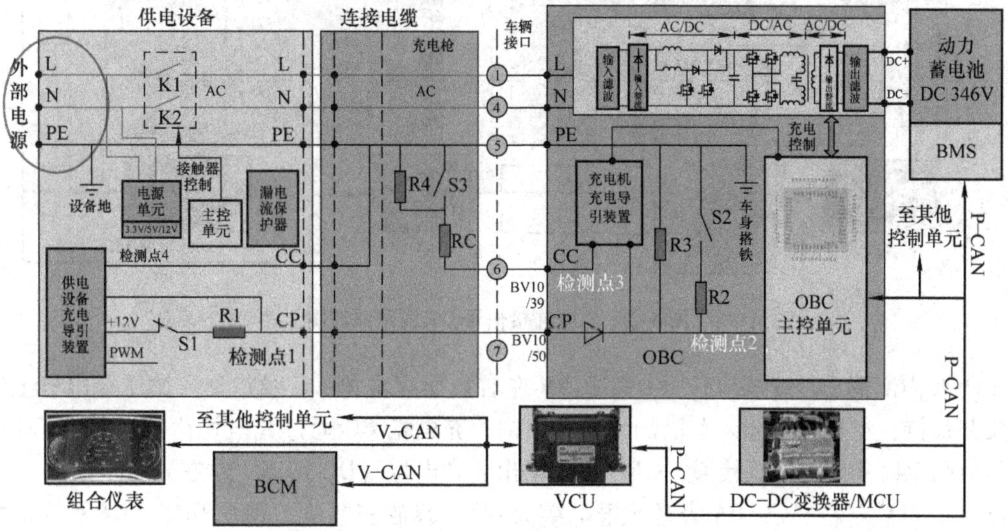

图 4-2　供电设备线路原理图

电设备激活充电设备上的故障指示灯，严重时将导致车辆充电设备不起动，车辆无法充电。

关闭点火开关，且档位处于 N 位或 P 位，拉紧驻车制动器手柄。按压充电枪锁止按键，连接充电枪至车辆，松开锁止按键，确认充电枪完全连接。

> 说明：对需要刷卡激活的供电设备，通过刷卡激活供电设备。

供电电源激活后，充电设备实时检测搭铁线路，确保充电安全，防止触电事故发生，如果搭铁线路异常，充电设备将启动警示或保护功能。警示功能通过充电设备上的故障指示灯来进行提醒，以警示操作者充电设备故障。保护功能启动后充电设备将禁止 K1、K2 接触器闭合，致使车辆无法充电。

> 说明：有些充电设备在检测到搭铁线路异常后，不会关断 K1、K2 接触器工作线路，可以正常充电，但会通过充电设备上的指示灯来进行警示。

二、充电模式启动

在电动汽车和供电设备建立电气连接后，OBC 通过测量导引线路中定义的检测点 3（CC）与搭铁之间的电阻（电压）值来判断当前充电连接装置（电缆）的额定容量和连接状态，在此过程中，充电导引装置对充电连接信号 CP 也进行检测。如图 4-3 所示为充电连接确认（CC）线路原理图。

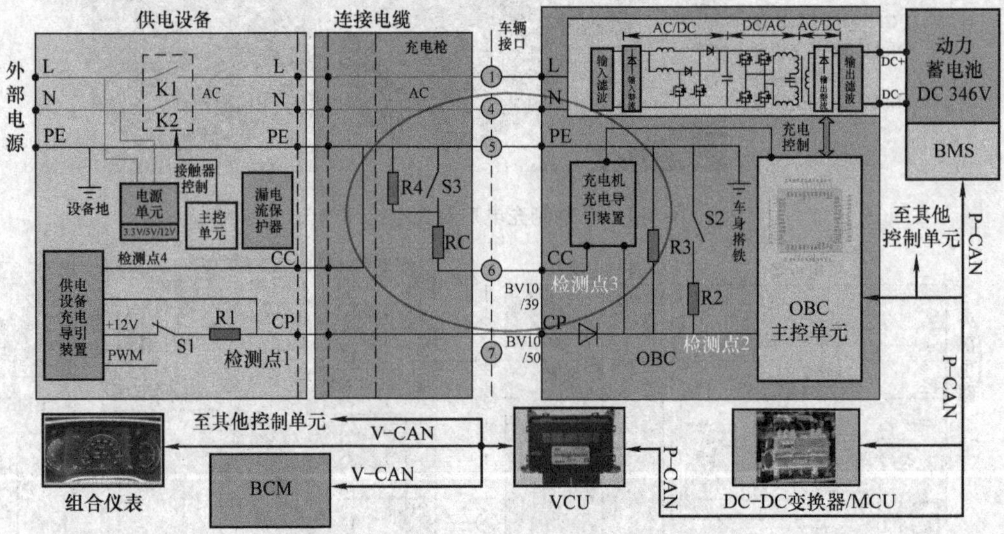

图 4-3　充电连接信号 CC 线路原理图

OBC 内部输出一个高电位（DC 10.5V 左右）至充电枪 CC 线路上。按压充电枪上锁止开关并保持，将充电枪插入车辆侧慢充接口内，充电枪 CC 通过充电枪内部串联在 CC 线路中的电阻 R4、RC 与搭铁接通，OBC 内部输出的高电位（DC 10.5V 左右）被电阻 R4 和 RC 拉低至 1.71V 左右（以 10A 容量充电电缆为例）。释放充电枪上锁止开关，R4 被充电枪内部开关 S3 短接，充电枪 CC 只通过充电枪内部电阻 RC 与搭铁接通，OBC 内部输出的高电位（DC 10.5V 左右）被电阻 RC 拉低至 0.77V 左右。

OBC 主控单元接收到 0.77V 左右电压时，即确认充电设备和车辆已连接，OBC 被激活。通过 P－CAN 总线唤醒激活 BMS、VCU，同时发送车辆进入充电模式以及充电枪已连接的信号至 BMS、VCU。VCU 接收到此信号后唤醒激活 V－CAN，同时通过 V－CAN 向组合仪表及 BCM 发送车辆进入充电模式以及充电枪已连接信号。组合仪表接收到此信号后，激活仪表上充电线连接指示灯。如图 4-4 所示组合仪表信号显示图中圈示位置，提醒驾驶人车辆进入充电模式，充电枪已连接。

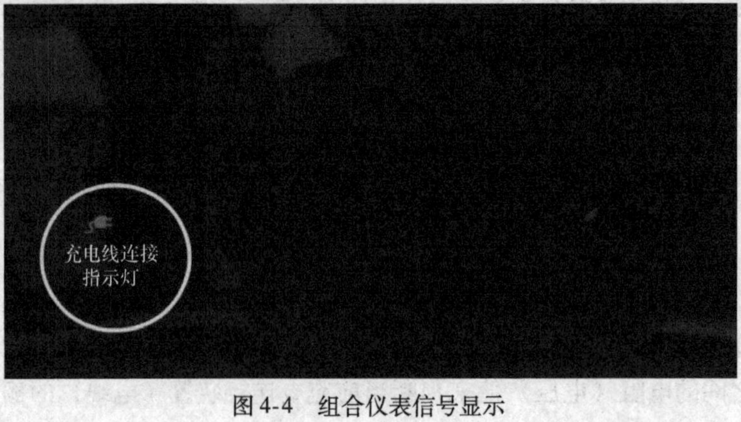

图 4-4　组合仪表信号显示

OBC 主控单元接收到 0.77V 左右电压被激活后，通过判断此时 RC 阻值（CC 线路的电压值），即可判定当前供电电缆及充电设备的供电电流，其判定依据如图 4-5 所示。

如果此电压信号不符，OBC 无法激活，同时也不能判断连接状态及供电设备容量，OBC 也不能激活起动，车辆无法进入充电模式，BMS、VCD、BCM 及组合仪表也将无法激活启动，组合仪表上无任何信息显示。

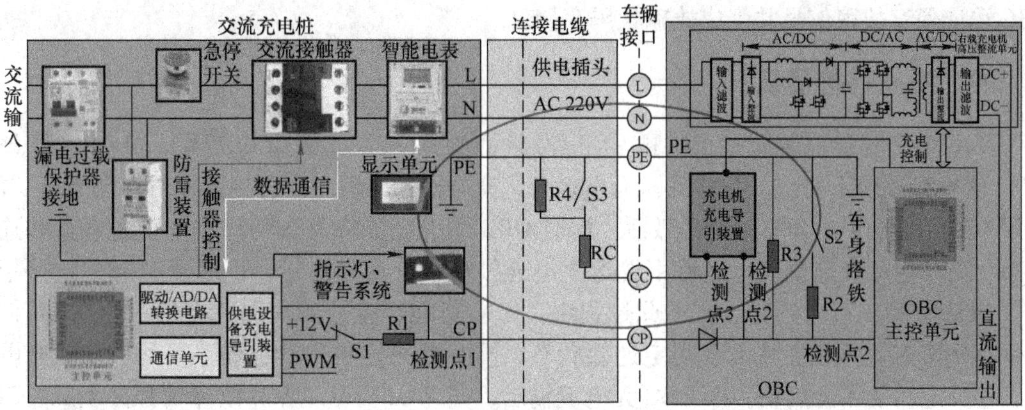

如图所示，RC和R4组成充电容量判断的电阻网，OBC根据此网络电阻值(信号电压值)来判定当前设备容量

a.当车辆控制装置测得RC阻值为1.5kΩ时，即表示车辆插接器连接正常，且电缆线的电流容量值为10A

b.当车辆控制装置测得RC阻值为680Ω时，即表示车辆插接器连接正常，且电缆线的电流容量值为16A

c.当车辆控制装置测得RC阻值为220Ω时，即表示车辆插接器连接正常，且电缆线的电流容量值为32A

d.当车辆控制装置测得RC阻值为100Ω时，即表示车辆插接器连接正常，且电缆线的电流容量值为63A

图 4-5　供电电缆及充电设备的供电电流判定依据

三、充电设备起动

充电枪连接后，充电设备输出至 CP 线路上的 +12V 电压，被 OBC 内部充电导引装置中串联在 CP 线路上的整流二极管和并联在 CP 线路上的电阻 R3（如图 4-6 充电 CP 导引线路原理图中椭圆及多边形圈示位置所示）拉低至 9V 并保持，致使 CP 线路上电压下降为 9V。OBC 内部监测 CP 线路上检测点 2 的电压，如果检测到检测点 2 电压为 9V，则 OBC 判定充电设备与车辆已连接，OBC 进入准备阶段。

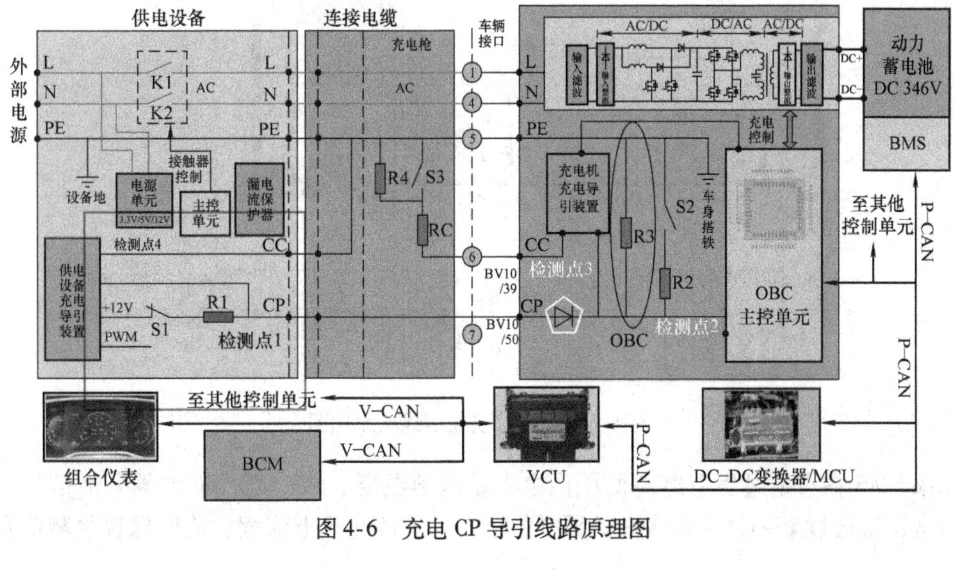

图 4-6　充电 CP 导引线路原理图

在此同时交流充电设备根据 CP 线路上检测点 1 的 9V 电压判断充电设备与车辆已连接，充电设备进入准备阶段。

如果此电压不符，交流充电设备可判知充电设备和车辆连接异常，充电设备停止在充电模式起动状态，不再进行充电功能启动检测。而 OBC 可判定供电设备和车辆连接异常，OBC 也将停止在充电模式启动状态，不再进行充电功能启动检测，车辆无法充电，同时 OBC 可能保存故障信号并生成故障代码存储。

四、慢充连接确认

OBC 中充电导引装置在 CC 和 CP 信号检测中，CC（应该为 0.77V）和 CP（应该为 9V）信号都必须正常，OBC 才确认充电设备、充电枪和车辆完全连接，才可启动充电功能。如果 CC 信号异常，OBC 无法被激活，同时 OBC 导引装置将无法判定充电设备容量和连接状态，将不启动充电模式，也将不发送充电连接指示灯点亮信号，仪表上“充电连接指示灯”保持熄灭（不亮）状态，在此过程中，OBC 可能产生故障代码并存储；如果 CP 信号异常，OBC 和充电设备将无法判定连接状态，同时无法控制充电过程，只是启动预充电模式，但充电功能不会启动，即 OBC 无电流输出，同时 OBC 可能保存故障信号并生成故障代码存储。

五、数据交换

当 CC 和 CP 信号完全正常后，OBC 启动充电模式，并将此信号发送至 BMS、VCU、DC - DC 变换器、MCU、组合仪表、BCM 等。

BMS 对系统低压供电、蓄电池温度、SOC 值、单体蓄电池信号等进行自检，同时对主负、主正、预充继电器进行粘连检测。系统自检正常后，通过 P - CAN 总线将系统正常信号发送至总线网络，如图 4-7 为总线通信线路原理图。

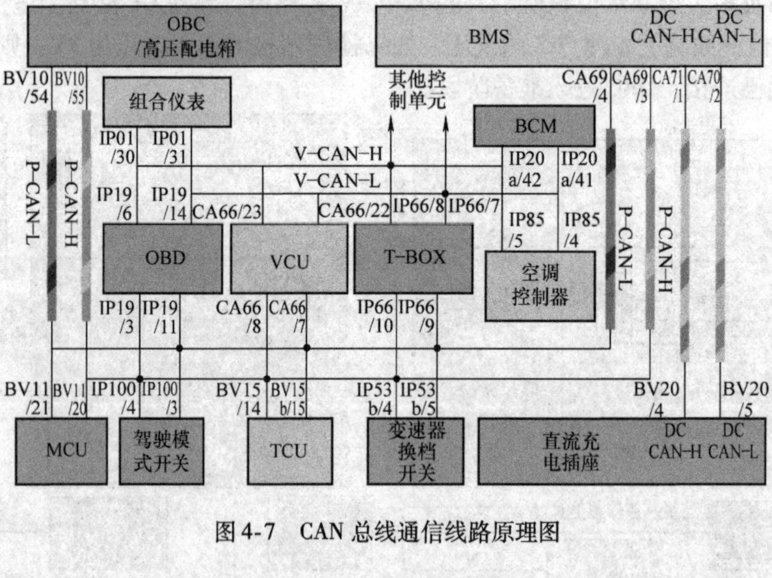

图 4-7 CAN 总线通信线路原理图

如果 BMS 在自检过程中出现低压供电、蓄电池温度、SOC 值、单体蓄电池信号、继电器等异常，将通过 P - CAN 总线发送异常信号，系统停止充电流程，同时保存故障信号并生成故障代码存储，停止启动充电，其控制逻辑如图 4-8 所示。

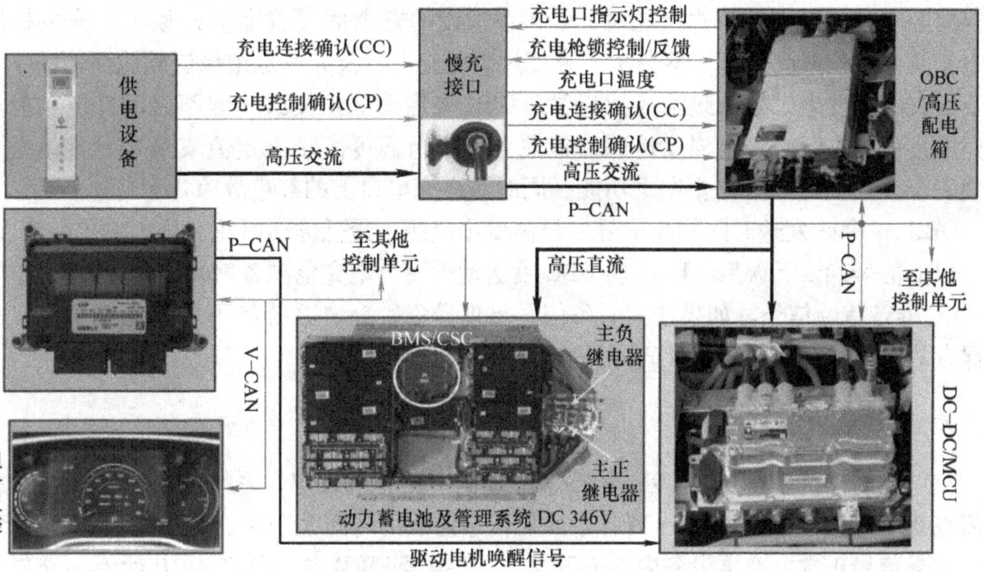

图 4-8　充电唤醒控制逻辑图

OBC、BMS、DC－DC 变换器、P－CAN 总线被激活，进入数据交换阶段（配置阶段）。BMS 向 OBC 发送动力蓄电池最高允许充电电压、最高允许充电电流、慢充系统标称总能量、最高允许充电总电压、最高允许温度、慢充系统荷电状态、慢充系统总电压、动力蓄电池组温度等参数信号，向 MCU 发送 MCU 禁止启动命令，向空调控制器、VCU 发送蓄电池预热或冷却启动信号。

车辆在充电过程中需要禁止车辆移动，如果连接充电枪后，车载充电机起动充电模式并唤醒总线，VCU 唤醒并接收到启动充电模式后，需通过专用导线发送高电位至 DC－DC 变换器/MCU，MCU 接收到此信号后将起动驱动电机禁行模式，并通过 P－CAN 总线将禁行信号发送至 OBC 及 VCU，OBC 和 VCU 接收到此信号后才会起动充电模式。如果此禁行信号或禁行信号传输线路出现异常，将导致车辆无法充电，充电口红色故障指示灯被 OBC 激活点亮。如图 4-9 所示为 DC－DC 变换器/MCU 唤醒控制线路原理图。

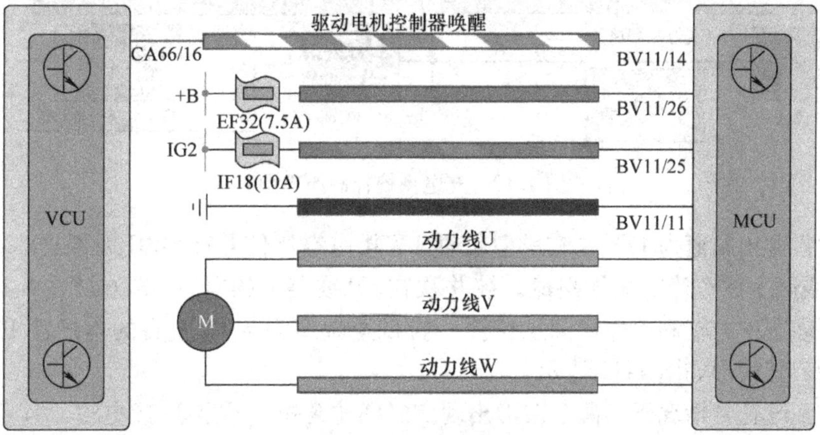

图 4-9　DC－DC 变换器/MCU 唤醒控制线路原理图

在此期间，OBC 检测充电枪温度传感器返回的电压（温度）值，并将此值和 OBC 内部所存储的电压（温度）值进行比对，如果在预设的安全值（温度值）以下，充电机即确认充电口及充电枪温度正常，不会由于温度过高使充电口及充电枪绝缘层软化而短路，造成触电及火灾事故发生，如果此温度值异常，OBC 将启动保护模式，即不启动充电功能。如果在充电过程中，OBC 通过温度传感器检测到充电口温度高于设定值或信号异常，为了防止出现安全事故，OBC 将停止充电功能，同时点亮充电口上的红色故障指示灯进行警示。

OBC 向 BMS 发送时间同步信号、最高输出电压、最低输出电压、最大输出电流。

以上信号确认无误后，BMS 向 OBC 发送动力蓄电池充电准备就绪信号，OBC 向 BMS 发送 OBC 准备就绪信号。如果任何一条信号出现异常，充电系统将不启动充电功能，同时可能保存故障信号并生成故障代码存储。

六、充电功能启动

充电控制确认 CP 线路上 9V 电压保持过程中，容量设定、系统唤醒、自检及数据交换等需在 3s 内完成，如果信号出现异常或无信号持续的时间大于 3s，充电功能将不启动。

如果信号正常，充电设备内部的开关 S1 切换至 PWM 端，如图 4-10 所示。充电设备充电导引装置输出可调节的幅值为 12V 左右的双极性 PWM 占空比信号至 CP 线路上并保持，占空比与供电设备可提供的最大连续电流值具有相关性。期间，OBC 继续检测自身是否准备完成，且无其他故障。

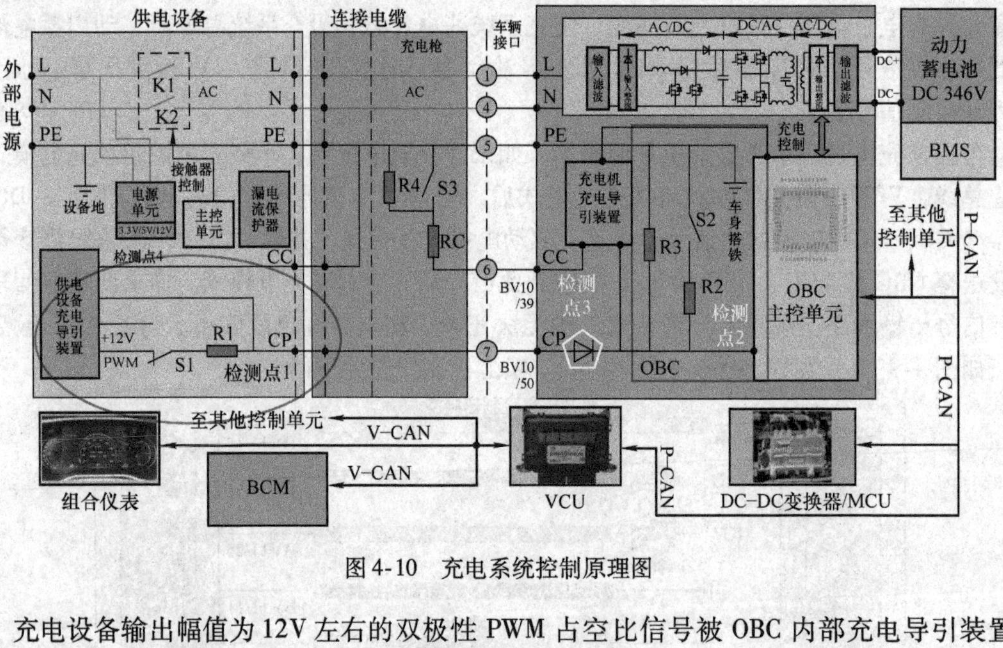

图 4-10　充电系统控制原理图

充电设备输出幅值为 12V 左右的双极性 PWM 占空比信号被 OBC 内部充电导引装置中串联在 CP 线路上的整流二极管整流，被并联在 CP 线路上的电阻 R3（如图 4-10 所示充电系统控制原理图中方框和多边形圈示位置）拉低至幅值为 +9V 左右的单极性 PWM 占空比信号并保持，其波形如图 4-11 所示。

在充电系统正常情况下，两个波形出现的时间非常短，不足 3s 或更短，且不容易测试。OBC 将 CP 线路上检测到的检测点 2 的 +9V 左右的 PWM 占空比信号波形、频率和 OBC 内

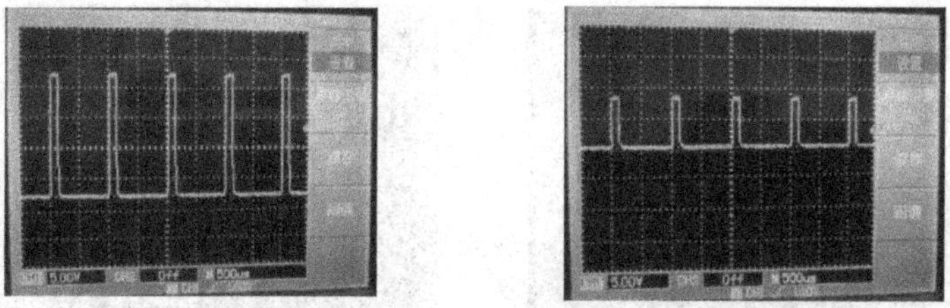

二极管整流前CP波形　　二极管整流后CP波形

图 4-11　CP 波形图

部所存储的信号波形、频率进行比对并系统自检。如果正常，OBC 在 3s 内会将波形幅值再次拉低，启动充电功能的下一步。如果 OBC 在 3s 自检异常，将不会执行启动充电功能的下一步。而充电设备在 3s 内检测波形如果没有变化，其内部的开关 S1 切换至 +12V 端，CP 信号线路恢复至 +9V，车辆充电功能禁止，同时 OBC 可能保存故障信号并生成故障代码存储。

OBC 在以上过程中再次对自身及车辆系统持续自检，自检无误后，3s 内闭合开关 S2，准备启动充电功能，如图 4-12 所示。

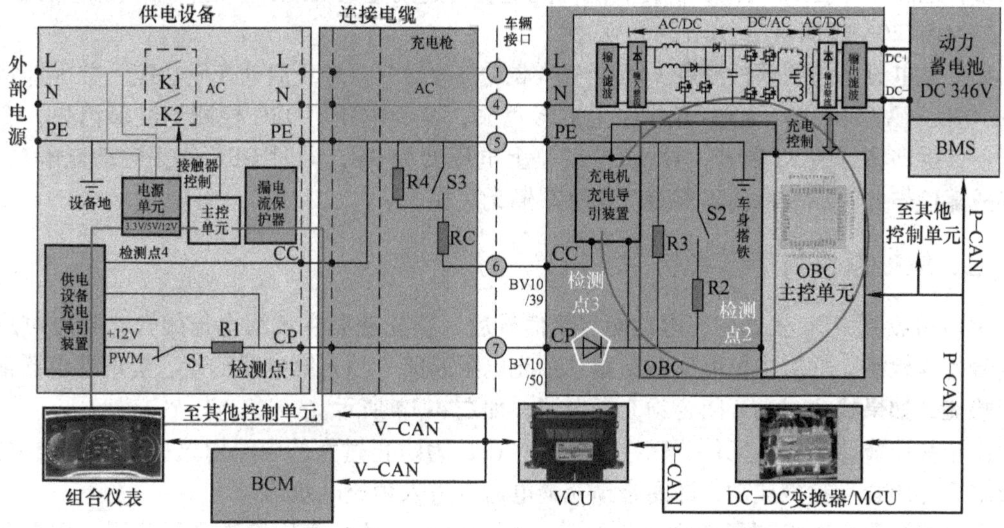

图 4-12　充电系统控制原理图

S2 开关闭合后，通过电阻 R2、开关 S2 将 CP 线路搭铁，同时由于 R2 和 R3 并联，导致 CP 线路搭铁电阻减小，随即充电设备输出幅值为 12V 左右的双极性 PWM 占空比信号，被 OBC 内部充电导引装置中串联在 CP 线路上的二极管整流，被并联在 CP 线路上电阻 R2 和 R3 拉低至幅值为 +6V 左右的单极性 PWM 占空比信号并保持，其波形如图 4-13 所示。此时 OBC 将检测到的 CP 线路上检测点 2 的 +6V 左右 PWM 波形幅值和 OBC 内部所存储的信号幅值进行比对。

OBC 在 3s 内对检测点 2 的 +6V 左右 PWM 波形幅值持续检测，同时再次自检系统内故障信号、BMS、DC－DC 变换器/MCU、VCU 等状态，如果状态正常，OBC 发送充电功能启动信号，BMS 接收到此信号后准备接通高压继电器工作，同时 BMS 根据动力蓄电池温度信号发送动力蓄电池热管理信号（预热、预热/充电、充电）需求至空调控制器。

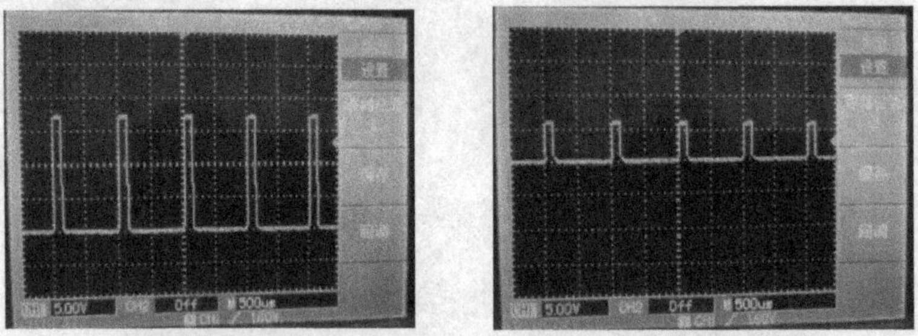

二极管整流前CP波形　　二极管整流后CP波形

图 4-13　CP 波形图

在以上过程中，有一项信号错误或异常，OBC 内部的开关 S2 断开，导致 CP 线路上的 +6V 左右 PWM 波形恢复至 +9V 左右 PWM 波形，同时 OBC 停止启动充电功能，OBC 可能保存故障信号并生成故障代码。而充电设备通过检测点 1 同时也检测到 CP 波形变化，随即将开关 S1 切换至 +12V 端，CP 信号线路恢复至 +9V，充电设备禁止充电功能启动，此时车辆无法充电。

充电设备在自检的同时，监测检测点 1 的 6V 左右 PWM 波形幅值 3s 内有没有变化。自检正常，检测点 1 在 3s 内没有变化，随即充电设备起动充电功能，接通内部交流接触器 K1 和 K2，AC 220V 电源供给 OBC。

如果充电设备检测到检测点 1 的波形异常或自检异常，停止启动充电功能，并随即将开关 S1 切换至 +12V 端，导致 CP 线路上波形消失，变为电压。OBC 检测到波形消失，变为电压后，随即将开关 S2 断开，导致 CP 线路上电压变为 9V，同时 OBC 停止启动充电功能，保存故障信号并生成故障代码存储，此时车辆无法充电。

七、继电器控制

BMS 接收到 OBC 发送的充电功能启动信号后，首先控制主负继电器闭合，同时对总线上信号持续检测，并对主负继电器断路、预充电阻断路、预充继电器粘连、主正继电器粘连进行检测，如果检测成功，闭合预充继电器，如图 4-14 所示。

由于高压线路中容性元件、感性元件的存在，为防止过大的电流对这些元件造成冲击，主负继电器闭合后检测成功，即闭合预充继电器，进入预充电状态。

在预充阶段，BMS 对预充继电器断路、预充电阻、整车高压绝缘进行检测。如果此时 BMS 检测到预充继电器断路或整车高压绝缘异常，将停止继电器控制过程，并断开已接通的预充及主负继电器，充电流程停止，BMS 生成并存储故障代码信号，同时将故障信号及停止启动充电功能通过 CAN 总线发送至 VCU、OBC、DC - DC 变换器/MCU 等，OBC 接收到此信号后，内部控制开关 S2 断开，导致 CP 线路信号变化，随即充电设备以及 OBC 停止充电功能，车辆无法充电。

预充阶段正常，动力蓄电池母线电压达到 90% 以上时，预充结束，BMS 控制主正继电器工作，接通高压主正回路，3s 内断开预充继电器。主正继电器接通后，BMS 检测主正继电器状态、整车高压绝缘状态，所有系统通信、检测正常后，车载充电机开始输出 DC 346V 高压，开始为车辆进行充电，同时 DC - DC 变换器/MCU 起动 DC - DC 变换器工作，为辅助蓄电池提供持久的 +B 电源。

如果主正继电器接通后，检测出主正继电器状态有粘连、断路、短路或整车高压绝缘状

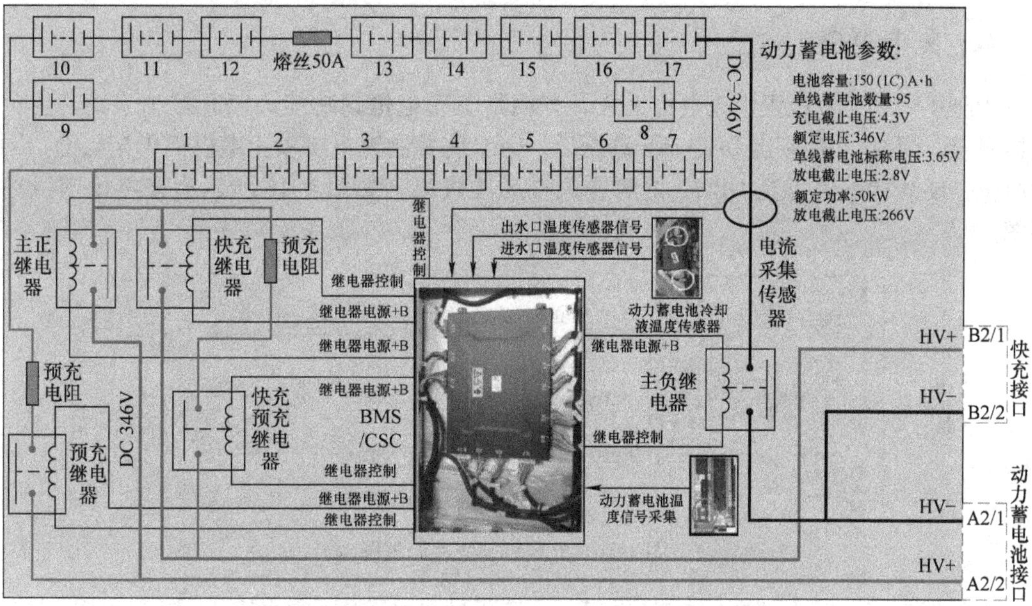

图 4-14　动力蓄电池内部继电器控制线路图

态异常，BMS 将停止继电器控制过程，并断开已接通的主正及主负继电器，充电流程停止，BMS 生成并存储故障代码信号。同时将故障信号及停止启动充电功能通过 CAN 总线发送至 VCU、OBC、MCU 等，OBC 接收到此信号后，内部控制开关 S2 断开，导致 CP 线路信号变化，随即充电设备以及 OBC 停止充电功能，车辆无法充电。

BMS 控制主正、主负继电器开始工作，同时 OBC 输出 DC 346V 高压后，BMS 根据当前充电电压、电流信号，计算出动力蓄电池充满电所需时间，然后和当前蓄电池电量信号通过 P－CAN 发送至 VCU、OBC 等，VCU 通过 V－CAN 发送车辆当前充电状态、蓄电池电量、充电电流、满电所需时间信号至组合仪表进行显示，如图 4-15 所示。

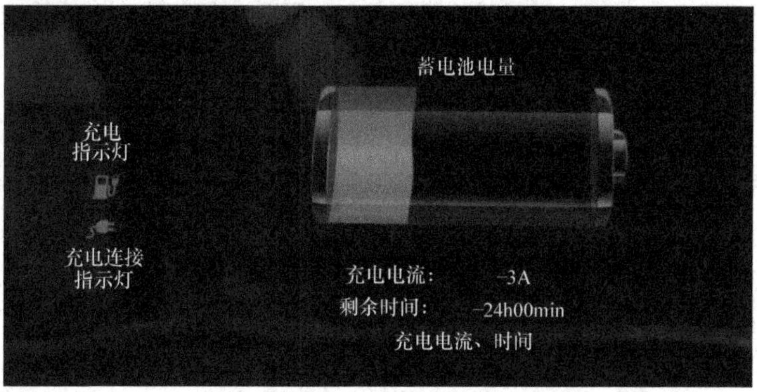

图 4-15　车辆充电状态仪表显示图

说明：在数据交换阶段（配置阶段）确认信号无误后，BMS 首先检测外界温度和动力蓄电池温度，如果温度低于内部预设的阈值，启动充电前预热功能；如果温度高于内部预设的阈值，不启动充电前预热功能，直接进入继电器控制阶段（动力蓄电池上电）。

八、充电枪锁止

为防止车辆充电过程中充电枪丢失，车辆具有充电枪锁功能。BMS 控制主正、主负继电器吸合，同时 OBC 输出 DC 346V 高压后，OBC 将控制充电枪锁止电机锁止充电枪，同时充电枪锁反馈状态信号至 OBC，此时充电枪无法拔出。如图 4-16 所示为充电枪锁线路原理图。

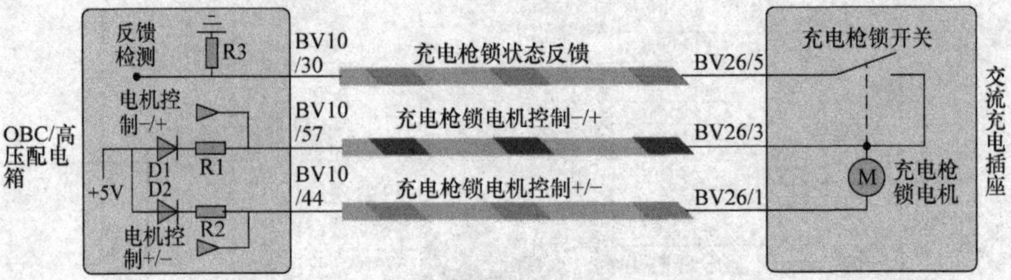

图 4-16　充电枪锁线路原理图

OBC 激活后，其内部产生 +5V 电源，一路通过二极管 D1 和电阻 R1 降为 4.7V 左右至 OBC 端子 BV10/57，通过线路至交流电插座端子 BV26/3，通过交流插座内部线路到达充电枪锁电机一端及充电枪锁开关一端。此时充电枪锁开关为常开状态，充电枪锁反馈线路电压为 0。另一路通过二极管 D2 和电阻 R2 降为 4.7V 左右至 OBC 端子 BV10/44，通过线路至交流电插座端子 BV26/1，通过交流插座内部线路到达充电枪锁电机另一端。

OBC 启动充电功能后，同时启动闭锁控制线路，OBC 内部通过电机控制线路输出一个 +B 的脉冲电压至 OBC 端子 BV10/57（ - ）和 BV10/44（ + ），再通过线路至交流插座端子 BV26/3（ - ）和 BV26/1（ + ），通过交流插座内部线路到达充电枪锁电机两端，充电枪锁电机运行，触发充电枪锁的锁止机构，充电枪被锁止，不能从充电口拔出；同时锁止机构触发开关闭合，控制电机脉冲电压消失后，4.7V 左右参考电压进入反馈线路，被 OBC 内部下拉电阻拉低至 3.9V 左右，OBC 检测到 3.9V 左右电压时，即确认充电枪已锁止。

启动开锁功能时，OBC 内部通过电机控制线路输出一个 + B 的脉冲电压至 OBC 端子 BV10/57（ + ）和 BV10/44（ - ），再通过线路至交流插座端子 BV26/3（ + ）和 BV26/1（ - ），通过交流插座内部线路到达充电枪锁电机两端，充电枪锁电机运行，触发充电枪锁的锁止机构，充电枪被解锁。同时锁止机构触发开关打开，控制电机脉冲电压消失后，4.7V 左右参考电压无法进入反馈线路，被 OBC 内部下拉电阻拉低至 0V 左右，OBC 检测到 0V 左右电压时，即确认充电枪已解锁。

充电枪解锁方式有两种：一种为通过车辆遥控器开锁键，解锁过程为先按下智能钥匙上的解锁按键，遥控钥匙解锁信号通过无线方式发送，车辆上的 BCM 天线接收到此信号后，解析并比对、认证，如果信号相符，BCM 通过 V - CAN 发送充电枪解锁和整车锁解锁信号至 VCU，VCU 接收到此信号后通过 P - CAN 发送充电枪解锁信号至 OBC，OBC 接收到解锁充电枪信号后触发解锁线路，充电枪解锁。如果遥控解锁信号比对、认证失败，BCM 不发送解锁充电枪及整车锁信号。解锁充电枪后，按压充电枪上锁止开关并保持，拔下充电枪，将两个充电口盖复位。解锁控制逻辑如图 4-17 所示。另一种为如果电动解锁失效，可通过机舱左前照灯附近的机械解锁拉索解锁。

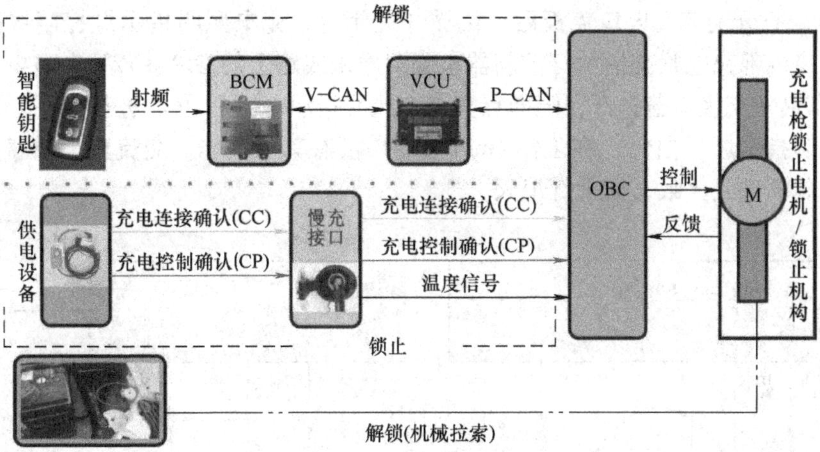

图 4-17　充电枪锁解锁逻辑图

九、充电口状态指示灯控制

充电口状态指示灯位于车辆充电口上方，用于指示不同的充电状态，可以快速地让操作人员掌握车辆充电时的状态信号，如图 4-18 所示。其中充电口状态指示灯分为五种，每种状态代表不同的模式。

1）充电照明指示灯（白色）。

2）充电状态指示灯（绿色）。

3）充电故障指示灯（红色）。

4）放电指示灯（蓝色）。

5）充电加热指示灯（黄色）。

充电口指示灯状态及线路结构和控制如下所示。

1. 充电照明指示灯（白色）

充电照明指示灯（白色）的作用是在夜间打开充电口盖后连接充电设备和移除充电设备时给充电口提供照明，如图 4-19 所示。

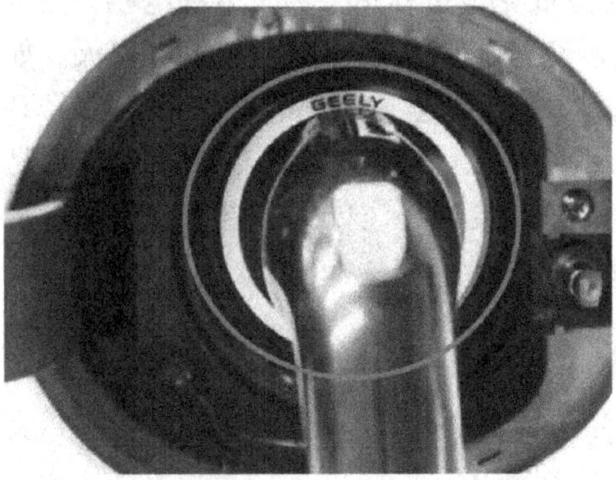

图 4-18　充电口状态指示灯

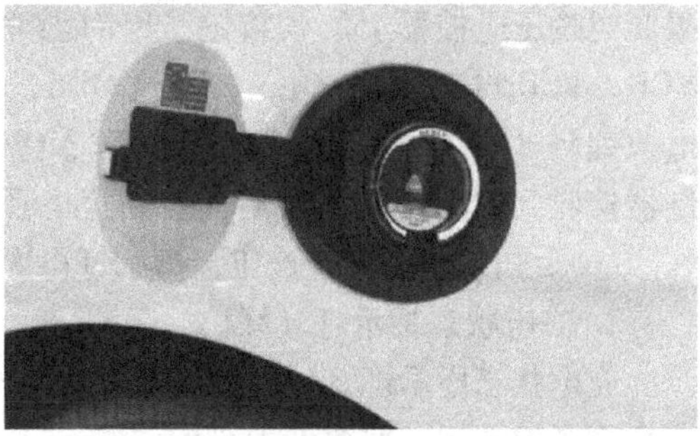

图 4-19　充电照明指示灯

充电照明指示灯（白色）控制方式有两种：一种是通过充电口盖机械开关控制，如

图 4-20所示。打开交流充电口盖板后，机械开关闭合，充电照明指示灯控制线路和搭铁线路接通，交流内部充电状态指示灯控制器检测到原来线路上的参考 +12V 左右电压被拉低为 0，即判知车辆慢充接口盖打开，随即点亮充电照明指示灯（白色）进行照明。为了节约电能，充电照明指示灯（白色）在工作 3min 后如果没有其他操作，交流充电插座内部充电状态指示灯控制器进入休眠，指示灯熄灭。

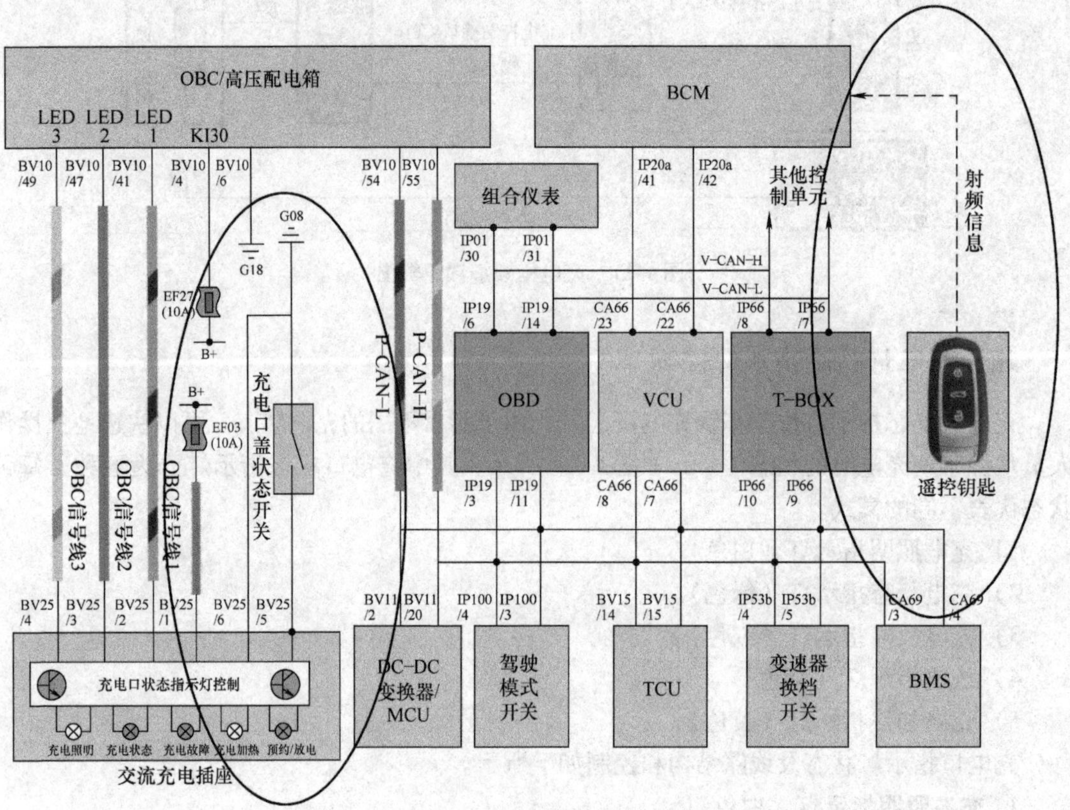

图 4-20　充电照明指示灯控制线路原理图

另一种是通过遥控钥匙进行控制，车辆在充电结束或充电过程中，为了节约电能，充电照明灯在照明 3min 后交流充电插座内部充电状态指示灯控制器进入休眠，指示灯熄灭。如果此时按压遥控器上解锁按键，BCM 接收到解锁信号后，通过 V-CAN 发送解锁信号到 VCU，VCU 再通过 P-CAN 转发至 OBC，OBC 接收到此信号后，发送充电照明指示灯点亮电位编码（高低电）至 OBC1、OBC2、OBC3 线路上，交流充电插座内部充电状态指示灯控制器接收到这个编码信号后，控制充电照明指示灯（白色）点亮，同样，为了节约电能，在 3min 后如果没有其他操作，指示灯再次熄灭。

2. 充电状态指示灯（绿色）

充电状态指示灯（绿色）的作用是在慢充电期间方便操作人员对车辆充电状态信号有一个直观的把握，如图 4-21 所示。

充电状态指示灯（绿色）控制有两种方式：一种是渐变闪亮，另一种是长亮，其控制线路如图 4-22 所示。

图 4-21　充电状态指示灯（绿色）

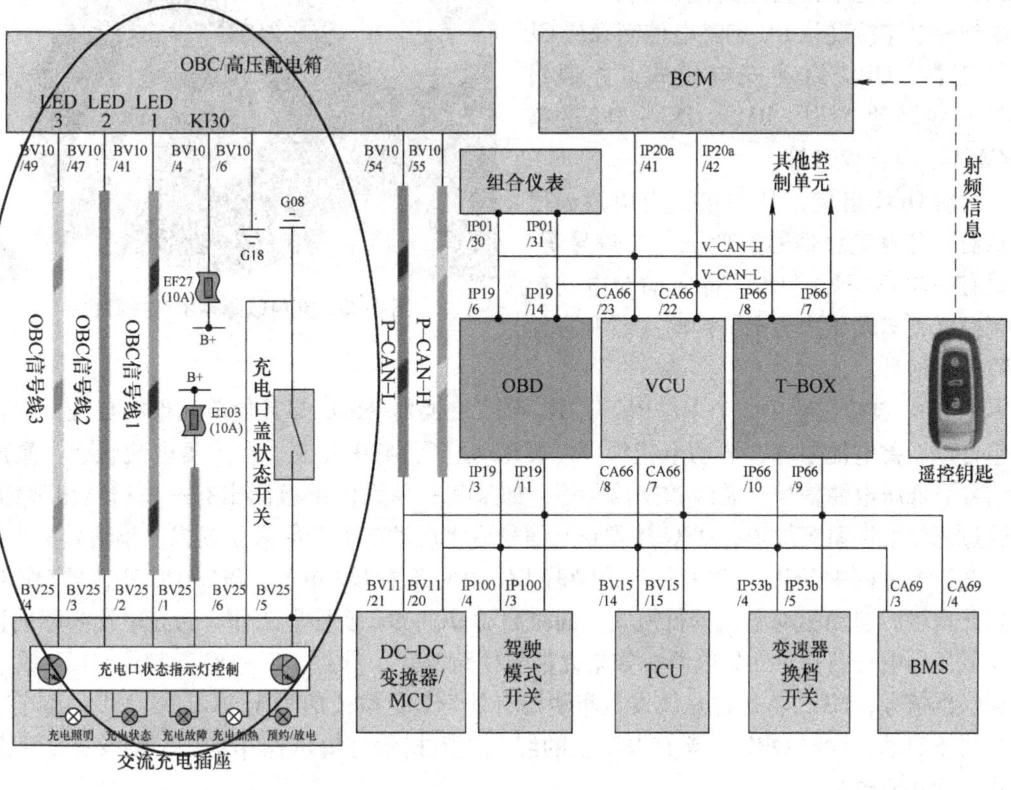

图 4-22　充电状态指示灯（绿色）控制线路原理图

OBC 启动充电功能，BMS 接通主正、主负继电器，OBC 输出高压 DC 346V 为动力蓄电池开始充电且充电枪锁止以后，OBC 发送正在充电的渐变闪亮编码（高低电）至 OBC1、OBC2、OBC3 线路上，交流充电插座内部充电状态指示灯控制器接收到这个编码信号后，控制充电状态指示灯（绿色）渐变闪亮，提醒操作人员车辆开始进入充电状态。在充电期间，为了节约电能，充电状态指示灯（绿色）在工作 2min 后如果没有其他操作，交流充电插座内部充电状态指示灯控制器进入休眠，指示灯熄灭，车辆充电功能正常工作。

另一种是在充电过程中，当 BMS 检测到动力蓄电池 SOC 达到 100% 时，通过 P - CAN 总线发送动力蓄电池 SOC 达到 100% 的信号，OBC 接收到此信号后，关闭充电功能，车辆停止充电。此时 OBC 发送充电状态指示灯（绿色）满电点亮编码（高低电）至 OBC1、OBC2、OBC3 线路上。交流充电插座内部充电状态指示灯控制器接收到这个编码信号后，控制充电状态指示灯（绿色）点亮，提醒操作人员车辆动力蓄电池电量已充满。在此期间，为了节约电能，充电状态指示灯（绿色）在工作 2min 后如果没有其他操作，交流充电插座内部充电状态指示灯控制器进入休眠，指示灯熄灭，车辆充电功能停止工作。

3. 充电故障指示灯（红色）

充电故障指示灯（红色）的作用是在进行慢充电连接操作期间和充电期间车辆出现故障，导致充电功能无法进行，OBC 点亮此灯，警示操作人员车辆出现充电故障，此时无法充电，如图 4-23 所示。

充电故障指示灯（红色）有两种控制方式：一种是充电枪物理连接完成后，OBC 检测到充电连接确认 CC 和充电控制确认 CP 信号正常，OBC 启动充电模式，并通过 CAN 总线激活 VCU、BMS、DC - DC 变换器/MCU、组合仪表等。

图 4-23　充电故障指示灯（红色）

此时 OBC 自检，其中包括充电口温度传感器、自身绝缘信号、低压电源信号等，如果有一项不正常，OBC 将启动充电功能限制模式，车辆无法充电，同时生成和存储故障代码信号。

在 OBC 自检过程中，VCU、BMS、DC - DC 变换器/MCU 等其他单元也在自检，自检信号包含动力蓄电池温度、驱动电机温度、IGBT 温度、高压互锁、动力蓄电池状态、高压绝缘信号、低压电源信号、总线数据信号等，如果某一单元内部检测出有一项信号出现错误，将通过总线发送系统故障，OBC 接收到此信号后将启动充电功能限制模式，车辆无法充电。

在以上过程中 VCU 通过专用导线唤醒 DC - DC 变换器/MCU，DC - DC 变换器/MCU 接收到此信号后起动驱动电机禁行模式，同时启动 DC - DC 变换器工作，为充电期间辅助蓄电池及低压用电设备提供 + B 电源。如果此信号线路故障，导致 DC - DC 变换器/MCU 没有接收到唤醒信号，MCU 将通过总线发送车辆没有处于禁行模式信号至 VCU 和 OBC，整车充电模式将不启动，同时 OBC 点亮充电口上的红色故障指示灯警示操作者，车辆没有处于禁行模式，无法充电。

另一种是在充电过程中，OBC、VCU、BMS、DC - DC 变换器/MCU 等其他单元继续自检并监测，同时通过 CAN 总线将信号发送，如果出现动力蓄电池温度、驱动电机温度、IGBT温度、高压互锁、动力蓄电池状态、高压绝缘信号、低压电源信号、总线数据信号、充电口温度等异常，OBC 发送充电系统故障灯点亮编码（高低电）至 OBC1、OBC2、OBC3 线路上，交流充电插座内部充电状态指示灯控制器接收到这个编码信号后，控制充电故障指示灯（红色）点亮，警示操作人员车辆出现充电故障，此时无法充电。

在充电故障指示灯（红色）点亮期间，为了节约电能，充电故障指示灯（红色）在工作2min后，如果没有其他操作，交流充电插座内部充电状态指示灯控制器进入休眠，指示灯熄灭，车辆充电功能停止工作。

4. 放电指示灯（蓝色）

放电指示灯（蓝色）的作用是在本车辆通过专用放电枪让动力蓄电池对外进行AC 220V放电期间，OBC点亮此灯，警示操作人员车辆处于放电状态，如图4-24所示。

放电枪内部由常闭开关S和电阻R串联在CC线路和车身搭铁点之间。车辆专用放电枪没有和车身连接前，OBC导引装置给CC线路输出一个高电位11.45V左右，OBC检测到此电压为11.45V左右时，判知车辆充电口没有放电设备连接。

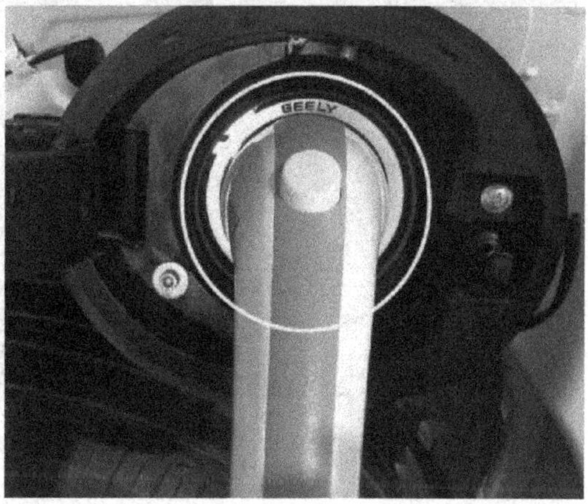

图4-24 放电指示灯（蓝色）

按压专用放电枪开关S并保持，连接专用放电枪至车辆交流充电插座中，此时开关按下，触点断开，CC线路和车身搭铁不能形成回路，OBC端的CC线路电压继续保持在11.45V左右。

释放车辆专用放电枪锁止开关S，CC线路通过电阻和开关S与车身搭铁形成回路，并将CC线路上电压拉低至1.06V左右，OBC检测到CC线路上检测点3电压降为1.06V左右时，即确认外部专用放电枪已连接，OBC激活并启动，同时OBC激活CAN总线。

CAN总线激活后，VCU、BMS、DC-DC变换器/MCU等其他单元被激活并自检，同时通过CAN总线将信号发送，自检完成后，如果没有故障信号，动力蓄电池控制开始执行上电流程，上电完成后，OBC通过内部DC-AC变换器输出AC 220V至专用放电枪插座上。

OBC输出AC 220V后，发送放电指示灯点亮编码（高低电位）至OBC1、OBC2、OBC3线路上，交流充电插座内部充电状态指示灯控制器接收到这个编码信号后，控制放电指示灯（蓝色）点亮，警示操作人员车辆进入放电模式。

在放电指示灯（蓝色）点亮期间，为了节约电能，放电指示灯（蓝色）在工作2min后如果没有其他操作，交流充电插座内部充电状态指示灯控制器进入休眠，指示灯熄灭，车辆继续保持放电工作模式。

如果在自检及数据交换过程中出现动力蓄电池温度、驱动电机温度、IGBT温度、高压互锁、动力蓄电池状态、高压绝缘信号、低压电源信号、总线数据信号、充电口温度等异常，OBC将禁止启动外部放电功能，同时通过OBC线路控制充电故障指示灯（红色）点亮，警示操作人员车辆出现充电故障，此时无法进行放电操作。

5. 充电加热指示灯（黄色）

整车启动充电功能后如果没有其他错误及故障信号，BMS检测动力蓄电池内部温度，如果温度低于预设的阈值0℃时，BMS通过P-CAN总线发送热管理信号“动力蓄电池预热”至VCU、OBC、DC-DC变换器/MCU等单元，VCU将这一信号通过V-CAN总线发送

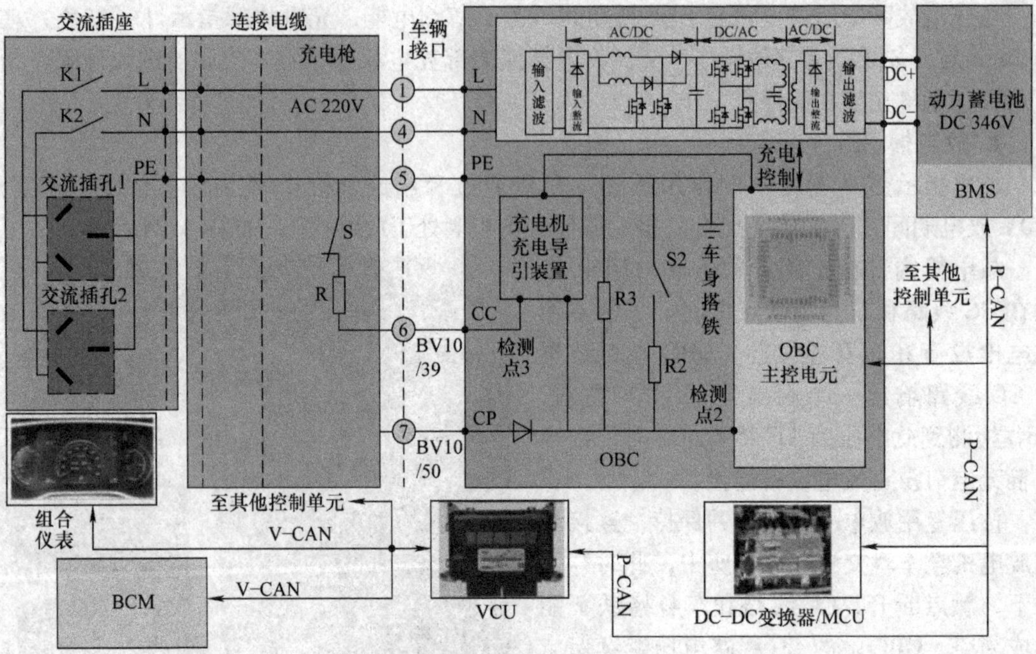

图 4-25　专用放电枪线路结构

至空调控制器及组合仪表，整车启动充电预热模式。

此时 OBC 发送充电预热指示灯点亮编码（高低电位）至 OBC1、OBC2、OBC3 线路上。交流充电插座内部充电状态指示灯控制器接收到这个编码信号后，控制充电加热指示灯（黄色）点亮，提醒操作人员车辆进入充电加热模式。

在充电加热指示灯（黄色）点亮期间，为了节约电能，充电加热指示灯（黄色）在工作 2min 后如果没有其他操作，交流充电插座内部充电状态指示灯控制器进入休眠，指示灯熄灭，车辆继续充电加热模式。

交流充电口状态指示灯电压编码信息见表 4-1。

表 4-1　交流充电口状态指示灯电压编码信号

状态 对象	BV25/2		BV25/3		BV25/4		BV25/5			
							充电口盖板（关；开）			
内容	电压/V	编码	电压/V	编码	电压/V	编码	电压/V	编码	电压/V	编码
白色	0	0	0	0	10.81	1	12.49	1	0	0
绿色（闪烁）	0	0	11.54	1	0	0	0	0	0	0
红色	10.62	1	0	0	10.62	1	0	0	0	0
蓝色	11.54	1	11.54	1	0	0	0	0	0	0
黄色	—	—	—	—	—	—	—	—	—	—

十、充电前预热控制

在低温条件下充电，BMS 因蓄电池内部温度低而对充电电流进行限制，只能在十几安甚至几安的状态下充电。只有经过较长时候的低速充电之后，单体蓄电池自然升温，充电电流才慢慢提高，严重影响充电时间，尤其是快充。在没有预加温功能的纯电动汽车充电时，电流长时间徘徊在较低的数值。单体蓄电池只能靠充电时产生的热量自然升温，充电等候时间被拉长。

EV450 配置有充电前的预热方案，在连接充电桩之后如果环境温度及蓄电池内部温度过低，那么会先对蓄电池进行预加温。当蓄电池内部温度迅速达到合适的数值后，再启动对蓄电池组的充电。不仅减少了的充电时间，同时还避免低温状态下快充对单体蓄电池可能造成的伤害。

在车辆充电前，BMS 检测动力蓄电池温度及环境温度，当动力蓄电池温度及环境温度低于预设的阈值时，BMS 通过 P－CAN 发出动力蓄电池充电预热请求信号至 OBC、VCU。VCU 接收到此信号后，通过 V－CAN 发出动力蓄电池充电预热请求信号至空调控制单元，后者接收到此信号后，内部通过 IP86a/25 端子将热管理继电器 ER11 线路控制电压拉低，继电器工作，给 PTC 加热器、三通电磁阀 A、三通电磁阀 B、三通电磁阀 C、热交换器集成单元、加热水泵（暖风）、水冷水泵（蓄电池）、热交换器电磁阀、制冷管路电磁阀、空调压力开关提供电源。

如图 4-26 所示为整车热管理系统结构图，它主要包括电控部分（OBC/驱动电机/MCU）、蓄电池组、空调暖风控制系统、空调制冷控制系统的液体温控循环系统四大部分。

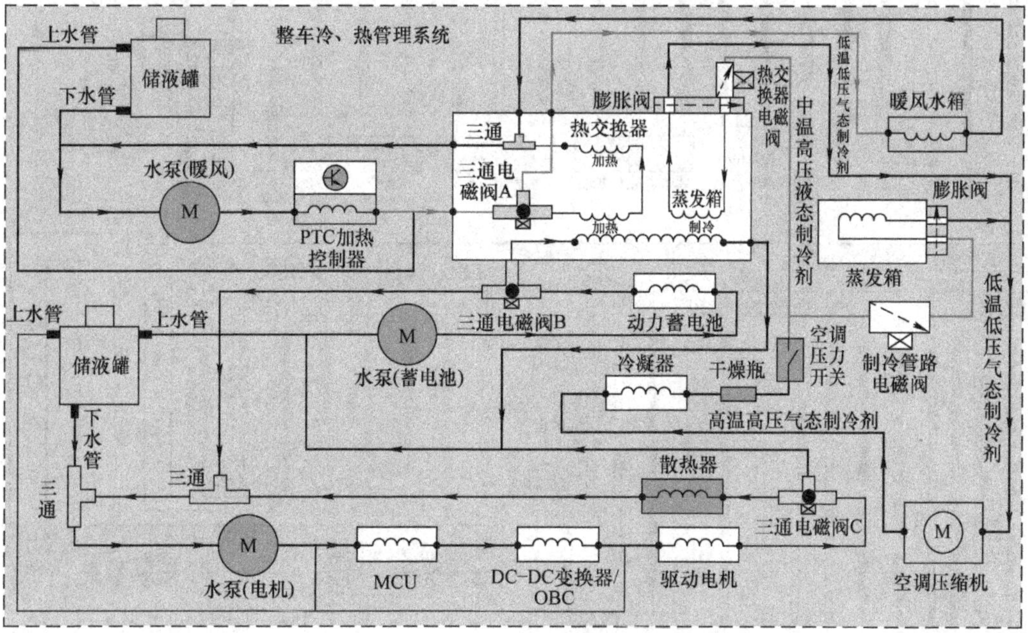

图 4-26　整车热管理系统结构图

整车热管理将驱动电机、电控部分的液体温控循环系统，与动力蓄电池的液态温控系统打通，中间通过两个电磁阀（B/C）和一个阀体（热交换器阀体）进行控制冷却及预热功能。同时通过一个电磁阀（A）引入 PTC 加热器的暖风热源，为动力蓄电池进行充电预热。

空调控制单元在通过 LIN 总线将预热请求信号分别发送至 PTC 加热器、三通电磁阀 A、三通电磁阀 B、三通电磁阀 C。

此时，三通电磁阀 A 接收到预热启动信号后，关闭至暖风散热器的冷却液通道，打开进入热交换器的冷却液通道；三通电磁阀 B 接收到预热启动信号后，关闭至储液罐下水管三通的冷却液回水通道，打开进入热交换器的冷却液通道；三通电磁阀 C 接收到预热启动信号后，关闭至散热器和驱动电机的冷却液通道，如图 4-27 所示。

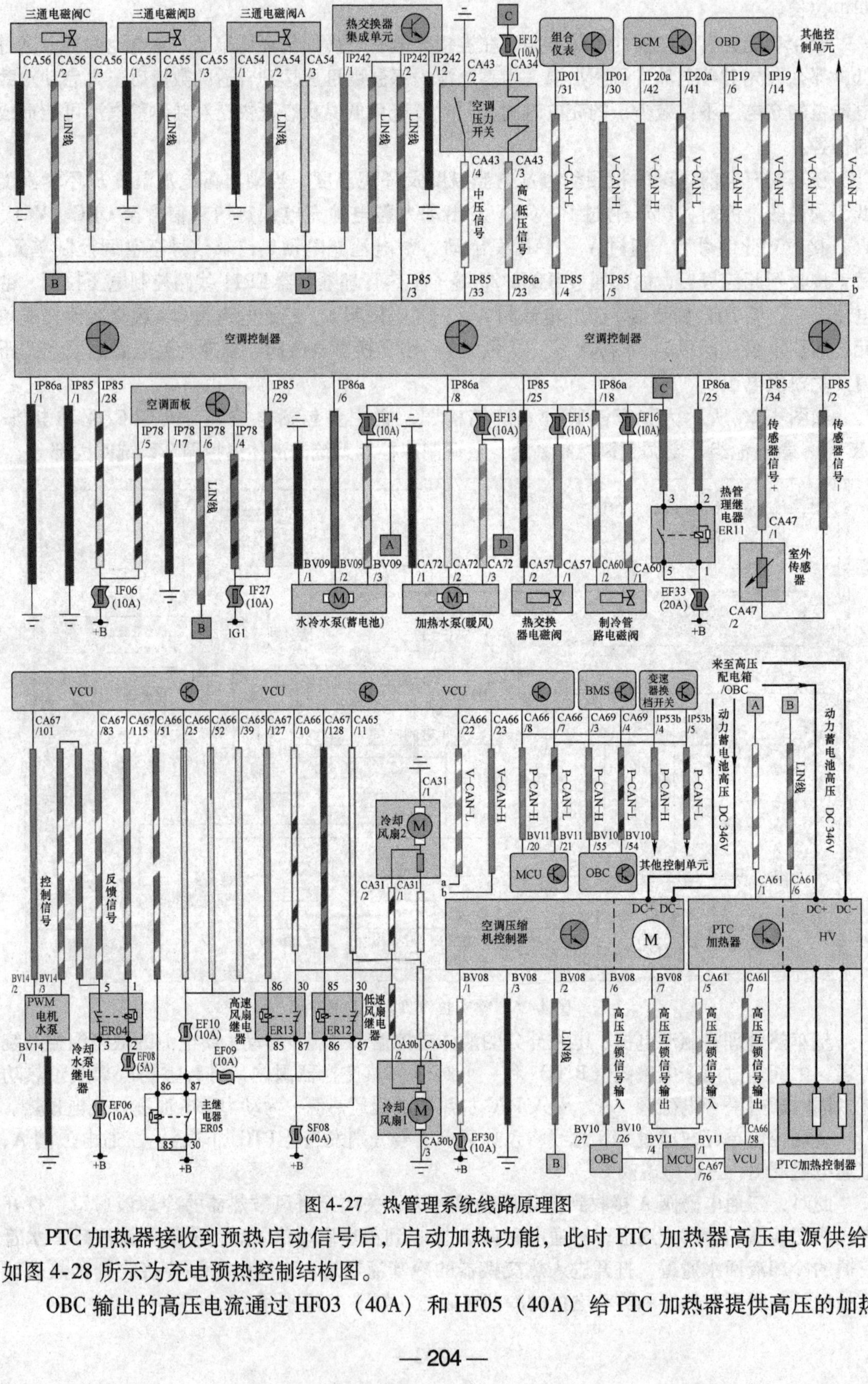

图 4-27　热管理系统线路原理图

PTC 加热器接收到预热启动信号后，启动加热功能，此时 PTC 加热器高压电源供给，如图 4-28 所示为充电预热控制结构图。

OBC 输出的高压电流通过 HF03（40A）和 HF05（40A）给 PTC 加热器提供高压的加热

电源，PTC 加热器工作，加热内部的冷却液。

此时，空调控制单元根据充电预热信号，控制加热水泵（暖风）和水泵（蓄电池）工作。

加热水泵（暖风）使热交换器内的低温冷却液加压进入 PTC 加热控制器，冷却液在 PTC 加热器内加热，进入热交换器，通过内部散热片将热量传导至去往动力蓄电池内部的冷却液，散热后的冷却液再通过加热水泵（暖风）加压进入 PTC 加热控制器，热循环开始。

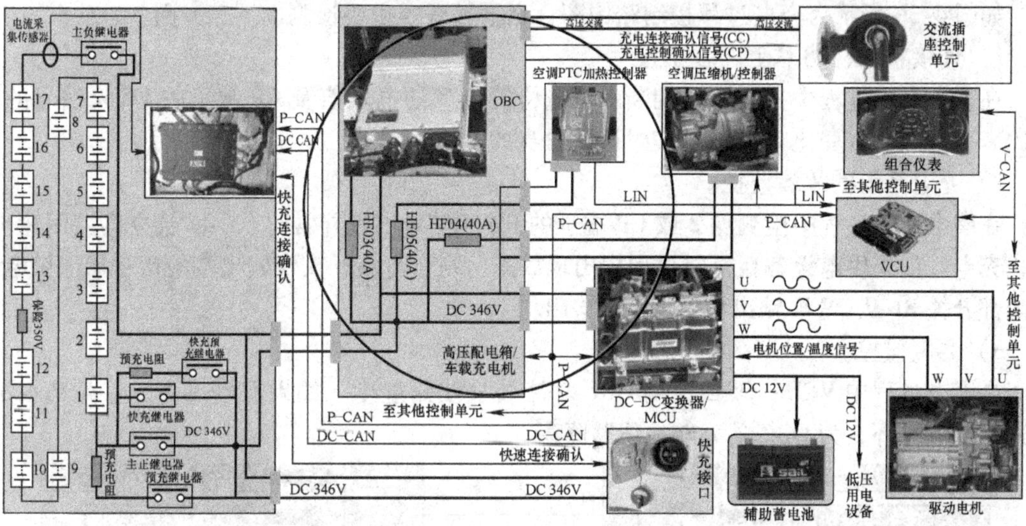

图 4-28　充电预热控制结构图

水泵（蓄电池）使热交换器内吸热后的冷却液加压进入动力蓄电池组，通过动力蓄电池组内部水道对动力蓄电池加热，散热后的冷却液再通过水泵（蓄电池）加压进入热交换器，热循环开始，如图 4-29 所示，上部虚线为 PTC 加热器的冷却液流动方向，下部虚线为动力蓄电池内冷却液的流动方向。

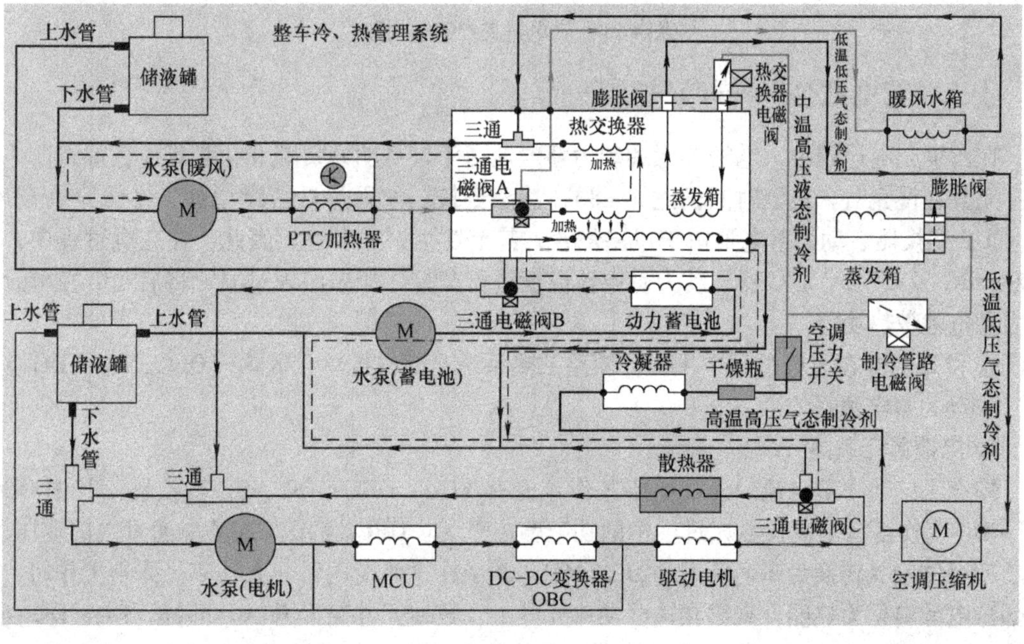

图 4-29　充电预热管理结构图

慢充电模式：当蓄电池温度低于0℃时加热开启，高于3℃加热关闭。

快充电模式：当蓄电池温度低于10℃时加热开启，高于12℃加热关闭。

蓄电池温度达到以上阈值后，充电预热功能关闭，整车转入充电模式。

十一、充电过程监控

如图4-30所示为充电过程控制结构图，充电过程中主要检测以下三方面：

1）连接状态、功率变化监控。

在整个充电过程中，OBC不间断地测量检测点2的电压值及CP端子的PWM信号的占空比。当占空比有变化时，OBC实时调整自身的输出功率。

2）充电系统的故障监控。

在整个充电过程中检测点2或CP端子的PWM信号出现异常时，OBC会立即关闭输出，停止充电。如果供电设备在充电过程中出现故障，则自行断开交流输出端的接触器，供电设备内部开关S1从PWM输出切换到+B输出。

3）温度监控。

在充电过程中VCU、OBC检测OBC功率转换线路温度，如果温度过高，将起动水泵，加速冷却液循环，为OBC功率转换线路降温。

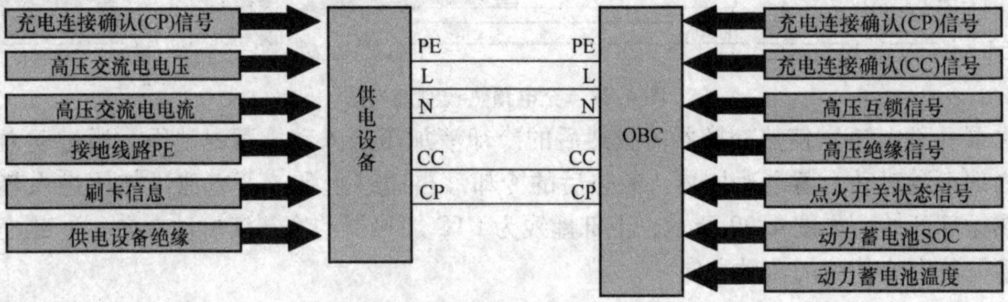

图4-30　充电过程控制结构图

十二、充电散热（冷却）控制

在车辆充电过程中，电控单元和动力蓄电池由于自身功率负载和化学反应，都将产生热量。尤其在慢充时，充电时间长达4~8h，甚至更长。如果热量持续增加，将会导致OBC、DC-DC变换器、动力蓄电池由于过温烧毁，甚至发生火灾事故。因此，在充电过程中，需要对OBC、DC-DC变换器、动力蓄电池温度进行监控，如果出现过温，将启动电控单元及动力蓄电池散热功能。

吉利EV450在充电过程中主要分两路散热系统：即电控单元散热（OBC、DC-DC变换器）和动力蓄电池系统散热。

1. 电控单元散热

慢充系统动力蓄电池的外部主要工作单元有VCU、OBC、DC-DC变换器，其中OBC、DC-DC变换器是车辆在慢充过程中的功率输出单元。OBC将AC 220V电通过内部变压器、大功率晶体管等转换为车辆所用的DC 346V。其中在这些变压器、大功率晶体管工作时，有一部分电能转化为热能，聚集在这些功率元件上，致使元件温度升高。同样，DC-DC变换器将DC 346V电通过内部变压器、大功率晶体管等转换为车辆低压电气所用的DC 12V。其中在这些变压器、大功率晶体管工作过程中，也会将一部分电能转化为热能，聚集在功率元件上，致使元件温度升高。

如果在这些元件工作时不将这些热量散发出去，将导致元件过温而损坏，甚至发生火灾。因此，车辆为充电时设计了一套热管理系统，以控制、稳定充电过程中的元件温度，防止事故发生。

2. 动力蓄电池系统散热

在车辆充电（快充、慢充）过程中，动力蓄电池温度上升，如果不加以控制，将严重影响蓄电池性能，甚至发生火灾事故，因此 BMS 检测动力蓄电池温度，当动力蓄电池温度高于预设的阈值时，BMS 发出动力蓄电池冷却请求信号至空调控制单元和空调压缩机控制单元。空调控制单元控制三通电磁阀 B 打开热交换器冷却通道，水泵（蓄电池）起动工作，同时，空调压缩机控制单元关闭制冷管路电磁阀，打开热交换器电磁阀，空调压缩机起动，制冷剂流入热交换器，降低动力蓄电池内部流出的冷却液温度，再通过水泵（蓄电池）进入动力蓄电池箱内部冷却管路，形成散热冷却循环，降低动力蓄电池温度。

十三、充电停止

在充电过程中，当达到车辆设置的结束条件，即 BMS 检测到动力蓄电池 SOC 值为 100%，通过总线向车载充电机发送停止充电命令，车载充电机控制开关 S2 断开，并使车载充电机处于停止状态。同时 CP 线路上波形幅值上升至 9V，此时供电设备检测到 CP（检测点 1）波形信号变化，控制开关 S1 切换到 +12V 的连接状态并等待，此时充电设备内部通过电阻 R3 将 +12V 的 CP 信号继续拉低至 +9V 电压，如图 4-31 所示。

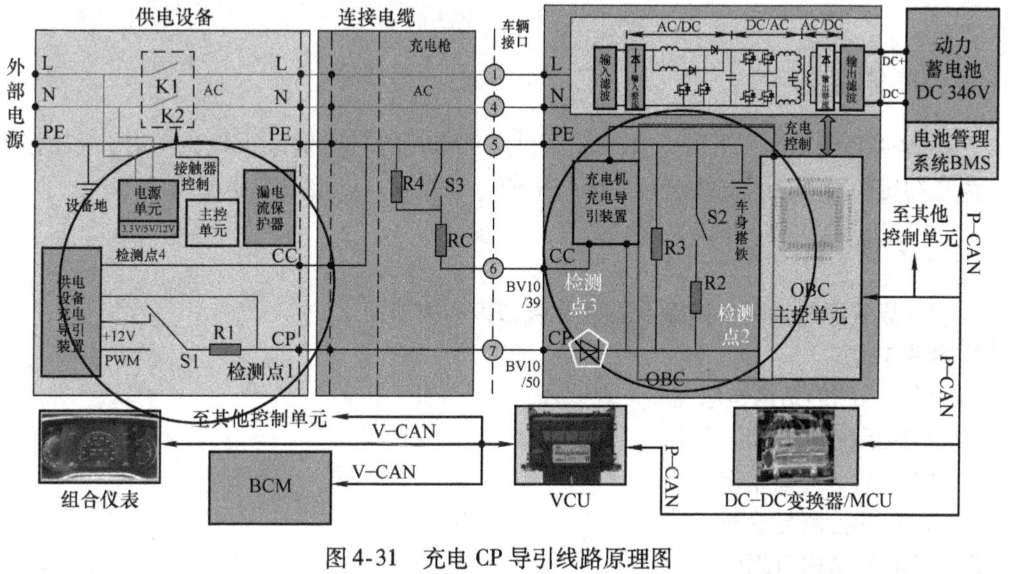

图 4-31　充电 CP 导引线路原理图

在此过程中，OBC 再次询问 BMS 是否停止充电，如果确认，充电设备内部将在 100ms 内断开接触器 K1 和 K2，切断交流供电线路，超过 3s 未检测到 +9V，供电设备将强制断开交流供电接触器 K1 和 K2，结束充电。

同时，BMS 发送 DC－DC 变换器停止命令，DC－DC 变换器停止，BMS 先控制主正继电器断开，延时 20ms，控制主负继电器断开，高压下电。

十四、非正常条件下充电功能停止

车辆在充电过程中如果发生以下任一情况，车辆充电结束：

1）搭铁点与检测点3之间的电阻值发生改变，即充电枪插接器与车辆插座连接状态发生改变断开，车载充电机在100ms内停止充电，控制断开S2开关。

2）检测点2的PWM信号发生改变，中断或波形不符，OBC在3s内停止充电，控制断开S2开关。

3）检测点1的电压值发生改变，如12V、9V或其他非6V状态，充电桩在100ms内断开交流继电器，切断交流回路。

4）在充电过程中，漏电保护器动作，OBC处于失电状态，控制断开S2开关，停止充电。

5）供电设备检测OBC实际工作电流，当供电设备的PWM信号对应的最大供电电流≤20A，且OBC实际工作电流超过最大供电电流+2A并保持5s，或供电设备的PWM信号对应的最大供电电流>20A，且OBC实际工作电流超过最大供电电流1.1倍并保持5s，供电设备切换S1开关至+12V，断开交流继电器，切断交流回路。

6）当S2开关断开（检测点1电压9V）时，供电装置在100ms内断开交流供电回路，持续输出PWM。

7）在供电接口完全连接但未闭合交流回路时，如果发生异常，充电桩在100ms内切换S1开关至+12V连接状态，同时不闭合交流继电器。

第二节　充电系统常见故障的诊断与排除

一、任务描述

吉利EV450电动汽车可以行驶正常，快充正常，但对车辆进行慢充电时，车辆无法充电，请在约定的时间内对车辆进行诊断与维修，并给客户提出用车建议。

二、任务分析

要想完成故障的诊断与排除，需要具备知识和技能：

1. 相关知识

1）慢充系统的结构与原理。

2）慢充系统的检测与诊断。

3）VCU的结构与原理。

4）VCU的检测与诊断。

5）BMS的结构与原理。

6）BMS的检测与诊断。

7）整车数据通信的原理及线路结构。

8）整车数据通信的检测与诊断。

2. 相关技能

1）万用表、示波器、诊断仪器等常见设备的使用。

2）维修资料的查阅、线路原理图的识读和分析。

3）常见故障的诊断与排除。

4）5S 管理和操作。

三、故障分析

如图 4-32 所示为吉利 EV450 充电系统线路原理图，结合充电系统结构与工作原理，以及以上故障现象可知，充电系统由慢充系统和快充系统两部分组成，因快充系统可以正常充电，所以暂不考虑该系统线路及信号故障，只考虑慢充系统。

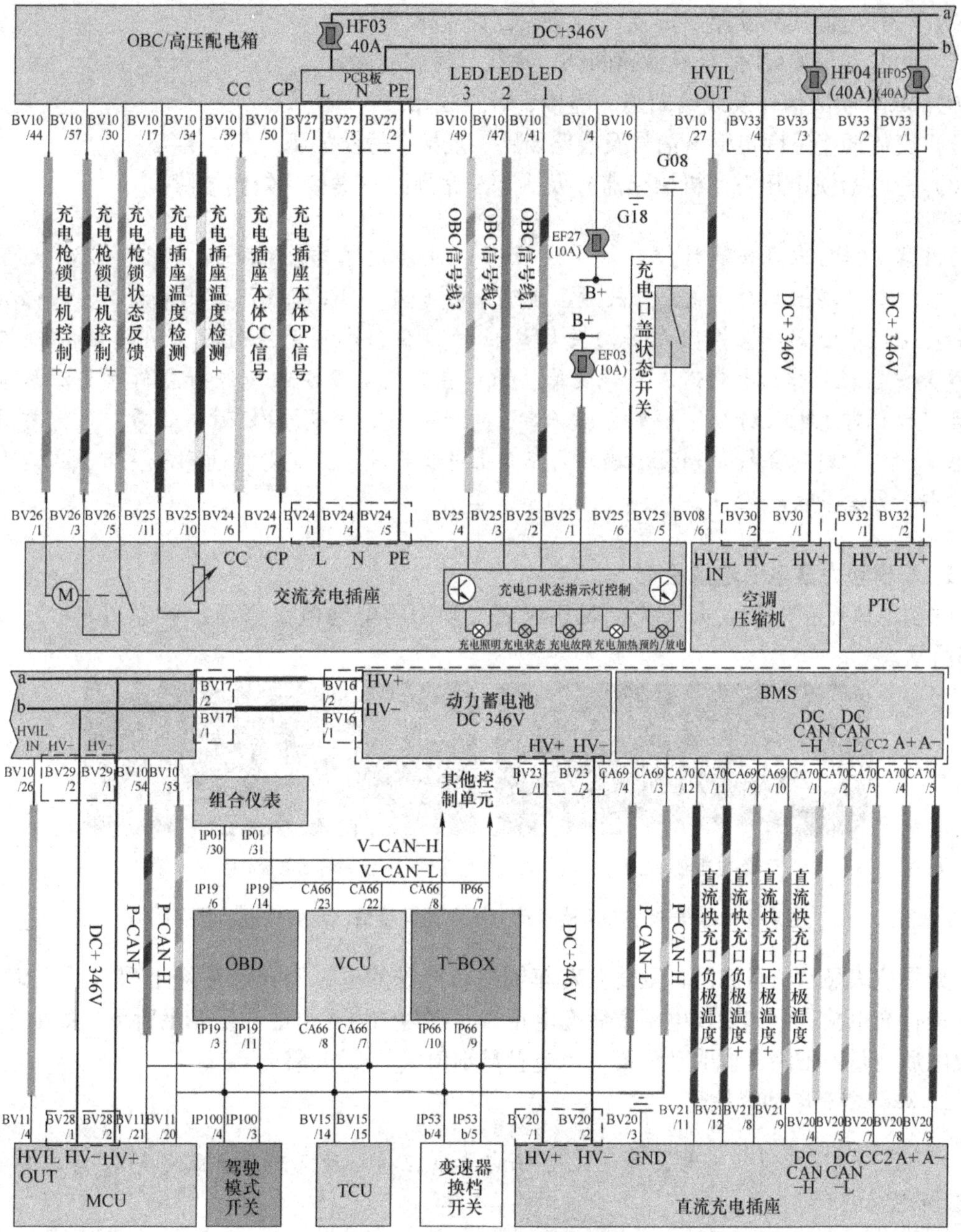

图 4-32 充电系统线路原理图

基于吉利EV450整车控制及慢充系统的工作原理，当出现车辆能正常行驶、但无法进行慢充电功能的故障时，具体故障原因应从充电系统、BMS和VCU进行诊断。

目前车辆可以正常行驶，且快充正常，说明整车高压控制系统正常，即动力蓄电池高压控制、驱动电机高压控制、DC－DC变换器高压控制、高压绝缘、高压互锁正常，可能只是由于以下一项或多项故障造成车辆慢充功能失效：

1）供电设备（包括便携式充电设备）供电、自身故障。

2）充电电缆断路、虚接、短路故障。

3）车辆端的充电连接口到OBC之间的连接线束断路、虚接、短路故障。

4）OBC电源线路断路、虚接、短路、自身故障。

5）OBC通信CAN信号及线路断路、虚接、短路故障。

6）MCU唤醒信号及线路断路、虚接、短路故障。

7）交流插座温度传感器信号及线路断路、虚接、短路故障。

8）充电枪锁止开关（机械卡滞）及内部线路断路、虚接、短路故障。

注意：OBC电源出现故障，将导致OBC无法启动工作，且整车系统和OBC无法通信。在踩制动踏板、打开点火开关后，车辆上电正常，“READY”灯正常点亮，但电机水泵和冷却风扇会常转，档位无法切换至R位和D位，车辆无法行驶。同时OBC连接的CAN总线出现故障，也将造成同样现象。所以在对充电系统故障进行分析时要注意车辆是否可以正常上电及行驶，如果可以正常上电及行驶，说明OBC通信正常，只需要对充电系统进行诊断和分析。如果车辆无法正常上电及行驶，且充电功能同样异常，但是在故障诊断时则需要进行综合分析。

1. 车辆动力蓄电池电量检查

踩制动踏板、打开点火开关，观察仪表上动力蓄电池电量值显示状态（SOC），如图4-33所示。

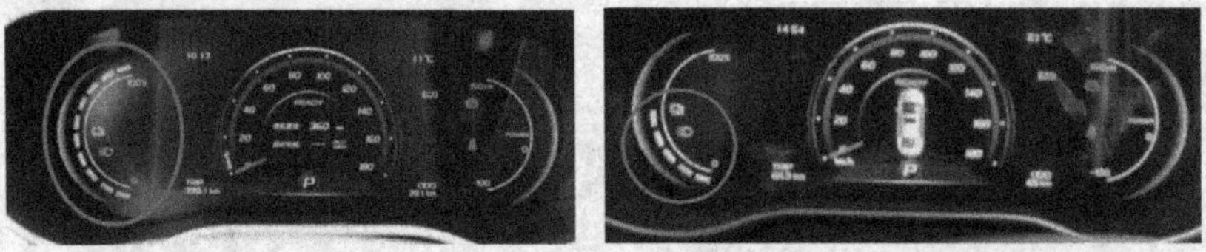

蓄电池电量充足　　　　蓄电池电量不足

图4-33　组合仪表ON档时动力蓄电池电量值（SOC）显示状态图

如果仪表显示电量充足，则需要对车辆进行行驶放电，等到电量降至95%以下时再对车辆进行充电检查。如果放电结束后充电正常，则为动力蓄电池电量充足所致。如果车辆行驶放电后电量不下降，说明动力蓄电池电量显示值（SOC）错误。

2. 车辆慢充电功能检查

说明：以下所说的充电设备或充电桩均特指吉利电动汽车原车配备的便携式充电设备，如图4-35所示。

1）将车辆置于 P 位，启动 EPB，关闭点火开关。检查充电枪上锁止开关，按压和释放充电枪锁止开关时，开关应灵活无卡滞现象，如图 4-34 所示。如果开关有卡滞现象，则维修或更换充电设备。

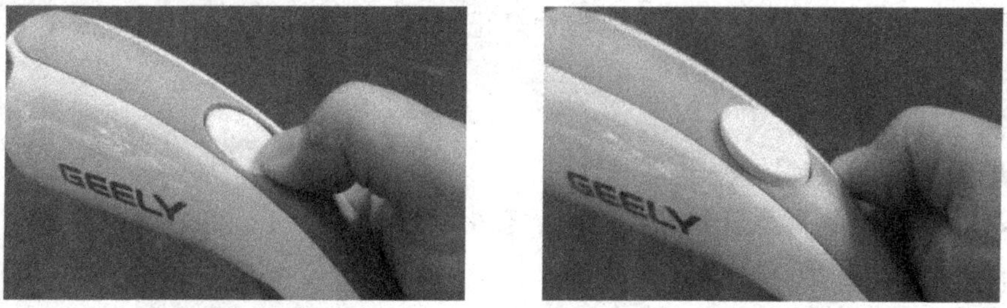

a) 开关按下　　b) 开关释放

图 4-34　充电设备锁止开关

2）连接充电设备上的 AC 220V 充电插接器至 AC 220V 电源插座，同时观察充电设备上的指示灯状态。此时充电设备上的蓝色电源指示灯（中间的圆圈）、绿色充电状态指示灯（左侧三段线）、红色充电故障指示灯（右侧五段线）应同时点亮，如图 4-35a 所示。2s 内红色故障指示灯应熄灭，绿色充电状态指示灯开始闪烁，而蓝色电源指示灯保持长亮，如图 4-35b所示。如果充电设备自检正常，则蓝色电源指示灯、绿色充电状态指示灯保持长亮，而红色充电故障指示灯熄灭。车辆充电设备故障显示及处理机制表见表 4-2。

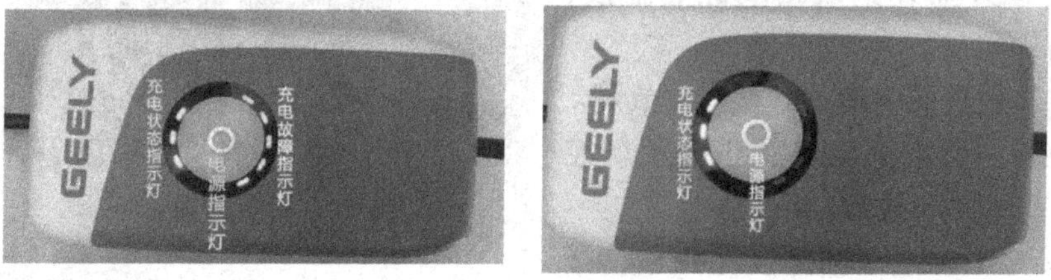

a)　　b)

图 4-35　充电设备指示灯显示状态图

表 4-2　车辆充电设备故障显示及处理机制表

显示区域	显示状态	状态说明	处理机制
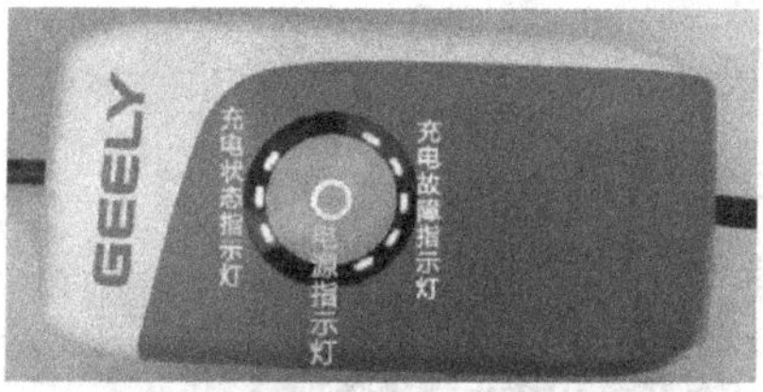 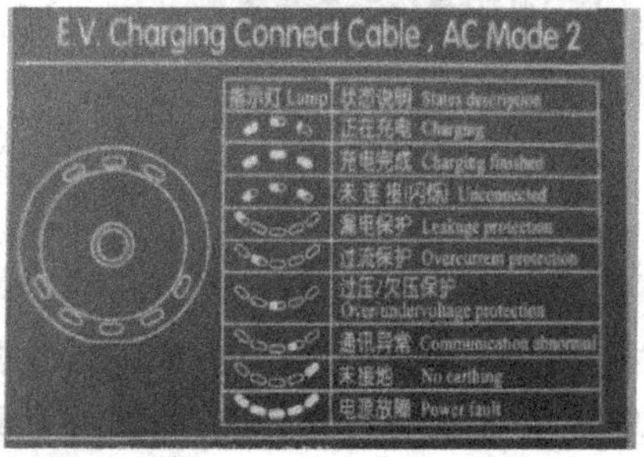	蓝色长亮	电源指示	—
	绿色循环闪烁	正在充电	—
	全部绿色长亮	充电完成	—
	全部绿色闪烁	未连接	重新插入充电枪
	红色闪烁	漏电保护	重新插入充电枪
	红色闪烁	过电流保护	—
	红色闪烁	过电压/欠电压保护	—
	红色闪烁	通信异常	重新插入充电枪
	红色长亮	检查搭铁	—
	红色长亮	电源故障	检查交流电源

如果三个指示灯全部不亮，则可能由于以下一项或多项故障可能：

① AC 220V 电源插座供电电源故障。

② 充电设备自身故障。

如果只有个别指示灯不亮，而其他指示灯正常点亮，则可能由于以下一项或多项故障可能：

① 该指示灯自身故障。

② 该电源指示灯控制故障。

如果 2s 后蓝色电源指示灯和绿色充电状态指示灯正常点亮，红色充电故障指示灯也点亮，则可能由于以下一项或多项故障可能：

① 设备漏电保护故障。

② 过电流、过电压、欠电压保护故障。

③ 搭铁故障。

④ 电源故障。

3）按压充电枪口盖，打开充电口盖，充电枪口白色照明指示灯应正常点亮，如图 4-36 所示。

如果不能正常点亮，则可能由于以下一项或多项故障可能：

① 充电口开盖开关线路断路、虚接、短路及自身故障。

② 充电口白色照明指示灯及线路故障。

③ 充电口内部的充电口状态指示灯控制单元自身（局部）故障。

图 4-36　充电照明指示灯

4）连接充电枪至车辆侧慢充接口，释放充电枪锁止开关，如图 4-37a 所示。在充电枪连接完成 8s 内应听到主正、主负继电器发出“咔哒”的工作声，同时充电枪锁发出“咔哒”的锁止声，车辆侧充电口上绿色充电状态指示灯开始由亮到暗渐变循环，如图 4-37b 所示。

a)　　b)

图 4-37　绿色充电状态指示灯

如果连接充电枪至车辆侧慢充接口，释放充电枪锁止开关，没有听到主正、主负继电器发出“咔哒”的工作声，同时充电枪锁没有发出“咔哒”的锁止声，车辆侧充电口上绿色充电状态指示灯没有点亮，而红色故障灯点亮，如图 4-38 所示，同时车辆不能充电，则可能由于 MCU 唤醒信号及线路断路、虚接、短路故障。

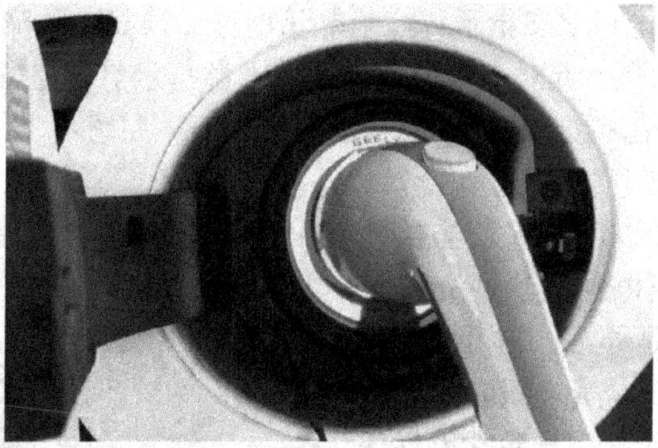

图 4-38 红色故障指示灯点亮

注意：车辆在充电过程中需要禁止车辆移动，如果连接充电枪后，OBC 启动充电模式并唤醒总线，VCU 被唤醒并接收到启动充电模式后，需通过专用导线发送高电位至 DC－DC 变换器/MCU，MCU 接收到此信号后将起动驱动电机禁行模式，并通过 P－CAN 总线将禁行信号发送至 OBC 及 VCU，OBC 和 VCU 接收到此信号后才会启动充电模式。如果此禁行信号和禁行信号传输线路出现异常，将导致车辆无法充电，充电口红色故障指示灯被 OBC 激活点亮。

如果主正、主负继电器没有发出“咔哒”的工作声，充电枪锁没有发出“咔哒”的锁止声，充电口上绿色充电状态指示灯不能正常点亮或闪烁，结合车辆行驶正常，则可能由于以下一项或多项故障可能：

① 供电设备（包括便携式充电设备）供电、自身故障。

② 充电电缆断路、虚接、短路故障。

③ 车辆端的充电连接口到 OBC 之间的连接线束断路、虚接、短路故障。

④ OBC 电源线路断路、虚接、短路、自身故障。

⑤ OBC 通信 CAN 信号及线路断路、虚接、短路故障。

⑥ 充电枪锁止开关（机械卡滞）及内部线路断路、虚接、短路故障。

如果主正、主负继电器正常发出“咔哒”的工作声，充电口上绿色充电状态指示灯正常点亮和闪烁，只是充电枪锁没有发出“咔哒”的锁止声，则可能由于以下一项或多项故障可能：

① 充电枪锁控制信号及线路断路、虚接、短路故障。

② 充电枪锁反馈信号及线路断路、虚接、短路故障。

③ 充电枪锁自身故障。

④ OBC 内部锁控制故障。

如果主正、主负继电器正常发出“咔哒”的工作声，充电枪锁发出“咔哒”的正常锁止声，充电枪锁止，只是充电口上绿色充电状态指示灯没有正常点亮，则可能由于以下一项或多项故障可能：

① OBC 信号线路断路、虚接、短路故障。

② 绿色充电状态指示灯及线路故障。

③ 充电口内部的充电口状态指示灯控制单元自身（局部）故障。

5）观察充电设备状态，此时充电设备上蓝色电源指示灯应正常点亮，绿色充电状态指示灯从闪烁变为循环点亮，红色充电故障指示灯应熄灭，如图 4-39 所示。

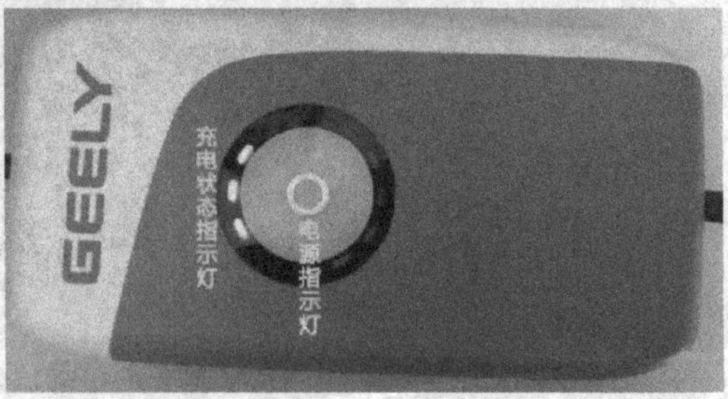

图 4-39　充电设备指示灯显示状态图

如果异常，拔掉充电枪及充电枪 AC 220V 插接器，等待 10s 以上，重新连接充电枪 AC 220V 插接器至电源插座、充电枪至车辆充电口，如果还是异常，则可能由于某个或某些故障可能，造成充电设备和车辆没有连接成功或充电系统故障导致功能性保护，致使慢充系统无法启动，充电设备显示异常，具体包括：

① 充电桩（便携式充电设备）自身故障。

② 充电电缆断路、虚接或短路故障。

③ OBC 电源及线路断路、虚接、短路或自身故障。

④ 充电枪锁止开关（机械卡滞）及内部线路断路、虚接、短路故障。

⑤ OBC 通信 CAN 信号及线路断路、虚接或短路故障。

⑥ 交流插座温度传感器信号及线路断路、虚接、短路故障。

⑦ MCU 唤醒信号及线路断路、虚接、短路故障。

⑧ OBC 输出线路故障。

6）观察仪表显示状态，仪表上红色充电连接指示灯、黄色充电指示灯应正常点亮，同时仪表中部出现蓄电池图标，动态显示当前蓄电池电量，仪表中下部显示充电电流及充电所需时间，如图 4-40 所示。

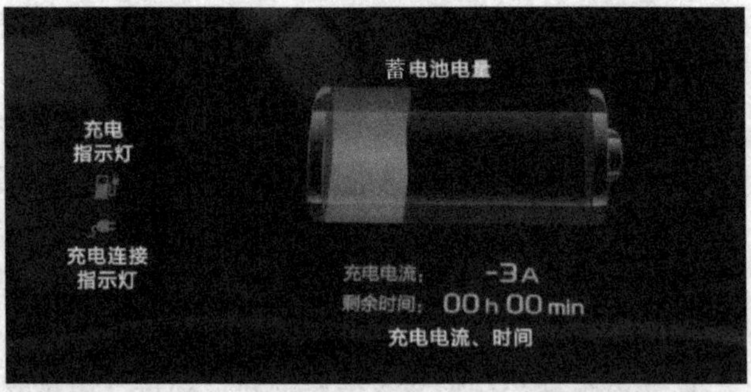

图 4-40　组合仪表充电状态指示

如果仪表上无任何信号显示，说明连接充电枪后充电系统没有被激活，OBC 对外没有信号发送，导致仪表没有接收到充电系统启动信号，所以无任何信号显示，可能由于以下一项或多项故障可能：

① OBC 通信 CAN 信号及线路断路、虚接或短路故障。

② 充电连接及控制 CC 信号及线路断路、虚接、短路故障。

③ 充电枪锁止开关（机械卡滞）及内部线路断路、虚接、短路故障。

如果仪表出现如图 4-41 所示的情况，仪表上仅仅显示红色充电连接指示灯正常点亮，说明连接充电枪后 OBC 被激活，对外发送车辆准备进入充电模式，但是由于系统检测存在故障，导致充电功能没有启动。

如果出现以上现象，则可能由于以下一项或多项故障可能：

① 充电桩（便携式充电设备）引导内部线路故障。

② 充电连接及控制 CP 信号及线路断路、虚接、短路故障。

③ 交流插座温度传感器信号及线路断路、虚接、短路故障。

④ MCU 唤醒信号及线路断路、虚接、短路故障。

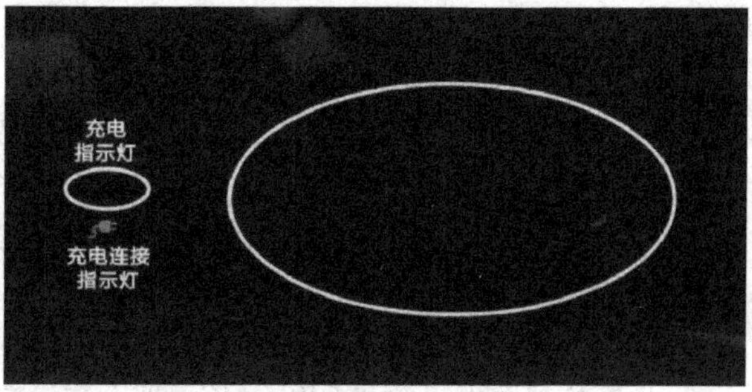

图 4-41　组合仪表充电状态指示

⑤ OBC 输出线路故障。

⑥ 高压互锁线路断路、虚接、短路、插接器故障。

⑦ OBC 通信 CAN 信号及线路断路、虚接、短路故障。

⑧ OBC 电源及电源线路断路、虚接、短路故障。

7）如果充电一段时间后充电枪口上红色故障指示灯点亮，如图 4-42 所示，同时车辆不能充电，则可能由于以下一项或多项故障可能：

① 交流插座温度传感器信号及线路断路、虚接、短路故障。

② 高压互锁线路断路、虚接、短路、插接器故障。

③ OBC 电源及电源线路断路、虚接、短路故障。

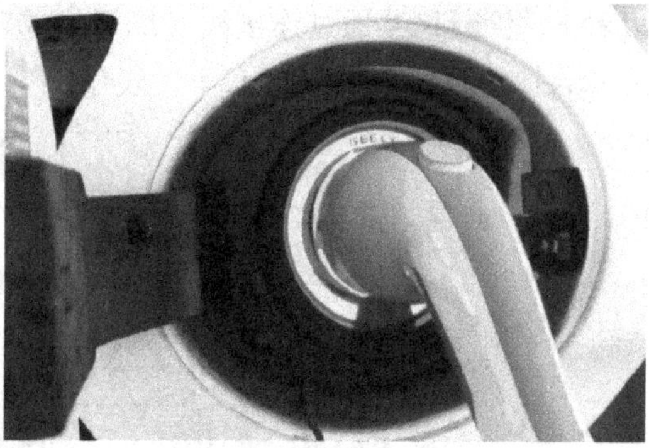
图 4-42　红色故障指示灯点亮

④ P－CAN 通信信号及线路断路、虚接、短路故障。

⑤ 其他单元出现控制故障，导致充电功能性保护。

如果出现以上现象，可以先将充电枪从车辆充电口上移除。然后踩制动踏板，打开点火开关，检查车辆是否可以正常上电行驶，如果不能上电或行驶，则可能由于以上一项或多项造成充电过程异常；如果可以上电及行驶，则可能由于以下一项或多项造成充电过程异常：

① 交流插座温度传感器信号及线路断路、虚接、短路故障。

② MCU 唤醒信号及线路断路、虚接、短路故障。

如果某一项出现异常，应结合其结构与工作原理检查相关信号、部件电源、熔丝、线路以及部件本身。

注意：通过继电器动作、充电锁止电机、充电口指示及仪表显示的现象做初步分析，可以判断车辆充电导引装置以及单元是否被唤醒，找出造成这些现象的一个或几个因素，根据这些因素缩小故障范围，并按先信号线路、后元件的方法进行排查。

四、DTC 分析

现在汽车一般都具有自诊断功能，即使通过故障现象可以明确故障范围，但也最好首先读取故障记忆，因为这特别有利于快速发现故障。如果有故障代码，应清楚故障代码的定义和生成的条件，并基于此展开诊断和故障检修；如果没有故障代码，则基于系统的结构与工作原理进行系统诊断。

连接诊断仪器，扫描 OBC，读取故障代码，实测过程中会遇到三种情况：

1）诊断仪器可以正常和 OBC 通信，但系统没有故障记忆，这种情况下只能根据故障现象，按照无故障代码的诊断方法进行诊断。

2）诊断仪器可以正常和 OBC 通信，并可以读取到系统中所存储的故障代码，此时应结合故障代码信号进行维修。

3）在打开点火开关后操作诊断仪器，诊断仪器不能正常和 OBC 通信，从而无法读取系统中所存储的故障代码。此时，应操作诊断仪器和其他控制单元进行通信，综合所有控制单元的通信状况来判定故障所在。如图 4-43 所示为诊断仪器和 OBC 之间的通信原理图，从中可以看出，诊断仪器通过连接线（或无线或蓝牙通信）、OBD－II 诊断接口、CAN 总线与 OBC 或其他控制单元进行通信。

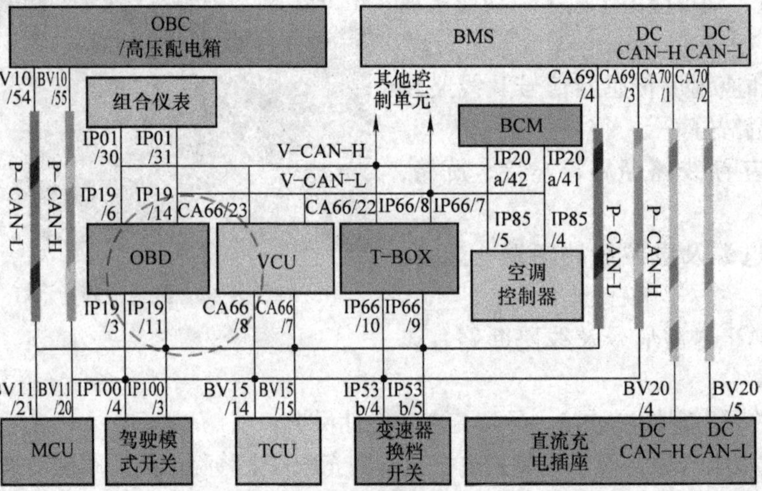

图 4-43　诊断仪器和 OBC 之间的通信原理图

如果诊断仪器无法进入车辆所有系统，则可能是诊断仪器、诊断连接线、无线或蓝牙通信、OBD－II 诊断接口、CAN 总线中的一个或多个出现故障；如果只是某个控制单元无法进入，则可能是该控制单元或其电源线路、相邻的 CAN 总线区间出现故障，如图 4-44 所示。

利用故障代码进行故障诊断时按以下步骤进行：

1）读取故障代码，查阅资料了解故障代码的定义和生成条件。

2）第二步则必须是验证故障代码的真实性，验证的方法也分两步。

① 通过清除故障代码、模仿故障工况运行车辆，再次读取故障代码。

② 通过数据流或在线测量值来判定故障真实性，并由此展开系统测量。

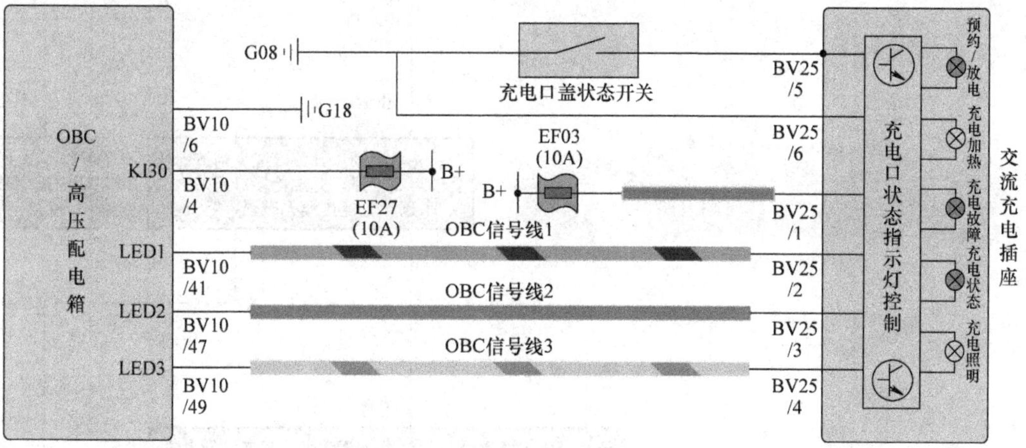

图 4-44　车载充电机电源线路原理图

五、故障诊断

面对慢充电过程中所发生的各种故障，诊断及处理失误将给企业和个人造成相当大的损失。正确的诊断及处理，不可能来自于盲目的主观臆断，而应该建立在获取与故障有关信号的基础上，依据系统的结构及工作原理，运用科学的分析方法，按照合理的步骤进行综合分析，去伪存真、舍次取主，排除故障“受害者”，找出故障“肇事者”，这才是提高故障诊断准确性的关键所在。为了便于分析，不至于被众多杂乱无章的信号扰乱思路，需要结合线路原理图，遵从以下流程进行诊断维修。

慢充系统充电异常诊断流程（图 4-45）。

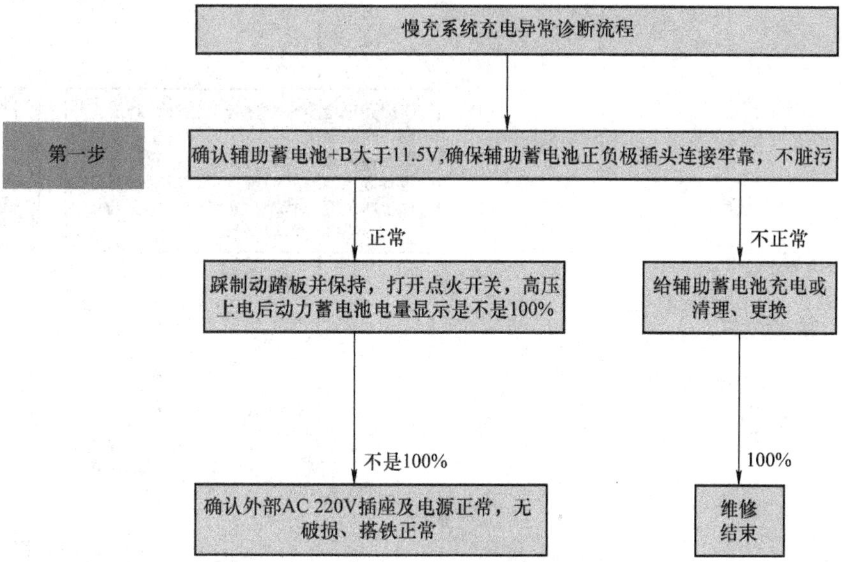

图 4-45　慢充系统充电异常诊断流程

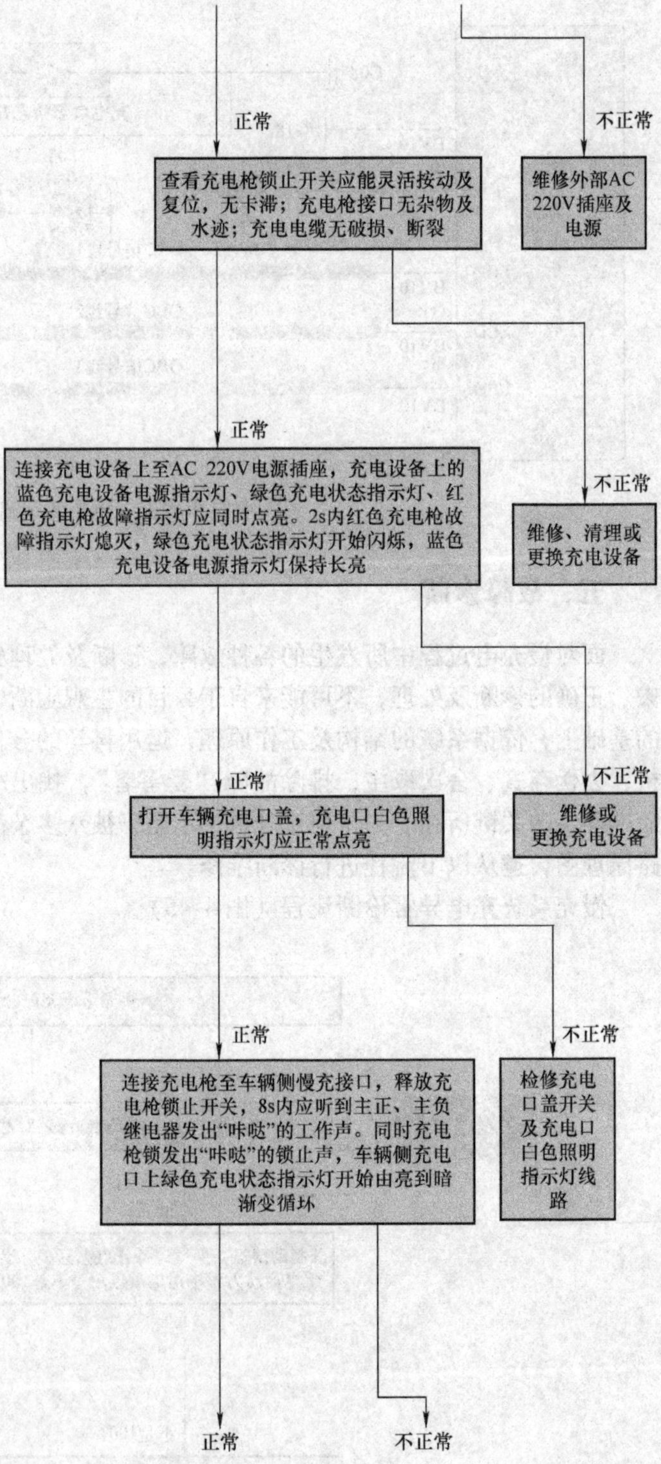
正常
不正常
查看充电枪锁止开关应能灵活按动及复位，无卡滞；充电枪接口无杂物及水迹；充电电缆无破损、断裂
维修外部AC 220V插座及电源
正常
不正常
连接充电设备上至AC 220V电源插座，充电设备上的蓝色充电设备电源指示灯、绿色充电状态指示灯、红色充电枪故障指示灯应同时点亮。2s内红色充电枪故障指示灯熄灭，绿色充电状态指示灯开始闪烁，蓝色充电设备电源指示灯保持长亮
维修、清理或更换充电设备
正常
不正常
打开车辆充电口盖，充电口白色照明指示灯应正常点亮
维修或更换充电设备
正常
不正常
连接充电枪至车辆侧慢充接口，释放充电枪锁止开关，8s内应听到主正、主负继电器发出“咔哒”的工作声。同时充电枪锁发出“咔哒”的锁止声，车辆侧充电口上绿色充电状态指示灯开始由亮到暗渐变循环
检修充电口盖开关及充电口白色照明指示灯线路
正常
不正常

图4-45　慢充系统充电

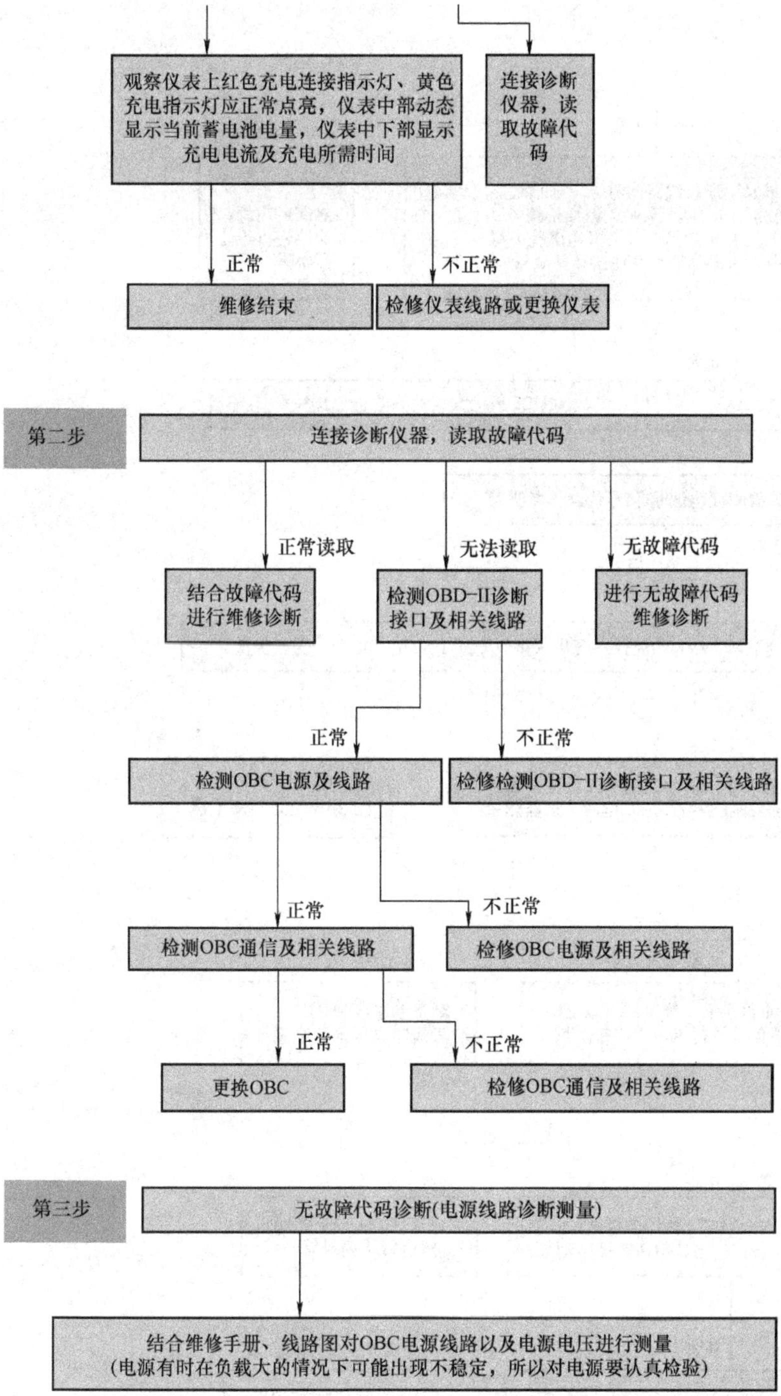

观察仪表上红色充电连接指示灯、黄色充电指示灯应正常点亮，仪表中部动态显示当前蓄电池电量，仪表中下部显示充电电流及充电所需时间
连接诊断仪器，读取故障代码
正常
不正常
维修结束
检修仪表线路或更换仪表
第二步
连接诊断仪器，读取故障代码
正常读取
无法读取
无故障代码
结合故障代码进行维修诊断
检测OBD-II诊断接口及相关线路
进行无故障代码维修诊断
正常
不正常
检测OBC电源及线路
检修检测OBD-II诊断接口及相关线路
正常
不正常
检测OBC通信及相关线路
检修OBC电源及相关线路
正常
不正常
更换OBC
检修OBC通信及相关线路
第三步
无故障代码诊断(电源线路诊断测量)
结合维修手册、线路图对OBC电源线路以及电源电压进行测量
(电源有时在负载大的情况下可能出现不稳定，所以对电源要认真检验)

异常诊断流程（续）

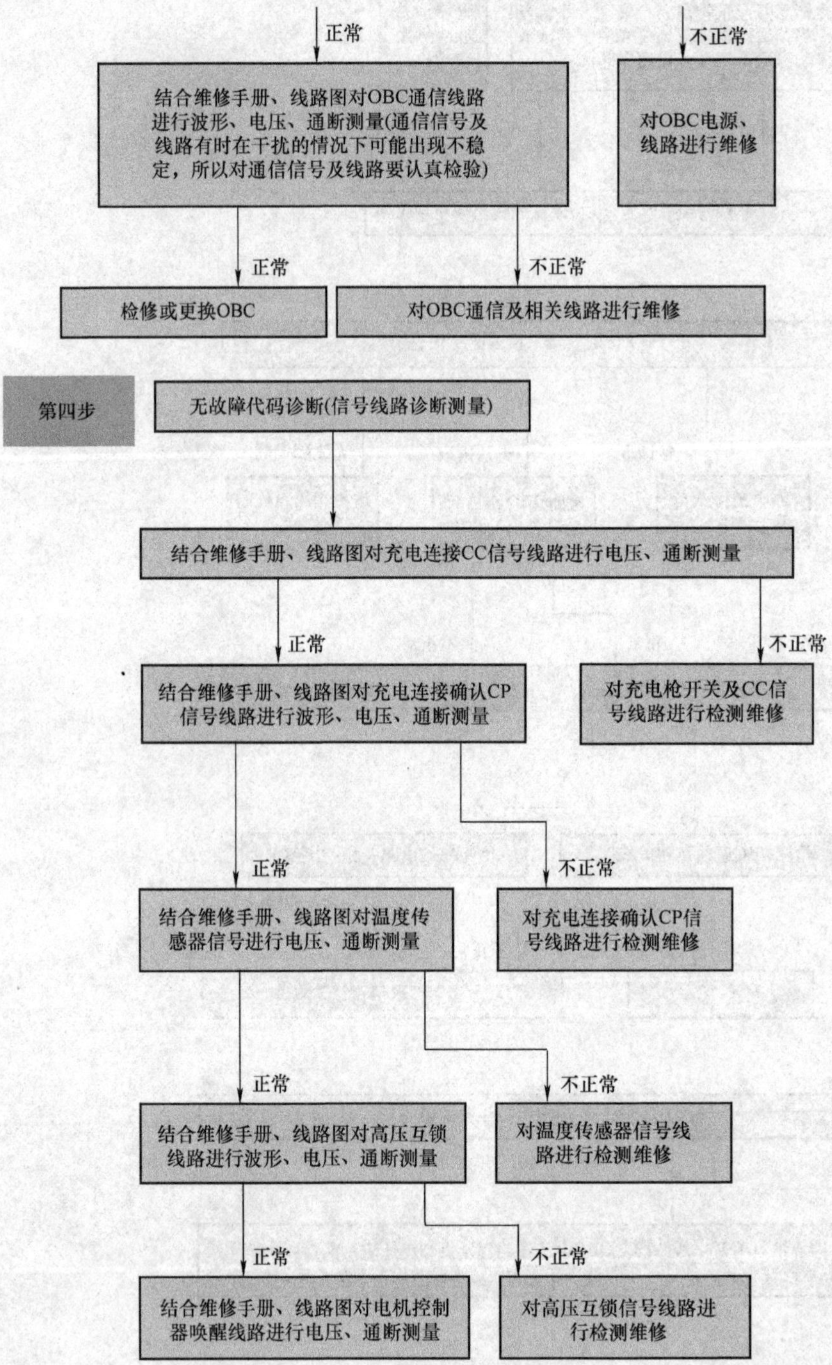

图 4-45　慢充系统充电异常诊断流程（续）

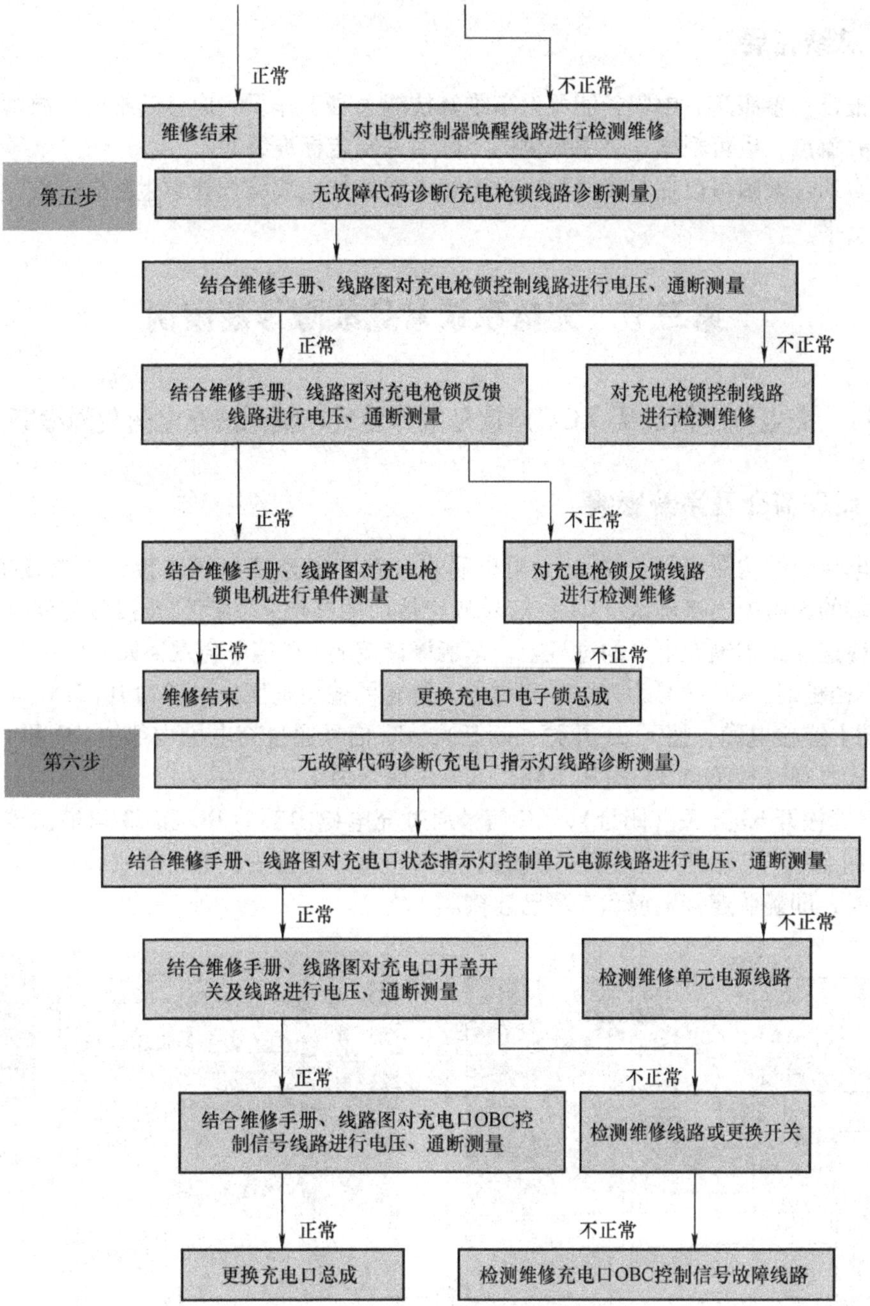

图 4-45 慢充系统充电异常诊断流程（续）

根据慢充系统的结构原理，对外部的充电设备供电电源、搭铁保护、充电电缆、充电导引信号以及车辆上充电导引信号、OBC 通信、OBC 电源、充电枪锁、交流插座温度传感器、充电指示灯控制等线路进行检测，检测方法参照相关内容。

根据系统的结构原理，对外部的充电设备供电电源插座、充电电缆、充电枪锁止开关、充电枪锁、交流插座温度传感器、OBC 等元件进行检测，检测方法参照相关内容。

六、总结拓展

技术报告：参照高、中职新能源汽车维修技能大赛工作页完成诊断报告，教师应根据需要设置好故障点，也可根据本书中提供的实际附件制定标准答案。

拓展实训：教师可以在车辆给学生设置相类似的其他故障，让学生独立完成，以考核学生的掌握水平。

第三节　充电系统常见故障诊断案例

案例1　充电枪连接确认（CC）信号故障导致车辆无法充电的故障诊断与排除

一、原理简介及系统影响

从充电导引结构图（图4-46）上可以看出，在充电连接电缆连接到供电设备的时候，供电设备端的充电枪连接确认（CC）信号从连接前的高电平切换到连接后的低电平，在充电连接电缆连接到车辆充电口的过程中，车辆接口端的CC信号会发生如下变化：

1）不插枪时，CC信号为充电机充电导引装置的输出电压，一般为10.71V。

2）插上连接电缆，按下S3开关（断开），CC信号通过充电枪内部的RC和R4与搭铁接通，导致线路（检测点3）电压下降，其电平信号为1.71V左右。

3）接着松开S3开关（闭合），CC信号通过充电枪内部的RC和S3与搭铁接通，导致线路（检测点3）电压进一步下降，其电平信号为0.77V左右。充电导引装置接收到0.77V左右电压时，即确认连接电缆和车辆已连接。

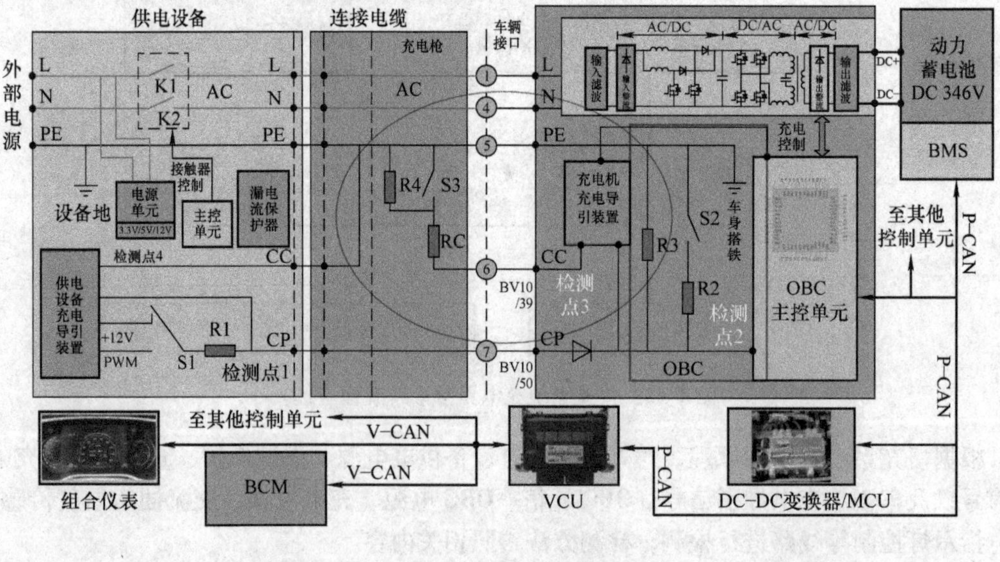

图4-46　充电导引结构图

如果供电设备、连接电缆、OBC中的充电导引装置CC信号出现问题，将导致交流充电系统无法充电。

说明：本案例所用充电设备均为吉利 EV450 原车配备的便携式充电器。

二、故障现象描述

连接充电设备至外部交流插座，按压充电枪锁止开关，连接至车辆慢充接口，释放充电枪锁止开关，充电设备电源指示灯正常，此时充电枪锁无动作，充电枪无法锁止。观察仪表上充电指示灯、充电连接指示灯均不亮。

打开点火开关，动力蓄电池 SOC 显示条不闪动，同时充电器上充电状态指示灯闪烁，显示“未连接”信号，车辆无法充电。

车辆行驶正常，仪表板未提示相关故障信号。

连接充电枪至车辆侧慢充接口，释放充电枪锁止开关，没有听到主正、主负继电器发出“咔哒”的工作声。同时充电枪锁没有发出“咔哒”的锁止声，车辆侧充电口白色照明指示灯一直点亮，没有变化为绿色的充电状态指示灯闪烁。如图 4-47 所示。

观察充电设备状态，此时充电设备上蓝色电源指示灯正常点亮，绿色充电状态指示灯变为长亮，红色充电设备故障指示灯熄灭，如图 4-47b 所示

观察仪表上充电指示灯、充电连接指示灯均不亮。打开点火开关，动力蓄电池 SOC 显示条不闪动，车辆无法充电。但此前试车时车辆行驶正常，仪表板未提示相关故障信号。

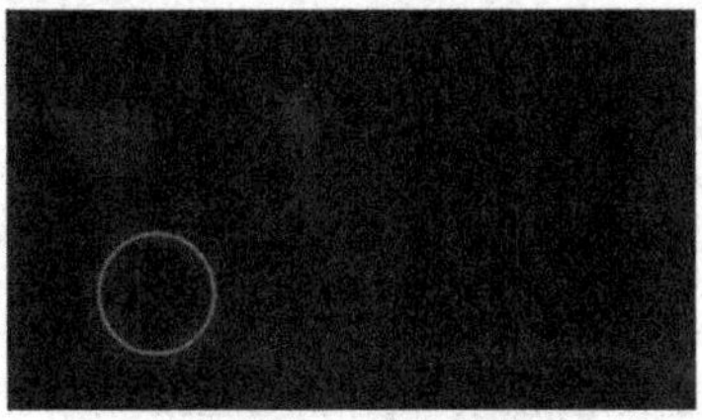

a) 点火开关OFF仪表状态

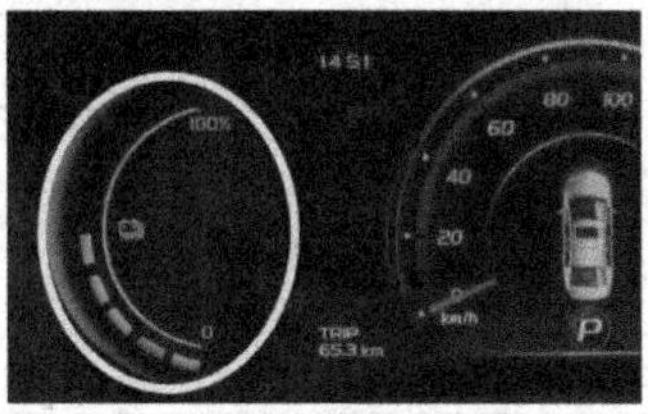

b) 点火开关ON仪表状态(SOC显示条不闪动)

图 4-47　组合仪表充电状态指示灯显示图

三、故障现象分析

注意：

1）在分析前，首先确认车辆是否行驶正常。如异常，先维修后再进行充电系统故障的诊断与排除。

2）如果确认仅仅是慢充系统故障，则需要反复操作充电过程至少两个循环，确认故障后，方可进行充电系统故障的诊断与排除。

由于仪表上充电连接指示灯以及 OBC 启动充电模式并判断外部设备供电能量，主要由充电导引信号 CC 决定。根据充电过程中仪表上的充 = 电连接指示灯不亮，说明充电连接电缆→车辆接口→OBC→VCU→组合仪表的控制流程存在故障。而整车运行正常，说明 VCU、OBC、组合仪表等都工作正常。所以，据此判定为 OBC 没有接收到正确的 CC 信号或对 CC 信号没有做出正确的反应，具体可能为：

1）充电连接电缆中的CC信号线路（断路、虚接、短路）故障。

2）充电枪锁止开关（机械卡滞）故障。

3）OBC及其到车辆接口之间线路故障。

四、故障诊断过程

为了进一步确认及缩小故障部位，借用诊断仪器读取OBC内故障代码和数据流，对故障部位做进一步解析。

第一步：读取故障代码（DTC）。

在连接诊断仪器后，可能不能读到相关故障代码，也可能能读取到一个或多个相关故障代码，此时应结合当前现象，分析故障代码为当前还是历史信息，并进一步验证故障代码的真实性。

记录当前诊断仪器上的故障代码信号，断开连接至车辆的充电设备，通过诊断仪器清除故障代码。清除故障代码后，将诊断仪器从OBC内退出。

连接充电枪至车辆慢充接口，如果故障现象消失，车辆正常充电，则可能为系统故障代码保护，造成OBC进入功能性保护模式，车辆无法充电；如果车辆还不能充电，且现象没有恢复，则通过诊断仪器读取故障代码，并和先前的故障代码进行比对，如果减少，减少的可能为偶发故障。如果增加，增加的可能为当前系统关联性故障。此时需要通过诊断仪器的数据流查看功能对当前故障进行进一步解析。

第二步：故障诊断数据流列表，见表4-3。

表4-3 OBC主要数据流列表

序号	数据流描述	正常范围	单位
1	ECU电压（ECU Power Voltage）	9~16	V
2	故障发生计数器（Occurrence Counter）	0~255	time
3	第一次发生故障时汽车里程（The Odometer of First Malfunction）	/	km
4	最后一次发生故障时汽车里程（The Odometer of Last Malfunction ）	/	km
5	CC检测（Charger Handle Detected）	/	/
6	CP检测（Pilot Control Signal Detected）	/	/
7	电子锁电机状态（Locking Motor Status）	/	/
8	电网输入电流（Actual Input Current from AC Grid）	0~16	A
9	电网输入电压（Actual Input Voltage from AC Grid）	0~264	V
10	充电机输出电流（Actual Output Current from Charger）	0~12	A
11	充电机输出电压（Actual Output Voltage from Charger）	0~420	V
12	引导线路电压（CP Voltage）	0~16	V
13	引导线路占空比（CP Duty）	0~100	%
14	引导线路周期（CP Frequency ）	0~1050	Hz

在对OBC不充电的数据流分析时，结合故障现象和故障代码信号，主要确认表4-3 OBC主要数据流列表中的内容。

第三步：OBC插座端CC输出信号对地电压测试，见表4-4。

表 4-4　OBC 插座端 BV10/39 端子对地电压测试

测试标准：关闭点火开关，充电设备正常连接到 AC 220V 电源上，确保充电设备上电源指示点亮；把连接电缆正确连接到充电设备和车辆后，测量 OBC 插座端 BV10/39 端子对地电压，不插枪时为 10.71V，插枪后按住锁止开关时为 1.71V，松开后为 0.77V 左右（以 10A 容量为例），否则均说明故障存在。

可能性	实测结果/V			状态	操作
	未连接	按下	松开		
1	10.71	1.71	0.77	正常	更换 OBC 后进行充电功能测试
2	10.71	10.71	10.71	异常	说明测试点到搭铁点之间线路存在断路故障，下一步测量车辆侧交流充电口端子 6 对地电压
3	10.71	1.71	1.71	异常	说明充电枪内部 S3 开关存在故障，转第八步验证后更换连接电缆
4	10.71	0.77	0.77	异常	说明充电枪内部 S3 开关存在故障，转第八步验证后更换连接电缆
5	10.71	<1.71	<0.77	异常	说明测试点到单元之间线路存在虚接故障，更换 OBC
6	10.71	>1.71 (A)	>0.77 (B)	异常	说明测试点到搭铁点之间线路存在虚接故障，下一步测量车辆侧交流充电口端子 6 对地电压
7	0	0	0	异常	说明 OBC 电源、自身或线路对地短路故障，转第九步
8	+B	+B	+B	异常	说明线路存在对电源短路故障，转第九步
9	<10.71	<1.71	<0.77	异常	说明线路存在对地虚接故障，转第九步
10	>10.71	>1.71	>0.77	异常	说明线路存在对电源虚接故障，转第九步

第四步：车辆侧交流充电口端 CC 信号对地电压测试，见表 4-5。

表 4-5　车辆侧交流充电口端子 6 对地电压测试

测试标准：关闭点火开关，充电设备正常连接到 AC 220V 电源上，确保充电设备上电源指示点亮；把连接电缆正确连接到充电设备和车辆后，测量车辆侧交流充电口端 CC 信号对地电压，不插枪时为 10.71V，插枪后按住所示开关时为 1.71V，松开后为 0.77V 左右，否则均说明故障存在。

可能性	实测结果/V			状态	操作
	未连接	按下	松开		
1	10.71	10.71	10.71	异常	和上一步测试结果相同，说明该测试点到搭铁点之间线路存在断路故障，下一步测量连接电缆搭铁端对地电压
2	0	0	0	异常	如果上一步测试结果始终为 10.71V，则该测试点到 OBC 之间线路存在断路，进一步检查其线路导通性（见第七步）
3	10.71	<A	<B	异常	说明该测试点到 OBC 之间线路存在虚接，进一步检查其线路导通性（见第七步）

第五步：车辆侧交流充电口端搭铁信号对地电压测试，见表 4-6。

表 4-6　车辆侧交流充电口端子 5 对地电压测试

测试标准：关闭点火开关，充电设备正常连接到 AC 220V 电源上，确保充电设备上电源指示点亮；把连接电缆正确连接到充电设备和车辆后，测量车辆侧交流充电口端搭铁信号对地电压，任何情况下均应小于 0.1V，否则说明故障存在。

可能性	实测结果/V	状态	操作
1	0	正常	如果上步测试结果为第一种或第三种可能性，说明该测试点到搭铁点之间线路存在断路或虚接故障，下一步测量车载充电机端搭铁信号对地电压
2	10.71	异常	说明该测试点到搭铁点之间线路存在断路，下一步测量 OBC 端搭铁信号对地电压
3	大于 0 的某个值	异常	说明该测试点到搭铁点之间线路存在虚接，下一步测量 OBC 端搭铁信号对地电压

第六步：OBC 端搭铁信号对地电压测试，见表 4-7。

表 4-7　车辆侧交流充电口端子 5 对地电压测试

测试标准：关闭点火开关，充电设备正常连接到 AC 220V 电源上，确保充电设备上电源指示点亮；把连接电缆正确连接到充电设备和车辆后，测量 OBC 端信号对地电压，任何情况下均应小于 0.1V，否则说明故障存在。

可能性	实测结果/V	状态	操作
1	0	正常	如果上步测试结果为第一种或第三种可能性，说明该测试点到搭铁点之间线路存在断路或虚接故障，应对 OBC 进行维修或更换
2	10.71	异常	说明该测试点到搭铁点之间线路存在断路，应对 OBC 进行维修或更换
3	大于 0 的某个值	异常	说明该测试点到搭铁点之间线路存在虚接，应对 OBC 进行维修或更换

第七步：车辆侧 CC 信号线路导通性测试，见表 4-8。

表 4-8　车辆侧交流充电口端子 6 至 OBC 端 BV10/39 端子之间线路导通性测试

测试标准：断开充电枪，拔下 OBC 端插接器，用万用表测量车辆侧交流充电口端子 6 至 OBC 端 BV10/39 端子之间线路导通性，测试结果应小于 2Ω。

可能性	实测结果/Ω	状态	可能原因	操作
1	小于 2	正常	插接器故障	检修插接器
2	无穷大	异常	线路断路	检修线路
3	大于 2	异常	线路虚接	

第八步：充电枪 CC 端子 5 和搭铁点 6 之间电阻的测试，见表 4-9。

表 4-9　充电枪 CC 端子 5 和搭铁点 6 之间电阻测试

测试标准：断开充电连接电缆和充电枪，用万用表测量充电枪 CC 端子 5 和搭铁点端子 6 之间电阻，未按压充电枪锁止开关时阻值为 1.49kΩ；按压充电枪锁止开关时阻值为 3.42kΩ。

可能性	实测结果/kΩ		状态	可能原因	操作
	未按锁止开关	按压锁止开关			
1	等于 1.49	等于 3.42	正常	插接器或其他故障	检查插接器
2	等于 3.42	等于 3.42	异常	S3 开关常开	更换连接电缆
3	等于 1.49	等于 1.49	异常	S3 开关常闭	
4	无穷大	无穷大	异常	连接电缆断路	

第九步：OBC 端 CC 线路对地或电源是否短路或虚接，见表 4-10。

表 4-10　OBC 端 BV10/39 端子对地电压测试

测试标准：关闭点火开关，拔掉 OBC 插接器与充电枪，用万用表测量 OBC 端 BV10/39 端子对地电压，应为空载电压。

注意：1）需先确认单元、元件之间连接线路无断路或电阻过大故障。

2）在拆卸单元插接器时必须关闭点火开关，单元插接器连接牢靠后再打开点火开关进行测试；如果所有单元连接正确，连接充电枪，OBC 端 BV10/39 端子对地电压应为 0.77V。

可能性	测试部位	实测结果/V	状态	可能原因	操作
1	测量 OBC 插接器（线束）端 BV10/39 端子对地电压	空载电压	正常	OBC 自身故障	更换 OBC
		0	异常	线路与搭铁短路	检修线路
		+B	异常	线路与 +B 短路	检修线路

（续）

可能性	测试部位	实测结果/V1	状态	可能原因	操作
2	连接 OBC 插接器，测量 BV10/39 端子对地电压	空载电压	正常	其他故障	继续检查
		0	异常	OBC 与地短路	更换 OBC
		+B	异常	OBC 与 +B 短路	
3	连接充电枪，测量 OBC 插接器 BV10/39 端子对地电压	0	异常	连接电缆内与地短路	更换充电枪
		+B	异常	连接电缆内与 +B 短路	

第十步：OBC 端 CC 线路对地阻值测试，见表 4-11。

表 4-11　OBC 端 BV10/39 端子对地电阻测试

测试标准：关闭点火开关，为拔掉 OBC 插接器、充电枪，用万用表测量 OBC 端 CC 线路对地阻值，测试值应为无穷大。

可能性	测试部位	实测结果		状态	可能原因	操作
1	测量 OBC 插接器端 BV10/39 端子对地电阻	无穷大		正常	OBC 故障	更换 OBC
		小于 2Ω		异常	线路短路	检修线路
2	连接 OBC 插接器，测量 BV10/39 端子对地电阻	无穷大		正常	—	测试结束
		小于 2Ω		异常	OBC 内部存在故障	检修 OBC
		明显大于 2Ω		异常	充电枪故障	继续检查
3	连接充电枪，测量 OBC 插接器端 BV10/39 端子对地电阻	未按锁止开关	1.49kΩ	正常	—	测试结束
			除 1.49kΩ 外	异常	充电枪故障	更换充电枪
		按锁止开关	3.42kΩ	正常	—	测试结束
			除 3.42kΩ 外	异常	充电枪故障	更换充电枪

五、诊断结论验证

注意：完成诊断修理后，某些 DTC 需要将点火开关旋至关闭位置，然后旋回至打开位置之后，诊断仪器功能才会清除 DTC。

1）将点火开关置于“OFF”（关闭）位置。

2）将充电设备从车辆上移除，并断开充电设备 AC 220V 电源。

3）安装所有诊断时拆下或更换的部件及插接器。

4）诊断时，拆除过或更换过的部件及单元，根据需要执行调整、编程或设置程序。

5）将点火开关置于“ON（打开）”位置。

6）清除 DTC。

7）关闭点火开关 60s。

8）连接慢充设备 AC 220V 电源插座，连接充电枪至车辆慢充接口，并确认车辆充电及仪表显示正常。

9）维修结束。

六、故障机理分析

如果 CC 信号存在故障，将造成 OBC 没有接收到 CC 信号，从而无法确认充电枪连接状态，因此无法完成充电引导程序，造成 OBC 无法启动，车辆无法充电。

七、总结与拓展

教师可以在车辆上给学生设置表 4-12 中所列举的故障，参照中、高职新能源汽车相关大赛工作页，让学生独立或成组完成，并填写诊断报告，以考核学生的掌握水平。

表 4-12　扩展练习故障

序号	故障部位	故障性质
1	充电口至 OBC 之间的 CC 信号线路	断路、虚接、短路
2	R4 电阻	电阻损坏、阻值过大、阻值过小
3	RC 电阻	电阻损坏、阻值过大、阻值过小
4	OBC 插接器上的 CC 端子	退针（断路）、虚接
5	S3 开关机械故障	卡滞锁止状态、卡滞开锁状态
6	充电口至车身之间的搭铁线路	断路、虚接

案例 2　充电枪控制确认（CP）信号导致无法充电的故障诊断与排除

一、原理简介及系统影响

从吉利 EV450 交流充电插座线路原理图（图 4-48）上可以看出。OBC 通过 BV10/50 端子与交流充电插座 BV24/7 端子之间线路来进行充电设备与车载充电机之间 CP 信号的传递。

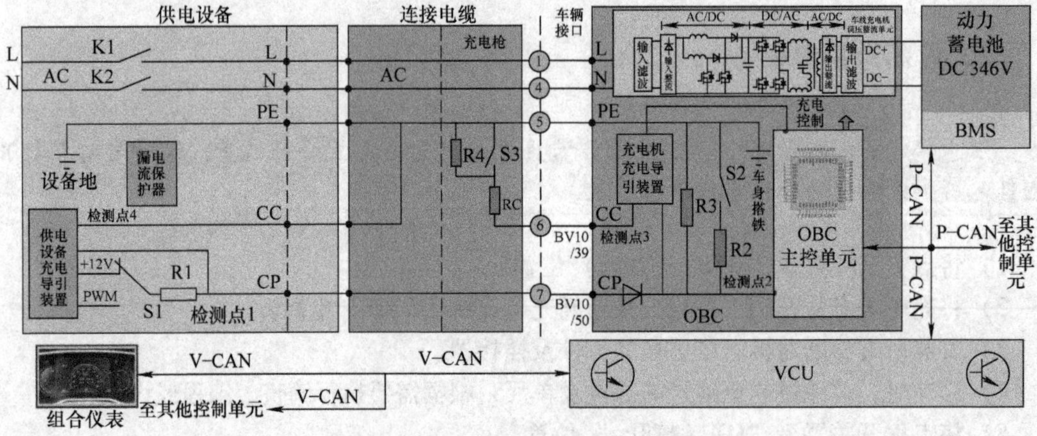

图 4-48　交流充电插座线路原理图

1）充电枪连接后，充电设备输出至 CP 线路上的 +12V 电压，被 OBC 内部充电导引装置中串联在 CP 线路上的整流二极管和并联在 CP 线路上电阻 R3 拉低至 9V 并保持，致使 CP 线路上电压下降为 9V。OBC 内部监测 CP 线路上检测点 2 电压，如果检测到检测点 2 电压为 9V，则 OBC 判定充电设备与车辆已连接，车载充电机进入准备阶段。

2）当供电设备充电导引装置判断自身无故障时，充电设备内部的开关 S1 切换至 PWM

端，充电设备输出可调节的幅值为12V左右的双极性PWM占空比信号至CP线路上并保持，占空比与供电设备可提供的最大连续电流值具有相关性。充电设备输出幅值为12V左右的双极性PWM占空比信号被OBC内部充电导引装置中串联在CP线路上的整流二极管整流，被并联在CP线路上电阻R3拉低至幅值为+9V左右的单极性PWM占空比信号并保持。

3）接着，当车载充电机通过检测点2的波形信号判断供电设备自检通过后，会进行自身自检，自检通过后控制S2开关闭合后，通过电阻R2、开关S2将CP线路搭铁，此时由于R2和R3并联，导致线路搭铁电阻减小，随即充电设备输出幅值为12V左右的双极性PWM占空比信号，被OBC内部充电导引装置中串联在CP线路上的整流二极管整流，被并联在CP线路上电阻R2和R3拉低至幅值为+6V左右的单极性PWM占空比信号并保持，此时OBC将检测到的CP线路上检测点2的+6V左右单极性PWM波形幅值和OBC内部所存储的信号幅值进行比对。OBC在3s内对检测点2的+6V左右单极性PWM波形幅值持续检测，同时再次自检系统内故障信号、BMS、DC－DC变换器/MCU、VCU、BCM等状态，如果状态正常，OBC发送充电功能启动信号，BMS接收到此信号后准备接通主负、主正继电器工作，同时BMS根据动力蓄电池温度信号发送动力蓄电池热管理信号（预热、预热/充电、充电）需求至空调控制器。

4）然后供电设备控制继电器K_1和K_2闭合，接通交流供电回路。

如果该信号出现异常则会造成慢充系统无法正常充电。

二、故障现象描述

1）当连接电缆一端插入供电设备，另一端连接到车辆充电口（按压充电枪锁止开关），然后释放充电枪锁止开关，此时交流充电插座电子锁无动作，充电枪无法锁止，充电口绿色指示灯始终未点亮；观察仪表，充电线连接指示灯正常点亮，但充电指示灯未正常点亮。

2）打开点火开关，动力蓄电池SOC显示条不闪动，系统故障灯点亮；同时充电器上充电状态指示灯长亮（表明握手未成功、显示“未连接”信号），车辆无法充电。

3）车辆行驶正常，仪表板未提示相关故障信号。

三、故障现象分析

> 注意：
>
> 1）在分析前，首先确认车辆是否行驶正常。如异常，首先维修和恢复故障后再进行充电系统故障的诊断与排除。
>
> 2）如果确认仅仅是慢充系统故障，则需要反复操作充电过程至少两个循环，确认故障后，方可进行充电系统故障的诊断与排除。

仪表上显示充电线连接指示灯正常点亮但充电指示灯未点亮现象，说明车辆充电连接中系统检测出充电枪连接到车载充电机，但未确认进入充电状态，此时可能是充电导引程序未握手成功、充电系统有其他严重故障或蓄电池电量已达到设定的SOC值而停止充电功能。加上充电口绿色充电状态指示灯未正常点亮、交流充电插座电子锁无动作，说明整车未进入充电状态。而车辆可以正常行驶，说明整车高压控制系统正常，即VCU、BMS、MCU、

DC－DC 变换器、OBC、高压绝缘、高压互锁等都正常，且整车低压和通信也正常。由此可推断故障只发生在慢充系统工作过程中，但无法确定故障所在。

四、故障诊断过程

为了进一步确认及缩小故障部位，借用诊断仪器读取 OBC 内故障代码和数据流，对故障部位做进一步解析。

第一步：读取故障代码（DTC）。

在连接诊断仪器后，可能读取到以下一个或多个故障代码（表 4-13），此时应结合当前现象，分析故障代码为当前还是历史代码，且需要进一步验证故障代码的真实性。

表 4-13　故障代码信号

故障诊断	代码说明
P1A8403	CP 在充电机的内部测试点占空比异常
P1A841C	CP 在充电机的内部 6V 测试点电压异常（S2 关闭以后）
P1A851C	CP 在充电机的内部 9V 测试点电压异常（S2 关闭以前）
P1A8538	CP 在充电机的内部测试点频率异常（S2 关闭以前）
P1A881C	充电连接故障

记录当前诊断仪器上的故障代码信号，断开连接至车辆的充电设备，通过诊断仪器清除故障代码。清除故障代码后，将诊断仪器从 OBC 内退出。

连接充电枪至车辆慢充接口，如果故障现象消失，车辆正常充电，则可能为系统故障代码保护，造成 OBC 进入功能性保护模式，车辆无法充电；如果车辆还不能充电，且故障现象恢复，则通过诊断仪器，再次进行故障代码读取，并和先前的故障代码进行比对，如果减少，减少的可能为偶发故障；如果增加，增加的可能为当前系统关联性故障。此时需要通过诊断仪器的数据流查看功能对当前故障进行进一步解析。

1）P1A881C 的定义。

在充电枪物理连接完成后，OBC 内部检测到 CC 信号时，即确认充电枪已经连接，准备进入充电模式。此时 OBC 将检测到的检测点 2（CP）的电压和 OBC 内部所存储的电压数值进行比对，如果持续不符的时间超过 3s，就会产生代码 P1A881C（充电连接故障）。

2）P1A851C 的定义。

在充电口已完全连接，CC 正常，供电设备充电导引装置没能检测到 R3，此时检测点 2（CP）的电压和 OBC 内部所存储的信号电压进行比对，如果持续不符的时间超过 10min，就产生代码 P1A851C（CP 在充电机的内部 9V 测试点电压异常）的故障代码。

3）P1A851C、P1A8538 和 P1A8403 的定义。

当供电设备充电导引装置判断自身无故障时，将 S1 开关从连接＋B 状态切换至 PWM 状态，这样检测点 1（CP）的信号就切换成占空比可调节的矩形脉冲波形。此时 OBC 将检测到的检测点 2（CP）的波形电压、频率和 OBC 内部所存储的信号电压、频率进行比对，如果持续不符的时间超过 3s，就会产生代码 P1A851C（CP 在充电机的内部 9V 测试点电压异常）、P1A8538（CP 在充电机的内部测试点频率异常）和 P1A8403（CP 在充电机的内部测试点占空比异常）。

4）P1A841C。

当供电设备正常工作、车载充电机自检无故障、车辆准备就绪时，闭合 S2 开关，供电设备充电导引装置检测到 R2，此时检测点 2（CP）的信号振幅应约为 6V。如果 OBC 将检测到的检测点 2（CP）的波形幅值和 OBC 内部所存储的信号幅值进行比对，如果持续不符的时间超过 3s，就会产生代码 P1A841C（CP 在充电机的内部 6V 测试点电压异常）。

第二步：读取故障诊断数据流列表。

结合故障信号和故障代码，主要确认表 4-14 中的内容，此时显示“未连接”，而 CP 信号正常时显示的为“外部能量已连接”。此时可进一步确定故障部位为充电导引线路 CP 信号故障。

表 4-14　OBC 主要数据流列表

序号	数据流描述	正常范围	单位
1	ECU 电压（ECU Power Voltage）	9 ~ 16	V
2	故障发生计数器（Occurrence Counter）	0 ~ 255	time
3	第一次发生故障时汽车里程（The Odometer of First Malfunction）	/	km
4	最后一次发生故障时汽车里程（The Odometer of Last Malfunction）	/	km
5	CC 检测（Charger Handle Detected ）	/	/
6	CP 检测（Pilot Control Signal Detected ）	/	/
7	电子锁电机状态（Locking Motor Status）	/	/
8	电网输入电流（Actual Input Current from AC Grid）	0 ~ 16	A
9	电网输入电压（Actual Input Voltage from AC Grid）	0 ~ 264	V
10	充电机输出电流（Actual Output Current from Charger）	0 ~ 12	A
11	充电机输出电压（Actual Output Voltage from Charger）	0 ~ 420	V
12	引导线路电压（CP Voltage）	0 ~ 16	V
13	引导线路占空比（CP Duty）	0 ~ 100	%
14	引导线路周期（CP Frequency）	0 ~ 1050	Hz

第三步：测量车载充电机端 CP 信号的波形。

测试条件：关闭点火开关，充电设备和 AC 220V 电源正常连接，充电设备上电源指示灯点亮，充电设备和车辆连接正常，见表 4-15。

表 4-15　车载充电机的 BV10/50 端子波形信号测试

可能性	实测结果	状态	可能原因	下一步操作
1	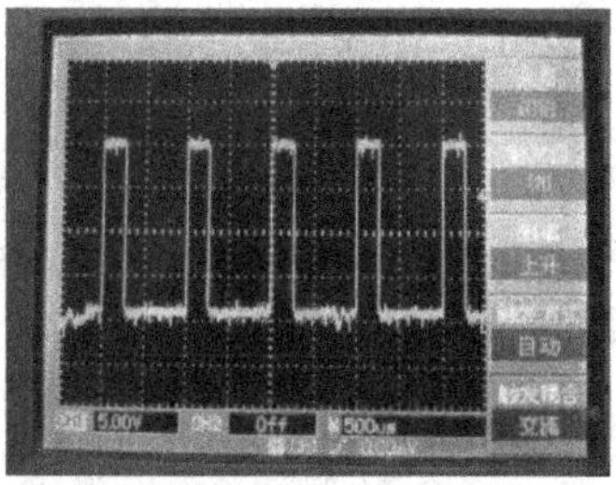	正常	说明车载充电机接收到波形正常，充电机可能存在局部故障	更换车载充电机

（续）

可能性	实测结果	状态	可能原因	下一步操作
2	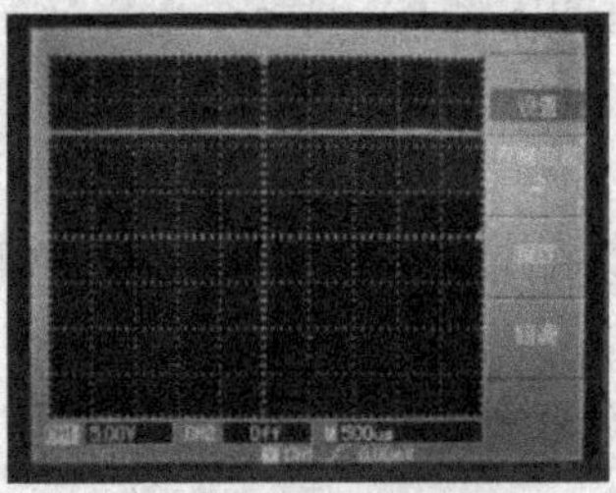	异常	+B左右的直线，可能由于车载充电机内部导引线路R3电阻断路	更换车载充电机
3	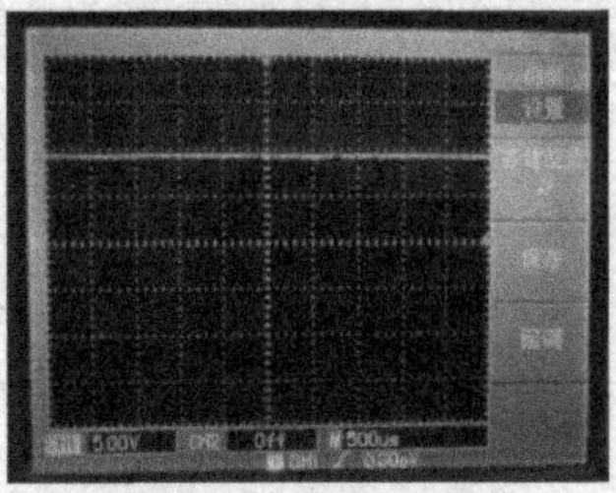	异常	9V左右的直线，说明S1无法切换到PWM、S2开关无法闭合、R2电阻断路或者车载充电机处于功能性保护状态	确认如果是非功能性保护，则需更换车载充电机
4	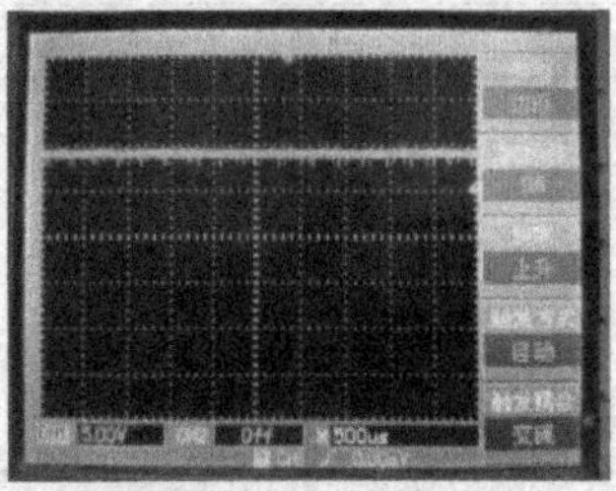	异常	其他非零电压的直线，则可能由于CP线路虚接、对+B或地虚接所致	测量车辆交流充电插座内CP信号线路对地波形
5	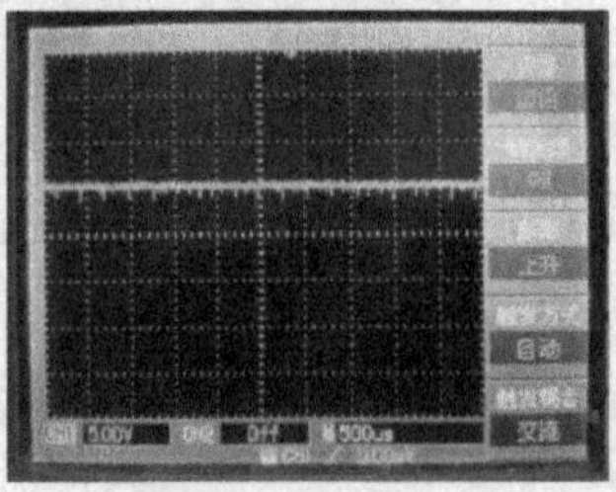	异常	接近0的直线，则可能： ①CP信号线路断路或对地短路 ②充电设备未输出电压	测量车辆交流充电插座内CP信号线路对地波形

第四步：车辆交流充电插座 CP 信号线路波形测试，见表 4-16。

表 4-16 交流充电插座的 BV24/7 端子波形信号测试

测试标准：使用示波器，关闭点火开关，连接充电枪至车辆慢充接口，松开锁止按键，测量交流充电插座 BV24/7 端子的波形。

上一步结果	实测结果	状态	可能原因	下一步操作
在上步第五种可能性的基础上	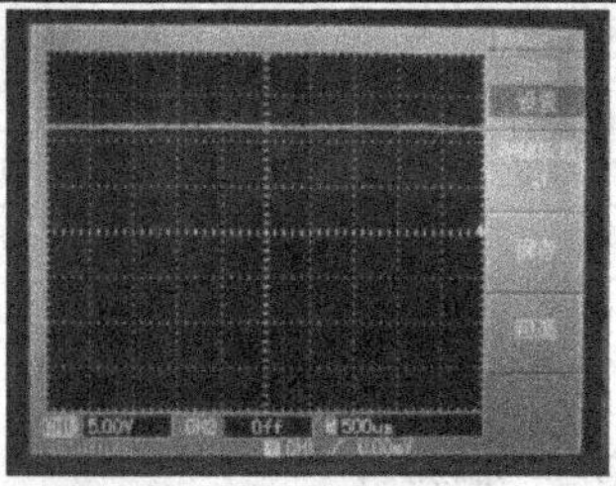	异常	+B 左右直线，可能原因 BV10/50 端子到 BV24/7 端子间线路断路	检查慢充连接 CP 信号线路端对端导通性
	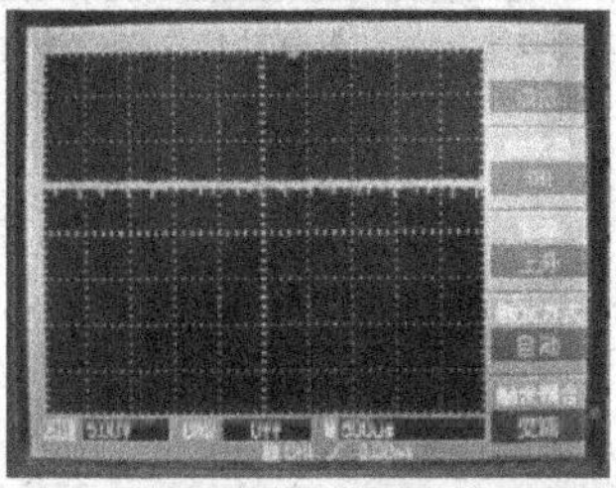	异常	接近 0，则可能： ①由于 BV10/50 端子到 BV24/7 端子间线路对地短路故障 ②充电设备故障未输出电压	检查慢充连接 CP 信号线路对地电阻
在上步第四种可能性的基础上	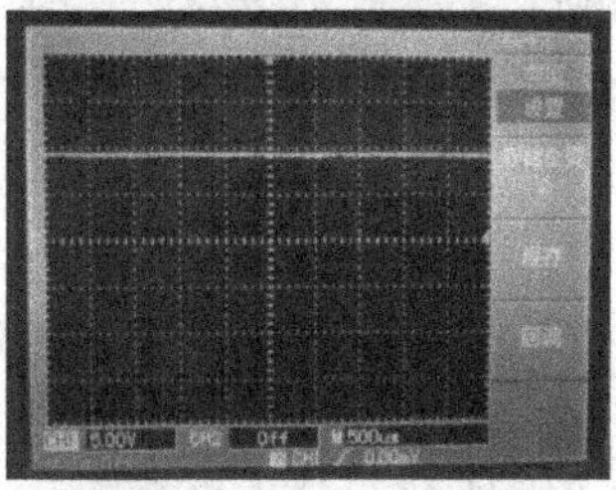	异常	9V 与上步测试值之间的某个数，可能原因 BV24/7 端子到 BV10/50 端子线路虚接	检查慢充连接 CP 信号线路端对端导通性
	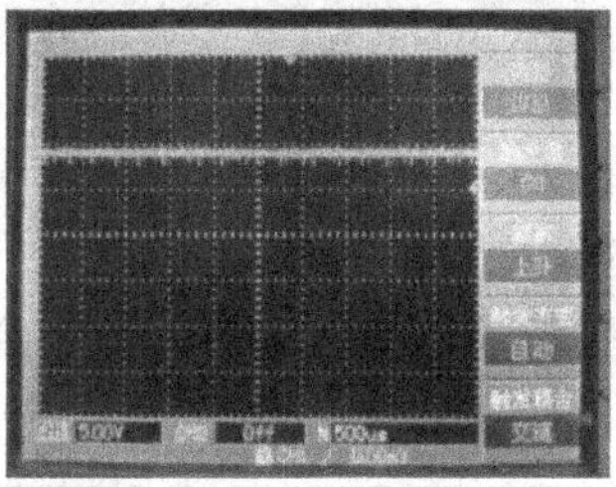	异常	和上步测试结果相同，可能充电设备内装置（充电设备或充电枪 CP 连接线路）阻值增大造成，导致充电系统工作异常	更换充电装置进行测试

第五步：慢充连接 CP 信号线路端对端导通性测试，见表 4-17。

表 4-17 BV10/50 端子与 BV24/7 端子之间线路导通性测试

测试标准：拔下充电枪、车载充电机端插接器，用万用表测量交流充电插座 BV24/7 端子与车载充电机 BV10/50 端子之间的电阻，测试结果应小于 2Ω。

可能性	实测结果/Ω	状态	可能原因	下一步操作
1	小于 2	正常	插接器故障（BV10/50 端子波形幅值 4V，BV24/7 端子波形幅值 9V）	检修插接器
2	无穷大	异常	线路断路	检修线路
3	明显大于 2		线路虚接	

第六步：测量慢充连接 CP 信号线路对地电阻。

1）慢充连接 CP 信号线路对地电阻测试，见表 4-18。

表 4-18　车载充电机的 BV10/50 端子对地电阻测试

测试标准：拔下充电枪、车载充电机端插接器，用万用表测量慢充连接 CP 信号线束端子 BV10/50 对地电阻，测试结果应无穷大。

可能性	实测结果/Ω	状态	可能原因	下一步操作
1	无穷大	正常	车载充电机故障，充电装置故障	检查车载充电机对地电阻
2	某一测试值	异常	线路对地虚接或短路	检修线路

2）车载充电机对地电阻测试，见表 4-19。

表 4-19　车载充电机对地电阻测试

测试标准：关闭点火开关，连接车载充电机插接器，用万用表测量慢充连接 CP 信号线束 BV10/50 端子对地电阻，测试结果应为无穷大。

可能性	实测结果/Ω	状态	可能原因	下一步操作
1	无穷大	正常	充电设备及连接装置故障未输出电压导致	检查充电设备及充电电缆 CP 线路对地电压
2	小于 2Ω	异常	车载充电机对地短路	检修或更换车载充电机

五、故障结论验证

注意：完成诊断修理后，某些 DTC 需要将点火开关旋至 OFF（关闭）位置，然后旋回至 ON（打开）位置之后，诊断仪器功能才会清除 DTC。

1）将点火开关置于 OFF（关闭）位置。

2）将充电设备从车辆上移除，并断开充电设备 AC 220V 电源。

3）安装所有诊断时拆下或更换的部件及插接器。

4）诊断时，拆除过或更换过的部件及单元，根据需要执行调整、编程或设置程序。

5）将点火开关置于 ON（打开）位置。

6）清除 DTC。

7）关闭点火开关 60s。

8）连接慢充设备 AC 220V 电源插座，连接充电枪至车辆慢充接口，并确认车辆充电及仪表显示正常，车辆充电功能正常运行。

9）维修结束。

六、故障机理分析

由于 CP 信号故障，导致无法确认车辆与充电设备连接完好，进而无法完成充电引导程序，造成 OBC 无法引导工作，充电口指示灯、充电枪锁止机构、仪表上的充电指示灯无法正常工作，车辆不能进行充电。

七、总结与扩展

教师可以在车辆上给学生设置故障建议表 4-20 中所列举的故障，参照中、高职新能源汽车维修技能大赛工作页，让学生独立或成组完成，并填写诊断报告，以考核学生的掌握水平。

表 4-20　故障设置建议表

序号	故障部位	故障性质
1	充电口至 OBC 之间的 CP 信号线路	断路、虚接、短路、
2	R1、R2、R3 电阻	电阻损坏、阻值过大、阻值过小
3	OBC 插接器上的 CP 端子	电阻损坏、阻值过大、阻值过小
4	S1 开关故障	无法闭合
5	S2 开关故障	卡滞锁止状态、卡滞开锁状态

案例 3　交流充电插座温度传感器信号故障的诊断与排除

一、原理简介及系统影响

从吉利 EV450 交流充电插座线路原理图（图 4-49）上可以看出。OBC 通过其 BV10/17 端子为交流充电插座温度传感器提供搭铁，通过交流充电插座 BV25/10 端子与 OBC 的 BV10/34 端子之间线路上的电压变化来识别交流充电插座的温度。

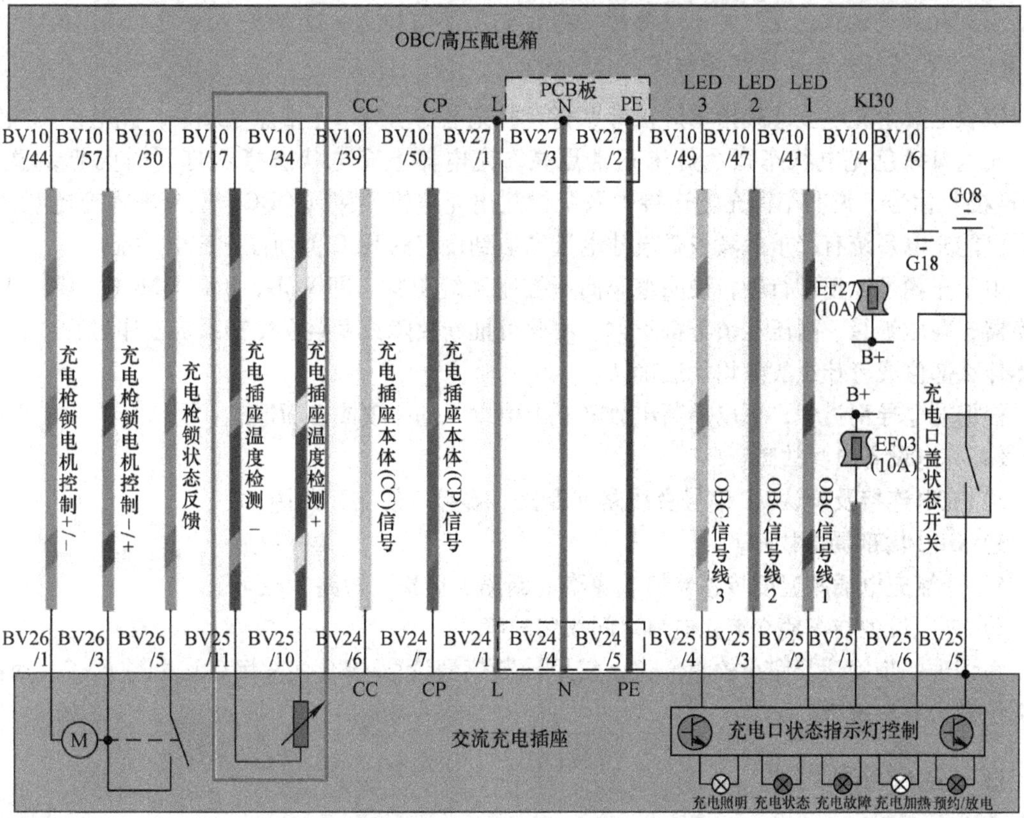

图 4-49　交流充电插座线路原理图

如果该信号出现异常则会造成慢充系统无法正常充电。如果故障发生在充电枪连接前，也就是故障始终存在，并且具有故障记忆，则充电口绿色充电状态指示灯始终不会点亮，充电口红色充电故障灯点亮；如果故障发生在充电枪连接后的充电过程中，则充电口绿色充电状态指示灯中途熄灭，同时充电口红色充电故障灯点亮，车辆停止充电功能，外部连接的充电设备上充电状态指示灯停止闪烁，保持长亮，停止工作。

二、故障现象描述

连接充电设备至外部交流充电插座，按压充电枪锁止开关，连接至车辆慢充接口，释放充电枪锁止开关，此时充电枪锁无动作，充电枪无法锁止，同时充电口绿色充电状态指示灯未点亮；观察仪表，充电线连接指示灯正常点亮，但充电指示灯未点亮，充电设备电源指示灯正常；打开点火开关，动力蓄电池 SOC 显示条不闪动，系统故障灯点亮，同时充电器上充电状态指示灯闪烁，显示“未连接”信号，车辆无法充电。

三、故障现象分析

注意：

1）在分析前，首先确认车辆高压上电正常，且行驶正常。如异常，首先维修和恢复故障后再进行以下步骤的操作。

2）如果确认仅仅是慢充系统故障，则需要反复操作充电过程至少两个循环，确认故障后，方可进行充电系统故障的诊断与排除。

仪表上显示充电线连接指示灯正常点亮，但充电指示灯未正常点亮现象，充电枪无法锁止，充电口绿色充电状态指示灯未正常点亮，充电器上充电状态指示灯同时闪烁，显示“未连接”信号，说明车辆充电连接中系统检测出充电枪连接到 OBC，但未进入充电状态，此时可能充电系统有严重故障或蓄电池电量已达到设定的 SOC 值而停止充电功能。

由于车辆可以正常行驶，说明整车高压控制系统正常，即 VCU、BMS、MCU、DC - DC 变换器、高压绝缘、高压互锁等都正常，由此可推断故障只发生在慢充系统工作过程中，但具体什么部位或者什么故障均无法确认。

根据充电导引过程，可以推断出故障原因由以下的一项或多项造成：

1）充电设备自身故障。

2）充电连接及确认 CP 信号及线路（断路、虚接、短路）故障。

3）OBC 内部局部故障。

4）交流充电插座温度传感器信号线路（断路、虚接、短路）故障。

5）充电设备与车辆交流充电口之间线路故障。

为了进一步确认及缩小故障部位，借用诊断仪器读取 OBC 内故障代码和数据流，对故障部位做进一步解析。

四、故障诊断过程

第一步：读取故障代码。

在连接诊断仪器后，可能读取到以下一个或多个故障代码，此时应结合当前现象，分析故障代码为当前还是历史，且需要进一步验证故障代码的真实性。

故障代码信号见表4-21。

表4-21　故障代码信号

故障诊断	代码说明
P1A8698	温度过高关机
P1A8898	交流插座过温关机
P1A8998	热敏电阻失效故障

记录当前诊断仪器上的故障代码信号，断开连接至车辆的充电设备，通过诊断仪器清除故障代码。清除故障代码后，将诊断仪器从OBC内退出。

连接充电枪至车辆慢充接口，如果故障现象消失，车辆正常充电，则可能为系统故障代码保护，造成车辆无法充电；如果车辆还不能充电，且故障现象依然存在，则通过诊断仪器，进行故障代码读取，并和先前的故障代码进行比对，如果减少，减少的可能为偶发故障。如果增加，增加的可能为当前系统关联性故障。

注意：在充电过程中，车载充电机通过交流充电插座温度检测线时刻监控交流充电插座温度，如果充电一段时间后检测温度高于预设最高值则充电机生成故障代码P1A8898（交流充电插座过温关机）、P1A8698（温度过高关机）；如果一开始检测温度值为最大值或最小值且保持不变则生成故障代码P1A8998（热敏电阻失效故障）。

结合故障现象和故障代码信号，分析造成故障的可能原因为：

1）充电口温度过高。

2）温度传感器自身故障。

3）温度信号线路故障。

4）OBC自身故障。

第二步：OBC端交流充电插座温度传感器输入端对地电压测试，见表4-22。

表4-22　车载充电机的BV10/34端子对地电压测试

测试标准：关闭点火开关，连接充电枪，测试BV10/34端子对地电压，正常情况下应在0.5～4.2V之间随温度升高而减小。

可能性	实测结果/V	状态	操作
1	0.5～4.2V	不确定	因温度传感器线路及传感器自身阻值出现异常，也会导致传感器电压在正常范围，但不能反映其真实温度，所以要对OBC充电插座温度信号进行电压－温度相对关系的验证
2	0	异常	1. BV10/34端子和BV25/10端子间线路存在对地短路故障，对BV10/34端子和BV25/10端子间线路对地电阻进行测量 2. OBC未输出电源，必要时需更换OBC
3	大于4.2	异常	1. 测试点到传感器搭铁点之间线路存在断路，对BV10/34端子和BV25/10端子之间线路、BV10/17端子和BV25/11端子之间线路的导通性进行测量 2. BV25/10端子和BV10/34端子之间线路对电源（5V）短路，对BV10/34端子和BV25/10端子之间线路对电压进行测量

第三步：OBC端交流充电插座温度传感器输入端对地电压测试，见表4-23。

表4-23 OBC的BV10/34端子对地电压测试

测试标准：关闭点火开关，拔掉温度传感器插接器，然后打开点火开关，测试BV10/34端子对地电压，正常情况下应接近5V。

可能性	实测结果/V	状态	操作
1	5	正常	进行下一步操作
2	0	异常	1. BV10/34端子和BV25/10端子间线路存在对地短路故障，对BV10/34端子和BV25/10端子间线路对地电阻进行测量 2. OBC未输出电源，必要时需更换OBC
3	0~5间的某个数	异常	1. BV10/34端子和BV25/10端子间线路存在对地虚接故障，对BV10/34端子和BV25/10端子间线路对地电阻进行测量 2. OBC输出故障，必要时需更换OBC

第四步：OBC端交流充电插座温度传感器输入端对地电压测试，见表4-24。

表4-24 OBC的BV10/34端子对地电压测试

测试标准：关闭点火开关，拔掉温度传感器插接器，用导线短接温度传感器的两个插孔，然后打开点火开关，测试BV10/34端子对地电压，正常情况下应接近0V。

可能性	实测结果/V	状态	操作
1	0	正常	1. 如果上步测试为5V，说明线路正常，下一步测试传感器的电阻 2. 如果上步测试为0，说明BV10/34端子和BV25/10端子间线路存在对地短路故障，或者OBC自身故障 3. 如果上步测试为0~5V间的某个数，说明BV10/34端子和BV25/10端子间线路存在对地虚接故障
2	0~5间的某个数	异常	1. 如果上步测试为5V，说明BV10/17端子和BV25/11端子间线路存在虚接故障，对BV10/17端子和BV25/11端子间线路进行导通性检查 2. 如果上步测试为0~5V间的某个数，说明BV10/17端子和BV25/11端子间线路存在断路故障，对BV10/17端子和BV25/11端子间线路进行导通性检查
3	5	异常	说明BV10/17端子和BV25/11端子间线路存在断路故障，对BV10/17端子和BV25/11端子间线路进行导通性检查

第五步：OBC温度传感器线路对地电阻测试，见表4-25。

表4-25 BV10/34端子和BV25/10端子间线路对地电阻测试

测试标准：关闭点火开关，拔掉OBC的BV10/34端子插接器、交流充电插座的BV25/10端子插接器，测试电阻应为无穷大。

实测结果	状态	可能原因	操作
无穷大	正常	交流充电插座、OBC可能存在故障	进行其他检查
存在电阻	异常	线路对地短路或虚接	检修线路

第六步：线路导通性测试。

1）交流充电插座的BV10/17端子和OBC的BV25/11端子之间的导通性测试，见表4-26。

表 4-26　交流充电插座的 BV10/17 端子和 OBC 的 BV25/11 端子之间的导通性测试

测试标准：关闭点火开关，拔掉车载充电机的插接器、交流充电插座的插接器，测试电阻应为小于 2Ω。

可能性	实测结果/Ω	状态	可能原因	操作
1	小于 2	正常	插接器故障	检修插接器
2	无穷大	异常	线路断路	维修线路
3	存在较大电阻	异常	线路虚接	

2）交流充电插座的 BV10/34 端子和 OBC 的 BV25/10 端子之间的导通性测试，见表 4-27。

表 4-27　交流充电插座的 BV10/34 端子和 OBC 的 BV25/10 端子之间的导通性测试

测试标准：关闭点火开关，拔掉车载充电机的插接器、交流充电插座的插接器，测试电阻应为小于 2Ω。

可能性	实测结果/Ω	状态	可能原因	操作
1	小于 2	正常	插接器故障	检修插接器
2	无穷大	异常	线路断路	维修线路
3	存在较大电阻	异常	线路虚接	

第七步：温度传感器单件测试。

1）关闭点火开关，断开传感器导线插接器。

2）拆下交流充电插座温度传感器。

3）把交流充电插座温度传感器放置在盛水的烧杯中，给烧杯加热，用温度计测量不同温度情况下传感器的电阻值。

4）将不同温度和对应的电阻值在坐标纸上标识出来，并用圆滑的曲线连接起来。

5）观察曲线是否在标准范围内，如果实测所得曲线和标准曲线有偏离，说明传感器存在故障，需要更换。

五、故障结论验证

注意：完成诊断修理后，某些 DTC 需要将点火开关旋至 OFF（关闭）位置，然后旋回至 ON（打开）位置之后，诊断仪器功能才会清除 DTC。

1）将点火开关置于 OFF（关闭）位置。

2）将充电设备从车辆上移除，并断开充电设备 AC 220V 电源。

3）安装所有诊断时拆下或更换的部件及插接器。

4）诊断时，拆除过或更换过的部件及单元，根据需要执行调整、编程或设置程序。

5）将点火开关置于 ON（打开）位置。

6）清除 DTC。

7）关闭点火开关 60s。

8）连接慢充设备 AC 220V 电源插座，连接充电枪至车辆慢充接口，并确认车辆充电及仪表显示正常，车辆充电功能正常运行。

9）维修结束。

六、故障机理分析

OBC 通过交流插座温度传感器在车辆充电中对充电插座温度进行监控，从而掌握充电中充电插座的温度，进而提高车辆充电中的安全性，避免车辆在充电插座接口高温下继续充电造成充电插座烧蚀，造成车辆起火。当 OBC 检测到充电插座温度过高时，为了保证安全，停止充电。即在这类情况下，不论交流充电插座的实际温度是多少，OBC 都默认为其是故障状态，并生成故障代码并存储，同时通过 CAN 线发送故障代码上报 VCU、BMS 等。

七、总结与扩展

教师可以在车辆上给学生设置表 4-28 中所列举的故障，参照中、高职新能源汽车维修技能大赛工作页，让学生独立或成组完成，并填写诊断报告，以考核学生的掌握水平。

表 4-28　扩展练习故障

序号	故障部位	故障性质
1	温度传感器信号正极线路	断路、虚接、短路、
2	温度传感器信号负极线路	断路、虚接、短路（对信号）
3	温度传感器自身	电阻损坏、阻值过大、阻值过小
4	OBC 插接器上的温度信号端子	退针（断路）、虚接

案例 4　充电系统 P－CAN 总线的故障诊断与排除

一、原理简介及系统影响

如图 4-50 所示为整车 CAN 数据总线线路原理图，从中可以看出，驾驶模拟开关、

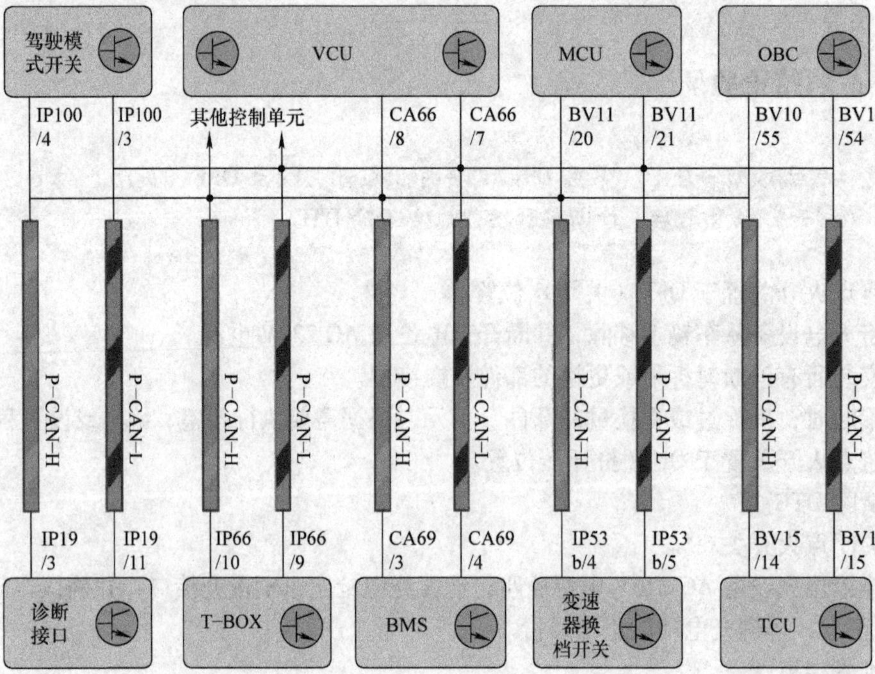

图 4-50　整车 CAN 数据总线线路原理图

VCU、MCU、OBC、诊断接口、T-BOX、BMS、变速器变速杆、变速器控制器 TCU 等单元通过 P-CAN 总线连接组成了一个局域网。在这个局域网中，所有系统数据的格式和速率是一样的，可以互相传输。如果 P-CAN 总线出现故障，可能会引起部分或所有单元失去通信，因而导致部分或系统整体功能失效。

二、故障现象描述

连接充电枪至车辆交流充电接口，充电枪锁不能正常动作。交流充电口上的充电状态指示灯一直保持白色点亮，无法切换到绿色的正常状态；此时，充电设备上充电状态指示灯（绿色）保持长亮（异常）；观察仪表，无任何反应，充电线连接指示灯、动力蓄电池充电指示灯均不能正常点亮；打开点火开关，“READY”指示灯正常点亮，SOC 显示正常，但系统故障指示灯异常点亮，车辆不能充电。

三、故障现象分析

通过故障现象描述可以看出主要的故障有三个：

1）连接充电枪到车辆充电口后，仪表上的充电线连接指示灯不亮。

2）通过充电口和仪表，显示车辆不能充电。

3）仪表显示系统有故障。

因为现象 1）和现象 2）存在因果关系，因此重点考虑仪表上的充电线连接指示灯不亮的故障。根据充电枪指示灯点亮的原理，说明充电枪→车辆充电连接口→OBC（CC 信号唤醒）→VCU→组合仪表。

但打开点火开关，仪表上“READY”指示灯正常点亮，SOC 显示正常，说明 VCU→组合仪表工作正常，所以基于以上分析，我们可以推断出故障部位主要在充电连接确认信号 CC 通信、OBC 与 VCU 之间的 P-CAN 总线通信方面，具体表现为：

1）充电枪自身故障。

2）车载充电口与车载充电机之间的充电连接确认信号 CC 线路（断路、虚接、短路）故障。

3）OBC 局部故障。

4）OBC 与 VCU 之间 P CAN 总线。

四、故障诊断过程

第一步：读取故障代码（DTC）。

连接诊断仪器，访问 OBC，诊断仪器与 OBC 单元无法通信；访问 VCU，读取故障代码 U111587：与车载充电机通信丢失。

根据故障代码定义，说明 OBC 单元不能与整车 CAN 数据总线进行通信，导致这个故障的可能原因有：

1）OBC 单元自身故障。

2）OBC 单元与数据总线之间线路故障。

3）OBC 单元电源故障，因该单元与其他单元合用电源，而别的单元工作正常，因此暂时不考虑电源故障。

为验证故障代码的真实性，下一步首先对 OBC 单元端的 CAN 总线信号进行测量，以区分故障所在。

第二步：测量 OBC 端 CAN－H、CAN－L 信号对地波形。

具体测试方法参照前文。

五、诊断结论验证

注意：完成诊断修理后，某些 DTC 需要将点火开关旋至 OFF（关闭）位置，然后旋回至 ON（打开）位置之后，诊断仪器功能才会清除 DTC。

1）将点火开关置于 OFF（关闭）位置。

2）将充电设备从车辆上移除，并断开充电设备 AC 220V 电源。

3）安装所有诊断时拆下或更换的部件及插接器。

4）诊断时，拆除过或更换过的部件及单元，根据需要执行调整、编程或设置程序。

5）将点火开关置于 ON（打开）位置。

6）清除 DTC。

7）关闭点火开关 60s。

8）连接慢充设备 AC 220V 电源插座，连接充电枪至车辆慢充接口，并确认车辆充电及仪表显示正常，车辆充电功能正常运行。

9）维修结束。

六、故障机理分析

OBC 的数据通信 P－CAN 总线如果出现故障，将导致 OBC 无法与外界通信，从而导致 VCU 认为 OBC 有故障，点亮系统故障指示灯，不启动充电功能。

七、总结与拓展

教师可以在车辆上给学生设置表 4-29 中所列举的故障，参照中、高职新能源汽车维修技能大赛工作页，让学生独立或成组完成，并填写诊断报告，以考核学生的掌握水平。

表 4-29　故障设置表

序号	故障部位	故障性质
1	数据通信 P－CAN－H 线路	断路、虚接、短路
2	数据通信 P－CAN－L 线路	断路、虚接、短路
3	数据通信 P－CAN－H 与 P－CAN－L 线路	相互短路
4	终端电阻	断路
5	BMS	局部故障

案例 5　交流充电口充电状态指示灯（绿色）不亮的故障诊断与排除

一、原理简介及系统影响

如图 4-51 所示为交流充电口状态指示灯线路原理图，从中可以看出，其线路结构由 B＋供电电源正极线路、搭铁线路、充电口盖开关及线路、OBC 信号线路（3 个）组成。充电口状态指示灯有五种颜色，分别代表不同的状态，指示灯通过交流充电插座内部充电状态指示灯控制器进行控制，OBC 根据充电系统工作状态，通过 OBC 信号线 1、OBC 信号线 2、OBC 信号线 3 发送一组编码，充电状态指示灯控制器接收到这个编码后点亮对应的指示灯，通过指示灯的显示，可以方便地查询当前充电系统工作状态。

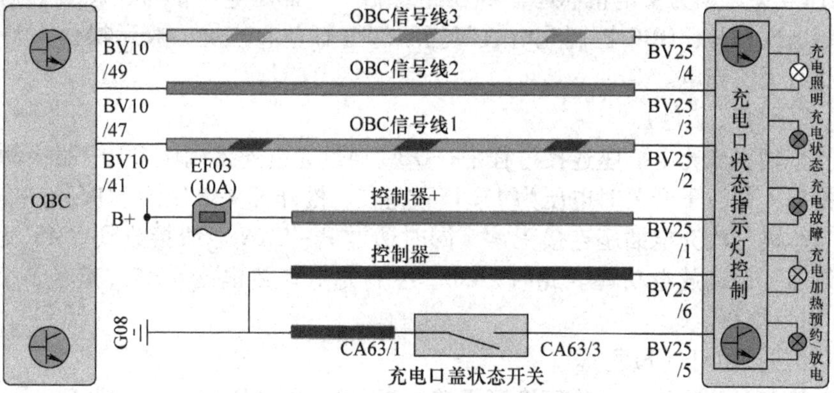

图 4-51　交流充电口状态指示灯线路原理图

充电口状态指示灯分为五种：

1）充电照明指示灯（白色）。

充电照明指示灯控制有两种方式：一种是通过充电口机械开关控制，打开交流充电口盖板后，机械开关闭合，充电照明指示灯控制线路和搭铁线路接通，交流充电插座内部充电状态指示灯控制器检测到线路电压由高电位被拉低，随即点亮充电照明指示灯（白色）。

另一种是通过遥控钥匙进行控制，打开交流充电口盖板，该指示灯会点亮，但如果不连接充电枪，也没有别的操作，5min 后充电状态指示灯的控制器就会进入休眠，指示灯熄灭。如果此时再次按压遥控器上解锁按键，BCM 接收到解锁信号后，通过 V－CAN 发送解锁信号到 VCU（网关）再转发至 OBC，OBC 接收到此信号后控制充电照明指示灯（白色）正常点亮，持续时间约 1s，然后熄灭。

2）充电状态指示灯（绿色）。

充电状态指示灯（绿色）控制有两种方式：一种是渐变闪亮。OBC 启动充电功能后，OBC 控制充电状态指示灯（绿色）渐变闪亮，提醒操作人员车辆开始进入充电状态。在充电期间，为了节约电能，充电状态指示灯（绿色）在工作 2min 后没有其他操作，指示灯熄灭，车辆充电功能正常工作。

另一种是长亮。在充电过程中，当 BMS 检测到动力蓄电池 SOC 达到 100% 时，通过 P－CAN 总线发送动力蓄电池 SOC 达到 100% 的信号，OBC 接收到此信号后，关闭充电功能，车辆停止充电。此时 OBC 控制充电状态指示灯（绿色）点亮，提醒操作人员车辆动力蓄电池电量已充满。在这期间，为了节约电能，充电状态指示灯（绿色）的在工作 2min 后没有其他操作，交流充电插座内部充电状态指示灯控制器进入休眠，指示灯熄灭，车辆充电功能停止工作。

3）充电故障指示灯（红色）。

充电故障指示灯控制有两种方式：一种是在充电枪连接后，OBC、VCU、VCU、BMS、DC－DC 变换器/MCU 等自检，同时 MCU 发送车辆是否处于禁行模式信号，如果 VCU、

OBC 没有接收到 MCU 处于禁行模式信号，OBC 控制充电故障指示灯（红色）点亮，警示操作人员车辆没有处在禁行模式，此时无法充电。

另一种是在充电过程中，OBC、VCU、BMS、DC－DC 变换器/MCU 等其他单元继续自检并监测，同时通过 CAN 总线将信号发送，如果出现动力蓄电池温度、驱动电机温度、IGBT 温度、高压互锁、动力蓄电池状态、高压绝缘信号、低压电源信号、总线数据信号、充电插座温度等出现异常，OBC 控制充电故障指示灯（红色）点亮，警示操作人员车辆出现充电故障，此时无法充电。

4）放电指示灯（蓝色）。

放电枪与车辆交流充电插座连接过程中，OBC 通过充电连接确认 CC 线路检测电压，当检测到放电枪插入并按下开关时电压为 11.45V 左右、松开开关电压为 1.06V 左右时，OBC 确认放电枪与车辆交流充电插座连接正常，同时通过 P－CAN 总线接收到 BMS 发送的 SOC 电量充足的信号，启动放电功能。此时，OBC 控制充电口放电指示灯（蓝色）正常点亮，闪烁 2min 左右后熄灭。

5）充电加热指示灯（黄色）。

交流充电枪与车辆交流充电插座连接正常，当 OBC 通过 P－CAN 总线接收到 BMS 发送的动力蓄电池加热信号后，控制充电口加热指示灯（黄色）正常点亮，2min 左右后熄灭。

表 4-30 为交流充电口状态指示灯电压对应的编码信号。

表 4-30　交流充电口状态指示灯电压及编码信号

状态	BV25/2		BV25/3		BV25/4		BV25/5 充电口盖板（关、开）			
内容	电压/V	编码	电压/V	编码	电压/V	编码	电压/V	编码	电压/V	编码
白色	0	0	0	0	10.81	1	12.49	1	0	0
绿色（闪烁）	0	0	11.54	1	0	0	0	0	0	0
红色	10.62	1	0	0	10.62	1	0	0	0	0
蓝色	11.54	1	11.54	1	0	0	0	0	0	0
黄色	—	—	—	—	—	—	—	—	—	—

二、故障现象描述

打开交流充电口防护盖，充电照明指示灯（白色）正常点亮；连接充电设备至外部交流充插座，按压充电枪锁止开关，连接至车辆交流充电口，释放充电枪锁止开关，此时充电枪锁动作正常，充电枪锁止；但交流充电口上的充电状态指示灯（绿色）不能点亮，一直保持白色点亮；此时，充电设备上充电状态指示灯（绿色）正常点亮并循环闪烁；观察仪表上充电线连接指示灯、动力蓄电池充电指示灯均正常点亮；打开点火开关，动力蓄电池 SOC 显示条正常闪动，车辆正常充电。

三、故障现象分析

注意：

1）在分析前，首先确认车辆是否行驶正常。如异常，首先维修和恢复故障后再进行充电系统故障的诊断与排除。

2）如果确认仅仅是慢充系统故障，则需要反复操作充电过程至少两个循环，确认故障后，方可进行充电系统故障的诊断与排除。

打开交流充电口盖时白色照明灯长亮，说明交流充电插座内部的充电状态指示灯控制器的电源和搭铁没有问题；而交流充电口充电状态指示灯（绿色）不亮，其他状态指示灯均正常（不点亮），同时充电系统也工作正常。所以，可以推断出故障部位在充电状态指示灯及其控制线路上，具体表现在：

1）OBC 自身故障。

2）OBC 与交流充电插座内部的充电状态指示灯控制器之间的线路故障。

3）交流充电插座内部的充电状态指示灯控制器局部故障。

4）交流充电口充电状态指示灯（绿色）自身故障。

四、故障诊断过程

第一步：读取故障代码（DTC）。

连接诊断仪器访问 OBC，无故障代码。

第二步：交流充电插座 OBC 输入信号 1、2 和 3 对地电压测试，见表 4-31。

表 4-31　交流充电插座 OBC 输入信号 1、2 和 3 对地电压测试

测试标准：打开交流充电口盖，连接充电枪，用万用表测量交流充电插座 OBC 输入信号 1、2 和 3 分别对地电压					
可能性	实测结果/V			状态	下一步操作
	BV25/2	BV25/3	BV25/4		
1	0	11.54 左右	0	正常	更换交流充电插座内部充电状态指示灯控制器
2	0	0	0	异常	测量 OBC 端 OBC 输出信号 2 对地电压
3	0	0～11.54 间的某个数	0	异常	测量 OBC 端 OBC 输出信号 2 对地电压
4	说明：如果 BV25/2 端子、BV25/4 端子电压异常，不为 0，将导致交流充电插座上指示灯显示状态和理想状态不符，结合交流充电口状态指示灯电压及编码信号和此诊断步骤对 BV25/2 端子、BV25/4 端子电压异常进行诊断				

第三步：OBC 端 OBC 输出信号 2 对地电压测试，见表 4-32。

表 4-32　车载充电机端 OBC 输出信号 2 对地电压测试

测试标准：连接充电枪，用万用表测量 OBC 端 OBC 输出信号 2 对地电压。				
可能性	实测结果/V	状态	可能原因	下一步操作
1	11.54	正常	如果上步测试结果为 0，说明 BV10/47 端子与 BV25/3 端子间线路断路 如果上步测试结果为 0～11.54V 间的某个数，说明 BV10/47 端子与 BV25/3 端子间线路断路	测量 OBC 信号线 2 线路端对端导通性
2	0	异常	OBC 故障，或者线路对地短路	检查线路对地电阻
3	0～11.54 间某个值	异常	OBC 故障，或者线路对地虚接	

第四步：OBC 信号 2 线路端对端导通性测试，见表 4-33。

表 4-33　OBC 端 OBC 与交流充电插座之间导通性测试

测试标准：关闭点火开关，断开 OBC 的 BV10、交流充电插座 BV25 插接器，检查 OBC 的 BV10/47 号端子与交流充电插座 BV25/3 端子之间线路的电阻值，应小于 2Ω。

可能性	实测结果/Ω	状态	可能原因	下一步操作
1	小于 2	正常	插接器故障	维修或更换线束插接器
2	明显大于 2	异常	BV10/47 端子与 BV25/3 端子间线路的电阻过大	维修或更换线束
3	∞	异常	BV10/47 端子与 BV25/3 端子间线路断路	维修或更换线束

第五步：OBC 信号 2 线路对电源是否短路测试，见表 4-34。

表 4-34　OBC 信号 2 线路对电源是否短路测试

测试标准：关闭点火开关，断开 OBC 的 BV10、交流充电插座 BV25 插接器，检查 OBC 信号 2 线路对地电压，标准值为悬空电压。

步骤	测试部位	实测结果/V	状态	可能原因	下一步操作
1	测量 OBC 的 BV10 线束端插接器 47 端子对地电压	悬空	正常	OBC、交流充电插座内部充电状态指示灯控制器故障	转本表第 2 种可能
		+B	异常	线路对电源短路	检修线路
2	连接 OBC 的 BV10 插接器，测量 OBC 的 BV10 插接器线束端 47 端子对地电压	0	正常	交流充电插座内部充电状态指示灯控制器对电源短路故障	转本表第 3 种可能
		+B	异常	OBC 内部对电源短路	更换 OBC
3	连接交流充电插座 BV25 插接器，测量 OBC 的 BV10 插接器线束端 47 端子对地电压	0	正常	—	维修结束
		+B	异常	交流充电插座内部充电状态指示灯控制器内部对电源短路	更换交流充电插座

第六步：OBC 信号 2 线路对地是否短路测试，见表 4-35。

表 4-35　OBC 信号 2 线路对地是否短路测试

测试标准：关闭点火开关，拔下 OBC 的 BV10、交流充电插座 BV25 插接器，检查交流充电插座 OBC 信号 2 线路对地电阻，标准值为∞。

步骤	测试部位	实测结果/Ω	状态	可能原因	下一步操作
1	测量 OBC 的 BV10 插接器线束端 47 端子对地电阻	∞	正常	OBC、交流充电插座内部充电状态指示灯控制器局部故障	转本表第 2 种可能
		明显大于 2	异常	线路对地虚接	检修线路
		小于 2	异常	线路对地短路	检修线路
2	连接 OBC 的 BV10 插接器，测量 BV10 插接器线束端 47 端子对地电阻	∞	正常	交流充电插座内部充电状态指示灯控制器局部故障	转本表第 3 种可能
		明显大于 2	异常	OBC 内部对地虚接	更换 OBC
		小于 2	异常	OBC 内部对地短路	
3	连接交流充电插座 BV25 插接器，测量 BV10 插接器线束端 47 端子对地电阻	∞	正常	—	维修结束
		明显大于 2	异常	交流充电插座内部充电状态指示灯控制器内部对地虚接	更换交流充电插座
		小于 2	异常	交流充电插座内部充电状态指示灯控制器内部对地短路	

五、诊断结论验证

注意：完成诊断修理后，某些 DTC 需要将点火开关旋至 OFF（关闭）位置，然后旋回至 ON（打开）位置之后，诊断仪器功能才会清除 DTC。

1）将点火开关置于 OFF（关闭）位置。

2）将充电设备从车辆上移除，并断开充电设备 AC 220V 电源。

3）安装所有诊断时拆下或更换的部件及插接器。

4）诊断时，拆除过或更换过的部件及单元，根据需要执行调整、编程或设置程序。

5）将点火开关置于 ON（打开）位置。

6）清除 DTC。

7）关闭点火开关 60s。

8）连接慢充设备 AC 220V 电源插座，连接充电枪至车辆慢充接口，并确认车辆充电及仪表显示正常，车辆充电功能正常运行，同时车辆充电口状态指示灯运行正常。

9）维修结束。

六、故障机理分析

充电状态指示灯（绿色）编码信号线路（OBC2）故障，将导致交流充电插座内部充电状态指示灯控制器无法识别正确编码，进而导致指示灯异常不点亮，但不影响充电。

七、总结与拓展

教师可以在车辆上给学生设置表 4-36 中所列举的故障，参照中、高职新能源汽车维修技能大赛工作页，让学生独立或成组完成，并填写诊断报告，以考核学生的掌握水平。

说明：充电照明指示灯（白色）、充电故障指示灯（红色）、放电指示灯（蓝色）、充电加热指示灯（黄色）以及所有指示灯不工作的测试和分析方法与充电指示灯（绿色）雷同，本文不再叙述，作为练习，由学生来完成。

表 4-36　故障设置表

序号	故障部位	故障性质
1	EF03 10A 熔丝	熔断、虚接、接触不良
2	OBC 信号线 1、2、3	断路、虚接、短路
3	交流充电插座 LED 灯	损坏
4	线束插接器	接触不良、损坏
5	交流充电插座指示灯控制器 + B 供电电源线路	断路、虚接、短路
6	交流充电插座指示灯控制器搭铁线路	断路、虚接
7	交流充电插座指示灯控制器搭铁线路搭铁点 G08	接触不良
8	交流充电插座内部充电状态指示灯控制器	硬件、软件
9	OBC	硬件、软件
10	充电插座盖状态开关供电线路	断路、虚接、短路
11	充电插座盖状态开关搭铁线路	断路、虚接
12	充电插座盖状态开关	常开、常闭、阻值过大

案例6　交流充电插座电子锁的故障诊断与排除

一、原理简介及系统影响

如图4-52所示为交流充电插座电子锁线路原理图，从中可以看出，电子锁锁止和解锁是由OBC控制直流电机工作来完成的。当车辆处于充电状态，电子锁锁止；按压遥控钥匙开锁键，电子锁解锁。OBC控制直流电机正转或反转，带动电子锁位置检测开关闭合或断开，OBC通过识别到电子锁检测信号线路上电压的变化，来判断此时电子锁的状态。表4-37为电子锁信号信息。

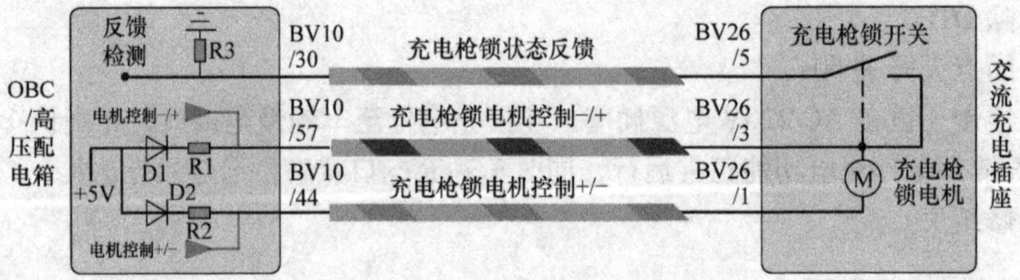

图4-52　交流充电插座电子锁线路原理图

表4-37　电子锁信号信息

状态	电子锁+		电子锁-		检测信号
	BV10/44 端子与 BV26/1 端子间导线		BV10/57 端子与 BV26/3 端子间导线		BV10/30 端子与搭铁间
电子锁	电机动作	电机静止	电机动作	电机静止	
闭锁	+B	3.95V	0V	3.95V	3.95V
开锁	0	0	+BV	0	4.7V

二、故障现象描述

连接充电设备至外部交流充电插座，按压充电枪锁止开关，连接至车辆交流充电口，释放充电枪锁止开关，此时充电枪锁机构没有动作，充电枪不能锁止，交流充电口上的充电状态指示灯（绿色）正常点亮并闪烁；同时，充电设备上充电状态指示灯（绿色）正常点亮并循环闪烁；观察仪表上充电线连接指示灯、动力蓄电池充电指示灯均正常点亮；打开点火开关，动力蓄电池SOC显示条正常闪动，车辆正常充电。

三、故障现象分析

注意：

1）在分析前，首先确认车辆是否行驶正常。如异常，首先维修和恢复故障后再进行充电系统故障的诊断与排除。

2）如果确认仅仅是慢充系统故障，则需要反复操作充电过程至少两个循环，确认故障后，方可进行充电系统故障的诊断与排除。

充电枪电子锁是在车辆充电过程中工作的，而车辆充电正常，说明 OBC 没有能有效地控制电子锁的运行，可能原因为：

1）电子锁检测信号线路（断路、虚接、短路）故障。

2）直流电机控制（电子锁+）线路（断路、虚接、短路）故障。

3）直流电机控制（电子锁-）线路（断路、虚接、短路）故障。

4）直流电机自身（绕组断路、虚接、短路；机械卡滞）故障。

5）电子锁开关故障。

6）OBC 局部故障。

四、故障诊断过程

第一步：故障代码（DTC）。

连接诊断仪器访问 OBC，无故障代码。

第二步：OBC 端电子锁检测信号对地电压测试，见表 4-38。

表 4-38 OBC 端电子锁检测信号对地电压测试

测试标准：连接充电枪，用万用表测量 OBC 端电子锁检测信号对地电压，标准值：电机闭锁后电压为 3.95V 左右，开锁后电压在 4.7V 左右

可能性	实测结果/V		状态	下一步操作
	闭锁	开锁		
1	3.95 左右	4.7 左右	正常	测量交流充电插座端电机控制信号
2	0	0	异常	1. 测量交流充电插座端电子锁检测输出信号对地电压 2. 测量交流充电插座端电机控制信号 3. 测量电子锁检测信号对地是否短路
3	+B	+B	异常	测量电子锁检测信号对电源是否短路
4	除了 3.9 左右、4.7 左右、0、+B 以外电压		异常	测量电子锁检测信号线路端对端导通性

第三步：交流充电插座端电子锁检测输出信号对地电压测试，见表 4-39。

表 4-39 交流充电插座端电子锁检测输出信号对地电压测试

测试标准：连接充电枪，用万用表测量交流充电插座端电子锁检测输出信号对地电压，标准值：电机闭锁后，电压为 3.95V 左右

可能性	实测结果/V	状态	可能原因	下一步操作
1	4.7 左右	异常	BV10/30 端子与 BV26/5 端子间线路断路	测量电子锁检测信号线路端对端导通性
2	0	异常	电机控制线路故障，导致电机不工作或开关损坏	测量交流充电插座端电机控制信号，正常后检测开关，必要时更换

第四步：电子锁检测信号线路端对端导通性测试，见表4-40。

表4-40 电子锁检测信号线路端对端导通性测试

测试标准：关闭点火开关，断开OBC的BV10、交流充电插座BV26插接器，检查OBC的BV10/30端子与交流充电插座BV26/5端子之间线路的电阻值，标准值为小于2Ω。

可能性	实测结果/Ω	状态	可能原因	下一步操作
1	小于2	正常	插接器故障	维修或更换线束插接器
2	明显大于2	异常	BV10/30端子与BV26/5端子间线路的电阻过大	维修或更换线束
3	∞	异常	BV10/30端子与BV26/5端子间线路断路	维修或更换线束

第五步：电子锁检测信号对地是否短路测试，见表4-41。

表4-41 交流充电插座端电机控制输入信号对地电压测试

测试标准：关闭点火开关，拔下OBC的BV10、交流充电插座BV26插接器，测量电子锁检测信号线路对地电阻，标准值为∞。

步骤	测试部位	实测结果/Ω	状态	可能原因	下一步操作
1	测量OBC的BV10插接器线束端30端子对地电阻	∞	正常	OBC	转本表第2种可能
		明显大于2	异常	线路对地虚接	检修线路
		小于2	异常	线路对地短路	检修线路
2	连接OBC的BV10插接器，测量BV10插接器线束端30端子对地电阻	∞	正常	—	维修结束
		明显大于2	异常	OBC内部对地虚接	更换OBC
		小于2	异常	OBC内部对地短路	

第六步：电子锁检测信号对电源是否短路测试，见表4-42。

表4-42 电子锁检测信号对电源短路测试

测试标准：关闭点火开关，断开OBC的BV10、交流充电插座BV26插接器，测量电子锁检测信号线路对地电压，标准值为0V。

步骤	测试部位	实测结果/V	状态	可能原因	下一步操作
1	测量OBC的BV10线束端插接器30端子对地电压	0	正常	OBC、电机控制线路对电源短路故障	转本表第2种可能
		+B	异常	线路对电源短路	检修线路
2	连接OBC的BV10插接器，测量OBC的BV10插接器线束端30端子对地电压	0	正常	电机控制线路对电源短路故障	转本表第3种可能
		+B	异常	OBC内部对电源短路	更换OBC
3	连接交流充电插座BV26插接器，测量OBC的BV10线束端插接器30端子对地电压	0	正常	—	维修结束
		+B	异常	电机控制线路对电源短路故障	检修线路
	说明：此步，电子锁处于闭锁状态或开关处于闭合状态。				

第七步：交流充电插座端电机控制输入信号对地电压测试，见表4-43。

表4-43　交流充电插座端电机控制输入信号对地电压测试

测试标准：连接充电枪，用万用表测量交流充电插座端电机控制输入信号，标准值为±B。

注意：先把万用表正、负表笔分别连接在BV26/1端子和BV26/3端子上，再连接充电枪。闭锁时，BV26/1端子电压为+B，BV26/3端子电压为0；解锁时，BV26/1端子电压为0，BV26/3端子电压为+B；电机解锁后，BV26/3端子对地电压4.7V左右，BV26/1端子对地电压4.7V左右；电机闭锁后BV26/3端子对地电压3.95左右，BV26/1端子对地电压4.7V左右。

可能性	实测结果/V	状态	可能原因	下一步操作
1	-B或+B	正常	直流电机损坏	更换直流电机
2	始终为0	异常	OBC或线路故障	检查OBC输出
3	除-B或+B或0以外的任意电压值	异常	OBC自身故障或电机控制线路阻值过大	检查OBC输出

第八步：OBC端电机控制信号对地电压测试，见表4-44。

表4-44　OBC端电机控制信号对地电压测试

测试标准：连接充电枪，用万用表测量OBC端电机控制信号，标准值为±B。

注意：先把万用表正、负表笔分别连接在BV10/44端子和BV10/57端子上，再连接充电枪。闭锁时，BV10/44端子电压为+B，BV10/57端子电压为0；解锁时，BV10/44端子电压为0，BV10/57端子电压为+B。电机解锁后，BV10/44端子对地电压4.7V左右，BV10/57端子对地电压4.7V左右；电机闭锁后BV10/44端子对地电压3.95左右，BV10/57端子对地电压4.7V左右。

可能性	实测结果/V	状态	可能原因	下一步操作
1	-B或+B	正常	如果上步检查结果为0，说明控制回路存在断路 如果上步检查结果为除-B或+B或0以外的任意电压值，说明控制回路存在断路	检查线路导通性
2	始终为0	异常	OBC或线路故障	测量电机控制线路间电阻
3	除-B或+B或0以外的任意电压值	异常	OBC自身故障	更换OBC

第九步：电机内阻测试。

测试标准：关闭点火开关，断开交流充电插座BV26插接器，检查OBC的BV10/44端子与BV10/57端子之间线路的电阻值，标准值为55Ω，否则更换直流电机。

第十步：电机控制线路端对端导通性测试，见表4-45和表4-46。

表4-45　电机控制线路BV10/44端子与BV26/1端子间导通性测试

测试标准：关闭点火开关，断开OBC端BV10、交流充电插座端BV26插接器，检查OBC的BV10/44端子与交流充电座BV26/1端子间线路的阻值，标准值为小于2Ω。

可能性	实测结果/Ω	状态	可能原因	下一步操作
1	小于2	正常	插接器故障	维修或更换线束插接器
2	明显大于2	异常	BV10/44端子与BV26/1端子间线路的电阻过大	维修或更换线束
3	∞	异常	BV10/44端子与BV26/1端子间线路断路	维修或更换线束

表 4-46　电机控制线路 BV10/57 端子与 BV26/3 端子间导通性测试

测试标准：关闭点火开关，断开 OBC 端 BV10、交流充电插座端 BV26 插接器，检查 OBC 的 BV10/57 端子与交流充电插座 BV26/3 端子间线路的阻值，标准值为小于 2Ω。

可能性	实测结果/Ω	状态	可能原因	下一步操作
1	小于 2	正常	插接器故障	维修或更换线束插接器
2	明显大于 2	异常	BV10/57 端子与 BV26/3 端子间线路的电阻过大	维修或更换线束
3	∞	异常	BV10/57 端子与 BV26/3 端子间线路断路	维修或更换线束

五、诊断结论验证

注意：完成诊断修理后，某些 DTC 需要将点火开关旋至 OFF（关闭）位置，然后旋回至 ON（打开）位置之后，诊断仪器功能才会清除 DTC。

1）将点火开关置于 OFF（关闭）位置。

2）将充电设备从车辆上移除，并断开充电设备 AC 220V 电源。

3）安装所有诊断时拆下或更换的部件及插接器。

4）诊断时，拆除过或更换过的部件及单元，根据需要执行调整、编程或设置程序。

5）将点火开关置于 ON（打开）位置。

6）清除 DTC。

7）关闭点火开关 60s。

8）连接慢充设备 AC 220V 电源插座，连接充电枪至交流充电插座，并确认车辆充电及仪表显示正常，车辆充电功能正常运行，同时交流充电插座电子锁正常工作。

9）维修结束。

六、故障机理分析

结合充电系统原理及控制逻辑，OBC 通过控制电子锁 + 和电子锁 - 两根线路通电和搭铁，来控制电机正反转，从而带动检测开关闭合或断开，并通过电子锁检测信号线路将电压信号传送给 OBC。此时，如果任一线路出现故障，将导致电子锁不闭锁或不解锁，充电枪无法锁止或拔出。

七、总结与拓展

教师可以在车辆上给学生设置表 4-47 中所列举的故障，参照中、高职新能源汽车维修技能大赛工作页，让学生独立或成组完成，并填写诊断报告，以考核学生的掌握水平。

表 4-47　故障设置表

序号	故障部位	故障性质
1	电子锁检测信号线路	断路、虚接、短路
2	电子锁 + 线路	断路、虚接、短路
3	电子锁 - 线路	断路、虚接、短路
4	充电交流插座内部电机绕组	断路、虚接、短路
5	充电交流插座内部检测开关	接触不良、常开、常闭
6	插接器	接触不良、损坏
7	OBC	硬件、软件

案例 7　MCU 唤醒线路故障的诊断与检测

一、原理简介及系统影响

车辆在充电过程中需要禁止车辆移动，如果连接充电枪后，OBC 启动充电模式并唤醒总线，VCU 唤醒并接收到启动充电模式后，通过专用导线发送高电位至 DC - DC 变换器/MCU，如图 4-53 所示；MCU 接收到此信号后将起动驱动电机禁行模式，并通过 P - CAN 总线将禁行信号发送至 OBC 及 VCU，OBC 和 VCU 接收到此信号后才会启动充电模式。如果此禁行信号和禁行信号传输线路出现异常，将导致车辆无法充电，充电口红色故障指示灯被 OBC 激活点亮。

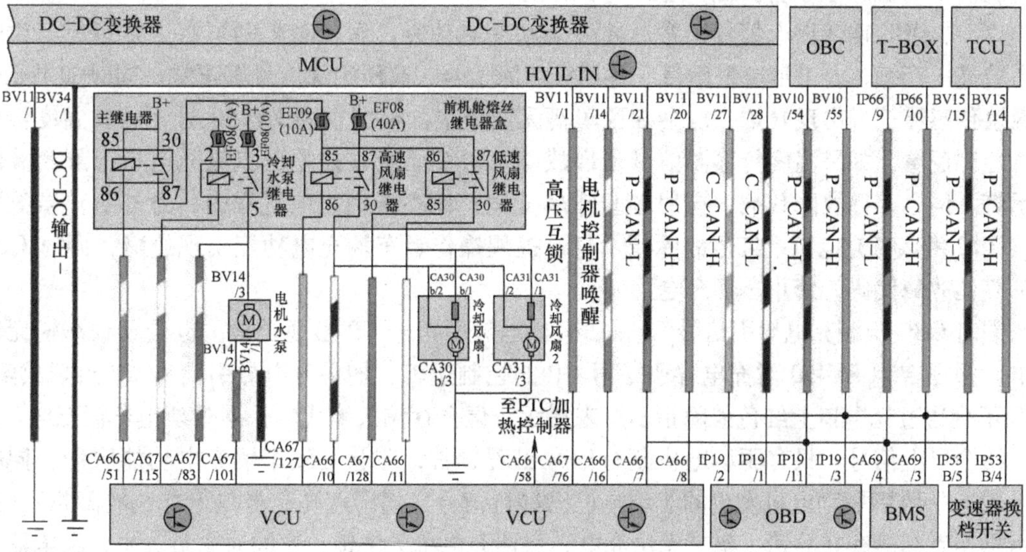

图 4-53　MCU 唤醒信号线路原理图

二、故障现象描述

连接充电设备至外部交流插座，按压充电枪锁止开关，连接至车辆慢充接口，释放充电枪锁止开关，此时充电口上红色故障指示灯异常点亮，充电口绿色充电状态指示灯未正常点亮；充电枪锁无动作，充电枪无法锁止，同时主负、主正继电器没有发出正常的“咔哒”吸合声。

观察外部充电设备，充电设备上蓝色电源指示灯正常，充电设备上绿色充电状态指示灯长亮，充电故障指示灯未点亮。

观察仪表、仪表上充电指示灯未正常点亮，但充电线连接指示灯正常点亮，同时仪表中部蓄电池电量及充电时间、电流没有显示，车辆充电功能没有启动。

三、故障分析

注意：

1）在分析前，首先确认车辆高压上电正常，且行驶正常。

2）出现以上现象后，要对车辆充电设备和车辆连接步骤进行完整的操作循环达到两个循环以上，方可进行以下步骤的操作。

仪表上充电连接指示灯正常点亮，说明 OBC 已确认充电枪连接至车辆充电口，OBC 已启动充电模式；车载充电机启动充电模式后，需要通过 CAN 总线唤醒 VCU、DC－DC 变换器/MCU、BMS、组合仪表、BCM 等。参与充电控制的高压系统单元对高压互锁，蓄电池电量信号、各系统故障信号、充电口温度、高压绝缘信号等进行检测，同时 VCU 还需要通过专用导线发送驱动电机唤醒（车辆禁行）信号至 DC－DC 变换器/MCU。MCU 通过此信号需要判断车辆当前所处状态（打开点火开关车辆运行、关闭点火开关车辆充电），并将判断出的当前车辆状态信号确认后通过总线发送至 VCU、OBC。

VCU、OBC 确认以上信号正常后才会启动充电功能，而此时车辆可以正常运行，说明各系统高压互锁、蓄电池电量信号、各系统故障信号、高压绝缘信号等正常；同时如果充电口温度传感器信号出现异常，也会导致车辆无法充电。根据吉利 EV450 对充电口温度传感器的控制逻辑，如果温度传感器信号出现故障，OBC 不会在插枪时点亮充电口上红色故障指示灯，但会存储故障代码，同时禁止车辆充电；而在车辆充电过程中，为了防止事故发生，OBC 将点亮充电口上红色故障指示灯，提醒操作者车辆充电功能出现故障，同时 OBC 内部存储故障代码，禁止车辆充电。

同时 OBC 检测充电导引信号 CP，如果充电导引信号 CP 出现异常，也会导致车辆无法充电。根据吉利 EV450 对充电导引信号 CP 的控制逻辑，如果充电导引信号 CP 出现故障，OBC 不会通过充电口上红色故障指示灯来提示，但会存储故障代码，同时禁止车辆充电。

结合以上信号，只有驱动电机禁行信号出现异常，才会导致车辆充电功能限制，同时 OBC 没有接收到驱动电机发出的驱动电机已禁行信号，随即点亮充电口上红色故障指示灯，提示操作者车辆存在故障，整车无法充电，致使充电枪无法锁止，同时主负、主正继电器没有发出正常的“咔哒”吸合声。

四、故障诊断过程

第一步：读取故障代码（DTC）。

在连接诊断仪器后，诊断仪器有可能无法和 MCU 通信，且无法读取故障代码及数据流。但可能在 VCU 内读取到和 MCU 相关联的故障代码：U011087（与 MCU 通信丢失）。

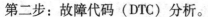

第二步：故障代码（DTC）分析。

根据故障现象和代码的提示，说明 VCU 与 MCU 丢失通信，但整车运行正常，说明只是 VCU 与 MCU 之间的独立的唤醒线路存在故障，具体可能为：

1）MCU 唤醒信号线路断路、虚接、短路故障。

2）MCU 自身故障。

3）VCU 自身故障。

第三步：MCU 端唤醒信号输入对地电压测试，见表 4-48。

表 4-48 MCU 端唤醒信号输入对地电压测试

测试标准：关闭点火开关，连接充电枪至车辆慢充插座，松开锁止按键，用万用表测试 MCU BV11/14 端子对地电压，标准应为从 0 切换到 +B。

可能性	检测结果/V	结论	下一步操作
1	从 0 切换到 +B	正常	说明 MCU 可能存在故障考虑更换控制器
2	从 0 切换到部分 +B	异常	说明唤醒线路存在虚接，下一步测试 VCU 端信号输出
3	始终 0	异常	说明唤醒线路存在断路或者对地短路故障，下一步测试 VCU 端信号输出

第四步：VCU 端 MCU 唤醒信号输出对地电压测试，见表 4-49。

表 4-49 VCU 端 MCU 唤醒信号输出对地电压测试

测试标准：关闭点火开关，连接充电枪至车辆慢充插座，松开锁止按键，万用表测试 VCU CA66/16 端子对地的电压，标准应为从 0 切换到 +B。

可能性	检测结果/V	结论	下一步操作
1	从 0 切换到 +B	正常	说明 MCU 唤醒线路存在虚接或断路故障，下一步对 MCU 唤醒线路导通性进行测试
2	从 0 切换到部分 +B	异常	说明控制器内部存在虚接故障，考虑更换控制器
3	始终 0	异常	说明 MCU 唤醒线路对地短路或 VCU 输出电压异常，下一步测试 MCU 唤醒线路对地电阻

第五步：MCU 唤醒线路对地电阻测试，见表 4-50。

表 4-50 BV11/14 端子和 CA66/16 端子间线路对地电阻测试

测试标准：关闭点火开关，拔掉 MCU 的 BV11 插接器、VCU 的 CA66 插接器，测试 MCU 的插接器 BV11/14 端子对地电阻应为无穷大。

步骤	测试条件	实测结果/Ω	状态	可能原因	操作
1	—	无穷大	正常	MCU、VCU 可能存在故障	转本表的 2
		存在电阻	异常	线路对地虚接	检修线路
		近乎为 0	异常	线路对地短路	检修线路
2	连接 MCU 插接器	无穷大	正常	VCU 可能存在故障	转本表的 3
		存在电阻	异常	MCU 对地虚接故障	更换 MCU
		近乎为 0	异常	MCU 对地短路故障	更换 MCU
3	连接 VCU 插接器	无穷大	正常	—	测试结束
		存在电阻	异常	VCU 对地虚接故障	更换 VCU
		近乎为 0	异常	VCU 对地短路故障	更换 VCU

第六步：MCU 唤醒线路导通性测试，见表 4-51。

表 4-51 端子 BV11/14 和端子 CA66/16 间线路的导通性测试

测试标准：关闭点火开关，拔掉 MCU 的 BV11/14 插接器、VCU 的 CA66/16 插接器，测试线路两端电阻应为近乎为 0。				
可能性	实测结果/Ω	状态	可能原因	操作
1	近乎为 0	正常	插接器故障	检修插接器
2	无穷大	异常	线路断路	维修线路
3	大于 5	异常	线路虚接	

五、诊断结论验证

注意：完成诊断修理后，某些 DTC 需要将点火开关旋至 OFF（关闭）位置，然后旋回至 ON（打开）位置之后，诊断仪器功能才会清除 DTC。

1）将点火开关置于 OFF（关闭）位置。

2）将充电设备从车辆上移除，并断开充电设备 AC 220V 电源。

3）安装所有诊断时拆下或更换的部件及插接器。

4）将点火开关置于 ON（打开）位置。

5）读取并清除 DTC。

6）关闭点火开关 60s。

7）连接慢充设备 AC 220V 电源插座，连接充电枪至车辆慢充接口，并确认车辆充电及仪表显示正常，车辆充电功能正常运行，维修结束。

六、故障机理分析

在充电过程中，如果 MCU 唤醒线路存在故障，致使 MCU 无法判断车辆目前所处的状态（点火运行、充电），会导致充电系统无法正常启动工作，车辆无法充电。

七、总结与拓展

教师可以在车辆上给学生设置表 4-52 中所列举的故障，参照中、高职新能源汽车相关大赛工作页，让学生独立或成组完成，并填写诊断报告，以考核学生的掌握水平。

表 4-52 扩展练习故障

序号	故障部位	故障性质
1	MCU 唤醒线路	断路、虚接、短路
2	MCU 插接器	断路、虚接
3	VCU 插接器	断路、虚接

第五章
空调控制系统及检修

第一节　空调控制系统的结构与工作原理

吉利 EV 系列整车空调系统的主要功能除了像传统汽车具有的制冷、制热、通风、除霜四个功能外，同时为了保护动力蓄电池、增加动力蓄电池续驶能力以及缩短充电时间，空调系统还负责整车的热管理功能，即充电时的预热和散热、运行时的预热和散热，如图 5-1 所示。

注意：有关热管理功能的具体内容，参照 VCU 的相应内容。

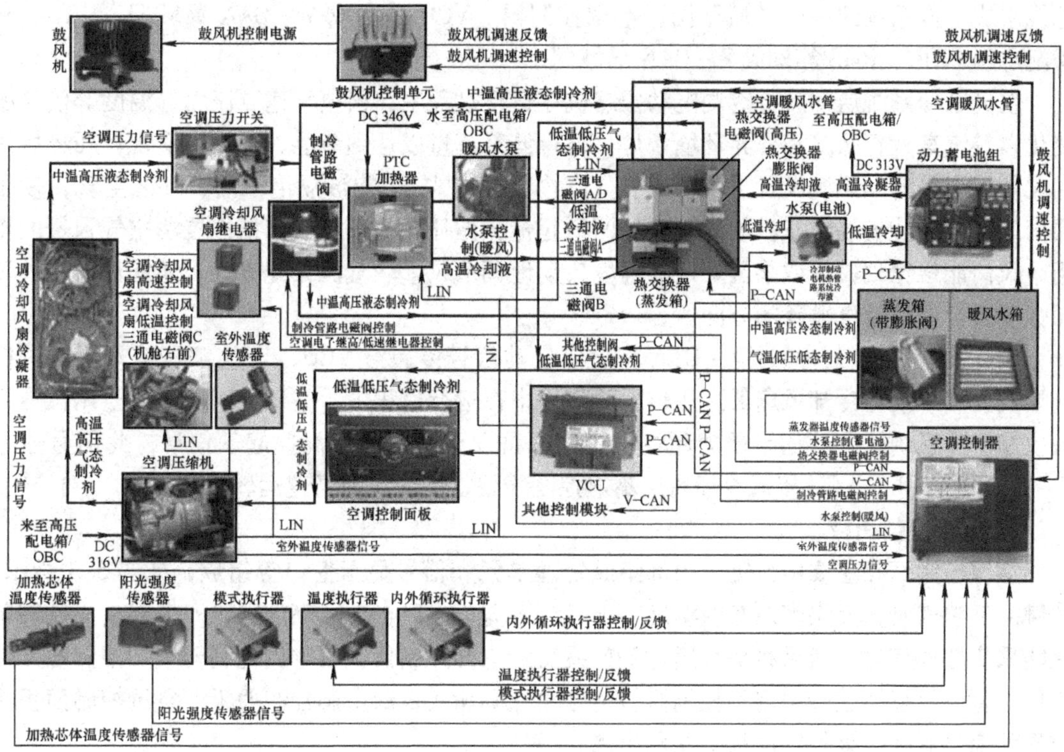

图 5-1　空调控制原理图

一、空调制冷系统

空调制冷系统由空调控制面板、空调控制器、空调压缩机及控制器、空调压力开关、各种温度传感器、阳光传感器、冷凝器继电器及冷却扇、鼓风机调速单元、风门控制电机、制冷管路、高压配电箱/OBC、三通电磁阀、VCU 等组成，如图 5-2 所示。

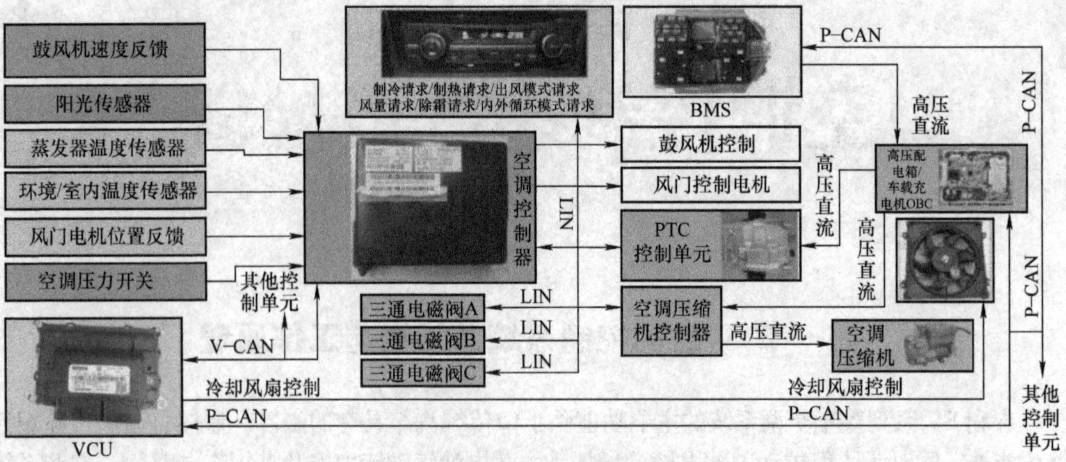

图 5-2　制冷系统控制原理图

其中，空调控制器、空调控制面板、空调压缩机控制器、三通电磁阀 A/B/C 通过 LIN 总线组成空调系统的一个局域子网；空调控制器、VCU 等构成 V－CAN 局域网；VCU、高压配电箱/OBC、BMS 等构成 P－CAN 局域网。

空调制冷系统启动后，空调电动压缩机在运行过程中，根据转速、压力、温度等信号的变化以及汽车运行状况和外界环境条件，自行调节流量以达到节能、降噪和实现车厢环境最优化的控制目的；系统设置了循环风门（车内循环方式），能够隔绝车内、外的空气，使车厢内的空气保持恒温状态，如果车外的污染超标，循环风门还能起到抵挡混浊空气入侵的作用，风门能根据驾驶人或乘员调定的温度自动地调节风量、气流分配方式，还能根据车外日照强度自行调节空气循环的方向。

制冷功能启动后，通过 V－CAN 将功能启动信号传递给 VCU，VCU 解析信号后通过控制导线控制冷凝器冷却风扇低速运转。冷却风扇在运行过程中，空调控制器通过空调压力开关检测制冷系统压力，如果压力超过设定值，将发送冷却风扇高速起动信号，此信号通过 V－CAN 至 VCU，VCU 接通冷却风扇高速控制线路，冷却风扇高速运转。

1. 空调控制面板

空调控制面板主要由按键、内部集成处理单元和信号显示窗口等组成，如图 5-3 所示。按键能反映驾驶人及乘客对车内温度、出风口方向、出风量大小等的需求；内部集成处理单元能采集按键信号，然后将信号通过 LIN 线发给空调控制器，由空调控制器负责控制各元件工作；背光及显示信号由空调控制器将信号通过 LIN 线发给空调控制面板，空调控制面板接收显示信号后在空调控制面板上显示出来。

系统有自动（AUTO）、手动（MANU）和停止（OFF）三种状态。驾驶人在按 AUTO 按键后，室内设定温度自动跳转至 23℃，内外循环根据当前工作状态进行调整（制冷工况进入内循环，采暖工况进入外循环）且在调整温度时不退出自动模式；驾驶人可以通过操作 MODE 按键、AC 按钮、风量调节旋钮使压缩机控制进入手动模式。

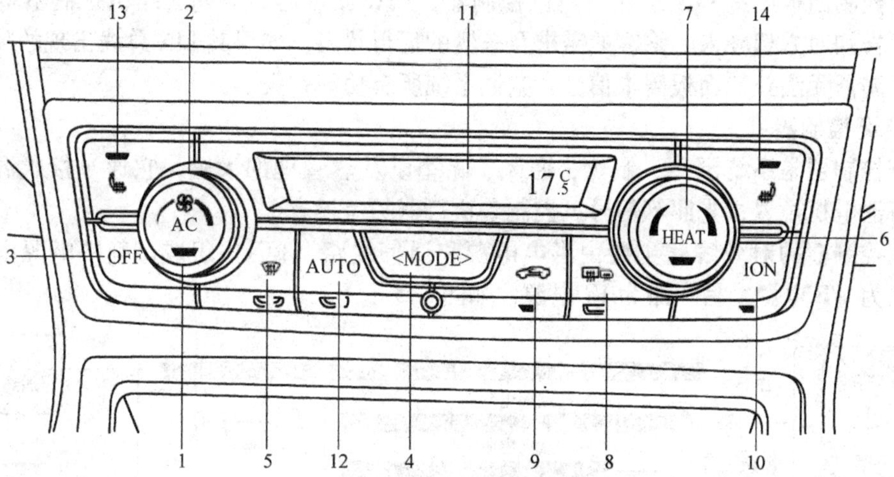

图 5-3 制冷系统空调控制面板示意图

1—A/C 按键 2—风量调节旋钮 3—OFF 按键 4—风向调节按键 5—前风窗除霜除雾按键 6—温度调节旋钮 7—加热按键 8—后风窗/外后视镜除霜按键 9—内外循环按键 10—空气净化器按键 11—显示屏 12—AUTO 按键 13—驾驶人座椅加热按键 14—前排乘员侧座椅加热按键

空调控制面板的对外线路主要由供电电源和通信线路（LIN）组成，其中电源由两路组成：一路为 +B 电源，另一路为 IG 电源，如图 5-4 所示。

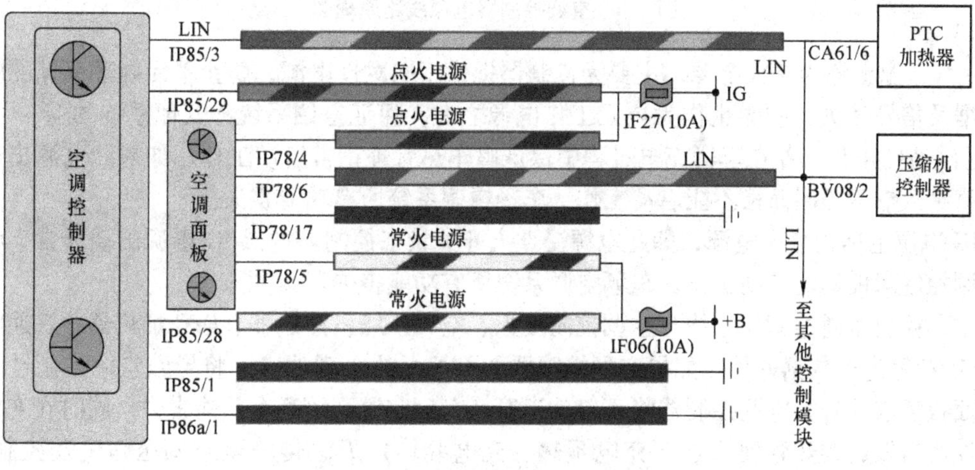

图 5-4 空调控制面板线路原理图

+B 电源也称为常火电源，主要为单元 CPU 提供不间歇性电源，防止单元内部存储的临时性数据及信号丢失，同时也作为单元工作电源之一。如果此电源出现异常，将导致空调控制面板不能启动工作，车辆空调系统所有功能丧失。

IG 电源也称为点火电源，即此电源受点火开关状态控制。打开点火开关，此电源线路上才有电压和电流通过；如果点火开关关闭，此电源上则没有电压和电流通过。如果 IG 电源出现异常，将导致空调控制面板不能启动工作，车辆空调系统所有功能丧失。

空调控制面板通过 LIN 总线与空调控制器、PTC 加热器、空调压缩机控制器等进行通信，以便告知对方驾驶人、乘客的需求及车辆的运行状态。如果其 LIN 总线出现故障，将导致空调控制器无法获知面板需求信号，空调系统所有功能丧失。

2. 空调控制器

空调控制器是系统制冷、制热、通风、除霜以及热管理的大脑，它通过接收温度、开关、执行器电机位置、光照等信号，控制各执行器的运行。

空调控制器的对外线路主要由供电电源和通信线路（LIN）组成，其中电源由两路组成：一路为 + B 电源，另一路为 IG 电源，如图 5-5 所示。

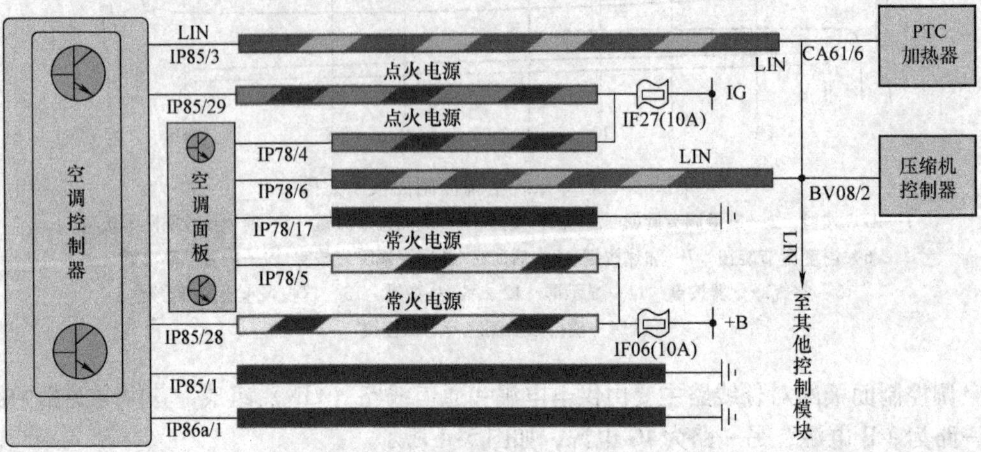

图 5-5　空调控制器电源线路原理图

+ B 电源也称为常火电源，主要为控制器提供不间歇性电源，防止单元内部存储的临时性数据及信号丢失，同时也作为单元工作电源之一，保证空调系统和其他系统的 V－CAN、LIN 总线通信正常，并在车辆充电过程中保证整车热管理正常启动工作。如果此电源出现异常，将导致空调控制面板不能启动工作，车辆空调系统所有功能丧失。

IG 电源也称为点火电源，即此电源受点火开关状态控制。如果 IG 电源出现异常，将导致空调控制面板不能启动工作，车辆空调系统所有功能丧失。

空调控制器通过 LIN 总线与空调控制面板、空调压缩机控制器、PTC 加热器、三通电磁阀 A/B/C 等进行数据通信。如果空调控制器的 LIN 总线出现故障，将导致空调控制器无法获知面板需求信号，空调控制器将不启动运行，车辆空调系统所有功能丧失。同时在充电时空调控制器发送的热管理请求（充电预热、充电散热）无法传输至空调压缩机及控制器、PTC 加热器以及三通电磁阀 A/B/C，导致整车热管理功能失效。

3. 空调压力开关

空调压力开关主要是检测高压管路中制冷剂的最低压力和最高压力，并把压力信号转换成电子信号反馈给空调控制器，以便及时调整冷却风扇的转速以及压缩机的启停，保护空调系统不至由于压力过低造成压缩机润滑油流动不畅而致使压缩机润滑不足而损坏；保护空调系统不至由于压力过高造成系统泄漏。如图 5-6 所示为空调压力开关的安装位置。

压力开关为三态开关，中压开关为常开开关，而高压开关和低压开关串联在线路中，为常闭开关。

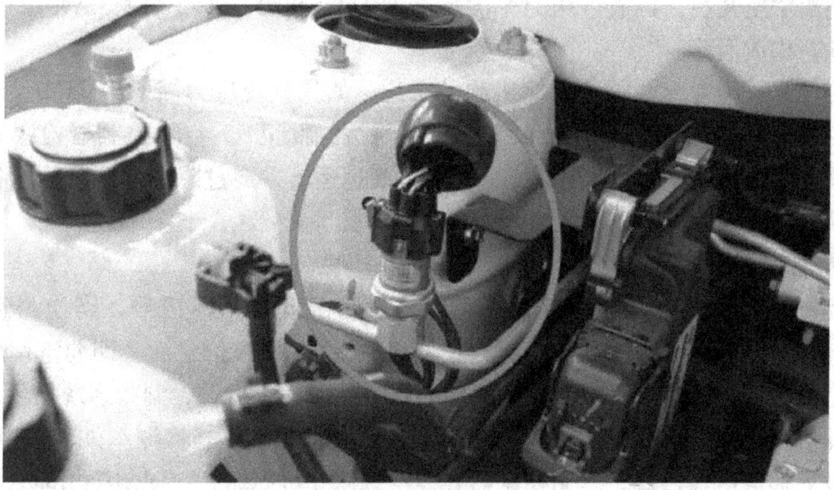

图5-6 空调压力开关安装位置

如图5-7所示为空调压力开关线路原理图，热管理继电器输出+B电源，通过熔丝EF12至压力开关的端子CA43/1，通过开关内部高压（常闭）和低压（常闭）开关至CA43/3端子，通过CA43/3端子至空调控制器IP86a/23端之间线路进入空调控制器，空调控制器检测到此线路电压即可判断空调管路压力状态。

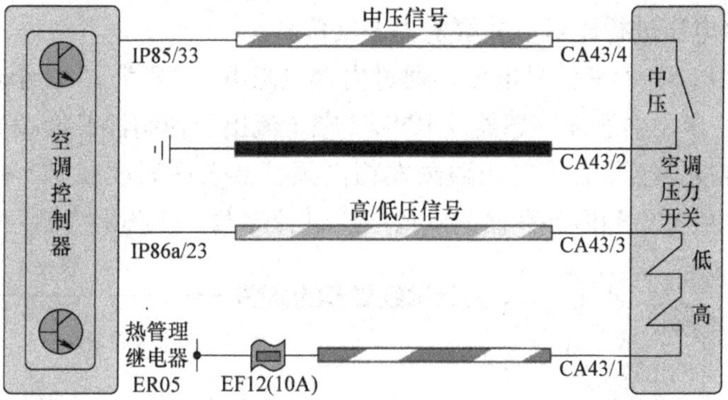

图5-7 空调压力开关线路原理图

正常情况下，空调压缩机没有起动前管路压力会高于0.196MPa，高、低压开关不动作（保持常闭），此时线路为+B电压，空调控制器检测到此线路电压为+B，即判定系统压力正常，可以起动空调压缩机。如果此时管路压力低于0.196MPa，低压开关动作（开关断开），此时空调控制器接收到的电压为0，即判定系统压力过低，控制器将禁止起动空调压缩机。

正常情况下，空调压缩机起动后管路压力会低于3.14MPa，高、低压开关不动作（保持常闭），此时线路为+B电压，空调控制器检测到此线路电压为+B，即判定系统压力正常，空调压缩机正常运行。如果此时管路压力高于3.14MPa，高压开关动作（开关断开），空调控制器接收到的电压为0，即判定系统压力过高，控制器将禁止起动空调压缩机。

空调控制器通过内部输出+5V参考电压，通过控制器IP85/33端子至压力开关CA43/4

端子间线路给中压开关，再通过压力开关后至端子 CA43/2，通过端子 CA43/2 至车身搭铁间线路搭铁，构成回路。

空调中压开关为常开开关，压缩机起动工作，如果系统压力高于 1.23MPa 时，中压开关闭合，控制器 IP85/33 端子输出的 5V 参考电压被拉低至 0，空调控制器检测到此电压降低为 0，即接通冷却风扇高速继电器，冷却风扇高速运转，通过降温达到降压的目的，防止管路爆裂泄漏。

4. 温度传感器

空调控制器监测室外环境温度传感器、蒸发箱温度传感器信号。当检测到环境温度≥－1℃、蒸发箱温度≥4℃、高低压压力开关高电位（＋B）信号后，即向空调压缩机控制器发送起动空调压缩机信号，空调压缩机控制器控制压缩机运转，制冷系统循环；如果这些信号中的任一信号不能满足，空调控制器将停止压缩机起动。当检测车外环境温度≤－1℃时，说明外界温度已经过低，空调控制器暂停空调压缩机起动，空调制冷功能暂时停止。当检测车外环境温度≤－3℃时，说明外界温度已经太低，为了防止蒸发器结冰或结霜，空调控制器将禁止空调压缩机起动，同时空调制冷功能将禁止。

如图 5-8 所示为蒸发器、室外环境温度传感器线路原理图，从中可以看出，空调控制器输出 5V 参考信号电压，通过内部电阻 R2、IP85/34 端子至室外环境温度传感器 CA47/1 端子，经室外环境温度传感器从 CA47/2 端子流出至控制器 IP85/2 端子，在控制器内部搭铁。其室外温度传感器信号电压随外界温度在 0.5～4.2V 变化，空调控制器根据检测到的电压和内部存储的阈值电压进行比对，并解析为温度信号。

空调控制器输出 5V 参考信号电压，通过内部电阻 R1、IP85/35 端子至蒸发器温度传感器 IP94/1 端子，经蒸发器温度传感器及 IP94/2 端子流出至控制器 IP85/2 端子，在控制器内部搭铁。蒸发器温度传感器信号电压随蒸发箱内蒸发器表面温度在 0.5～4.2V 变化，空调控制器根据检测到的电压和内部存储的阈值电压进行比对，并解析为温度信号。

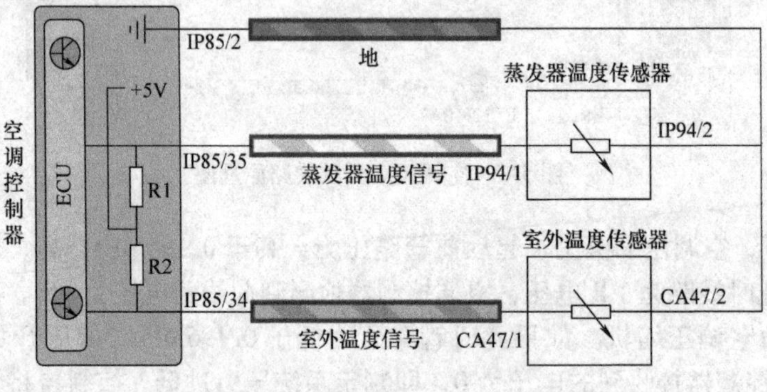

图 5-8 蒸发器、室外环境温度传感器线路原理图

5. 阳光传感器

阳光传感器安装在仪表台中间上部，如图 5-9 所示。它主要用来检测日光照射量的变化，并把其转换成电流信号输送给空调控制器，后者根据阳光的强度来控制各温度风门和鼓风机的运行。

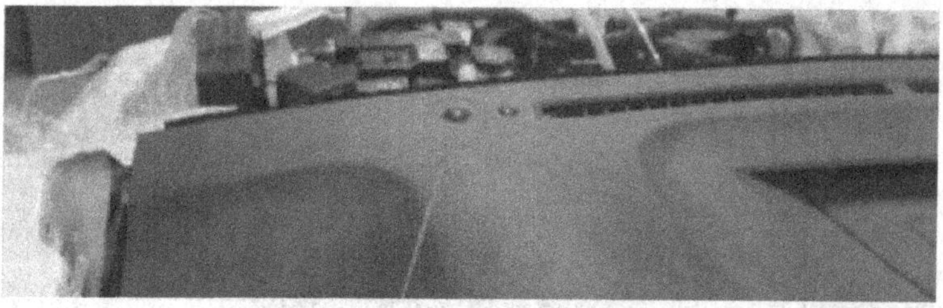

图 5-9　阳光传感器安装位置图

阳光传感器采用光敏电阻制作，如图 5-10 所示为阳光传感器的结构组成示意图，主要由壳体、接线引脚、光敏电阻等组成。

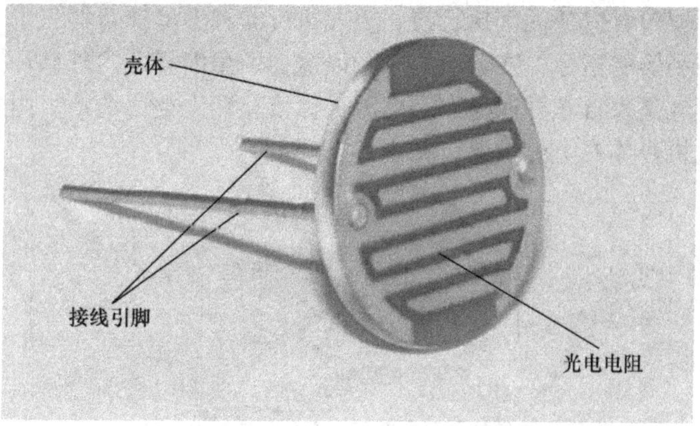

图 5-10　阳光传感器结构组成

光敏电阻（photoresistor or light - dependent resistor，后者缩写为 ldr）或光导管（photo - conductor），常用的制作材料为硫化镉，另外还有硒、硫化铝、硫化铅和硫化铋等材料，这些制作材料具有在特定波长的光照射下，其阻值迅速减小的特性。这是由于光照产生的载流子都参与导电，在外加电场的作用下作漂移运动，电子奔向电源的正极，空穴奔向电源的负极，从而使光敏电阻器的阻值迅速下降。

如图 5-11 所示为阳光传感器工作原理图，当日光照射在传感器上时，光电二极管就把光能转换成电能，根据电流的大小就可以准确知道的日照强度。光照时，电阻很小；无光照时，电阻很大。光照越强，电阻越小；光照停止，电阻又恢复原值。

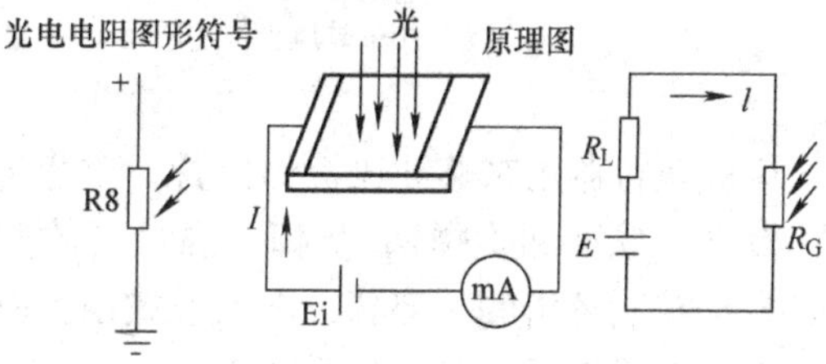

图 5-11　阳光传感器工作原理

如图 5-12 所示为阳光传感器线路原理图，空调控制器通过 IP85/37 端子输出一个 +5V 的参考信号电压至传感器 IP59/5 端子，通过光敏电阻至传感器 IP59/4 端子输出至车身搭铁搭铁，构成回路。随着日照的增加，传感器信号电压也增加，反之亦然。传感器信号电压在 1.4 ~ 4.5V 变化，空调控制器根据此信号调节空调 AUTO 状态下的驾驶室内温度、出风量等。

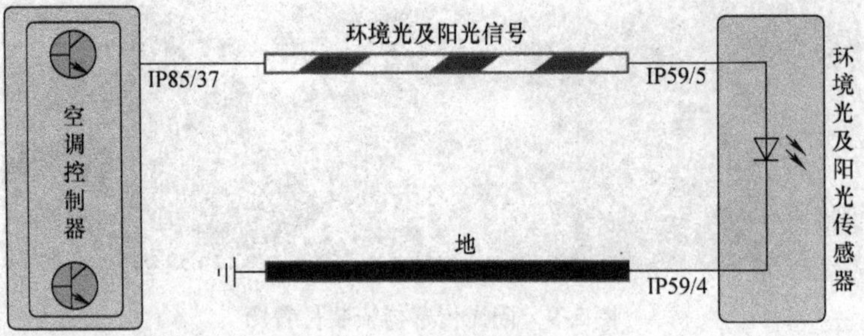

图 5-12　阳光传感器线路原理图

6. 风门控制执行器

风门控制执行器包含内外循环执行器、模式执行器和温度执行器三个，其中内外循环执行器是接受空调控制器的指令，在合适的时候以适当的角度打开内外循环执行器风板，用于控制进入车厢的空气是来自车外还是车厢内部，保持车厢内空气清新。内外循环执行器安装在仪表台右下鼓风机壳体右上侧位置，如图 5-13 所示。

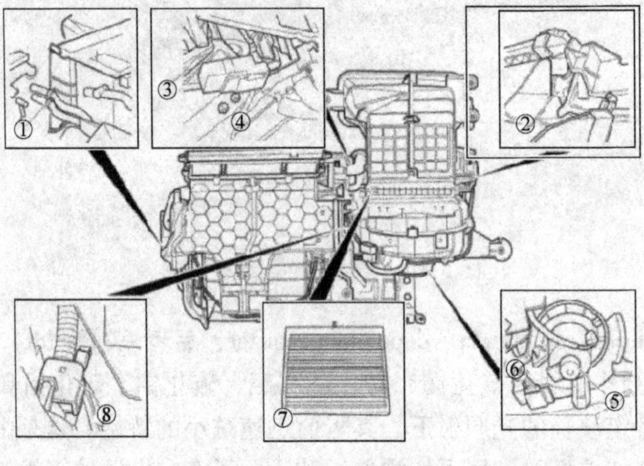

图 5-13　空调内外循环执行器安装位置

1—加热器芯进出水管　2—内外循环执行器　3—模式执行器　4—膨胀阀　5—鼓风机　6—鼓风机调速单元　7—空调滤芯　8—室内温度传感器

模式执行器用来移动风板的位置，改变出风的位置和方向，调节不同的出风模式，如吹面、双向（吹面和吹脚）、吹脚、混合（吹脚和除霜）、除霜模式。在自动状态下，出风模式是自动控制逻辑的一部分，出风模式由控制器自动选择。为达到舒适程度，空调控制器选择一个当时最接近的模式显示在 LCD 上，当对出风模式按键进行操作时，系统将从自动模式转到手动模式。模式执行器安装在仪表台内侧蒸发箱箱体右上侧位置，如图 5-14 所示。

温度执行器安装在仪表台内侧蒸发箱箱体右下侧位置。空调控制器提供了手动和自动两种出风模式供驾驶人选择，通过调节面/脚/风窗玻璃的调整风门可以控制出风模式。通过调节温度执行器来控制吹面和吹脚的温度，一般自动状态下脚部提供较温暖的空气，给头部提供较凉爽的空气，保证驾驶人始终处于舒适的环境中驾驶。温度分配的范围将受到汽车空间大小的影响。空调控制器使用蒸发器温度传感器来确定混合气体的温度。

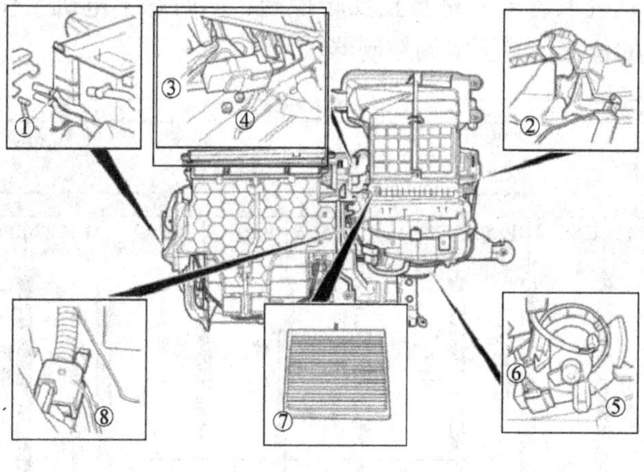

图 5-14　空调模式执行器安装位置

1—加热器芯进出水管　2—内外循环执行器　3—模式执行器　4—膨胀阀　5—鼓风机
6—鼓风机调速单元　7—空调滤芯　8—室内温度传感器

这三种执行器都是由两部分组成：即直流电机和位置传感器。直流电机通过内部减速齿轮和外部联动机构带动箱体内风板移动；同时直流电机动作时，内部带动电机位置传感器动作，传感器输出电压信号至空调控制器，空调控制器检测并解析当前电压，和内部存储的电机位置信号比对，确定当前风板位置，即吹面、双向（吹面和吹脚）、吹脚、混合（吹脚和除霜）、除霜、内外循环、温度。

如图 5-15 所示为直流电机的组成结构示意图。电机采用直流电机，由壳体、磁体、转子、电刷、电刷架等组成。

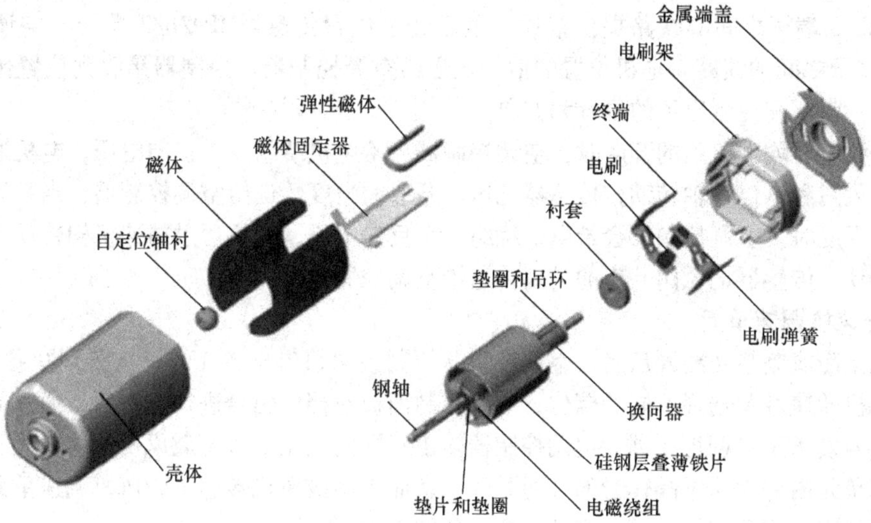

图 5-15　直流电机的组成结构示意图

如图 5-16 所示为空调执行器控制线路原理图，从中可知内外循环执行器、模式执行器和温度执行器控制电机的传感器共用 +5V 电源和搭铁，3 个执行器电机由空调控制器根据空调控制面板需求（驾驶人需求）进行正反转控制，同时每个电机工作时通过传感器信号线输出电机当前对应的位置信号至空调控制器。

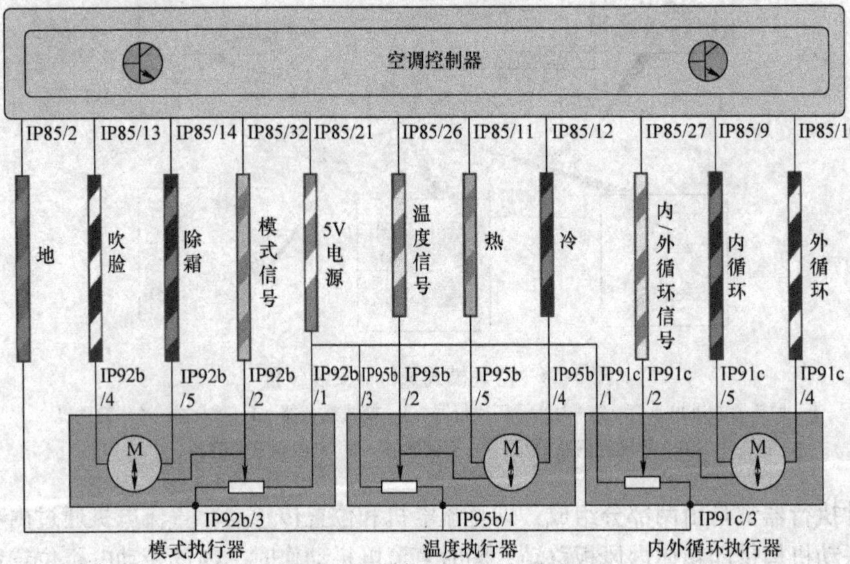

图 5-16　空调执行器控制线路原理图

以模式执行器为例，电机控制线路包括空调控制器 IP85/13 端子到模式执行器 IP92b/4 端子之间的线路、空调控制器 IP85/14 端子到模式执行器 IP92b/5 端子之间的线路；位置传感器控制线路包括供电电源、搭铁和信号线路。空调控制器通过 IP85/21 端子输出 5V 电源至电机位置传感器 IP92b/1 端子为传感器提供电压；通过空调控制器 IP85/2 端子至模式执行器 IP92b/3 端子之间的线路提供搭铁；最后经过位置传感器 IP92b/2 端子与空调控制器 IP85/32 端子之间的线路将电机位置的信号发送给空调控制器。控制器接收到位置传感器反馈的信号，判断和控制出风的位置和方向。

当系统需要增大风门的开度时，空调控制器会给电机绕组一个正向电压，电机通过减速机构带动风门和电位计轴转动，传感器把风门开启的角度传送给空调控制器；当系统需要减小风门的开度时，空调控制器会给电机绕组一个反向电压，电机通过减速机构带动风门和电位计轴转动，传感器把风门开启的角度传送给空调控制器。

7. 鼓风机调速单元

空调制冷或制热功能开启后，空调控制器控制鼓风机继电器工作，为鼓风机提供电源；调节鼓风机转速开关选择不同的档位，空调控制面板对档位信号进行解析后，通过 LIN 总线将这一信号发送至空调控制器，空调控制器输出不同的电压信号至鼓风机调速单元，控制鼓风机调速单元内部大功率晶体管的导通时间，从而控制鼓风机转速。鼓风机调速单元和鼓风机安装在仪表右下侧鼓风机箱体底部位置，如图 5-17 所示。

从图 5-18 所示的空调鼓风机线路原理图中可以看出，+B 电源由熔丝 SF10 向鼓风机继电器电源 30 端子提供功率电源，通过熔丝 EF29 向鼓风机继电器线圈提供控制电源。如果这两路任一电源异常，将导致鼓风机无法获得 +B 电源，鼓风机将无法运转，同时生成故障代码并存储。

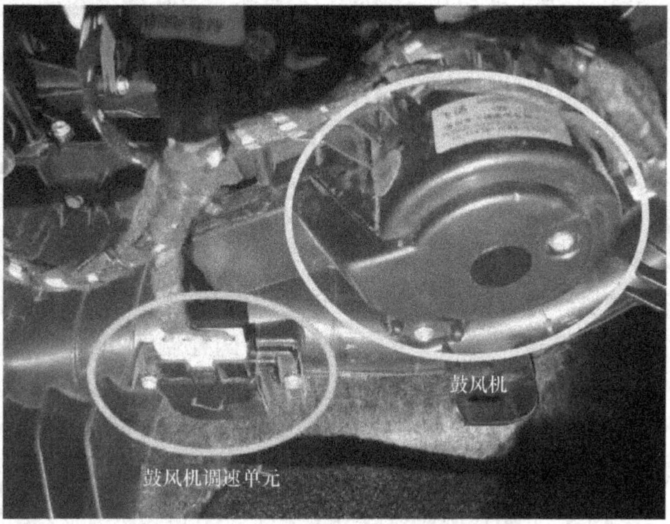

图 5-17　鼓风机调速单元和鼓风机安装位置

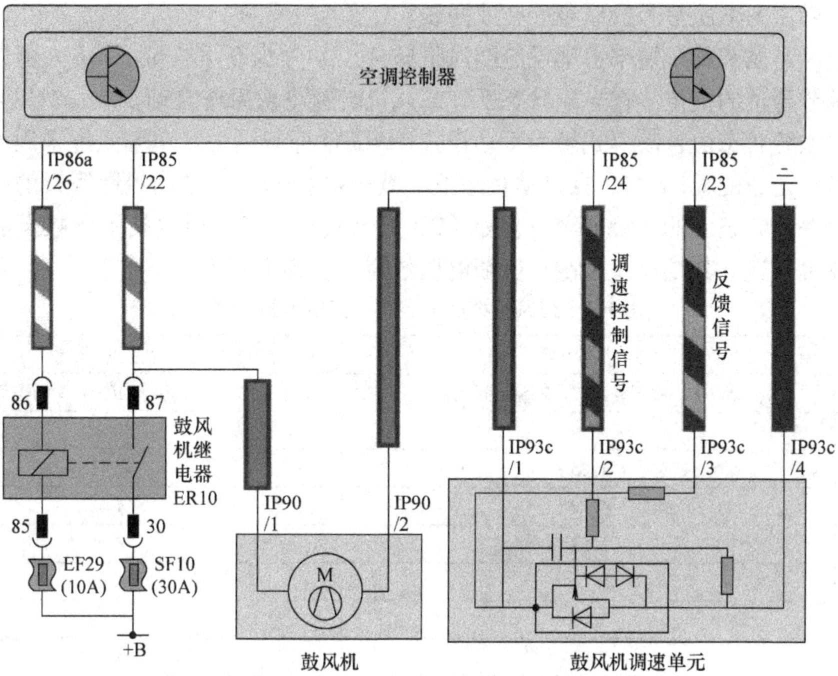

图 5-18　空调鼓风机线路原理图

空调制冷或制热功能开启后，空调控制器内部将 IP86a/26 端子至继电器 86 端子间线路搭铁，控制鼓风机继电器工作，鼓风机继电器 87 端子输出两路电源。一路电源通过线路进入空调控制器 IP85/22 端子，如果空调控制器控制空调继电器工作，此线路电压为 + B，控制器判断继电器工作正常，如果空调控制器控制继电器工作后，此线路电压为 0，控制器判断继电器工作异常；另一路向鼓风机 IP90/1 端子提供电源，经线圈流至鼓风机 IP90/2 端子，由鼓风机端子 IP90/2 进入调速单元 IP93c/1 端子，再从调速单元 IP93c/4 端子流至搭铁，构成回路。如果继电器控制及继电器自身异常，将导致继电器无法工作，鼓风机无法获得 +B 电源，鼓风机将无法运转，空调控制器同时生成故障代码并存储。

调节鼓风机转速开关，空调控制器接收到开关信号后计算处理，由 IP85/24 端子向鼓风机调速单元 IP93c/2 端子发出电压信号，控制调速单元内部大功率晶体管导通电流，空调控制器输出电压越高，鼓风机转速越高；反之，空调控制器输出电压越小，鼓风机转速越低。如果控制信号及线路出现异常，将导致鼓风机调速单元控制端无法获得工作电压，调速单元将无法对鼓风机进行控制，导致鼓风机无法运转，空调控制器同时生成故障代码并存储。

鼓风机运转的同时，调速单元 IP93c/3 端子向空调控制器提供一个鼓风机转速反馈信号，鼓风机转速越高，反馈信号电压越小；鼓风机转速越低，反馈信号电压越高。如果反馈信号及线路出现异常，空调控制器无法获知当前鼓风机状态及速度，将无法精确地对鼓风机进行控制，导致鼓风机无法低档运转，只能高档运转，空调控制器同时生成故障代码并存储。

在鼓风机运转过程中，空调控制器通过端子电压监测和反馈信号判断鼓风机运转状态以及转速，如果检测出运转状态、转速和内部存储数据不匹配，随即生成故障代码并存储。如果检测出转速和当前设置的转速不同步，空调控制器将增加或减少控制 IP85/24 端子向鼓风机调速单元提供的电压信号，以至于转速同步。

鼓风机风量调节旋钮用来手动设定鼓风机转速，共分为 0 ~ 7 档，驾驶人可以根据实际需要手动调节合适的档位。在自动状态下，鼓风机转速将由系统自动控制，对风量调节旋钮的操作会使系统状态由自动模式转为手动模式，AUTO 标识消失。空调系统采用电压调节方式控制鼓风机转速的 1 ~ 7 档。在自动状态下，鼓风机转速作为自动控制逻辑的一部分，鼓风机不限于手动状态下的 7 级调节，但是 LCD 显示只有 7 条，所以指示条数量显示的是最接近的鼓风机转速。其档位及控制、反馈电压数值如表 5-1 所示。

表 5-1　鼓风机档位及控制、反馈电压数值表

档位	控制电压/V	反馈电压/V
	IP85/24 端子至 IP93c/2 端子间线路	IP85/23 端子至 IP93c/3 端子间线路
1	4.74	10.31
2	4.85	9.15
3	4.90	8.43
4	5.02	7.06
5	5.21	4.65
6	5.46	2.12
7	5.63	0.80

8. 冷却风扇继电器及冷却风扇

冷却风扇的作用有两个：一个是降低空调压缩机加压后的制冷剂温度和压力，使之充分液化，在蒸发箱内发挥其最好的蒸发效果；另一个是对电控系统循环的冷却液进行散热，降低电控系统元件温度，保证电控系统工作正常。如图 5-19 所示为冷却风扇控制原理图。

按压控制面板上的 AC 开关，空调控制面板接收到该信号后，判知驾驶人需要起动空调制冷系统，随即将此消息通过 LIN 总线发送至空调控制器以及空调压缩机控制器，空调控制器接收到此信号后，检测自身无故障记忆且系统正常，随即起动制冷模式，并通过 V-CAN

总线将空调起动信号发送至 VCU。此时如果空调控制器检测空调系统压力低于 1.23MPa，随即向 VCU 发送冷却风扇低速运转信号，VCU 控制冷却风扇低速继电器工作，冷却风扇低速运转；如果空调控制器检测空调系统压力高于 1.23MPa，随即向 VCU 发送冷却风扇高速运转信号，VCU 控制冷却风扇高速继电器工作，冷却风扇高速运转。空调压缩机控制器接收到此信号后检测自身无故障记忆且系统正常，同时收到空调控制器通过 LIN 总线发送的空调控制器状态正常信号，随即起动压缩机运转。

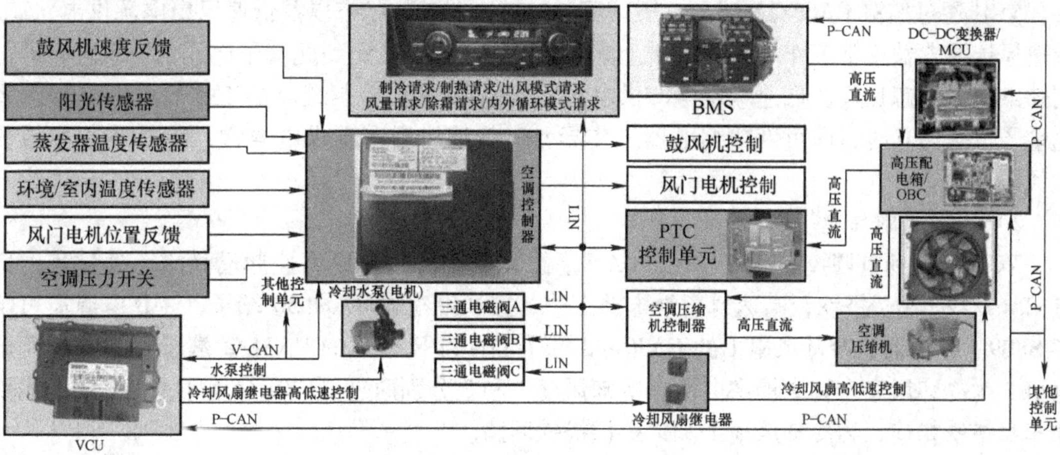

图 5-19　冷却风扇控制原理图

如果 LIN 总线出现故障，将导致信号无法传输，空调制冷系统不工作。如果空调控制器 V－CAN 总线出现故障，将导致空调高压系统内空调压缩机和 PTC 加热器的高压绝缘信号、动力蓄电池状态信号等无法交换和传输，同时整车控制器无法获知空调所处状态，从而导致空调制冷系统不工作。

冷却风扇采用双风扇、高低速的控制模式，通过两个电机驱动扇叶。冷却风扇的开启和停止由 VCU 根据空调控制器发送的信号指令来执行。VCU 根据不同指令给冷却风扇提供电源，来控制冷却风扇低速和高速继电器工作。在低速线路中，采用串联调速电阻的方式来改变冷却风扇的转速，其线路控制原理如图 5-20 所示。

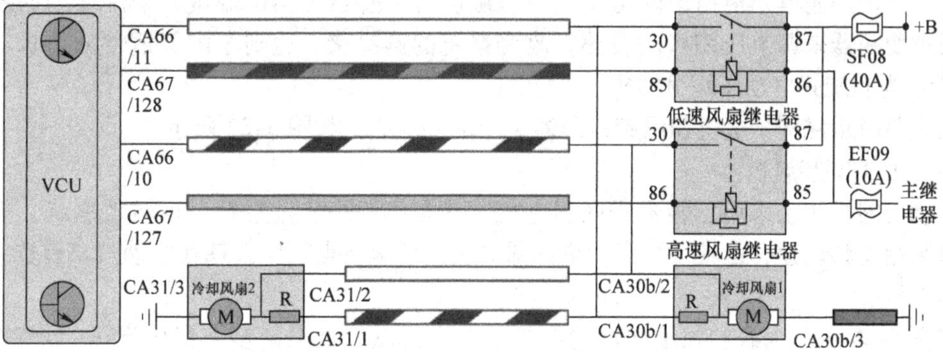

图 5-20　冷却风扇线路控制原理图

1）冷却风扇低速控制。

VCU 接收到空调控制器通过 V－CAN 总线发送的冷却风扇低速起动请求，通过其内部将 CA67/128 端子搭铁，低速风扇继电器工作，接通继电器 87 和 30 端子，＋B 电源通过熔丝 SF08、继电器、冷却风扇 1 的 CA30b/1 端子和冷却风扇 2 的 CA31/1 端子、调速电阻 R 到达冷却风扇电机，为冷却风扇 1 和 2 提供电源。冷却风扇 1 和 2 分别通过 CA30b/3 和 CA31/3 端子线路和车身搭铁相连，为冷却风扇 1 和 2 提供搭铁回路。

VCU 通过监测 CA66/11 端子电压，可判知继电器工作状态以及低速风扇电源供电状态。低速风扇继电器正常工作后，此端子上电压为＋B，VCU 检测到此端子电压为＋B 时，即可判知继电器状态良好，低速风扇电源供电正常。如果 VCU 控制继电器工作后，VCU 检测到此端子电压为 0 时，即可判知继电器工作异常，低速风扇电源供电异常，VCU 内部生成故障代码存储。

2）冷却风扇高速控制。

VCU 接收到空调控制器通过 V－CAN 总线发送的冷却风扇高速起动请求，通过其内部将 CA67/127 端子搭铁，高速风扇继电器工作，接通继电器 87 和 30 端子，＋B 电源通过熔丝 SF09、继电器、冷却风扇 1 的 CA30b/2 端子和冷却风扇 2 的 CA31/2 端子到达冷却风扇电机，为冷却风扇 1 和 2 提供电源。冷却风扇 1 和 2 分别通过 CA30b/3 和 CA31/3 端子线路和车身搭铁相连，为冷却风扇 1 和 2 提供搭铁回路。

VCU 内部通过监测 CA66/10 端子电压，可判知继电器工作状态以及高速风扇电源供电状态。高速风扇继电器正常工作后，此端子上电压为＋B，VCU 检测到此端子电压为＋B 时，即可判知继电器状态良好，高速风扇电源供电正常。如果 VCU 控制继电器工作后，VCU 检测到此端子电压为 0 时，即可判知继电器工作异常，高速风扇电源供电异常，VCU 内部生成故障代码存储。

9. 空调压缩机及控制器

新能源汽车一般使用泵气效率高的涡旋式压缩机，更加节能。与其他诸多类型的空调压缩机，如斜盘式、曲柄连杆式、叶片式等压缩机相比，涡旋式压缩机具有振动小、噪声低、使用寿命长、重量轻、转速高、效率高、外形尺寸小等多个优点。

为了提高新能源汽车空调系统的能效比，采用的涡旋压缩机由动力蓄电池提供的直流电源驱动。空调控制单元根据车内温度及环境温度等传感器测得的温度，采用适当的控制算法，通过变频器来调节压缩机的转速，改变系统的制冷量，达到车内舒适性的要求。如图 5-21 所示为涡旋式电动压缩机结构。

其主要由永磁同步电机和涡旋式压缩机两部分组成，如图 5-22 所示。

（1）永磁同步电机

电动压缩机驱动采用三相永磁同步电机，具有体积小、重量轻、运转效率高、节省电能、可采用变频调速，运转极可靠，维护保养费用低等特点，所以现代电动汽车首选三相永磁同步电机。

如图 5-23 所示为涡旋式压缩机的电机结构示意图，永磁同步电机由定子、永磁转子、绕组、铁心和永磁体等部件构成。定子采用叠片结构以减小电机运行时的铁耗。转子铁心大多采用硅钢叠片叠成，不做成实心结构，主要原因是为了减少涡流及其他损耗，避免高速时转矩降低。

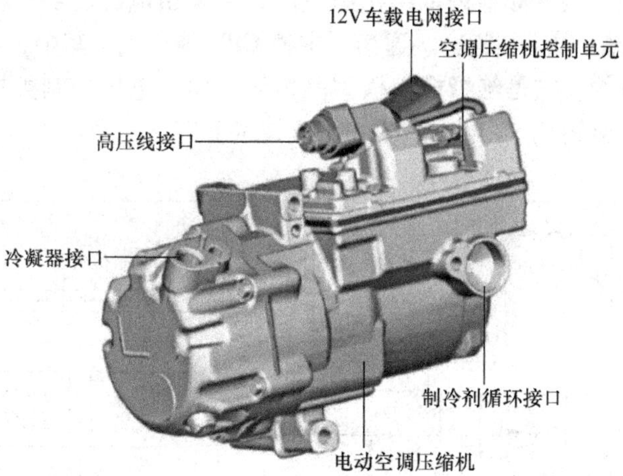

图 5-21　涡旋式电动压缩机

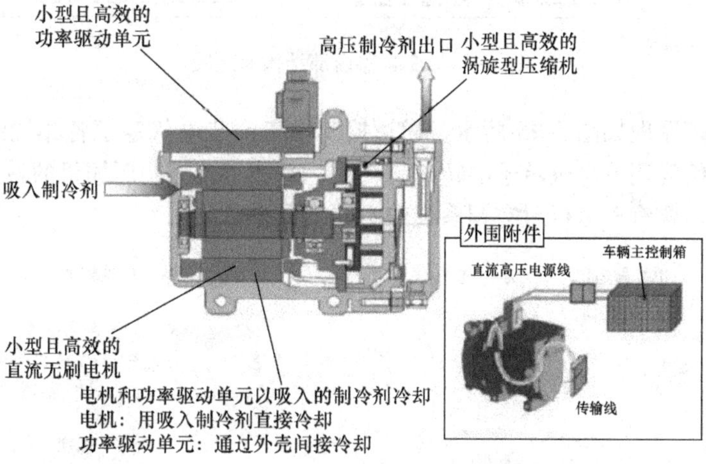

图 5-22　涡旋式电动压缩机结构

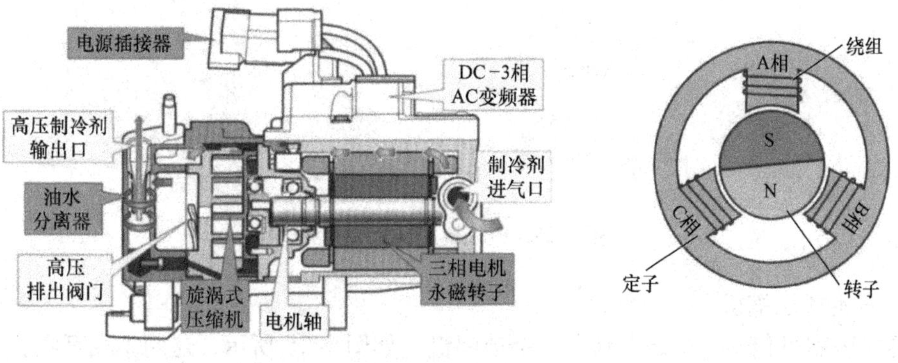

图 5-23　涡旋式压缩机电机结构示意图

电动汽车空调的三相永磁同步电机，其定子需要通入三相交流电，但电动汽车上只有高压直流电，所以需要空调驱动单元内部的变频器将直流电转化为交流电来驱动空调压缩机电机运转。如图5-24所示为变频器内部结构原理图，主要由电源、功率转换器、信号采集及系统保护（温度、电流、电压采集）、通信、主控CPU等组成，其中，功率转换部分使用了6个IGBT场效应晶体管，它是绝缘栅双极型晶体管，属于电压控制类器件，其特点是栅极的驱动功率小而饱和压降低，在电力系统和变流技术上广泛使用。

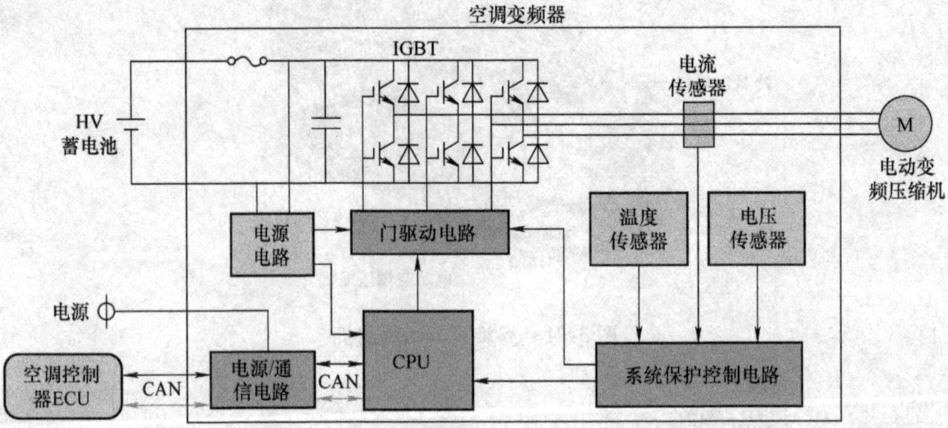

图5-24 变频器内部结构原理图

电机调速调矩原理如图5-25所示。通过控制永磁同步电机定子各相绕组的通电频率及电流大小，可高精度调节电机转子的转速与转矩，并能直接控制压缩机的转速，达到调节制冷剂的排量，以适合汽车运行对空调系统的不同工况要求。

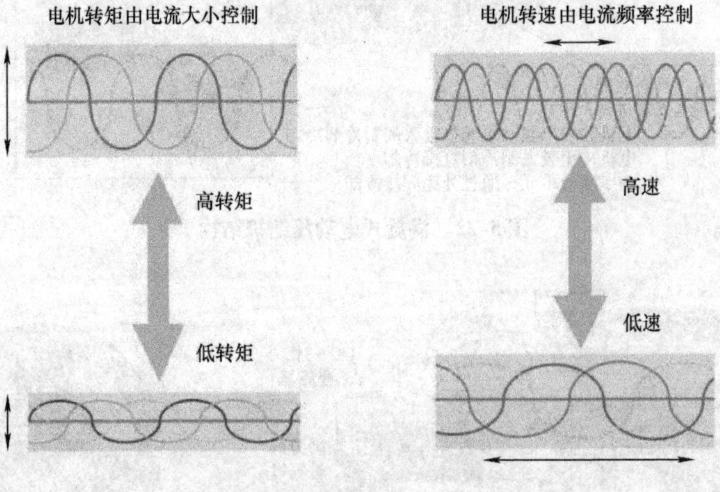

图5-25 电机调速调矩原理图

（2）涡旋式压缩机

涡旋式压缩机包括一个定涡盘和一个动涡盘，如图5-26所示，这两个相互咬合的涡盘，其线型是相同的，它们相互错开180°安装在一起，即相位差为180°。其定涡盘是固定在机架上，而动涡盘由电机直接驱动，动涡盘是不能自转的，只能围绕定涡盘作很小回转半径的公转运动。

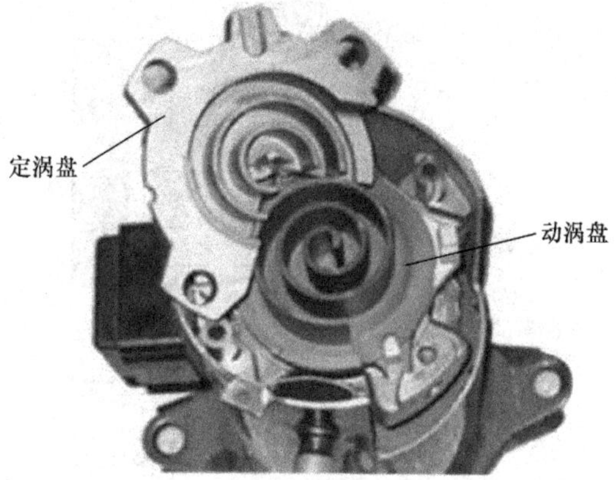

图 5-26　涡旋式压缩机结构组成

当驱动电机旋转带动动涡盘公转时，制冷气体通过滤芯吸入到定涡盘的外围部分，随着驱动轴的旋转，动涡盘在定涡盘内按轨迹运转，使动、定涡盘之间形成由外向内体积逐渐缩小的六个腔：A 腔、B 腔、C 腔、D 腔、E 腔和 F 腔，制冷气体在动、定涡盘所组成的六个月牙形压缩腔内被逐步压缩，最后从定涡盘中心孔通过阀片将被压缩后的制冷气体连续排出，如图 5-27 所示。

电动压缩机运转时，将蒸发器内产生的低压低温蒸汽吸入气缸，经过压缩后，使蒸汽的压力和温度增高后排入冷凝器。在冷凝器中，高温高压的制冷剂蒸汽与外面的空气进行热交换放出热量，使制冷剂冷凝成高压液体，然后流入储液干燥器，并过滤流出，经过电子膨胀阀的节流作用，制冷剂以低压的气液混合状态进入蒸发器，在蒸发器里，低压制冷剂液体沸腾气化，吸取车厢内空气的热量，然后又进入压缩机进行下轮循环，如图 5-28 所示。

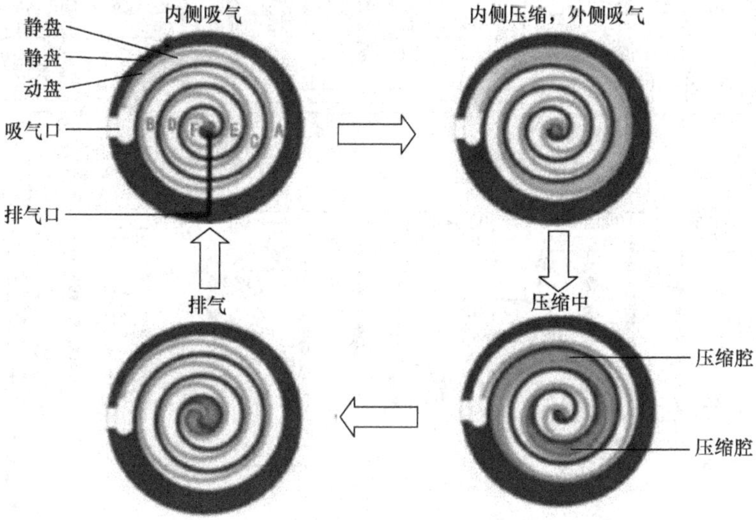

图 5-27　涡旋式压缩机工作原理

(3) 线路结构

空调压缩机线路分为高压线路和低压线路，其中低压线路由分为电源、通信、互锁三种线路。

1) 高压线路。

如图 5-29 所示为空调压缩机线路原理图。从图中可以看出，动力蓄电池高压直流电（DC 346V）进入高压配电/充电机控制器，通过 DBC 内部压缩机熔丝 HF04 后流入空调压缩机控制器，为空调压缩机控制器提供动力电源。空调制冷功能开启后，空调压缩机控制器通过 LIN 总线接收到制冷功能起动信号及 VCU 通过 V－CAN 总线发送的允许制冷功能起动信

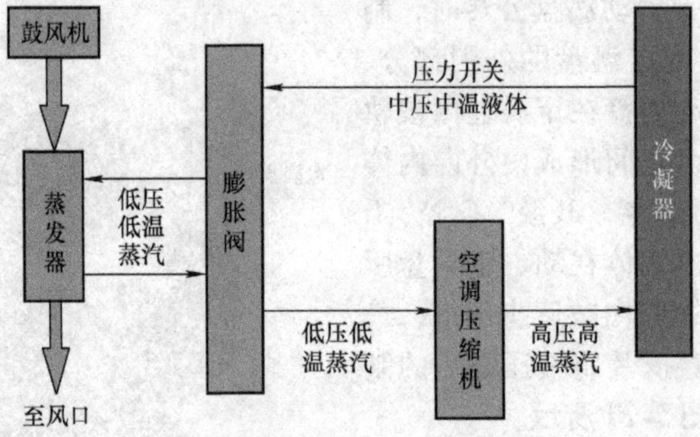

图 5-28　空调系统制冷原理

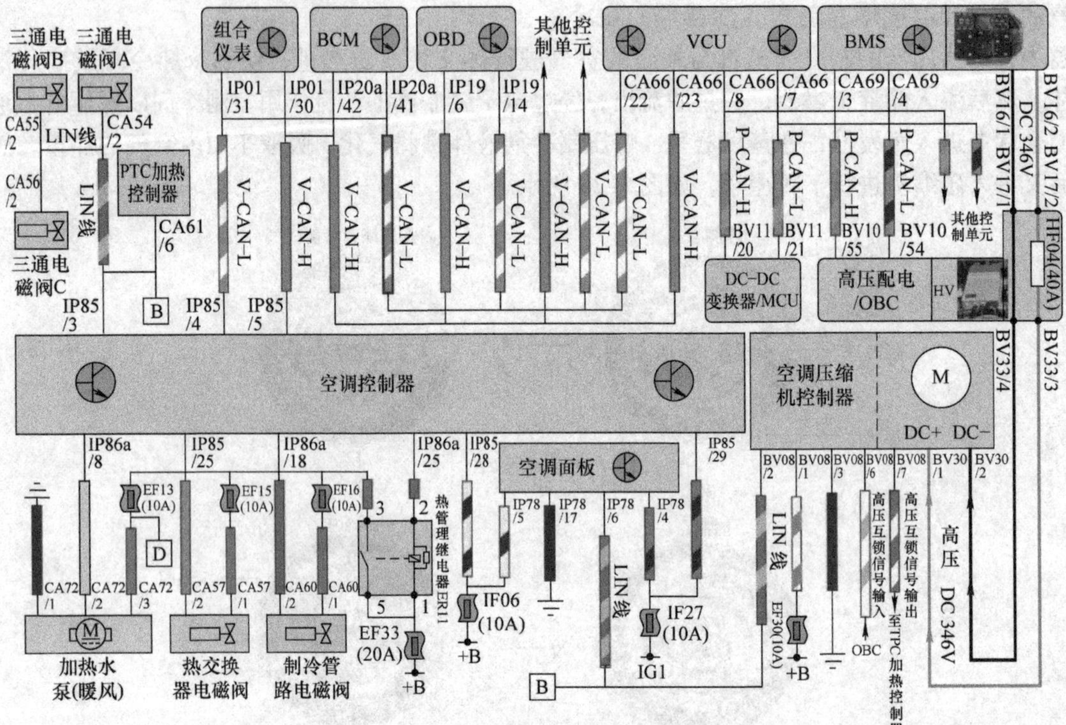

图 5-29　空调压缩机线路原理图

号，空调压缩机控制器经过处理与运算，控制内部功率转换 IGBT 单元，使空调压缩机三相 U、V、W 按顺序和频率通电，带动涡旋式压缩机运转，制冷剂循环，制冷模式起动。

2）空调压缩机控制器电源线路。

结合空调压缩机线路原理图可以看出，空调压缩机控制器电源采用 + B 电源，即蓄电池常电，因空调压缩机需要参与到车辆充电过程中的热管理功能，但充电过程中是尚未打开点火开关，所以此电源为常电。+ B 电源通过 EF30 熔丝至空调压缩机控制器的 BV08/1 端子间线路为空调压缩机控制器提供正电源，通过空调压缩机控制器 BV08/3 端子至车身搭铁间线路为控制器提供负电源后构成回路。如果此电源出现故障，将导致空调压缩机控制器无法启动工作，LIN 数据信号无法交换，空调制冷系统将不起动工作，出风口没有凉风吹出。

3）LIN 总线通信线路。

结合空调压缩机线路原理图可以看出，空调压缩机控制器、空调控制器、空调控制面板、三通电磁阀 A/B/C 组成一个 LIN 总线网络，空调控制器同时通过 V-CAN 总线和 VCU、BMS、高压配电/充电机控制器、DC-DC 变换器/MCU 等通信。

BMS、高压配电/充电机控制器、DC-DC 变换器/MCU 等分析当前动力蓄电池 SOC 以及 SOH 是否符合空调压缩机起动条件。如果符合条件，BMS 将允许起动的信号通过 P-CAN 总线发送至 VCU，VCU 同时判断所有高压系统是否正常；如果所有信号及系统正常，VCU 通过 V-CAN 发送空调压缩机起动信号至空调控制器，空调控制器再通过 LIN 总线发送至空调压缩机控制器。空调压缩机控制器接收到空调压缩机允许起动信号后，空调压缩机控制器起动空调压缩机。

在信号检查及传输过程中，信号及 LIN、P-CAN、V-CAN 线路出现异常，空调压缩机将不起动，空调制冷系统不工作，出风口没有凉风吹出。

4）高压互锁线路。

如图 5-30 所示为高压互锁线路原理图。高压互锁线路采用串联及信号检测采用波形检测方式，参与高压互锁的主要高压部件有 MCU 及高压线束、OBC 及高压线束、PTC 加热器及高压线束、空调压缩机及高压线束。

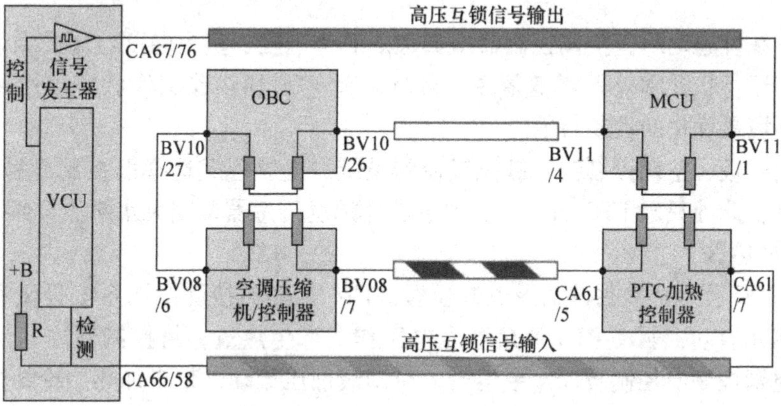

图 5-30 高压互锁线路原理图

二、空调制热系统

电动汽车使用冷暖空调会导致续驶里程大为下降，特别是使用供暖空调时耗电量更大。由于以往的汽油车可利用发动机的余热，因此，与制冷相比供暖只需非常小的耗电量即可，而电动汽车的余热较少（温度也较低），因此需要单独的加热系统。目前的电动汽车以采用正温度系数热敏电阻 PTC（Positive Temperature Coefficient）加热器直接加热空气或水的方式居多。吉利 EV 系列采用的是 PTC 加热器冷却液后通过暖风芯体加热空气的制热方式。

吉利 EV 系列空调制热系统由空调控制面板、空调控制器、PTC 加热器、加热芯体温度传感器、暖风水泵、鼓风机控制单元、空调模式控制执行器以及高压电源供给、冷却液管路等组成，如图 5-31 所示。

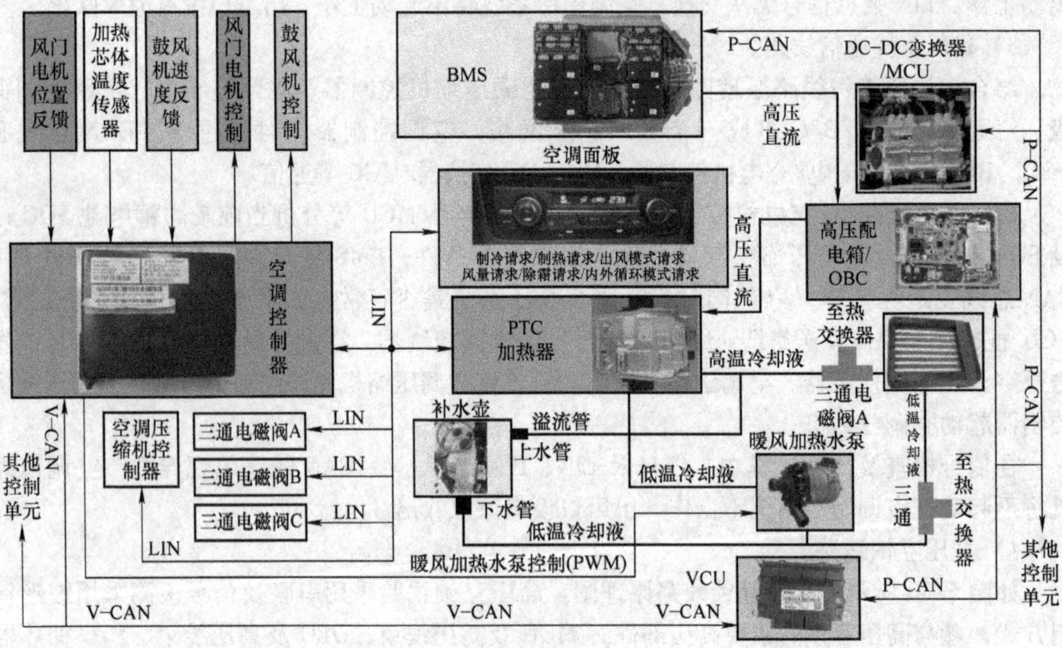

图 5-31　空调制热系统组成

空调制热系统起动后，空调控制器根据加热芯体温度、室内温度、驾驶人请求的温度等信号以及汽车运行状况和外界环境条件，自行调节 PTC 加热器工作状态以达到节能、降噪和实现车厢环境最优化的控制目的。

空调控制面板、空调控制器、鼓风机控制系统、出风模式选择已在制冷系统做了说明，此处不再重复，此处只对 PTC 加热器、加热芯体温度传感器、暖风水泵做详细说明。

1. PTC 加热器

如图 5-32 所示为 PTC 加热器及安装位置。PTC 加热器接受空调系统暖风和温度请求信号后，主控单元启动，驱动 PTC 加热器通电工作，产生热量，将控制器冷却液管路里的冷却液加热，空调控制器控制暖风水泵运行，冷却液加压流动，带走加热的冷却液进入暖风芯体，鼓风机运转把加热后的空气吹入驾驶室，对驾驶室内各部位进行制热。

PTC加热器　　PTC加热器安装位置

图 5-32　PTC 加热器及安装位置

在制热过程中，PTC 加热器检测加热芯体温度、驾驶室内温度、加热电流和电压，再和空调控制器发送过来的温度请求信号进行对比，来调节 PTC 加热器的加热电流，以达到制热温度的调节。

PTC 加热器热敏电阻的动作原理是一种能量的平衡，当电流流过 PTC 加热器时，根据焦耳定律 $Q=I^2R_t$ 的关系会产生热量，而产生的热便会全部或部分散发至环境中，没有散发出去的便会提高 PTC 加热器的温度，如图 5-33 所示。

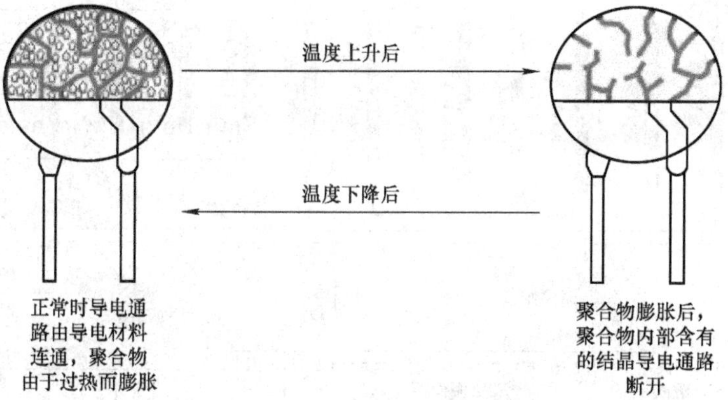
温度上升后
温度下降后
正常时导电通路由导电材料连通，聚合物由于过热而膨胀
聚合物膨胀后，聚合物内部含有的结晶导电通路断开

图 5-33　PTC 加热器工作原理

PTC 加热器热敏电阻是由聚合物 PTC 原料掺加导体制成的，在正常温度下原料紧密地将导体束缚成结晶状的结构，构成一个低阻抗的链接，然而当大电流通过或周围环境温度升高导致元件温度升高时，在聚合物中的导体融化而变成无规律排列，体积膨胀并导致阻抗迅速提高，导电通路断开，电流减小，热量产生也随之减小。

如果 PTC 加热器温度传感器、PTC 加热器内部电流、电压采集单元出现故障，将导致 PTC 加热主控制单元无法判断当前 PTC 加热器工作状态，为防止火灾或触电事故发生，PTC 加热器将停止通电，这将导致空调系统无法制热。

2. PTC 加热器线路

PTC 加热器线路分为高压线路和低压线路，其中低压线路又分为电源、高压互锁、通信三种线路。

1）高压线路。

如图 5-34 所示为 PTC 加热器线路原理图，从图中可以看出，动力蓄电池高压直流电（DC 346V）进入高压配电/充电机控制器，通过 OBC 内部 PTC 加热控制器熔丝 HF04 后流入 PTC 加热器，为 PTC 加热器提供动力电源。空调制热功能开启后，PTC 加热器通过 LIN 总线接收到制热功能起动信号及 VCU 通过 V－CAN 总线发送的允许制热功能起动信号，PTC 加热器经过处理与运算，给 PTC 加热器通电，PTC 加热器通电产生热量，加热内部冷却液，空调控制器控制水泵给冷却液加压，冷却液循环，制热模式起动。

2）热管理继电器控制线路。

结合图 5-35 热管理继电器控制线路原理图可以看出，热管理继电器为制冷管理电磁阀、热交换器电磁阀、加热水泵（暖风）、水冷水泵（蓄电池）、热交换器集成单元、三通电磁阀 A/B/C、PTC 加热器提供电源。空调控制器起动制冷、制热以及整车热管理功能之前，首先控制热管理继电器工作，为以上单元及执行器提供工作电源。

热管理继电器供电电源由蓄电池＋B 通过 EF33 至继电器的 1 和 5 端子，其中 1 端子为继电器线圈提供电源，5 端子为继电器触点提供电源；空调控制器接收到起动制冷、制热以

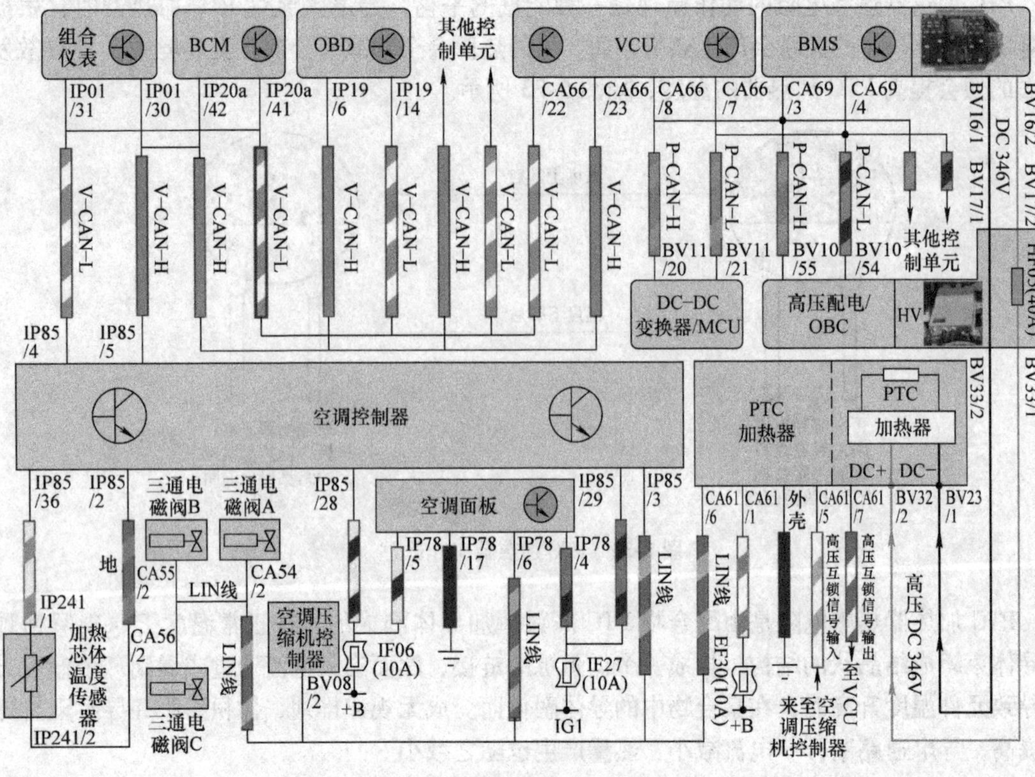

图 5-34　PTC 加热器线路原理图

及整车热管理功能后，空调控制器将继电器的 2 端子至控制器 IP86a/25 端子间的线路搭铁，继电器工作，触点闭合，热管理继电器 3 端子输出工作电源，为制冷管路电磁阀、热交换器电磁阀、加热水泵（暖风）、水冷水泵（蓄电池）、热交换器集成单元、三通电磁阀 A/B/C、PTC 加热器提供电源。如果热管理继电器供电电源、控制以及自身出现问题，将导致热管理继电器不工作或工作后输出异常，导致空调制冷、制热以及整车热管理功能失效，制热时出风口无热风，制冷时出风口无凉风，整车启动热管理功能受限，导致车辆充电时间延长或无法充电。

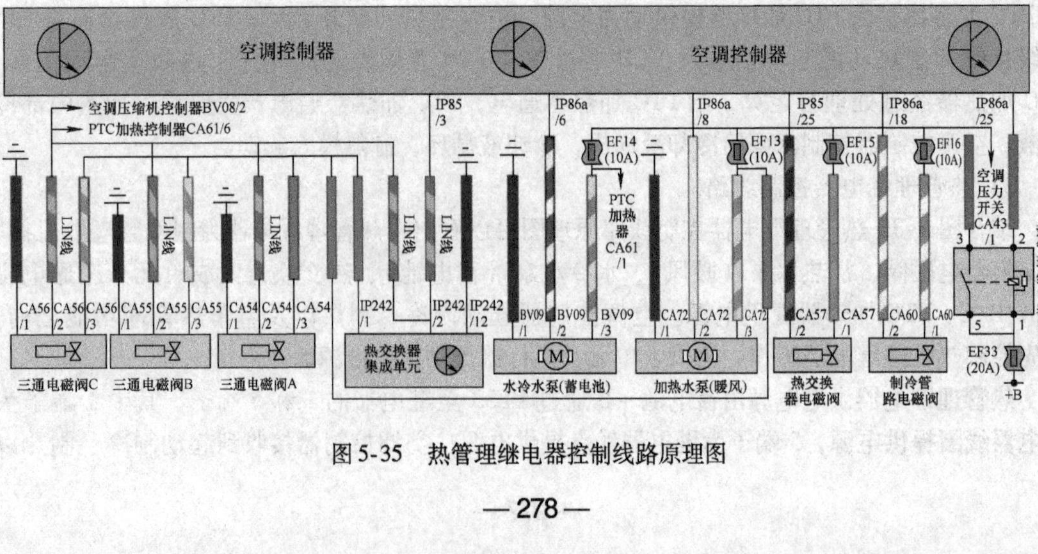

图 5-35　热管理继电器控制线路原理图

3）PTC 加热器电源线路。

如图 5-36 所示为 PTC 加热器电源线路原理图，从图中可以看出，PTC 加热器电源通过热管理继电器 ER11 控制，热管理继电器工作，+B 电源通过 EF14 熔丝至 PTC 加热器的 CA61/1 端子间的线路为控制器提供正电源，PTC 加热器内部 PCB 板上搭铁与壳体相连接，搭铁回路通过壳体上搭铁线至车身搭铁间线路为控制器提供负电源后构成回路，控制器得到电源工作。如果此电源出现故障，将导致 PTC 加热器无法启动工作，LIN 数据信号无法交换，空调制热系统将不起动工作，出风口没有热风吹出。

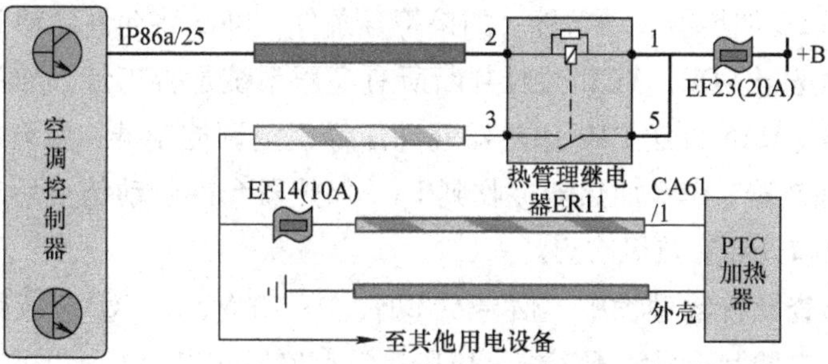

图 5-36　PTC 加热器电源线路原理图

4）LIN 总线通信线路。

如图 5-37 所示为 PTC 加热器的 LIN 总线通信原理图，从中可以看出，PTC 加热器、空

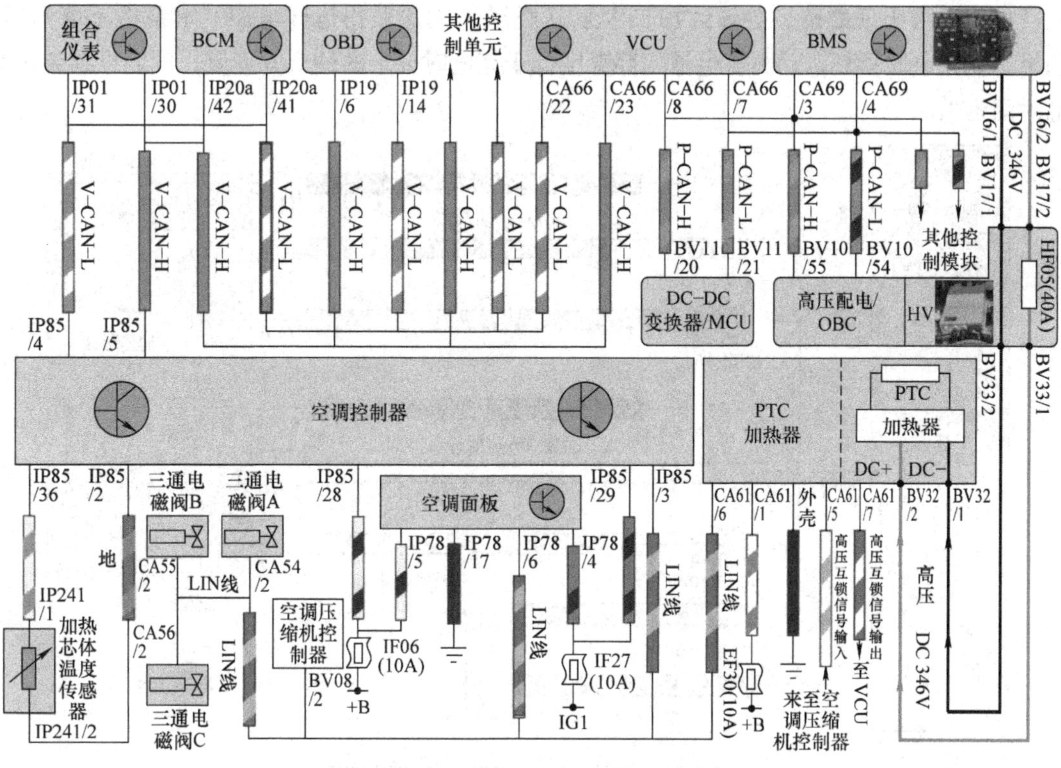

图 5-37　PTC 加热器 LIN 总线通信原理图

调压缩机控制器、空调控制器、空调控制面板、三通电磁阀 A/B/C 组成一个 LIN 总线网络，空调控制器同时通过 V－CAN 总线和动力系统单元 VCU、BMS、高压配电/充电机控制器、DC－DC 变换器/MCU 等通信。

空调控制面板发出制热系统起动请求信号，空调控制器将制热功能起动信号通过 LIN 总线网络发送至空调控制器、PTC 加热器，同时将此信号通过 V－CAN 总线发送至 VCU，VCU 通过 P－CAN 总线发送至 BMS、高压配电/充电机控制器、DC－DC 变换器/MCU 等。

BMS、高压配电/充电机控制器、DC－DC 变换器/MCU 等分析当前动力蓄电池 SOC 以及 SOH 是否符合 PTC 加热器起动条件。如果符合条件，BMS 将允许启动 PTC 加热器信号通过 P－CAN 总线发送至 VCU，VCU 同时判断所有高压系统是否正常。如果所有信号及系统正常，VCU 通过 V－CAN 发送 PTC 加热器起动信号至空调控制器，空调控制器再通过 LIN 总线发送至 PTC 加热器。PTC 加热器接收到 PTC 加热器允许起动信号后，PTC 加热器启动 PTC 加热功能，出口开始有热风吹出。

在以上信号检查及传输过程中，信号及 LIN、P－CAN、V－CAN 线路出现异常，空调压缩机将不起动，空调制冷系统不工作，出风口没有凉风吹出。

5）加热水泵（暖风）线路。

如图 5-38 所示为加热水泵（暖风）线路原理图，加热水泵（暖风）电源由热管理继电器提供，热管理继电器工作，＋B 电源通过 EF13 熔丝至加热水泵（暖风）的 CA72/3 端子间线路为水泵提供电源，通过加热水泵（暖风）的 CA72/1 端子搭铁。如果继电器自身、供电及控制线路出现故障，会导致加热水泵（暖风）无法获得运转电源，水泵将不能运转；如果车辆充电时损坏，动力蓄电池内部温度低于充电时设定的最低温度值，可能导致整车充电时间延长。

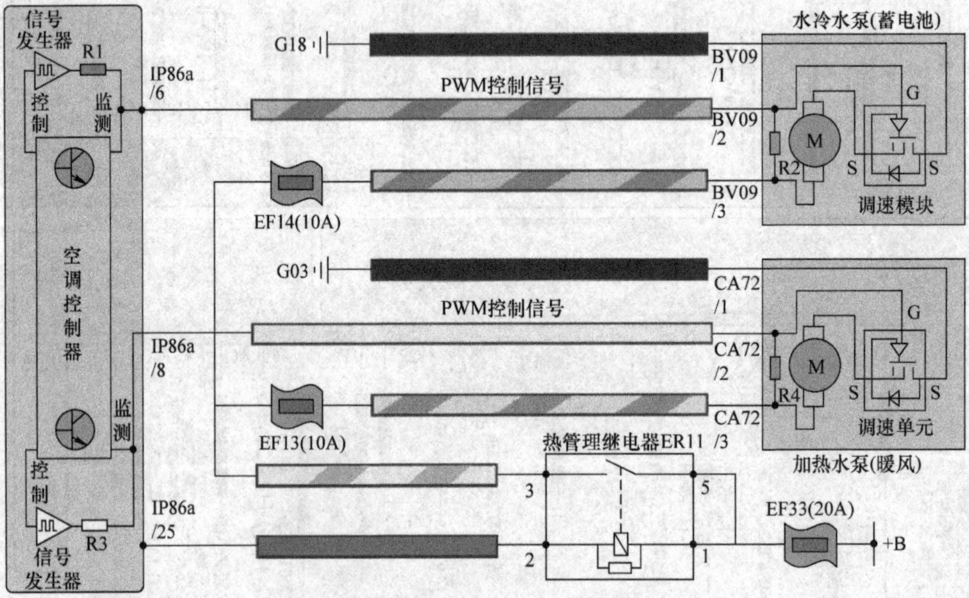

图 5-38　加热水泵（暖风）线路原理图

空调控制器通过 CAN 总线接收到 VCU 发送过来的热管理起动请求信号，或通过 LIN 总线接收空调控制面板发送的空调制热请求信号，空调控制器通过 IP86a/8 端子输出一个幅值约为 2.2V 左右的 PWM 占空比信号给加热水泵（暖风），进入加热水泵（暖风）内部，波形幅值被上拉电阻 R4 拉高至 10.8V 左右，调速单元接收到此信号后控制水泵运转。空调控制器通过调节信号的占空比进而控制水泵的转速，占空比越大，水泵转速越高，反之水泵转速越低，如图 5-39 所示。

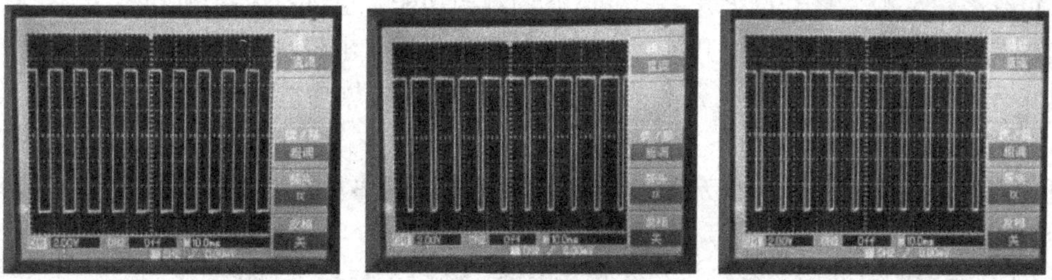

低速运转时控制波形　　中速运转时控制波形　　高速运转时控制波形

图 5-39　加热水泵（暖风）运转时 PWM 控制信号波形

根据制热系统需求，水泵单元内部线路特殊设计。如果水泵电源正常，只是加热水泵（暖风）PWM 控制信号出现异常，将导致水泵单元内部功率晶体管控制端始终处于高电位，功率晶体管保持完全接通状态，水泵一直处于高速运转，保证在制热及整车热管理中保持冷却液正常循环。

6）加热芯体温度传感器线路。

空调制热系统起动后，PTC 加热器开始控制 PTC 接通高压直流电（DC 346V），PTC 加热器工作加热内部冷却液，并通过水泵循环至暖风水箱（加热芯）。为了节约电能，空调控制器接收并监测加热芯体温度传感器信号，在加热过程中空调控制器根据加热芯体温度传感器、驾驶人需求温度信号（来至空调控制面板调温开关）等计算后，控制 PTC 加热器工作电流，来调节冷却液温度。

当检测到加热芯体温度≥120℃后，即向 PTC 加热器发出停止加热信号，PTC 加热器停止加热。如果此传感器及信号线路出现故障，将导致 PTC 加热器无法精确控制加热电流和冷却液温度，导致动力蓄电池电能消耗可能增大。

如图 5-40 所示为加热芯体温度传感器线路原理图，空调控制器输出 5V 参考电压，通过内部电阻 R3、IP85/36 端子至加热芯体温度传感器 IP241/1 端子，经过传感器 IP241/2 端子流至控制器 IP85/2 端子，在控制器内部搭铁构。其传感器信号电压随冷却液及加热芯体表面温度在 0.5 ~4.2V 变化。

图 5-40　加热芯体温度传感器线路原理图

第二节　空调控制系统常见故障的诊断与排除

一、任务描述

空调系统常见的故障现象有以下四方面：

1）有客户反映，打开点火开关，开启空调制冷功能，出风口无冷风吹出。

2）有客户反映，打开点火开关，开启空调制热功能，出风口无热风吹出。

3）有客户反映，打开点火开关，开启空调制冷或制热功能，出风口无风或风量无法调节。

4）有客户反映，打开点火开关，开启空调制冷或制热功能，出风口风向（出风模式）无法调节。

请你在规定的时间内对车辆进行诊断并维修，并给客户提出用车建议。

二、任务分析

要想完成以上故障的诊断与排除，需要具备以下知识和技能：

1. 相关知识

1）空调系统的结构与工作原理。

2）空调压缩机及制冷系统的认知和检测。

3）空调 PTC 加热器制热系统的认知和检测。

4）VCU 及电控热管理的认知和检测。

5）新能源汽车热管理的认知和检测。

6）车辆充电系统及热管理的认知和检测。

7）CAN 及 LIN 总线数据通信的认知和检测。

8）BMS 的认知和检测。

9）高压互锁线路结构和原理。

10）高压系统绝缘的监测和检测。

2. 相关技能

1）绝缘防护以及隔离警示设备、用品的规范使用。

2）万用表、示波器、诊断仪器、绝缘表等常见设备的使用。

3）维修资料的查阅、线路原理图的识读和分析。

4）常见故障的诊断与排除。

5）5S 管理和操作。

三、故障分析

如图 5-41 所示为空调/热管理系统线路原理图，从中可知，空调制热系统主要由空调控制面板、空调控制器、热交换器集成单元、加热水泵（暖风）、鼓风机控制系统、出风口模式执行器、PTC 加热器、热管理继电器、加热芯体温度传感器等组成；空调制冷系统主要由空调控制面板、空调控制器、空调压缩机及控制器、空调压力开关、制冷管路电磁阀、热管理继电器、鼓风机控制单元、出风口模式执行器、蒸发器温度传感器等组成；空调整车热管理系统包含制冷和制热系统以及三通电磁阀 A/B/C、热交换器电磁阀、制冷管路电磁阀、水冷水泵（蓄电池）、热管理继电器、数据总线等。

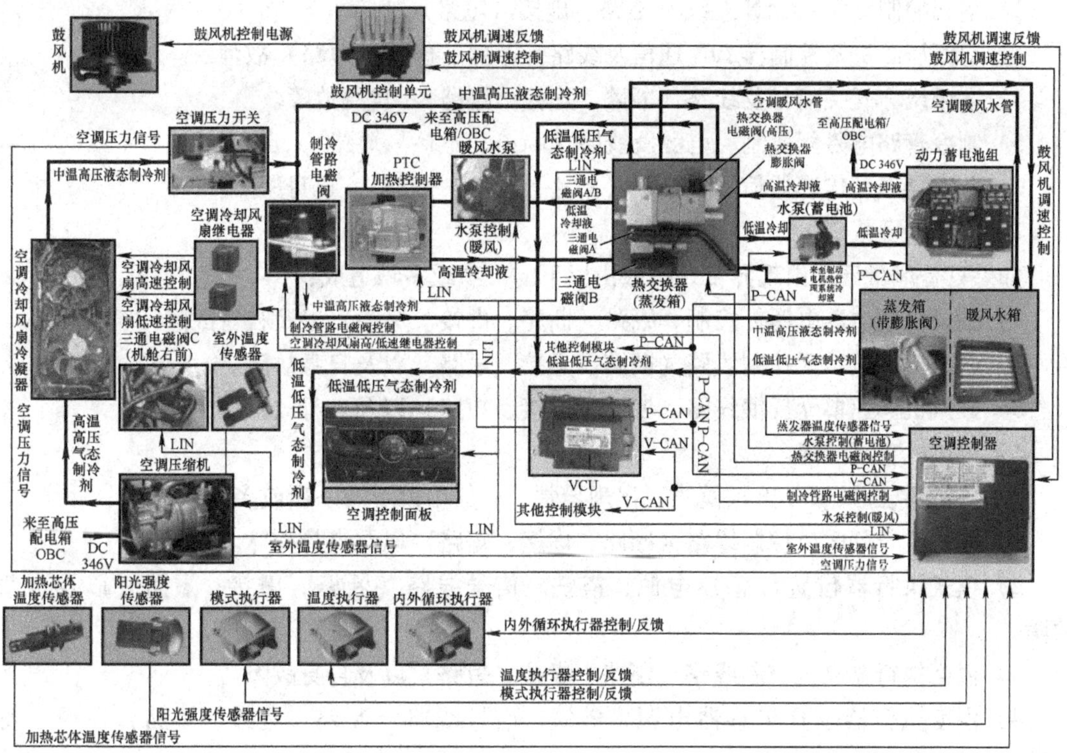

图 5-41　空调/热管理系统线路原理图

1. 故障现象及可能原因

如果这几个系统同时出现异常或不能起动工作，一般由以下的一项或多项造成：

1）空调控制器 + B 电源及线路（断路、虚接、短路）故障。

2）空调控制器 IG 电源及线路（断路、虚接、短路）故障。

3）空调控制器自身故障。

如果只是空调制热和制冷系统同时出现异常，一般由以下的一项或多项造成：

1）空调控制面板 + B 电源及线路（断路、虚接、短路）故障。

2）空调控制面板 IG 电源及线路（断路、虚接、短路）故障。

3）空调控制面板 LIN 通信及线路（断路、虚接、短路）故障。

4）空调控制器 LIN 通信及线路（断路、虚接、短路）故障。

如果只是制热系统出现异常，一般由以下的一项或多项造成：

1）PTC 加热器电源及线路（断路、虚接、短路）故障。

2）PTC 加热器 LIN 通信及线路（断路、虚接、短路）故障。

3）加热芯体温度传感器信号及线路（断路、虚接、短路）、自身故障。

4）加热水泵（暖风）控制、电源及线路（断路、虚接、短路）、自身故障。

5）高压电源故障。

如果只是制冷系统出现异常，一般由以下的一项或多项造成：

1）空调压缩机及控制器电源及线路（断路、虚接、短路）、自身故障。

2）空调控制器 V - CAN 总线（断路、虚接、短路）故障。

3）空调压缩机及控制器 LIN 通信及线路（断路、虚接、短路）故障。

4）空调压力开关信号及线路（断路、虚接、短路）、自身故障。

5）制冷管路电磁阀控制、电源及线路（断路、虚接、短路）、自身故障。

6）蒸发器温度传感器信号及线路（断路、虚接、短路）、自身故障。

7）高压电源故障。

如果只是风量调节出现异常，一般由以下的一项或多项造成：

1）鼓风机继电器电源、控制、线路（断路、虚接、短路）以及自身故障。

2）鼓风机调速单元控制线路（断路、虚接、短路）以及自身故障。

3）鼓风机调速单元反馈线路（断路、虚接、短路）以及自身故障。

4）鼓风机自身故障。

如果只是风口调节（出风模式）出现异常，一般由以下的一项或多项造成：

1）模式执行器电机控制线路（断路、虚接、短路）以及自身故障。

2）模式执行器位置传感器电源、搭铁、信号线路（断路、虚接、短路）以及自身故障。

3）温度执行器电机控制线路（断路、虚接、短路）以及自身故障。

4）温度执行器位置传感器电源、搭铁、信号线路（断路、虚接、短路）以及自身故障。

5）内外循环执行器控制电机控制线路（断路、虚接、短路）以及自身故障。

6）内外循环执行器控制电机位置传感器电源、搭铁、信号线路（断路、虚接、短路）以及自身故障。

如果只是热管理系统出现异常，一般由以下的一项或多项造成：

1）空调控制器 V - CAN 总线（断路、虚接、短路）故障。

2）三通电磁阀 A 电源、LIN 通信线路（断路、虚接、短路）以及自身故障。

3）三通电磁阀 B 电源、LIN 通信线路（断路、虚接、短路）以及自身故障。

4）三通电磁阀 C 电源、LIN 通信线路（断路、虚接、短路）以及自身故障。

5）热交换器电源、LIN 通信线路（断路、虚接、短路）以及自身故障。

6）空调控制器 CAN 通信线路（断路、虚接、短路）以及自身故障。

7）水冷水泵（蓄电池）控制、电源线路（断路、虚接、短路）以及自身故障。

8）热交换器电磁阀控制、电源线路（断路、虚接、短路）以及自身故障。

在对空调/热管理系统做故障分析时，要结合以上线路和以下观察到的现象认真分析，逐步缩小故障系统和故障部位。空调压缩机及 PTC 加热器等由于技术和高压安全问题，一般是不允许打开，只有厂家专业人员才会对这些部件打开进行诊断和检修，所以此处只对空调/热管理系统外部线路及信号做诊断分析。

2. 故障验证

首先用正确的方法检测车辆辅助蓄电池电压为 + B，确保 + B 电压达到 12V 以上。然后对车辆进行操作，一般情况下会出现以下几种故障现象。

第一种故障现象：踩下制动踏板并保持，打开点火开关，车辆高压正常上电。但 5S 内仪表右上角外界温度信号无显示，如图 5-42 中方框圈示位置，同时仪表右下角减速器故障指示灯异常闪亮，图中多边形圈示位置。这种情况下，进一步操作的不同会出现不同的故障现象。

图 5-42　组合仪表显示

1）如果按压空调控制面板上的“AC”开关，如图 5-43 所示，起动空调制冷系统，空调控制面板正常点亮启动，鼓风机正常运转；此时用手背感觉出风口温度时，发现出风口温度没有变化，同时也没有听见前机舱出电子扇发出“嗡嗡”的运转声音；打开前机舱盖，发现冷却风扇不运转，用手触摸空调低压管，低压管温度没有变化；在用手触摸空调压缩机外壳，发现压缩机没有振动的感觉，空调压缩机没有起动。

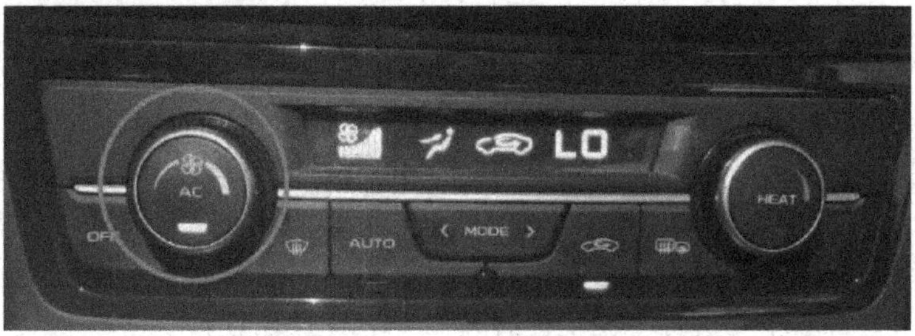

图 5-43　空调控制面板制冷功能显示

如果 2min 内没有换档行驶，组合仪表上右侧的故障提醒警告灯、EPB 故障警告灯、ESC 故障警告灯、EBD 故障警告灯、减速器故障指示灯突然异常点亮，如图 5-44 所示；仪表中部“READY”突然异常熄灭，仪表左侧的整车系统故障警告灯、辅助蓄电池充电故障警告灯异常点亮，同时车内听见车身下部动力蓄电池组内高压继电器的异常工作声，整车高压突然异常下电。

此时关闭点火开关，踩下制动踏板并保持，打开点火开关，车辆高压可以正常上电，但仪表显示依旧，故障依旧。

2）如果在打开点火开关、高压上电正常后，踩制动踏板，换入 D 位，释放 EPB，踩加速踏板，车辆行驶；当车速超过 10km/h 后仪表右侧 EPB 故障警告灯、ABS 系统故障警告

图5-44　组合仪表显示

灯、EBD故障警告灯、减速器故障指示灯突然异常闪亮，同时仪表中部显示EPB故障；此时车速表开始上下异常晃动，且幅度非常大，如图5-45所示；车辆加速无力。

结合以上信号、车辆控制逻辑，此时打开点火开关，车辆上电正常，说明整车高压控制中的BMS、DC-DC变换器/MCU、VCU、OBC自检正常，即单元电源、通信、高压互锁、绝缘、动力蓄电池电量、电流、电压、温度等信号正常。

图5-45　组合仪表显示

就仪表上没有显示“外界温度”这一信号判断，此温度信号是由空调控制器接收到外界温度传感器信号后，通过V-CAN发送至组合仪表，组合仪表进行显示。如果此时没有显示，说明温度传感器、空调控制器、V-CAN总线及仪表工作异常。而按压空调压缩机“AC”按键起动空调制冷系统，空调控制面板正常起动，鼓风机正常起动，结合鼓风机由空调控制器控制以及空调控制面板正常点亮信号，说明空调控制面板、空调控制器、LIN通信正常；仪表能正常显示相关信号，说明仪表与V-CAN通信正常。

空调制冷系统起动后，空调控制器将这一信号及冷却风扇起动信号通过V-CAN发送至VCU，VCU接收到这些信号后根据蓄电池电量、热管理等信号判断空调制冷功能起动条件，如果满足，VCU向空调控制器发送空调压缩机起动命令，同时VCU控制冷却风扇低速运转，而此时电子扇不运转、空调压缩机不运行。

结合以上分析，故障应为空调控制器和VCU通信出现异常导致。

由于空调控制器和VCU通信出现异常，导致VCU无法获知温度信号，从而车辆起动热保护功能：

1）2min内没有换档行驶时，VCU在上电后和热管理控制系统（空调控制器）的信号交换出现异常，为避免过温危险，启动下电保护功能，并点亮仪表上驱动系统的EPB故障警告灯、ABS故障警告灯、EBD故障警告灯、减速器故障指示灯；同时高压下电造成DC-DC变换器停止工作，导致辅助蓄电池指示灯也点亮。

2）车辆换档行驶过程中，当车速超过10km/h后，VCU和热管理控制系统（空调控制器）的信号交换出现异常，为防止控制系统过温，启动功率受限功能，并点亮仪表右侧的EPB故障警告灯、ABS故障警告灯、EBD故障警告灯、减速器故障指示灯，将信号警告驾驶人，需要及时维修。

第二种故障现象：踩下制动踏板并保持，打开点火开关，高压上电成功。按压空调控制面板上的“AUTO”按键，空调控制面板上“AUTO”按键指示灯应正常点亮，屏幕应显示当前风速、出风口模式、内外循环模式、设定的温度信号，如图5-46所示，否则说明故障存在。

图5-46　空调控制面板正常显示

如果空调控制面板无任何显示，如图5-47所示，接着观察组合仪表，此时组合仪表上“车外界温度”信号也没有显示。

图5-47　空调控制面板异常显示

结合以上信号，说明打开点火开关，车辆上电正常，组合仪表上外界温度没有显示，此温度信号是由空调控制器接收到外界温度传感器信号后，通过V－CAN发送至组合仪表，组合仪表进行显示。如果此时没有显示，说明温度传感器、空调控制器、V－CAN总线、组合仪表可能异常；点击空调控制面板上开关，空调控制面板检测到开关信号后，通过LIN总线发送数据至空调控制器请求起动空调系统，空调控制器接收到数据信号后，确认此时系统正常，发送信号至空调控制面板，空调控制面板启动（有指示灯点亮），同时空调系统起动，所以造成空调控制面板没有任何显示，则可能为空调控制面板没有唤醒启动。结合温度显示及空调控制面板状况，判断故障可能为：

1）空调控制器＋B电源线路（断路、虚接、短路）故障。

2）空调控制器IG电源线路（断路、虚接、短路）故障。

3）空调控制器搭铁线路（断路、虚接）故障。

4）空调控制器自身故障。

第三种故障现象：打开点火开关，车辆上电正常，仪表上外界温度显示正常；按压空调控制面板上“AUTO”按键，空调控制面板上“AUTO”按键指示灯不能正常点亮，显示屏幕无法点亮。此时旋转或按压旋钮及按键，空调控制面板无任何反应，空调所有功能无法起动，如图5-48所示。

图5-48　空调控制面板显示图

结合以上信号，组合仪表上温度显示正常，说明空调控制器已启动工作，现在按压空调控制面板上的控制键，面板不响应，故障可能为由空调控制面板故障造成，主要包括：

1）空调控制面板+B电源线路（断路、虚接、短路）故障。

2）空调控制面板IG电源线路（断路、虚接、短路）故障。

3）空调控制面板LIN通信线路（断路、虚接、短路）故障。

4）空调控制器搭铁线路（断路、虚接、短路）故障。

第四种故障：开启空调制冷功能，使空调运行1~2min，用手背感觉出风口温度和风量时，温度应明显低于环境温度，风量应和鼓风机调速开关所处位置对应，空调控制面板制冷功能显示图如图5-49所示，否则说明故障存在。

图5-49　空调控制面板制冷功能显示

1）如果出风口风量正常，但温度无明显变化，则可能为空调压缩机没有起动或起动后冷凝器冷凝效果差导致，结合此现象可能存在以下故障的一个或多个：

① 制冷系统制冷剂缺失。

② 空调压力开关及线路（断路、虚接、短路）故障。

③ 室外环境温度传感器及线路（断路、虚接、短路）故障。

④ 蒸发器温度传感器及线路（断路、虚接、短路）故障。

⑤ 空调压缩机控制器电源线路（断路、虚接、短路）故障。

⑥ 空调压缩机控制器LIN数据通信线路（断路、虚接、短路）故障。

⑦ 温度门执行器及线路（断路、虚接、短路）故障。

⑧ 空调制冷 A/C 开关及线路故障（空调控制器面板上）。

⑨ 空调温度调节开关及线路故障（空调控制器面板上）。

⑩ 冷却风扇继电器电源、控制线路（断路、虚接、短路）以及自身故障。

2）如果出风口一直没有风吹出，且驾驶室无法听见鼓风机“嗡嗡”的运转声，则可能存在以下故障的一个或多个：

① 鼓风机调速单元电源线路（断路、虚接、短路）以及自身故障。

② 鼓风机继电器电源及控制线路（断路、虚接、短路）以及自身故障。

3）开启空调 AUTO 按键后，出风口风速一直高速吹出，且驾驶室听见鼓风机“嗡嗡”的高速运转声，调节鼓风机转速旋钮时鼓风机转速不变化，则鼓风机继电器反馈线路（断路、虚接、短路）以及自身可能存在故障。

4）如果调节鼓风机转速旋钮，低速时（1～5 档）出风口风速没有，鼓风机不运转；而在 6 档和 7 档时出风口风速突然高速吹出，且驾驶室听见鼓风机“嗡嗡”的高速运转声，则鼓风机控制线路（断路、虚接、短路）或自身存在故障。

第五种故障现象：分别调节出风口方向模式至除霜、面部、脚部、除霜/脚部位置，风向应和模式开关所处位置对应，如图 5-50 所示。如果出风口风向异常，则可能存在以下故障的一个或多个：

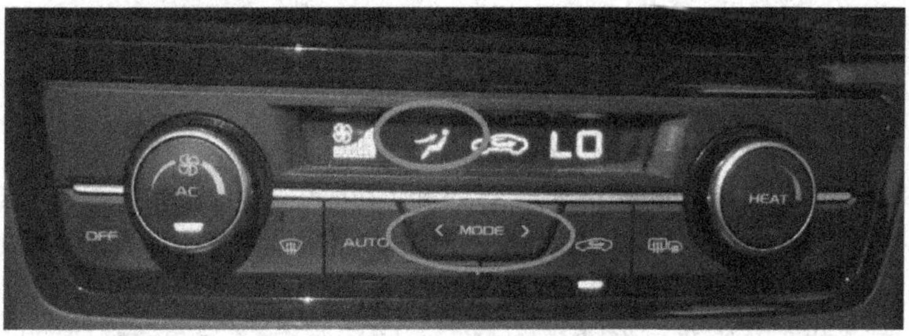

图 5-50　出风口模式调节及显示

1）模式执行器电机控制线路（断路、虚接、短路）以及自身故障。

2）模式执行器位置传感器电源、搭铁、信号线路（断路、虚接、短路）以及自身故障。

3）模式开关故障及线路故障（空调控制器面板上）。

第六种故障：分别控制内外循环风门按键至内循环和外循环位置，观察内外循环执行器控制电机连接机构或导向板应转至对应位置，同时显示屏上应显示对应位置，如图 5-51 所示。如果异常，则可能存在以下故障的一个或多个：

图 5-51　内外循环调节及显示

1）内外循环执行器电机控制线路（断路、虚接、短路）以及自身故障。

2）内外循环执行器位置传感器电源、搭铁、信号线路（断路、虚接、短路）以及自身故障。

3）内外循环故障及线路故障（空调控制器面板上）。

第七种故障现象：开启空调制热功能，使空调运行 1～2min，用手背感觉出风口温度和风量时，温度应明显高于环境温度，风量应和鼓风机调速开关所处位置对应，控制面板上制热、风速调节等显示如图 5-52 所示。

图 5-52　制热调节及显示

如果出风口温度无明显变化，则可能存在以下故障的一个或多个：

1）温度执行器电机控制线路（断路、虚接、短路）以及自身故障。

2）温度执行器电机位置传感器线路（断路、虚接、短路）以及自身故障。

3）PTC 加热器 LIN 通信线路（断路、虚接、短路）故障。

4）PTC 加热器电源线路（断路、虚接、短路）以及自身故障。

5）加热水泵（暖风）电源、控制线路（断路、虚接、短路）以及自身故障。

6）PTC 加热器高压线路故障。

7）空调温度调节开关线路（断路、虚接、短路）故障（空调控制器面板上）以及自身故障。

第八种故障现象：在低温状态下充电，动力蓄电池充电预热功能不启动或异常，结合空调及热管理控制流程，则可能存在以下故障的一个或多个：

1）三通电磁阀 A 电源、LIN 通信线路（断路、虚接、短路）以及自身故障。

2）三通电磁阀 B 电源、LIN 通信线路（断路、虚接、短路）以及自身故障。

3）热交换器 LIN 通信线路（断路、虚接、短路）故障。

4）热交换器电源线路（断路、虚接、短路）以及自身故障。

5）空调控制器 V－CAN 通信线路（断路、虚接、短路）以及自身故障。

6）水冷水泵（蓄电池）控制、电源线路（断路、虚接、短路）以及自身故障。

注意：首先需要确认空调暖风系统正常，如果空调暖风系统异常，排除暖风系统故障后进行以上诊断与分析。

第九个故障现象：如果在高温状态下充电，动力蓄电池冷却散热功能不启动或异常，结合空调及热管理控制流程，则可能存在以下故障的一个或多个：

1）三通电磁阀 B 电源、LIN 通信线路（断路、虚接、短路）以及自身故障。

2）三通电磁阀 C 电源、LIN 通信线路（断路、虚接、短路）以及自身故障。

3）热交换器 LIN 通信线路（断路、虚接、短路）故障。

4）热交换器电源线路（断路、虚接、短路）以及自身故障。

5）热交换器电磁阀线路（断路、虚接、短路）以及自身故障。

6）空调控制器 V－CAN 通信线路（断路、虚接、短路）以及自身故障。

7）水冷水泵（蓄电池）线路（断路、虚接、短路）以及自身故障。

注意：首先需要确认空调制冷系统正常，如果空调制冷系统异常，排除制冷系统故障后进行以上诊断与分析。

四、DTC 分析

现在汽车一般都具有自诊断功能，即使通过故障现象可以明确故障范围，但也最好首先读取故障记忆，因为这特别有利于快速发现故障。如果有故障代码，应清楚故障代码的定义和生成的条件，并基于此展开诊断和故障检修；如果没有故障代码，则基于系统的结构与工作原理进行系统诊断。

连接诊断仪器，扫描 VCU，读取故障代码，实测过程中会遇到三种情况：

1）诊断仪器可以正常和 VCU 通信，但系统没有故障记忆，这种情况下只能根据故障现象，按照无故障代码的诊断方法进行诊断。

2）诊断仪器可以正常和 VCU 通信，并可以读取到系统中所存储的故障代码，此时应结合故障代码信号进行维修。

3）在打开点火开关后操作诊断仪器，诊断仪器不能正常和 VCU 通信，从而无法读取系统中所存储的故障代码。此时，应操作诊断仪器和其他控制单元进行通信，综合所有控制单元的通信状况来判定故障所在。如图 5-53 所示为诊断仪器和 VCU 之间的通信原理图，从中可以看出，诊断仪器通过连接线（或无线或蓝牙通信）、OBD－II 诊断接口、CAN 总线与

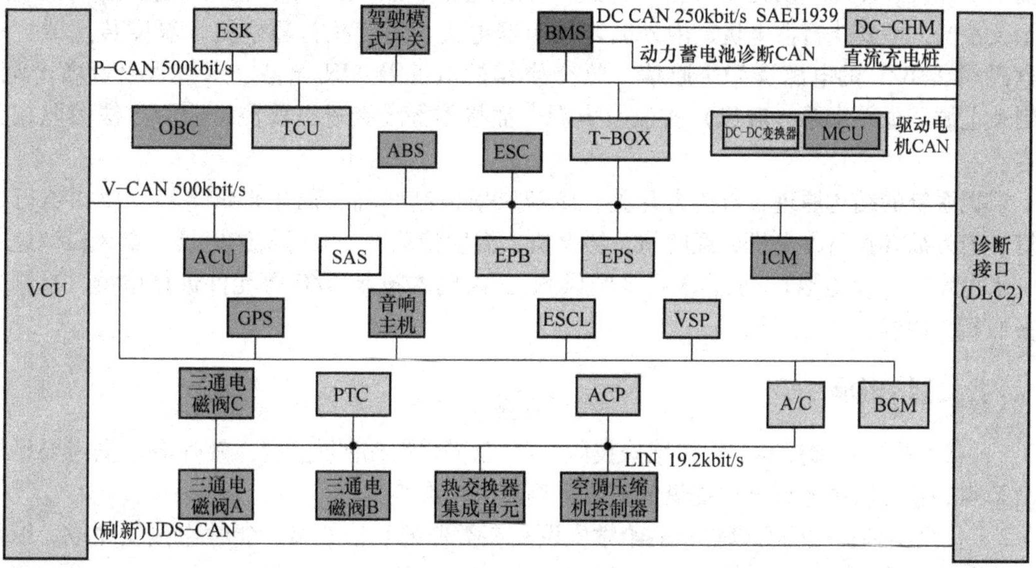

图 5-53　吉利 EV 系列诊断通信线路原理图

VCU 或其他控制单元进行通信。

如果诊断仪器无法进入车辆所有系统，则可能是诊断仪器、诊断连接线、无线或蓝牙通信、OBD－Ⅱ诊断接口、CAN 总线中的一个或多个出现故障；如果只是某个控制单元无法到达，则可能是该控制单元或其电源线路、相邻的 CAN－BUS 区间出现故障。

利用故障代码进行故障诊断时按以下步骤进行：

1）读取故障代码，查阅资料了解故障代码的定义和生成条件。

2）第二步则必须是验证故障代码的真实性，验证的方法也分两步。

① 通过清除故障代码、模仿故障工况运行车辆、再次读取故障代码。

② 通过数据流或在线测量值来判定故障真实性，并由此展开系统测量。

五、诊断流程

面对空调及热管理系统出现的故障，诊断及处理失误将给企业和个人造成相当大的损失。正确的诊断及处理，不可能来自于盲目的主观臆断，而应该建立在获取与故障有关信号的基础上，依据空调控制面板、空调控制器、空调压缩机控制器、PTC 加热器、BMS、OBC、VCU 等的工作原理以及控制原理，运用科学的分析方法，按照合理的步骤进行综合分析，去伪存真、舍次取主，排除故障“受害者”，找出故障“肇事者”，这才是提高故障诊断准确性的关键所在。为了便于分析，不至于被众多杂乱无章的信号扰乱思路，需要结合线路原理图，遵从以下流程进行诊断维修。

下表为空调系统工作异常诊断流程，如图 5-54 所示。

根据故障代码提示进行维修，利用诊断仪器读取故障代码，按照针对每个故障代码制定的诊断流程进行故障诊断。

根据系统的结构原理，对点火开关＋15、空调压缩机控制器电源及 LIN 通信、空调控制面板电源及 LIN 通信、空调控制器电源及 CAN 和 LIN 通信、PTC 加热器电源及 LIN 通信、空调压力开关、冷却风扇控制（高、低速）及继电器、鼓风机继电器及控制、鼓风机调速单元及控制、模式执行器电机、内外循环执行器电机、温度执行器电机，温度传感器、三通电磁阀 A/B/C 的电源及 LIN 通信、热交换器的电源及 LIN 通信、水冷水泵（蓄电池）控制及电源、加热水泵（暖风）控制及电源、插接器等线路进行检测，检测方法参照相关内容。

根据系统的结构原理，对压力开关、冷却风扇控制（高、低速）继电器、模式执行器电机、内外循环执行器电机、温度执行器电机，温度传感器、鼓风机继电器、鼓风机调速单元、水冷水泵（蓄电池）、加热水泵（暖风）、三通电磁阀 A/B/C 等元件进行检测，检测方法参照相关内容。

六、总结拓展

1）技术报告：参照高职汽车维修技能大赛工作页完成诊断报告，教师应根据需要设置好故障点，也可根据本课件中提供的实际案例制定标准答案。

2）拓展实训：教师可以在车辆给学生设置相类似的其他故障，让学生独立完成，以考核学生的掌握水平。

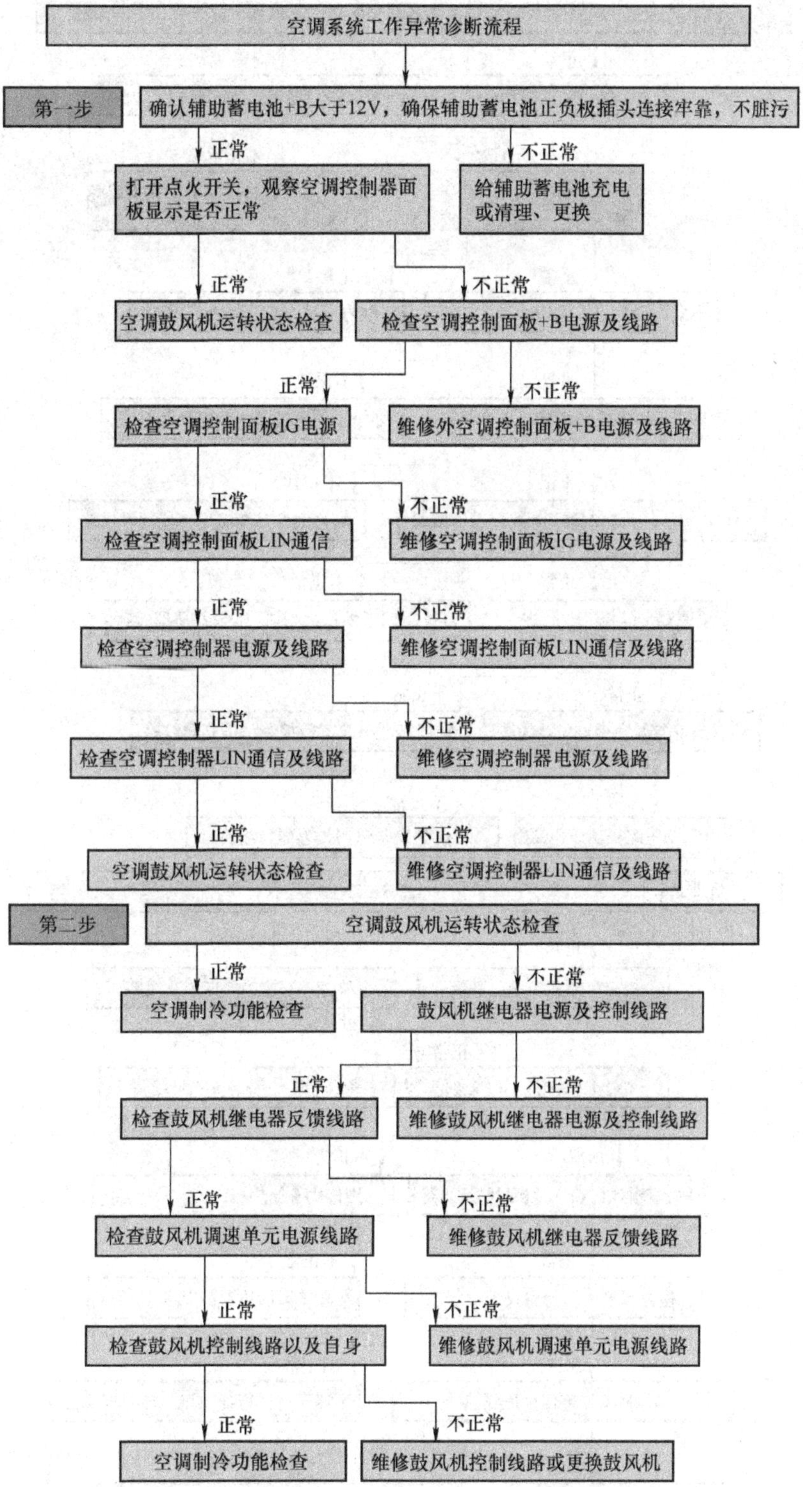

图5-54　空调系统异常诊断流程

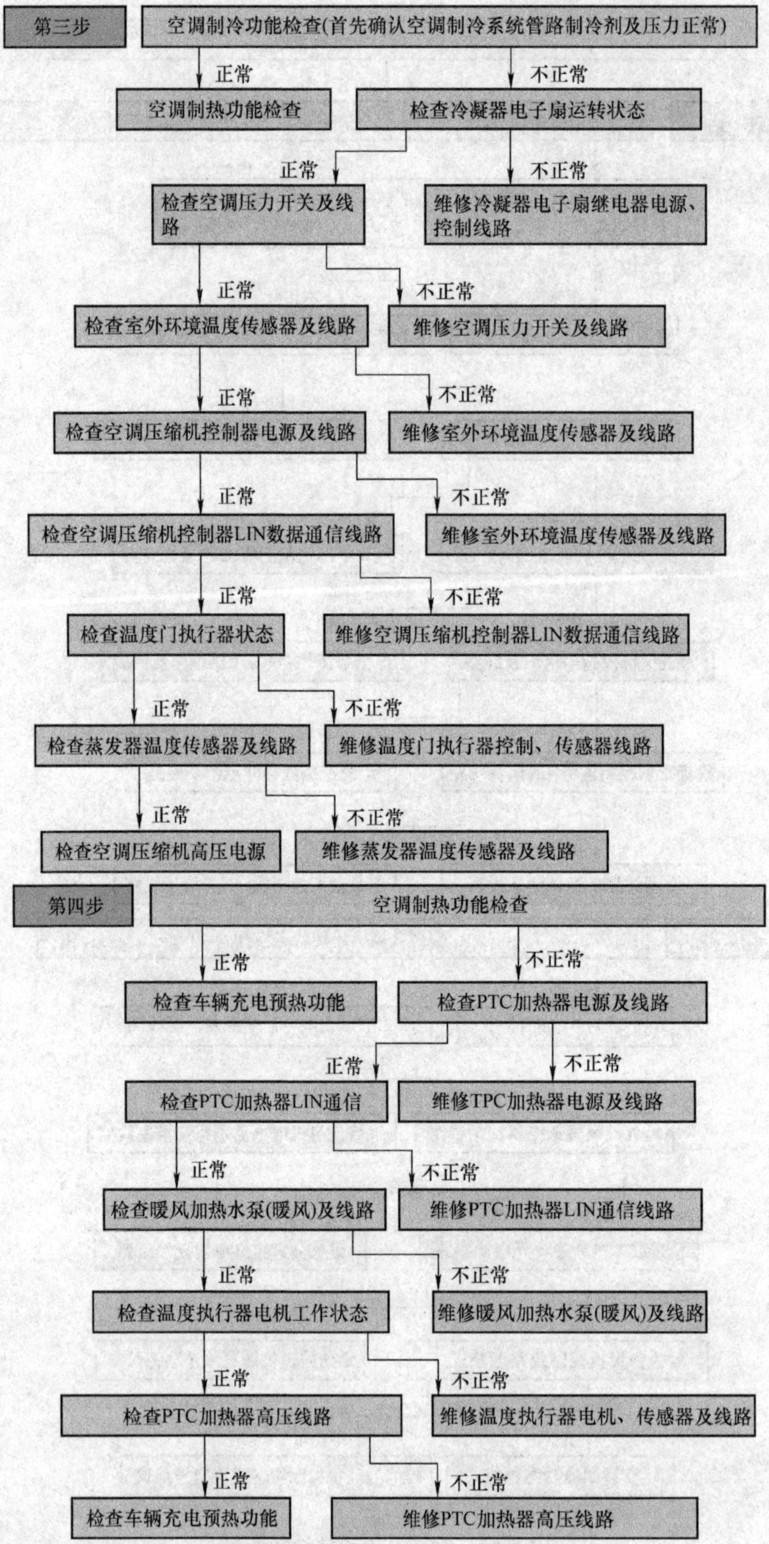

图 5-54　空调系统异常诊断流程（续）

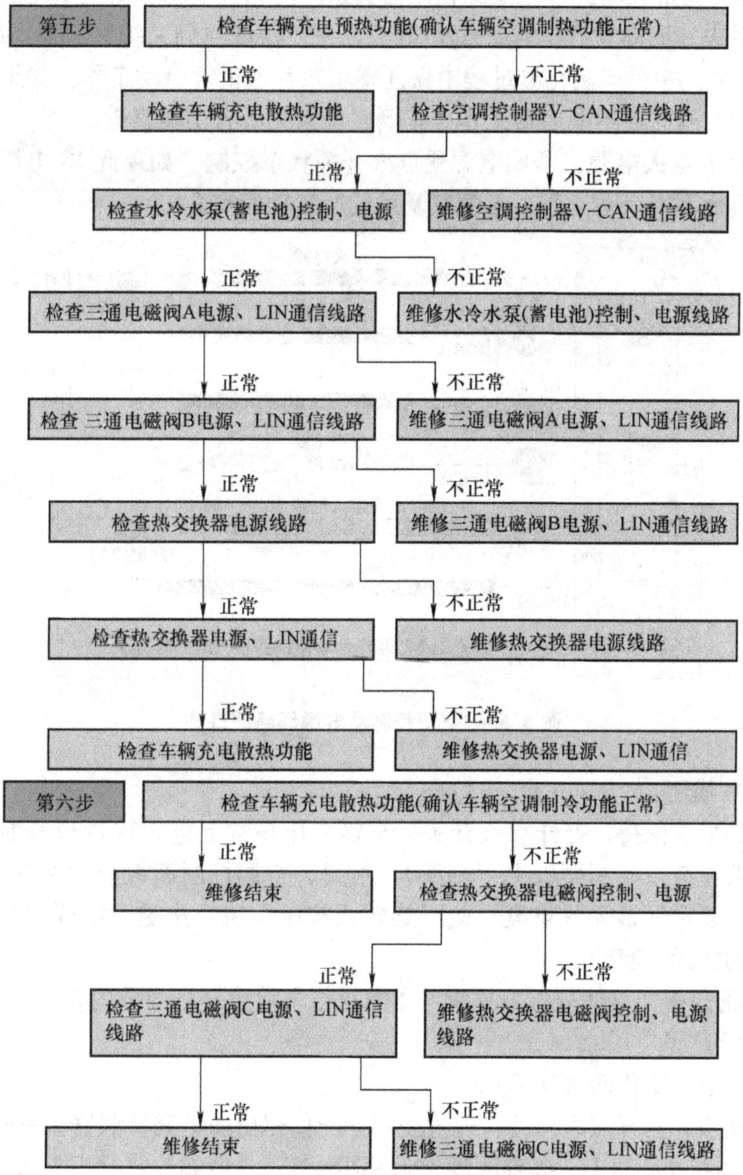

图 5-54　空调系统异常诊断流程（续）

第三节　空调控制系统常见故障诊断案例

案例 1　空调控制器电源线路故障的诊断与检测

1. 原理简介及系统影响

结合图 5-55 空调控制器电源线路原理图可以看出，电源由两路组成：一路为 + B 电源，另一路为 IG 电源。

+B电源也称为常火电源，主要为控制器提供不间歇性电源，防止单元内部存储的临时性数据及信号丢失，同时也作为单元工作电源之一，保证空调系统和其他系统的V-CAN、LIN总线通信正常，并在车辆充电过程中保证整车热管理正常启动工作。如果此电源出现异常，将导致空调控制面板不能启动工作，车辆空调系统所有功能丧失。

IG电源也称为点火电源，即此电源受点火开关状态控制。如果此IG电源出现异常，将导致空调控制面板不能启动工作，车辆空调系统所有功能丧失。

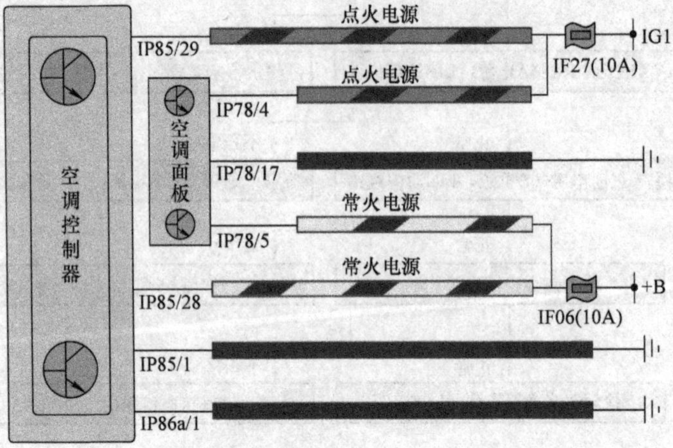

图5-55　空调控制器电源线路原理图

2. 故障现象描述

踩下制动踏板并保持，打开点火开关，车辆高压正常上电。5s内仪表右上角外界温度信号无显示；按压空调控制面板上“AUTO”按键，空调控制面板上“AUTO”按键指示灯不能正常点亮，显示屏幕无法点亮；此时旋转或按压旋钮及按键，空调控制面板无任何反应，空调所有功能无法起动。

3. 故障现象分析（具体分析方法参考本章第二节故障分析部分内容）

4. 故障诊断过程

第一步：读取故障代码（DTC）。

踩住制动踏板，打开点火开关，通过使用诊断仪器访问空调控制器，发现与空调控制器未连接成功，此时访问VCU，读到故障代码U016487，与空调控制器丢失通信。

第二步：故障代码（DTC）分析。

读取并确认故障代码后，结合空调控制器电源线路原理，需对故障代码设置和产生的条件进行分析。

在打开点火开关、整车系统低压上电时，VCU和空调控制器之间需要发送握手协议以及蓄电池电量、整车状态等信号，如果打开点火开关后一定时间内VCU没有接收到这些信号，VCU就确认与空调控制器通信失败，存储此故障代码。

结合故障现象和故障代码，说明空调控制器没有启动工作及V-CAN出现异常，可能原因为：

1）空调控制器+B电源线路断路、虚接、短路故障。

2）空调控制器IG1电源线路断路、虚接、短路故障。

3）空调控制器自身故障。

第三步：线路测试。

测试方法参考本章第二节相关内容。

5. 诊断结论验证

注意：完成诊断修理后，某些 DTC 需要将点火开关旋至 OFF（关闭）位置，然后旋回至 ON（打开）位置之后，诊断仪器功能才会清除 DTC。

1）将点火开关置于 OFF（关闭）位置。

2）安装所有诊断时拆下或更换的部件及插接器。

3）将点火开关置于 ON（打开）位置。

4）清除 DTC。

5）关闭点火开关 60s。

6）踩下制动踏板，打开点火开关，车辆仪表显示正常，切换至 P 位或 R 位进行试车，车辆运行正常；操作空调控制面板，切换不同模式，确认空调系统在各模式下均工作正常，维修结束。

6. 故障机理分析

空调控制器电源异常，造成空调控制器无法启动工作，即无法正常驱动空调控制器运行，造成以上故障现象。

7. 总结与拓展

教师可以在车辆上给学生设置表 5-2 中所列举的故障，参照中、高职新能源汽车相关大赛工作页，让学生独立或成组完成，并填写诊断报告，以考核学生的掌握水平。

表 5-2　扩展练习故障

序号	故障部位	故障性质
1	空调控制器 + B 电源线路	断路、虚接、短路
2	空调控制器 IG 电源线路	断路、虚接、短路
3	空调控制器车身搭铁线路	断路、虚接
4	IF01 10A 熔丝	断路、虚接
5	IF27 10A 熔丝	断路、虚接

案例 2　空调控制器 V - CAN 总线故障的诊断与检测

1. 原理简介及系统影响

如图 5-56 所示为 V - CAN 总线线路原理图，从中可以看出，空调控制器通过 V - CAN 总线与 VCU、组合仪表、EPB、电子转向柱锁控制器（ESCL）、安全气囊控制单元（ACU）、BCM 等组成一个局域网络，传输的主要数据有：遥控防盗信号、点火电源控制、车辆驱动信号、整车热管理信号、倒车影像信号、距离信号、气囊数据信号、玻璃升降器控制信号、远程监控数据信号、行驶状态信号、故障等级信号等。其中空调控制器主要接受由 VCU 发送的整车热管理信号并执行，同时将执行的结果以及热管理状态、空调制冷、空调制热信号发送至 VCU。

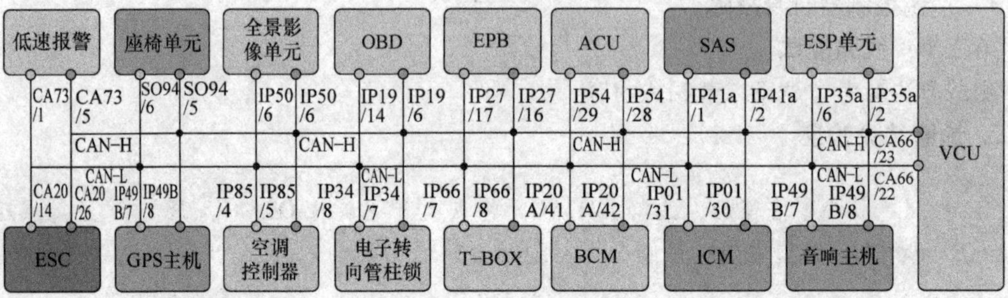

图 5-56　车身 V-CAN 总线线路原理图

如果空调控制器的 V-CAN 总线出现故障，将导致 VCU 无法获知整车热管理状态以及发送和接收空调制冷信号（冷却风扇控制信号）、整车热管理信号，导致整车热管理及空调制冷系统异常；严重时 VCU、BMS 将控制整车高压下电，车辆无法行驶；如果在行驶中出现故障还会引起驱动电机功率输出不足。

2. 故障现象描述

踩下制动踏板并保持，打开点火开关，车辆高压正常上电；但是仪表右上角外界温度信号无显示，同时仪表右下减速器故障指示灯异常闪亮。

此时如果按压空调控制面板上的“AC”开关，空调控制面板正常点亮，鼓风机正常运转；此时用手背感觉出风口温度时，发现出风口温度没有变化，同时也没有听见前机舱冷却风扇发出运转声音；打开前机舱盖，发现冷却风扇不运转，用手触摸空调低压管，低压管温度没有变化；在用手触摸空调压缩机外壳，发现压缩机没有振动的感觉，空调压缩机没有起动。

如果 2min 内没有换档行驶，组合仪表上右侧故障提醒警告灯、EPB 故障警告灯、ESC 故障警告灯、EBD 故障警告灯、减速器故障指示灯突然异常点亮；仪表上的“READY”突然异常熄灭，左侧的整车系统故障灯、辅助蓄电池指示灯异常点亮，同时听见车身下部动力蓄电池组内高压继电器的异常工作声，整车高压突然异常下电。

此时关闭点火开关，踩下制动踏板并保持，再打开点火开关，车辆高压可以正常上电，但仪表显示及故障依旧。

如果直接换入 D 位，释放 EPB，踩加速踏板，车辆可以行驶。但当车速超过 10km/h 后仪表右侧的 EPB 故障警告灯、ABS 故障警告灯、EBD 故障警告灯、减速器故障指示灯突然异常闪亮，同时仪表显示 EPB 故障；此时车速表开始上下异常晃动，且幅度非常大，车辆加速无力。

3. 故障现象分析（具体分析方法参考本章第二节故障分析部分内容）

4. 故障诊断过程

第一步：读取故障代码（DTC）。

连接诊断仪器至 OBD 诊断接口，使用诊断仪器与空调控制器进行通信，显示未连接成功；使用诊断仪器与 VCU 连接，在 VCU 内部读取到故障代码 U016487，与空调控制器丢失通信。

第二步：故障代码（DTC）分析。

VCU 在打开点火开关或慢充电时被激活，通过 V－CAN 发送握手信号至空调控制器，如果在一定时间内没有接收到空调控制反馈的信号，VCU 确认和空调控制器通信异常，存储此故障代码，可能原因为：

1）至空调控制器的 V－CAN 线路虚接、断路、短路故障。

2）空调控制器电源或自身故障。

第三步：线路测试。

测试方法参考本章第二节相关内容。

5. 诊断结论验证

注意：完成诊断修理后，某些 DTC 需要将点火开关旋至 OFF（关闭）位置，然后旋回至 ON（打开）位置之后，诊断仪器功能才会清除 DTC。

1）将点火开关置于 OFF（关闭）位置。

2）安装所有诊断时拆下或更换的部件及插接器。

3）将点火开关置于 ON（打开）位置。

4）清除 DTC。

5）关闭点火开关 60s。

6）踩下制动踏板，打开点火开关，车辆仪表显示正常，切换至 D 位或 R 位进行试车，车辆运行正常，维修结束。

6. 故障机理分析

由于至空调控制器的 V－CAN 出现故障，将导致车外温度信号、热管理信号、空调制热信号、制冷信号以及接收 VCU 发送的热管理控制、空调制热、制冷起动信息无法传输，同时 VCU、MCU、BMS 等无法获知热管理控制单元状态，导致 VCU、MCU、BMS 等对车辆进行热保护。

7. 总结与拓展

教师可以在车辆上给学生设置表 5-3 中所列举的故障，参照中、高职新能源汽车维修技能大赛工作页，让学生独立或成组完成，并填写诊断报告，以考核学生的掌握水平。

表 5-3　故障设置表

序号	故障部位	故障性质
1	至空调控制器数据通信 V－CAN－H 线路	断路、虚接、短路
2	至空调控制器数据通信 V－CAN－L 线路	断路、虚接、短路
3	数据通信 V－CAN－H 与 V－CAN－L 线路	相互短路

案例 3　热管理继电器故障的诊断与检测

1. 原理简介及系统影响

如图 5-57 所示为热管理继电器线路原理图，从中可以看出，热管理继电器为空调压力开关、制冷管路电磁阀、热交换器电磁阀、加热水泵（暖风）、水冷水泵（蓄电池）、热交换器集成单元、三通电磁阀 A/B/C、PTC 加热器提供电源。空调控制器起动制冷、制热以及整车热管理功能之前，首先要控制热管理继电器工作。

如果热管理继电器供电电源、控制线路或自身出现问题，将导致热管理继电器不工作或

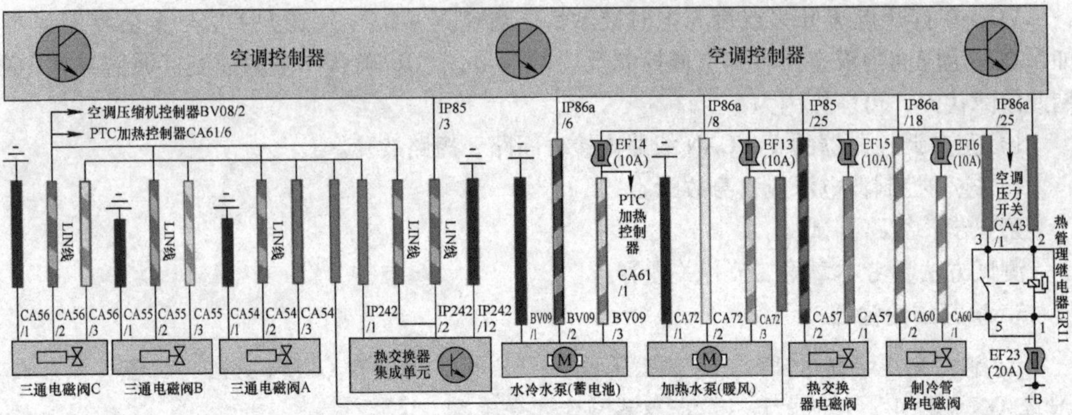

图 5-57 热管理继电器线路原理图

工作后输出异常，导致空调制冷、制热以及整车热管理功能失效。

2. 故障现象描述

打开点火开关，踩下制动踏板，仪表可运行指示“READY”灯正常点亮，仪表显示正常，按压空调控制面板上的“AC”开关，空调控制面板正常点亮启动，鼓风机正常运转；2min 后用手背感觉出风口温度时，发现出风口温度没有变化；调节鼓风机转速，空调控制面板鼓风机调速显示正常，且鼓风机转速变化也正常。打开前机舱盖，发现电子扇正常运转，用手触摸空调低压管，低压管温度没有变化；在用手触摸空调压缩机外壳，发现压缩机没有振动的感觉，空调压缩机没有起动。

再次按压空调控制面板上的“HEAT”开关，鼓风机正常运转，2min 后用手背感觉出风口温度时，发现出风口温度没有变化。

打开前机舱盖，发现加热水泵（暖风）没有发出正常的运转声，用手触摸 PTC 加热器管路，管路温度没有上升，PTC 加热器没有启动加热功能。

3. 故障现象分析

打开点火开关，车辆上电正常，说明整车高压控制中的 BMS、DC－DC 变换器/MCU、VCU、OBC 自检正常，即单元电源、通信、高压互锁、绝缘、动力蓄电池电量、电流、电压、温度等信号正常。

此时按压“AC”按键或“HEAT”开关，发现制冷、制热功能均失效，结合此两个功能下系统重叠的部分，即共用电源，可确定为热管理继电器电源、控制或自身故障造成。

4. 故障诊断过程

第一步：读取故障代码（DTC）。

连接诊断仪器至 OBD 诊断接口，使用诊断仪器与空调控制器进行通信，在空调控制器内部读取到主要故障代码为表 5-4 所示。

表 5-4 空调控制器故障代码及说明

故障诊断	代码说明
U111F87	与 PTC 加热器通信丢失
U111C87	与 WV1（三通电磁阀 A）通信丢失
U111D87	与 WV2（三通电磁阀 B）通信丢失
U111E87	与 WV3（三通电磁阀 C）通信丢失

第二步：故障代码（DTC）分析。

空调控制器与PTC加热器、WV1（三通电磁阀A）、WV2（三通电磁阀B）、WV3（三通电磁阀C）四个单元同时失去通信，而四个单元自身、单元搭铁线路同时出现故障的概率很低，只有四个单元公用的LIN总线或供电线路出现故障，才会造成故障现象；加之水泵也没有运转，因此，造成此故障的主要原因有：

1）热管理继电器电源线路（断路、虚接、短路）故障。

2）热管理继电器自身故障。

3）空调控制器局部故障。

第三步：线路测试。

测试方法参考本章第二节相关内容。

5. 诊断结论验证

注意：完成诊断修理后，某些DTC需要将点火开关旋至OFF（关闭）位置，然后旋回至ON（打开）位置之后，诊断仪器功能才会清除DTC。

1）将点火开关置于OFF（关闭）位置。

2）安装所有诊断时拆下或更换的部件及插接器。

3）将点火开关置于ON（打开）位置。

4）清除DTC。

5）关闭点火开关60s。

6）踩下制动踏板，打开点火开关，车辆仪表显示正常，切换至D位或R位进行试车，车辆运行正常；操作空调控制面板，切换不同模式，确认空调系统在各模式下均工作正常，维修结束。

6. 故障机理分析

空调控制系统热管理继电器自身、线圈控制、供电线路异常，将无法正常为下游线路提供电压，会导致［空调压力开关、制冷管路电磁阀、热交换器电磁阀、加热水泵（暖风）、三通电磁阀A、三通电磁阀B、三通电磁阀C、热交换器集成单元、水冷水泵（蓄电池）、PTC加热器］无法正常工作，致使车辆空调制冷、制热及热管理功能丧失。

7. 总结与拓展

教师可以在车辆上给学生设置表5-5中所列举的故障，参照中、高职新能源汽车相关大赛工作页，让学生独立或成组完成，并填写诊断报告，以考核学生的掌握水平。

表5-5 扩展练习故障

序号	故障部位	故障性质
1	继电器线圈电源线路	断路、虚接、短路
2	继电器线圈控制线路	断路、虚接
3	EF33 20A熔丝	断路、虚接、短路
4	继电器内部线圈	断路、虚接
5	继电器内部触点	断路、虚接

案例4　空调控制器LIN总线故障的诊断与检测

1. 原理简介及系统影响

如图5-58所示为空调系统LIN总线网络，从中可以看出，空调控制器、空调控制面板、空调压缩机控制器、PTC加热器、三通电磁阀A/B/C、热交换器单元通过LIN总线组成空调系统的一个LIN局域子网，通过LIN总线发送和接收空调控制面板发出的功能请求。

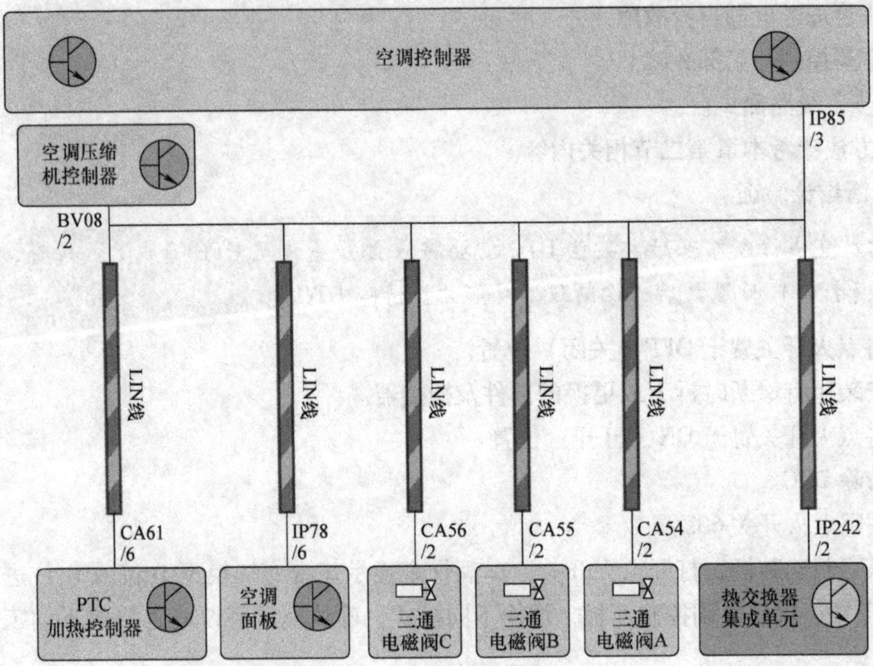

图5-58　空调系统LIN总线网络

如果和空调压缩机控制器连接的LIN总线异常，将导致空调压缩机控制器无法接收到空调控制面板启动的空调制冷功能，车辆空调制冷功能丧失；而在车辆进行充电时，无法接收到空调控制器发送的热管理（充电散热）请求，导致车辆在充电过程中出现过温保护。

如果和PTC加热器连接的LIN总线异常，将导致PTC加热器无法接收到空调控制面板启动的空调制热功能，车辆空调制热功能丧失；而在车辆进行充电时，无法接收到空调控制器发送的热管理（充电预热）请求，导致车辆在充电时充电时间延长。

2. 故障现象描述

打开点火开关，车辆上电正常，仪表上外界温度显示正常；按压空调控制面板上“AUTO”按键，面板上的“AUTO”按键指示灯不能正常点亮，显示屏幕无法点亮；旋转或按压旋钮及按键，空调控制面板无任何反应，空调所有功能无法起动。

3. 故障现象分析（具体分析方法参考本章第二节故障分析部分内容）

4. 故障诊断过程

第一步：读取故障代码（DTC）。

连接诊断仪器访问空调控制器，可以读取到以下故障代码，见表5-6。

表 5-6　空调系统故障代码及说明

故障诊断	代码说明
U111F87	与 PTC 加热器通信丢失
U016B87	与空调控制面板（ACCM）通信丢失
U016687	与变频空调压缩机控制器（FCP）通信丢失
U111C87	与 WV1（三通电磁阀 A）通信丢失
U111D87	与 WV2（三通电磁阀 B）通信丢失
U111E87	与 WV3（三通电磁阀 C）通信丢失

第二步：故障代码（DTC）分析。

结合故障现象和故障代码，说明空调控制器工作正常，而 WV1（三通电磁阀 A）、WV2（三通电磁阀 B）、WV3（三通电磁阀 C）、空调压缩机控制器（FCP）、空调控制面板（ACCM）、PTC 加热器集成单元均没有响应，原则上这些单元或其电源通知损坏的概率不高，只可能这些单元共同的部分，即空调控制器连接的 LIN 总线出现异常导致，其原因有以下一项或多项：

1）至空调控制器 LIN 总线断路、虚接、短路故障。

2）空调控制器内部局部（LIN）故障。

第三步：线路测试

1）空调控制器端 LIN 总线对地波形测试，见表 5-7。

表 5-7　空调控制器端 LIN 总线对地波形测试

测试标准：踩制动踏板保持，打开点火开关，高压正常上电后，用双通道示波器测量空调控制器（主控单元）端和其他单元（从控单元）端 LIN 总线对地波形。

可能性	实测结果（波形）	结论及说明	下一步操作
1	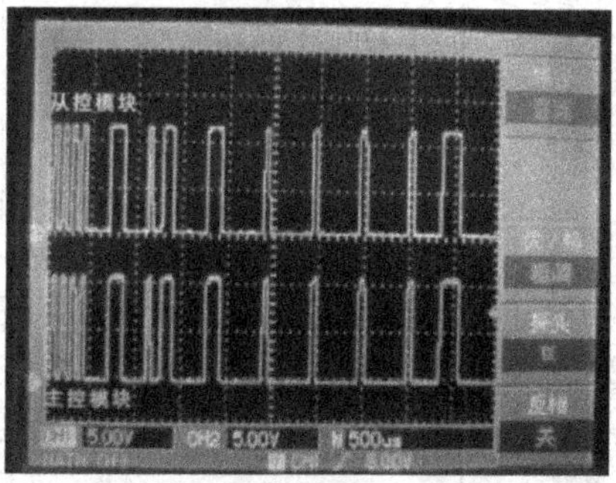	正常	更换空调控制器后进行测试
2	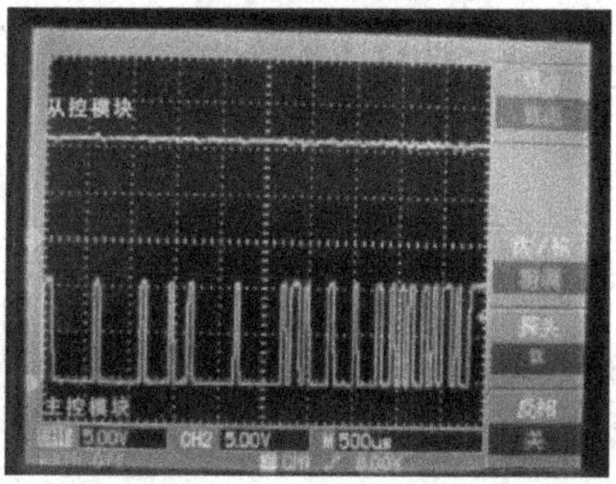	异常，从控单元端波形为幅值 +12V 的直线，主控单元端正常，说明主控单元端至其他单元间 LIN 线路断路造成	测量空调控制器端 LIN 总线和其他单元端 LIN 总线的导通性

（续）

测试标准：踩制动踏板保持，打开点火开关，高压正常上电后，用双通道示波器测量空调控制器（主控单元）端和其他单元（从控单元）端 LIN 总线对地波形。

可能性	实测结果（波形）	结论及说明	下一步操作
3	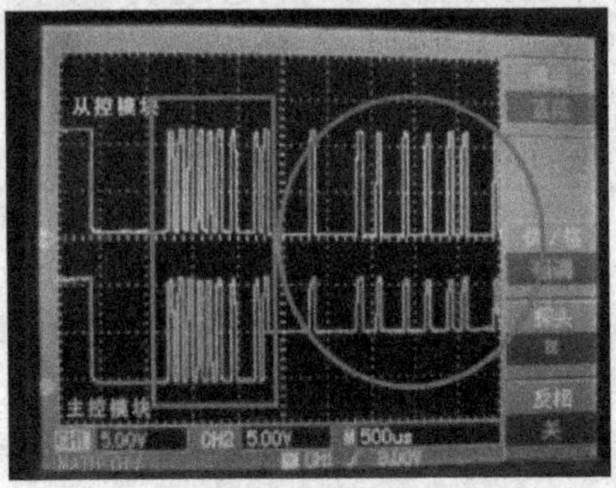	异常，从控单元端正常，主控单元端异常，结合 LIN 总线发送及接收原理，其现象由于主控单元端至其他单元间 LIN 线路虚接造成	测量空调控制器端 LIN 总线和其他单元端 LIN 总线的导通性
4	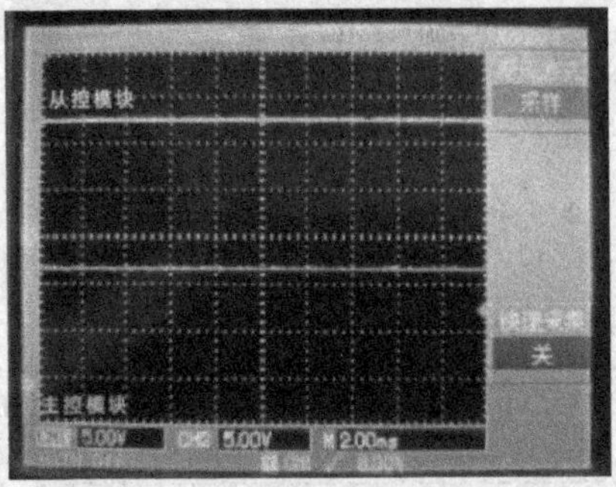	异常，从控单元端和主控单元端波形幅值电压都保持 + B，原因为 LIN 对 + B 短路或者主单元内部故障造成	检查 LIN 总线对电源是否短路
5	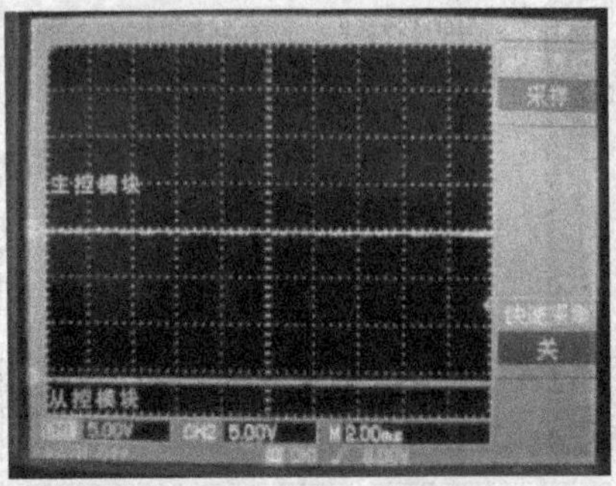	异常，从控单元端和主控单元端波形幅值电压都保持 0，原因为 LIN 对车身地短路造成	检查 LIN 总线对地是否短路

2）测试空调控制器到其他单元间 LIN 总线端对端导通性。

3）检查 LIN 总线对电源是否短路。

4）检查 LIN 总线对地是否短路。

5. 诊断结论验证

注意：完成诊断修理后，某些 DTC 需要将点火开关旋至 OFF（关闭）位置，然后旋回至 ON（打开）位置之后，诊断仪器功能才会清除 DTC。

1）将点火开关置于 OFF（关闭）位置。

2）安装所有诊断时拆下或更换的部件及插接器。

3）将点火开关置于 ON（打开）位置。

4）清除 DTC。

5）关闭点火开关 60s。

6）踩下制动踏板，打开点火开关，车辆仪表显示正常，切换至 D 位或 R 位进行试车，车辆运行正常，开启空调制热功能，暖风热量正常；操作空调控制面板按键，检查其他功能都正常，维修结束。

6. 故障机理分析

由于连接至空调控制器 LIN 总线出现异常，导致空调控制器启动后向其他单元发送数据信号后，但接收不到其他单元反馈及发送的信号，导致其他单元接收不到起动信号，致使空调控制面板按键无响应，空调所有功能失效。

7. 总结与拓展（附故障设置建议表）

教师可以在车辆上给学生设置表 5-8 中所列举的故障，参照中、高职新能源汽车维修技能大赛工作页，让学生独立或成组完成，并填写诊断报告，以考核学生的掌握水平。

说明：空调压缩机控制器、PTC 加热器、空调控制面板、三通电磁阀 A/B/C 工作异常，如果要检测 LIN 总线，其方法与空调控制器检测雷同，本文不再叙述，作为练习，由学生来完成。

表 5-8　故障设置表

序号	故障部位	故障性质
1	至空调控制器的 LIN 线路	断路、虚接、短路
2	至 PTC 加热器的 LIN 总线、电源	断路、虚接、短路
3	至空调控制面板的 LIN 总线、电源	断路、虚接、短路
4	至空调压缩机控制器的 LIN 总线、电源	断路、虚接、短路
5	至三通电磁阀 A 的 LIN 总线、电源	断路、虚接、短路
6	至三通电磁阀 B 的 LIN 总线、电源	断路、虚接、短路
7	至三通电磁阀 C 的 LIN 总线、电源	断路、虚接、短路

案例 5　加热水泵（暖风）高速运转故障的诊断与检测

1. 原理简介及系统影响

如图 5-59 所示为空调热管理系统水泵线路原理图，从中可以看出，空调热管理系统有两个水泵，一个是加热水泵（暖风），另一个是水冷水泵（蓄电池）。本文以加热水泵（暖风）为例进行故障分析和诊断，水冷水泵（蓄电池）的故障分析和诊断方法与之类似。

加热水泵（暖风）电源由热管理继电器提供，热管理继电器工作，+B 电源通过 EF13 熔丝至加热水泵（暖风）CA72/3 端子间线路为水泵提供电源。通过加热水泵（暖风）CA72/1 端子搭铁构成回路；空调控制器通过 PWM 占空比信号控制水泵的转速。

如果继电器自身、供电及控制线路出现故障，会导致加热水泵（暖风）无法获得运转

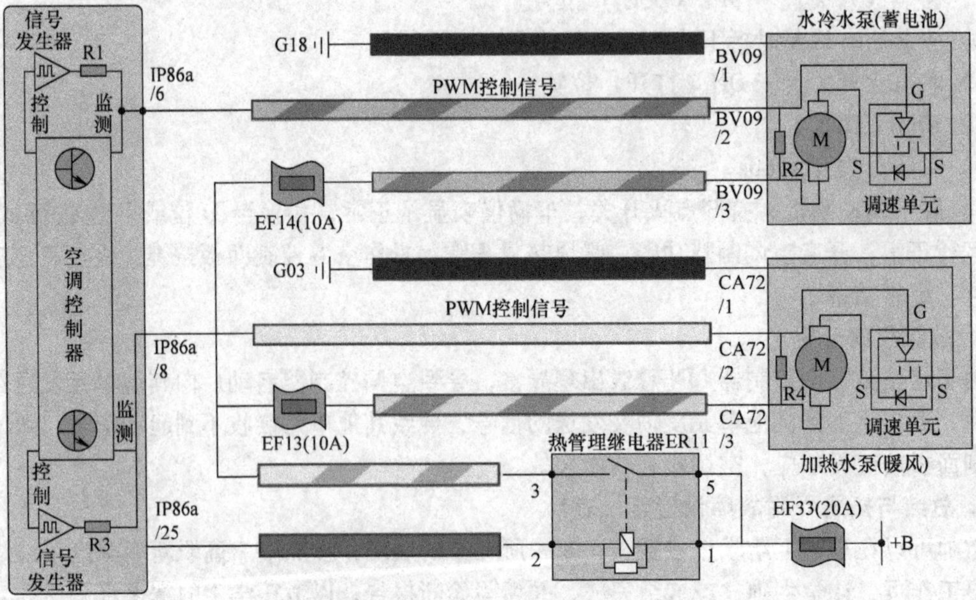

图 5-59　空调热管理系统水泵线路原理图

电源，水泵将不能运转；如果车辆充电时，动力蓄电池内部温度低于充电时设定的最低温度值，可能导致整车充电时间延长；如果 PWM 控制信号出现异常，将导致水泵单元内部功率晶体管控制端处于高电位，功率晶体管保持完全接通状态，致使水泵一直处于高速运转。

2. 故障现象描述

开启空调制热功能，使空调运行 1 ~ 2min，用手背感觉出风口温度和风量时，出风口吹出热风的温度、风量正常；调节温度旋钮，温度翻板转动，出风口热风和凉风切换正常；但此时在驾驶室内听见前机舱有“嗡嗡”的声音，打开前机舱盖，声音更加明显，仔细观察及细听后发现为加热水泵（暖风）；用手触摸加热水泵（暖风），发现始终处于高速运转。

3. 故障现象分析

结合水泵控制原理，空调制热功能正常且水泵能运转，只是转速过高，说明水泵供电电源正常，故障有可能为水泵控制及水泵内部故障造成。

4. 故障诊断过程

第一步：读取故障代码（DTC）。

连接诊断仪器访问空调控制器，读取到故障代码 B119113，电加热水泵断路。

第二步：故障代码（DTC）分析。

结合故障代码，说明空调控制器与加热水泵之间通信线路出现断路故障，可能原因有：

1）加热水泵（暖风）自身故障。

2）加热水泵（暖风）与空调控制器间线路（断路、虚接、短路）故障。

3）空调控制器局部故障。

第三步：线路测试。

1）加热水泵（暖风）端（CA72/2）PWM 信号对地波形测试，见表 5-9。

表 5-9　加热水泵（暖风）端（CA72/2）PWM 信号对地波形测试

测试标准：制热功能开启时，用示波器测量加热水泵（暖风）端（CA72/2）PWM 信号对地波形。

可能性	实测结果（波形）	结论及说明	下一步操作
1	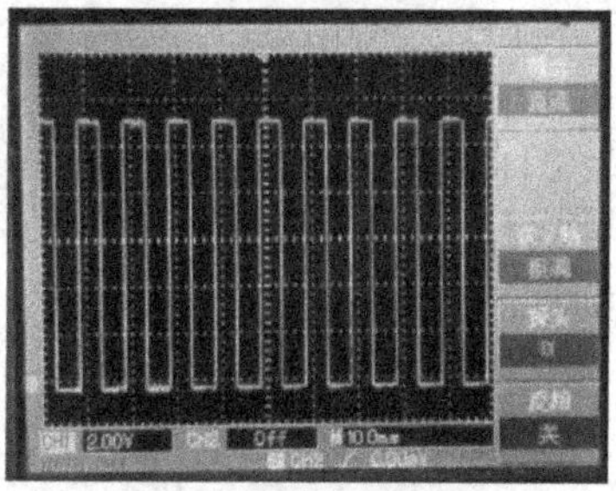	正常	考虑更换加热水泵总成
2	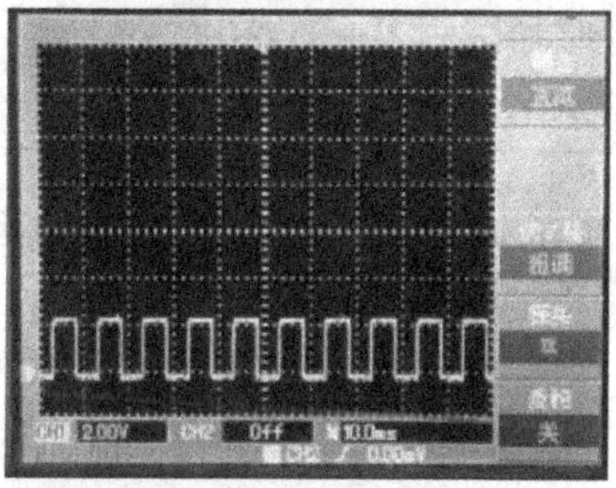	异常，空调控制器输出波形幅值没有被拉高至 11V 左右，而是 2.2V 左右，说明测试点到加热水泵线路断路、加热水泵电源或自身故障	检查测量加热水泵（暖风）电源
3	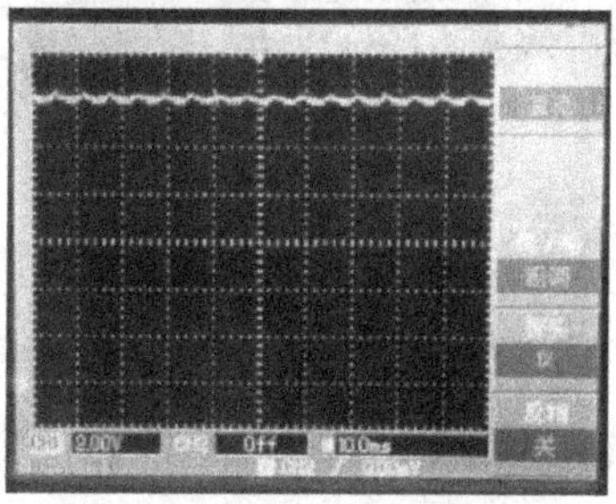	异常，幅值电压接近并保持 +B，说明测试点到空调控制器之间线路存在断路或直接对 +B 虚接	测量加热水泵（暖风）控制信号线路通断状态
4	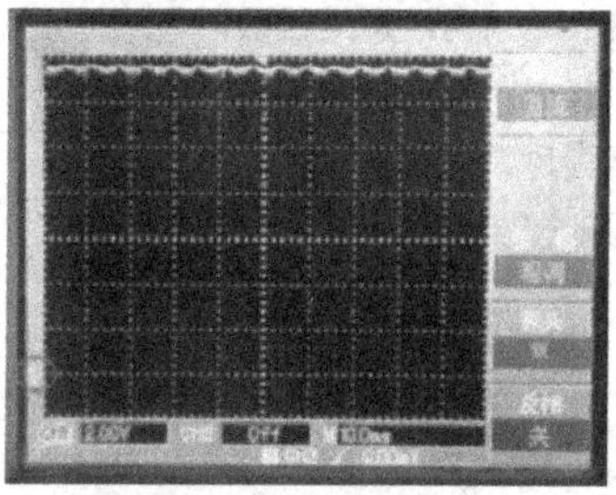	异常，幅值电压为 +B，说明和 +B 电源短路，导致此信号保持 +B	测量 PWM 控制信号线路对电源是否短路
5	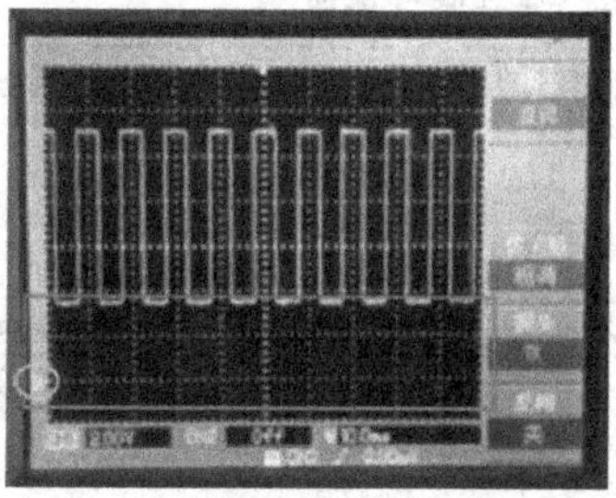	异常，波形最低电压值没有被拉至 0，说明测试点到空调控制器之间控制线路可能存在虚接故障 说明：此波形为线路虚接 1kΩ 电阻测试	测量空调控制器端 PWM 对地波形

（续）

测试标准：制热功能开启时，用示波器测量加热水泵（暖风）端（CA72/2）PWM 信号对地波形。

可能性	实测结果（波形）	结论及说明	下一步操作
6	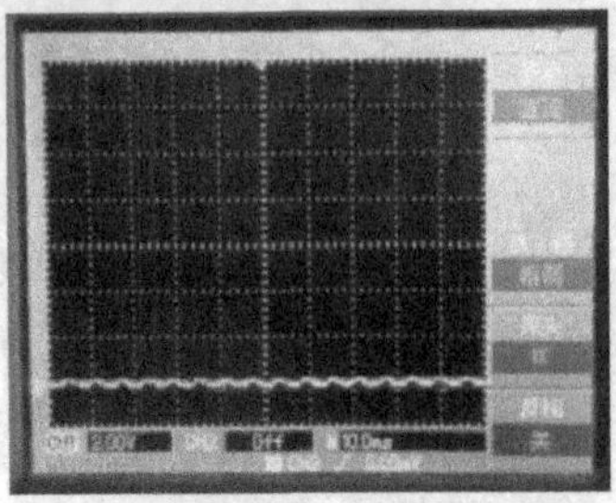	异常，波形幅值为 0，信号线路对地短路或测试点到两个单元之间线路均断路	测量 PWM 控制信号线路对地电阻

2）空调控制器端（IP86a/8）PWM 信号对地波形测试，见表 5-10。

表 5-10　空调控制器端（IP86a/8）PWM 对地波形测试

测试标准：空调制热功能开启时，用示波器测量空调控制器端（IP86a/8）PWM 对地波形。

可能性	实测结果（波形）	结论及说明	下一步操作
1	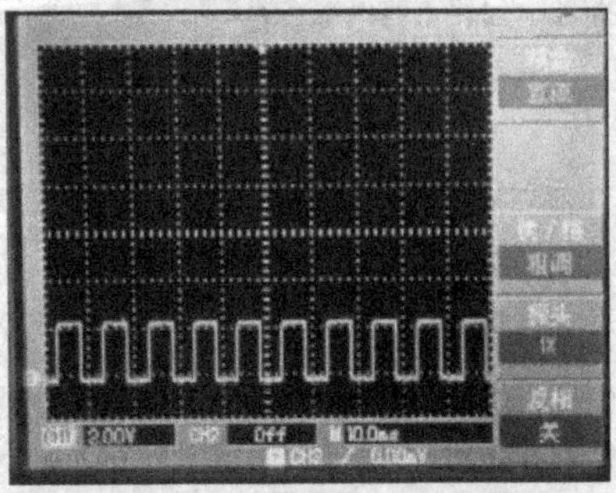	如果上一步测试结果为电压接近 +B，说明 PWM 控制线路存在断路故障	测量 PWM 控制信号线路端对端导通性
2	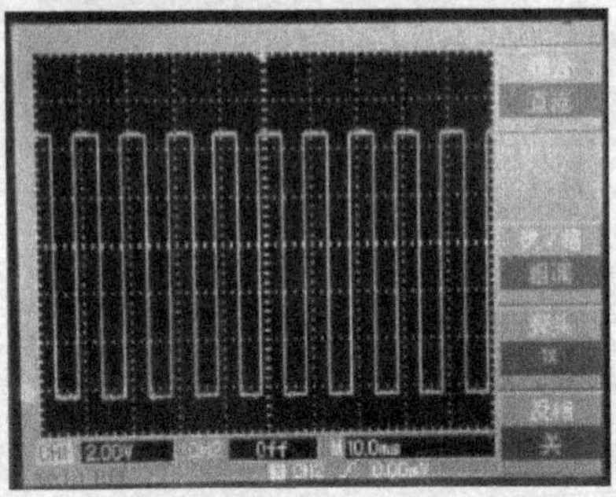	上一步测试结果为波形最低电压值没有被拉至 0，说明 PWM 控制线路存在虚接故障	测量 PWM 控制信号线路端对端导通性

3）PWM 控制信号线路端对端导通性测试，见表 5-11。

表 5-11　PWM 控制信号线路端对端导通性测试

测试标准：关闭点火开关，断开空调控制器 IP86a 插接器、加热水泵（暖风）CA72 插接器，检查 PWM 控制信号线路的电阻值，标准值为近乎为 0。

可能性	实测结果/Ω	状态	可能原因	下一步操作
1	近乎为 0	正常	插接器故障	维修或更换线束插接器
2	明显大于 0	异常	线路的电阻过大	维修或更换线束
3	∞	异常	线路断路	维修或更换线束

4）PWM 控制信号线路对地是否短路测试，见表 5-12。

表 5-12　PWM 控制信号线路对地是否短路测试

测试标准：关闭点火开关，检查 PWM 控制信号线路对地电压，应存在较大电阻。					
步骤	测试部位	实测结果/Ω	状态	可能原因	下一步操作
1	断开空调控制器 IP86a 插接器、加热水泵（暖风）CA72 插接器	无穷大	正常	加热水泵（暖风）、空调控制器故障	转本表 2
		0	异常	线路对地短路	检修线路
2	连接加热水泵（暖风）CA72 插接器	无穷大	正常	空调控制器故障	转本表 3
		0	异常	加热水泵（暖风）内部对电源短路	更换加热水泵（暖风）
3	连接空调控制器 IP86a 插接器	无穷大	正常	—	
		0	异常	空调控制器内部对电源短路	更换空调控制器

5. 诊断结论验证

注意：完成诊断修理后，某些 DTC 需要将点火开关旋至 OFF（关闭）位置，然后旋回至 ON（打开）位置之后，诊断仪器功能才会清除 DTC。

1）将点火开关置于 OFF（关闭）位置。

2）安装所有诊断时拆下或更换的部件及插接器。

3）将点火开关置于 ON（打开）位置。

4）清除 DTC。

5）关闭点火开关 60s。

6）踩下制动踏板，打开点火开关，车辆仪表显示正常，切换至 D 位或 R 位进行试车，车辆运行正常；开启空调制热功能，暖风热量正常；此时，用手触摸加热水泵（暖风）转速正常，冷却液管道压力正常；操作空调控制面板按键，检查其他功能都正常，维修结束。

6. 故障机理分析

空调控制器通过向加热水泵（暖风）发送 PWM 占空比信号来调节其转速。由于该线路出现故障，加热水泵（暖风）接收不到 PWM 占空比信号或信号异常，为了保证其水泵功能，加热水泵（暖风）以最高转速运行。

7. 总结与拓展

教师可以在车辆上给学生设置表 5-13 中所列举的故障，参照中、高职新能源汽车维修技能大赛工作页，让学生独立或成组完成，并填写诊断报告，以考核学生的掌握水平。

说明：水冷水泵（蓄电池）工作异常的分析和检测方法与加热水泵（暖风）类似，本书不再叙述，作为练习，由学生来完成。

表 5-13　故障设置表

序号	故障部位	故障性质
1	熔丝 EF13 10A	熔断、电阻过大
2	加热水泵（暖风）PWM 控制线路	断路、虚接、短路
3	加热水泵（暖风）供电线路	断路、虚接、短路
4	加热水泵（暖风）搭铁线路	断路、虚接
5	加热水泵（暖风）搭铁点 G03	断路、接触不良
6	加热水泵（暖风）内线圈	断路、虚接、短路
7	加热水泵（暖风）内调速单元	虚接、短路、损坏
8	熔丝 EF14 10A	熔断、电阻过大
9	水冷水泵（蓄电池）PWM 控制线路	断路、虚接、短路
10	水冷水泵（蓄电池）供电线路	断路、虚接、短路
11	水冷水泵（蓄电池）搭铁线路	断路、虚接
12	水冷水泵（蓄电池）搭铁点 G18	断路、接触不良
13	水冷水泵（蓄电池）内线圈	断路、虚接、短路
14	水冷水泵（蓄电池）内调速单元	虚接、短路、损坏

附　　录
相关信息说明

1. 仪表信号说明

现在汽车仪表实质上是一个信号处理单元，它可以接收车辆上相关信号，并用文字或图形显示出来，也可以就车辆的某些信号做出回应，表 1 为吉利 450 的仪表警告符号及其定义解释。

图 1　车辆仪表信号

表 1　仪表警告符号及其定义解释

序号	警告符号	警告符号信号	信号来源
1		充电电缆连接指示 （点亮，说明充电电缆已连接）	总线信号，来自 VCU、OBC
2		驱动电机及控制器过热报警 （点亮，说明驱动电机温度超过设定值，车辆动力受限）	总线信号，来自 MCU
3	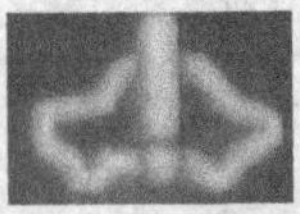	整车系统故障警告灯 （点亮，说明车内电控系统故障）	总线信号，来自 VCU
4		高压断开 （点亮，说明高压动力系统断开）	总线信号，来自 VCU、BMS
5		运行指示就绪指示灯 （点亮，说明车辆装备就绪，可以行驶）	总线信号，来自 VCU、BMS

（续）

序号	警告符号	警告符号信号	信号来源
6		动力蓄电池故障警告 （点亮，说明动力蓄电池及系统故障）	总线信号，来自 VCU、BMS；
7		驱动电机功率限制指示灯 （点亮，驱动电机及动力蓄电池故障、SOC 值过低、辅助电机、蓄电池、控制器温度过高或过低）	总线信号，来自 BMS、VCU、MCU
8		驱动电机及控制器故障警告灯	总线信号，来自 MCU
9		充电指示/充电提醒 （蓄电池电量低于设定值及充电时点亮）	总线信号，来自 VCU、BMS
10		辅助蓄电池（12V）故障指示灯 （点亮，12V 蓄电池及 DC－DC 变换器系统故障）	总线信号，来自 MCU、VCU
11		动力蓄电池故障灯	总线信号，来自 BMS、VCU
12		制动系统故障警告灯	总线信号，来自 ESC、VCU
13		减速器故障指示灯	总线信号，来自 TCU、VCU
14		EPB 故障警告灯	总线信号，来自 EPB、VCU
15	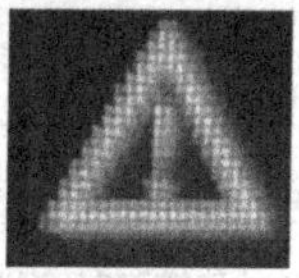	故障提醒警告灯	总线信号，来自 VCU、BCM

（续）

序号	警告符号	警告符号信号	信号来源
16		ABS 故障警告灯	总线信号，来自 ESC、VCU
17		EBD 故障警告灯	总线信号，来自 ESC、VCU
18		驻车制动指示灯	总线信号，来自 EPB
19		ESC 故障警告灯	总线信号，来自 ESC、VCU

2. 其他信息说明

1）唤醒和睡眠。

① 仪表睡眠，当点火开关（IGN）起动，仪表唤醒、显示车辆品牌标志后，进入功能主界面，背光点亮。

② 仪表唤醒但 LCD 和背光熄灭，当 IGN 起动，仪表唤醒、显示车辆品牌标志后进入功能主界面，背光点亮。

③ 仪表唤醒且 LCD 点亮，当 IGN 起动，仪表正常工作但不显示车辆品牌标志。

④ 仪表睡眠，当位置灯点亮，仪表被唤醒，可显示 LED 警告灯但 LCD 不点亮。

⑤ 仪表睡眠，当有 CAN 信号时，分以下情况：

a. CAN 数据有充电信号、四门两盖信号和无钥匙进入和起动系统（PEPS）报警信号时 LCD 被点亮。

b. CAN 数据有除充电信号、四门两盖信号和 PEPS 报警信号外的信号时 LCD 不被点亮。

组合仪表从起动开关打开→MCU 收到该信号→MCU 初始化完成→MCU 开始收发 CAN 报文，应在 500ms 内完成。

背光通过位置灯控制显示见表 2。

表 2　背光通过位置灯控制

位置灯	CAN 网络	ON 电	仪表显示功能
关闭	关闭	关闭	睡眠，接收到需要显示的信号时应予以显示
开启	关闭	关闭	唤醒，显示默认显示界面及接收到的信号
—	开启	关闭	唤醒，显示接收到的 CAN 信号
—	—	开启	唤醒，显示接收到的信号

2）自检。起动开关从 ACC 档调整到 ON 档，组合仪表应进行自检，以提示驾驶人车辆的运行状况。仪表对所有 LED 指示灯进行自检，自检时间大约 3s。自检期间允许外部信号触发各指示灯。

3）蓄电池电量表。以柱状条形式实时显示当前蓄电池剩余电量，电量显示分成 10 个能量块，每块代表 10% 的电量。当蓄电池电量过低（≤25%）时，柱状条的颜色变为红色，动力蓄电池指示符号变黄，提示及时充电；当蓄电池电量充足时，柱状条的颜色为蓝色。在充电情况下，电量进度条会出现上涨动画，同时在旁边会显示充电剩余时间或快充模式。

4）ECO / SPORT 指示。车辆有 2 种驾驶模式：ECO 模式和 SPORT 模式。

① ECO 模式为车辆行驶的默认模式。

② SPORT 模式为运动档，当驾驶人按下“SPORT MODE”开关，车辆将进入 SPORT 模式，此时控制系统将使车辆具有更好的动力性能，但也会造成电能消耗增加。此时仪表背景光显示为橙色，其他情况下背光颜色均为蓝色（整车上电时仪表背光颜色默认为蓝色）。

5）功率表。功率表用于显示当前驱动电机输出功率的大小，以柱状条形式显示当前功率值。当功率表显示正功率时，柱状条为蓝色，表明驱动电机正在消耗电能；当功率表显示为负功率时，柱状条变为绿色，说明驱动电机正在发电并给动力蓄电池充电。

6）车速表。车速表指示当前车速，速范围为 0 ~ 180km/h，最小刻度为 5km/h。当车速高于 120km/h 时（允许误差 -1km/h），蜂鸣器按 1Hz 鸣叫 10s；当车速低于 115km/h 时（允许误差为 +1km/h），蜂鸣器停止鸣叫。在打开点火开关后，车速表中的刻度为 0，即量度条指向 0km/h 的刻度线，若量度条没有指向 0，则说明仪表显示存在问题。

7）档位显示。显示汽车当前档位，共有 R 位、N 位、D 位、P 位四个档位，默认档位为 N 位。在档位切换时，会出现档位切换跳转的动画，待切换完成后，只显示当前档位，其他档位不显示。当档位切换出现不是 R 位、N 位、D 位、P 位四个档位中的任意一个档位时，仪表仍然显示前一次档位，并以档位闪烁的方式提示。

8）续驶里程。续驶里程不可以修改，是通过处理计算得出的，显示在仅靠蓄电池中的电量支持该车行驶的最高里程。

9）充电显示。

① 在 IGN - OFF 下仪表收到 VCU 发出的充电信号时显示充电界面。

② 在充电过程中显示充电电流和充电剩余时间。

③ 仪表收到 VCU 发出的开始充电信号时指示充电线连接。

④ 充电完成后仪表收到 VCU 发出的充电完成信号时显示充电完成，不显示充电电流和充电剩余时间。

⑤ 第一次进入充电界面后 LCD 亮 3min 后亮度会变暗一级。

⑥ LCD 亮度变暗一级后，打开左前门后再关上时，LCD 会变亮 1min 后再次变暗，门开变亮功能可重复使用。

⑦ 仪表收到 VCU 发出的未充电信号或连续 500ms 接收不到 VCU 发出的充电信号时不显示充电界面。

⑧ 在点火开关 OFF 下，仪表收到 VCU 发出的充电时间反馈信号时显示充电剩余时间。

⑨ 在点火开关 OFF 下，仪表收到 VCU 发出的充电模式信号时显示快充模式。

10）PEPS 显示。吉利 EV450 车型全系标配 PEPS，PEPS 显示内容见表 3。

表3 PEPS 显示内容

序号	优先级	显示内容	蜂鸣声音
1	1	方向盘锁定系统解锁失败	响一声
2	1	方向盘锁定系统上锁失败	响一声
3	1	发动机防盗锁止系统（IMMO）认证失败	响一声
4	1	未检测到智能钥匙	响三声
5	1	请踩制动踏板起动	响一声
6	1	请将档位挂到 P/N 位起动	响一声
7	1	请将档位挂到 P 位停车	响三声
8	2	智能钥匙蓄电池电量低	响三声
9	1	智能钥匙不在车内	响三声
10	2	起动按钮故障	响一声
11	1	方向盘锁定系统认证失败	响一声
12	1	钥匙遗忘在车内	响一声
13	1	请将钥匙靠近感应线圈	响一声
14	1	蓄电池电压异常	响一声
15	1	无钥匙起动系统故障	响一声
16	2	方向盘锁定系统故障	响一声
17	3	蓄电池电量低	响一声